# Das Junge Deutschland

TEXTE UND DOKUMENTE

W0011942

HERAUSGEGEBEN VON
JOST HERMAND

PHILIPP RECLAM JUN. STUTTGART

Die ausgewählten Texte wurden in Orthographie und Interpunktion behutsam modernisiert und in der Typographie weitgehend vereinheitlicht. Über ihre jeweilige Herkunft unterrichtet das Inhalts- und Quellenverzeichnis am Schluß des Bandes. Überschriften, die dort in Klammern gesetzt sind, stammen nicht von dem betreffenden Autor, sondern wurden innerhalb der Textsammlung vom Herausgeber eingefügt.

Vom gleichen Herausgeber erschien als Paralleledition in der Universal-Bibliothek „Der deutsche Vormärz. Texte und Dokumente" (Nr. 8794).

Umschlagabbildung: Zug zum Hambacher Schloß am 27. Mai 1823. Kolorierter Stich (Ausschnitt).

Universal-Bibliothek Nr. 8703
Alle Rechte vorbehalten
© 1966 Philipp Reclam jun. GmbH & Co., Stuttgart
Bibliographisch ergänzte Ausgabe 1998
Satz: B. Baumgarten, Esslingen a. N.
Druck und Bindung: Reclam, Ditzingen
Printed in Germany 1998
RECLAM und UNIVERSAL-BIBLIOTHEK sind eingetragene Marken
der Philipp Reclam jun. GmbH & Co., Stuttgart
ISBN 3-15-008703-1

# Die Julirevolution

FRANZ AUGUST GATHY

*Ein Brief aus Paris*

27. Juli 1830, nachts

Während ich hier sitze und schreibe, fallen immer noch einzelne Flintenschüsse, mitunter sogar ganze Salven. Die Bewohner der Vorstädte St. Marceau und St. Antoine sind herbeigeeilt; die auf dem Platze Ludwigs XVI. aufgestellten Truppen zogen gegen sie und feuerten Kanonen gegen das Volk ab; doch mußten sie weichen. Gruppen haben sich um die Leichname versammelt, unter den Leichen liegen Kinder und schwangere Frauen. Das Volk rennt wütend durch die Gassen, zerschmettert die Laternen, ruft die Bürger zum Kampfe auf, schwört sich zu rächen, stößt die gräßlichsten Verwünschungen gegen die Minister aus. Kaum haben sich diese Haufen entfernt, so ziehen andere vorüber, aus vollem Halse die Marseillaise und andere Revolutionslieder singend, und diese entfernen sich auch, bis sie nach und nach ganz und gar verschwinden, und dann ist tiefe, ruhige Nacht, bis plötzlich aus der Ferne wieder Gesang erschallt und neue Haufen nahen, vorüberziehen und verschwinden wie die ersten. Und dazwischen das Schießen – welche Nacht! Wie wird das enden? – Ich fühle es an meinem bewegten Innern, an den Tränen, womit unwillkürlich sich mein Auge füllt, wenn diese alten, welthistorischen Revolutionslieder ertönen, mein sehnlichster Wunsch ist, daß die gute Sache siegen möge, die Sache der Wahrheit, der Freiheit, der Unabhängigkeit; und wenn ich das edle Volk so freudig singend den Kugeln ihrer Unterdrücker entgegen und in den Tod ziehen sehe oder höre, so fließen mir Tränen eines unbeschreiblichen Gefühls unaufhaltsam von den Augen; aber männliche Tränen sind's, und ein hohes, herzerhebendes Gefühl ist's, das im Innern spricht: die edle Nation! die große Nation! Sie muß siegen, zu ihrem Wohl und zum Wohl der übrigen Völker, deren Vorkämpfer sie ist, deren Muster sie stets bleiben wird!

HEINRICH HEINE

## Das Zeitungspaket

Helgoland, den 6. August

Während sein Heer mit den Longobarden kämpfte, saß der König der Heruler ruhig in seinem Zelte und spielte Schach. Er bedrohte mit dem Tode denjenigen, der ihm eine Niederlage melden würde. Der Späher, der, auf einem Baume sitzend, dem Kampfe zuschaute, rief immer: wir siegen! wir siegen! – bis er endlich laut aufseufzte: „Unglücklicher König! Unglückliches Volk der Heruler!" Da merkte der König, daß die Schlacht verloren, aber zu spät! Denn die Longobarden drangen zu gleicher Zeit in sein Zelt und erstachen ihn ...

Eben diese Geschichte las ich im Paul Varnefrid, als das dicke Zeitungspaket mit den warmen, glühend heißen Neuigkeiten vom festen Lande ankam. Es waren Sonnenstrahlen, eingewickelt in Druckpapier, und sie entflammten meine Seele, bis zum wildesten Brand. Mir war, als könnte ich den ganzen Ozean bis zum Nordpol anzünden mit den Gluten der Begeisterung und der tollen Freude, die in mir loderten. Jetzt weiß ich auch, warum die ganze See nach Kuchen roch. Der Seine-Fluß hatte die gute Nachricht unmittelbar ins Meer verbreitet, und in ihren Kristallpalästen haben die schönen Wasserfrauen, die von jeher allem Heldentum hold, gleich einen Tee-dansant gegeben, zur Feier der großen Begebenheiten, und deshalb roch das ganze Meer nach Kuchen. Ich lief wie wahnsinnig im Hause herum und küßte zuerst die dicke Wirtin und dann ihren freundlichen Seewolf, auch umarmte ich den preußischen Justizkommissarius, um dessen Lippen freilich das frostige Lächeln des Unglaubens nicht ganz verschwand. Sogar den Holländer drückte ich an mein Herz... Aber dieses indifferente Fettgesicht blieb kühl und ruhig, und ich glaube, wär' ihm die Juliussonne in Person um den Hals gefallen, Mynheer würde nur in einen gelinden Schweiß, aber keineswegs in Flammen geraten sein. Diese Nüchternheit inmitten einer allgemeinen Begeisterung ist empörend. Wie die Spartaner ihre Kinder vor der Trunkenheit bewahrten, indem sie ihnen als warnendes Beispiel einen berauschten Heloten zeigten: so sollten wir in unseren Erziehungsanstalten einen Holländer füttern, dessen sympathielose, gehäbige Fischnatur den Kindern einen Abscheu vor der Nüchternheit einflößen möge. Wahrlich diese holländische Nüchternheit ist ein weit fataleres Laster als die Besoffenheit eines Heloten. Ich möchte Mynheer prügeln...

Aber nein, keine Exzesse! Die Pariser haben uns ein so brillantes Beispiel von Schonung gegeben. Wahrlich, ihr verdient es, frei zu sein, ihr Franzosen, denn ihr tragt die Freiheit im Herzen. Dadurch unterscheidet ihr euch von euren armen Vätern, welche sich aus jahrtausendlicher Knechtschaft erhoben und bei allen ihren Heldentaten auch jene wahnsinnige Greuel ausübten, worüber der Genius der Menschheit sein Antlitz verhüllte. Die Hände des Volks sind diesmal nur blutig geworden im Schlachtgewühle gerechter Gegenwehr, nicht nach dem Kampf. Das Volk verband selbst die Wunden seiner Feinde, und als die Tat abgetan war, ging es wieder ruhig an seine Tagesbeschäftigung, ohne für die große Arbeit auch nur ein Trinkgeld verlangt zu haben!

> „Den Sklaven, wenn er die Kette bricht,
> Den freien Mann, den fürchte nicht!"

Du siehst, wie berauscht ich bin, wie außer mir, wie allgemein ... ich zitiere Schillers „Glocke".

Und den alten Knaben, dessen unverbesserliche Torheit so viel Bürgerblut gekostet, haben die Pariser mit rührender Schonung behandelt. Er saß wirklich beim Schachspiel, wie der König der Heruler, als die Sieger in sein Zelt stürzten. Mit zitternder Hand unterzeichnete er die Abdankung. Er hat die Wahrheit nicht hören wollen. Er behielt ein offnes Ohr nur für die Lüge der Höflinge. Diese riefen immer: wir siegen! wir siegen! Unbegreiflich war diese Zuversicht des königlichen Toren ... Verwundert blickte er auf, als das „Journal des Débats" wie einst der Wächter während der Longobardenschlacht plötzlich ausrief: malheureux roi! malheureuse France!

Mit ihm, mit Karl X., hat endlich das Reich Karls des Großen ein Ende, wie das Reich des Romulus sich endigte mit Romulus Augustulus. Wie einst ein neues Rom, so beginnt jetzt ein neues Frankreich.

Es ist mir alles noch wie ein Traum; besonders der Name Lafayette klingt mir wie eine Sage aus der frühesten Kindheit. Sitzt er wirklich jetzt wieder zu Pferde, kommandierend die Nationalgarde? Ich fürchte fast, es sei nicht wahr, denn es ist gedruckt. Ich will selbst nach Paris gehen, um mich mit leiblichen Augen davon zu überzeugen ... Es muß prächtig aussehen, wenn er dort durch die Straßen reitet, der Bürger beider Welten, der göttergleiche Greis, die silbernen Locken herabwallend über die heilige Schulter ... Er grüßt mit den alten, lieben Augen die Enkel jener Väter, die einst mit ihm kämpften für Freiheit und Gleichheit ... Es sind jetzt sechzig Jahr, daß er aus Amerika zurückgekehrt mit der Erklärung der Menschheitsrechte, den zehn Geboten des neuen Weltglaubens, die ihm dort offenbart wurden unter Kanonendonner und Blitz ... Dabei weht wieder auf den Türmen von Paris die dreifarbige Fahne, und es klingt die Marseillaise!

Lafayette, die dreifarbige Fahne, die Marseillaise...
Ich bin wie berauscht. Kühne Hoffnungen steigen leidenschaftlich empor, wie Bäume mit goldenen Früchten und wilden, wachsenden Zweigen, die ihr Laubwerk weit ausstrecken bis in die Wolken... Die Wolken aber im raschen Fluge entwurzeln diese Riesenbäume und jagen damit von dannen. Der Himmel hängt voller Violinen, und auch ich rieche es jetzt, die See duftet nach frischgebackenen Kuchen. Das ist ein beständiges Geigen da droben in himmelblauer Freudigkeit, und das klingt aus den smaragdenen Wellen wie heiteres Mädchengekicher. Unter der Erde aber kracht es und klopft es, der Boden öffnet sich, die alten Götter strecken daraus ihre Köpfe hervor, und mit hastiger Verwunderung fragen sie: „Was bedeutet der Jubel, der bis ins Mark der Erde drang? Was gibt's Neues? dürfen wir wieder hinauf?" Nein, ihr bleibt unten in Nebelhein, wo bald ein neuer Todesgenosse zu euch hinabsteigt... – „Wie heißt er?" Ihr kennt ihn gut, ihn, der euch einst hinabstieß in das Reich der ewigen Nacht...

Pan ist tot!

Helgoland, den 10. August

Lafayette, die dreifarbige Fahne, die Marseillaise...
Fort ist meine Sehnsucht nach Ruhe. Ich weiß jetzt wieder, was ich will, was ich soll, was ich muß... Ich bin der Sohn der Revolution und greife wieder zu den gefeiten Waffen, worüber meine Mutter ihren Zaubersegen ausgesprochen... Blumen! Blumen! Ich will mein Haupt bekränzen zum Todeskampf. Und auch die Leier, reicht mir die Leier, damit ich ein Schlachtlied singe... Worte gleich flammenden Sternen, die aus der Höhe herabschießen und die Paläste verbrennen und die Hütten erleuchten... Worte gleich blanken Wurfspeeren, die bis in den siebenten Himmel hinaufschwirren und die frommen Heuchler treffen, die sich

dort eingeschlichen ins Allerheiligste ... Ich bin ganz Freude und Gesang, ganz Schwert und Flamme!

Vielleicht auch ganz toll ... Von jenen wilden, in Druckpapier gewickelten Sonnenstrahlen ist mir einer ins Hirn geflogen, und alle meine Gedanken brennen lichterloh. Vergebens tauche ich den Kopf in die See. Kein Wasser löscht dieses griechische Feuer. Aber es geht den anderen nicht viel besser. Auch die übrigen Badegäste traf der Pariser Sonnenstich, zumal die Berliner, die dieses Jahr in großer Anzahl hier befindlich und von einer Insel zur andern kreuzen, so daß man sagen konnte, die ganze Nordsee sei überschwemmt von Berlinern. Sogar die armen Helgolander jubeln vor Freude, obgleich sie die Ereignisse nur instinktmäßig begreifen. Der Fischer, welcher mich gestern nach der kleinen Sandinsel, wo man badet, überfuhr, lachte mich an mit den Worten: „Die armen Leute haben gesiegt!" Ja, mit seinem Instinkt begreift das Volk die Ereignisse vielleicht besser als wir mit allen unseren Hülfskenntnissen. So erzählte mir einst Frau v. Varnhagen: als man den Ausgang der Schlacht bei Leipzig noch nicht wußte, sei plötzlich die Magd ins Zimmer gestürzt, mit dem Angstschrei: „Der Adel hat gewonnen."

Diesmal haben die armen Leute den Sieg erfochten. „Aber es hilft ihnen nichts, wenn sie nicht auch das Erbrecht besiegen!" Diese Worte sprach der ostpreußische Justizrat in einem Tone, der mir sehr auffiel. Ich weiß nicht, warum diese Worte, die ich nicht begreife, mir so beängstigend im Gedächtnis bleiben. Was will er damit sagen, der trockene Kauz?

Diesen Morgen ist wieder ein Paket Zeitungen angekommen. Ich verschlinge sie wie Manna. Ein Kind, wie ich bin, beschäftigen mich die rührenden Einzelheiten noch weit mehr als das bedeutungsvolle Ganze. O könnte ich nur den Hund Medor sehen! Dieser interessiert mich weit mehr als die anderen, die dem Philipp von Orleans mit schnellen Sprüngen die Krone appor-

tiert haben. Der Hund Medor apportierte seinem Herrn
Flinte und Patrontasche, und als sein Herr fiel und
samt seinen Mithelden auf dem Hofe des Louvre
begraben wurde, da blieb der arme Hund, wie ein
Steinbild der Treue, regungslos auf dem Grabe sitzen,
Tag und Nacht, von den Speisen, die man ihm bot, nur
wenig genießend, den größten Teil derselben in die
Erde verscharrend, vielleicht als Atzung für seinen
begrabenen Herrn!

Ich kann gar nicht mehr schlafen, und durch den
überreizten Geist jagen die bizarrsten Nachtgesichte.
Wachende Träume, die übereinander hinstolpern, so
daß die Gestalten sich abenteuerlich vermischen und
wie im chinesischen Schattenspiel sich jetzt zwerghaft
verkürzen, dann wieder gigantisch verlängern; zum
Verrücktwerden. In diesem Zustande ist mir manchmal
zu Sinne, als ob meine eignen Glieder ebenfalls sich
kolossal ausdehnten und daß ich, wie mit ungeheuer
langen Beinen, von Deutschland nach Frankreich und
wieder zurück liefe. Ja, ich erinnere mich, vorige Nacht
lief ich solchermaßen durch alle deutsche Länder und
Ländchen und klopfte an den Türen meiner Freunde
und störte die Leute aus dem Schlafe... Sie glotzten
mich manchmal an mit verwunderten Glasaugen, so
daß ich selbst erschrak und nicht gleich wußte, was ich
eigentlich wollte und warum ich sie weckte! Manche
dicke Philister, die allzu widerwärtig schnarchten, stieß
ich bedeutungsvoll in die Rippen, und gähnend frugen
sie: „Wieviel Uhr ist es denn?" In Paris, lieben Freunde, hat der Hahn gekräht; das ist alles, was ich weiß.

## 1830

Ich gestehe, daß ich zwei Monate vor der Julirevolution keinen Begriff von europäischer Politik hatte. Ich
wußte weder, wer Polignac war, noch was es an einer
Charte zu verletzen geben könne; ich wußte nur, daß
die Burschenschaft noch nicht ganz erstorben und
Deutschland ohne Einheit war. Wenn ich Ereignisse
erwartete, die in den Lauf der Begebenheiten gewaltsam eingriffen, so hätt' ich sie eher von Erlangen und
Jena als von Paris erwartet, höchstens daß eine Schar
rückkehrender Philhellenen mit bewaffneter Hand in
Stralsund gelandet wäre und die Pommersche Land-
wehr aufgerufen oder daß Hungersnot die Bauern an
der Diemel zum Aufstand gezwungen hätte. Mit geheimnisvoller Miene eröffnete ich einst meinem Freunde,
mir schienen drei Dinge in Preußen notwendig: eine
Verfassung, Preßfreiheit und noch etwas drittes, das ich
vergessen habe. Ich glaubte hier wunder wie weit schon
über das Wesen der Burschenschaft hinausgegangen und
in die Fortschritte der allerneuesten Politik eingedrun-
gen zu sein.

Um diese Zeit war ein Franzose nach Berlin gekommen, der die Verhältnisse mit ganz anderen Augen
ansah wie ich. St. Marc Girardin, jetzt Staatsrat und
schon einmal in eine Ministerkombination aufgenommen, halb Doktrinär, halb Ministerieller unter
allen Umständen, war einige Monate vor der Julirevolution nach Berlin gereist, um deutsche Sprache, Schleiermacher, den Schulunterricht, Neander und den Halle-
schen Pietismus zu studieren. Ob er gleich vorzog, täglich eine Stunde hindurch mit mir nur den Kotzebue
zu lesen, so interessierte er sich doch für die geistigsten
Regungen Deutschlands, mit Ausnahme der Politik,
wo er uns verachtete. Er war Redakteur der Débats.

Ich sehe ihn noch, wie er täglich sein Exemplar, das ihm aus Paris sous bande geschickt wurde, aufriß und mit flammenden Blicken in den Spalten des großen Blattes umherirrte, um die Fortschritte der Opposition gegen Polignac zu verfolgen. Es dauerte lange, bis er sich von seinem Sinnen über eine Zukunft, die er dicht vor Augen sah, erholte und sich wieder auf Hegel, Hengstenberg, die Mystiker und Kotzebues Stricknadeln besann. Wir lasen einige Szenen, fingen Erläuterungen an und waren bald wieder mitten in der Politik. Ich gestand ihm die geringe Achtung ein, die ich vor Frankreichs politischer Mission hätte, und gab nicht undeutlich zu verstehen, daß die Jenaer Burschenschaft mehr Einfluß auf die Geschichte haben würde als die Deputiertenkammer der Franzosen. Er belächelte diesen Vaterlandsstolz und setzte dann hinzu: Junger Freund, es ist jetzt nichts für die Freiheit der Völker so gefährlich als diese plan- und ziellose Ideologie der deutschen Studenten. Ihr verdanken wir die Kongresse, ihr das von der ganzen europäischen Politik verabredete Widerstandsystem. Die deutschen Studenten wissen nicht, was Politik ist. Wenn ich dann eben im Begriff war, ihn mit den Hohenstaufen, mit Luther und Fichte zu schlagen, so mußt' ich immer die Unannehmlichkeit erfahren, daß an die Tür geklopft und die Lektion von einem Manne unterbrochen wurde, den ich nur gestehen will, vor der Julirevolution gehaßt zu haben. Eduard Gans im eleganten schwarzen Frack, mit glänzender französischer Sprachfertigkeit, Gans mit dem schwarzen, wolligen Haar und dem modischen Backenbarte trat herein und war augenblicklich mit meinem Franzosen in ein Zeitungsgespräch verwickelt. Ich hatte Gans auf dem Katheder die Burschenschaft verspotten hören; Gans hatte gesagt: Meine Herren, es gab eine Zeit, wo auch ich am Strande der Saale mit Heinrich Leo darüber nachdachte, wie wohl Deutschland wieder zur Kaiserkrone gelangen könnte. Ich hätte ihm die

Scherze verziehen, die er über diese Träume machte, wären nur nicht in dem Auditorium so viel Leutenants und Portepeenfähnriche aus der Kriegsschule zugegen gewesen! So viel weiß ich, daß ich St. Marc Girardin beim Abschiede beschwor, nur nicht zu glauben, daß Gans und die deutsche Jugend übereinstimmten. Ja, ja ich weiß, antwortete dieser, Sie wollen die Welt durch das Sanskrit befreien!

Es war am dritten August, und die Sonne brannte. In der großen Aula der Berliner Universität wurde der festliche Tag wie immer durch Gesang und Rede gefeiert. Hunderte von Studenten drängten sich hinter der Barre, vor welcher Professoren, Beamte, Militärs saßen. Über dem Redner Böckh sang unter Zelters Leitung der akademische Chor; Mantius entwickelte schon seinen sanften, zärtlichen Tenor. Schmalz, der Selige, ging mit Haarbeutel und Degen von Stuhl zu Stuhl, um mit den Ministerialräten über Völkerrecht und die Freitischverwaltung zu sprechen. Gans war erhitzt und ungeduldig; er ließ Briefe von Raumer, die eben aus Paris gekommen waren, im Saale umlaufen. Der Kronprinz lächelte; aber alle, die Zeitungen lasen, wußten, daß in Frankreich eben ein König vom Thron gestoßen wurde. Der Kanonendonner zwischen den Barrikaden von Paris dröhnte bis in die Aula nach. Böckh sprach von den schönen Künsten, aber niemand achtete diesmal seiner gedankenreichen Wendungen und klassischen Sprache; Hegel trat auf und nannte die Sieger in den wissenschaftlichen Wettkämpfen der Akademie. Jede Fakultät hatte einen Preisbewerber zu belohnen; aber niemand hörte darauf als die Beteiligte. Ich selbst vernahm mit einem Ohr, daß ich sechs Mitbewerber überwunden und den Preis in der philosophischen Fakultät gewonnen hätte; mit dem andern von einem Volke, das einen König entsetzt hatte, von Kanonendonner und Tausenden, die im Kampfe gefallen wären. Ich vernahm keinen der Glückwünsche, die man mir rechts und links darbrachte. Ich schlug das Etui nicht auf, welches die goldne Medaille mit dem Brustbilde des Königs enthielt; ich sah die Hoffnung nicht mehr, die man mir in einigen Jahren auf eine außerordentliche Professur machen konnte; ich stand betäubt an dem Portal des Universitätsvorhofes und dachte über St. Marc Girardins Prophezeiung und die deutsche Burschenschaft nach. Ich lief dann, hier und dort von Glückwünschenden angehalten, zu Stehely und nahm *zum ersten Male* eine Zeitung vors Gesicht. Nie war das meine Gewohnheit gewesen. Die Stunde, wo die Staatszeitung desselben Abends erschien, währte mir unendlich lange; ich schämte mich, wenn man geglaubt hätte, ich wollte in den königl. Geburtstagsfeierlichkeiten meinen Namen gedruckt lesen. Nein ich wollte nur wissen, wieviel Tote und Verwundete es in Paris gegeben, ob die Barrikaden noch ständen, ob noch die Lunten brennten, der Palast des Erzbischofs rauchte, ob Karl seinen Thron beweine, ob Lafayette eine Monarchie oder Republik machen würde. Die Wissenschaft lag hinter, die Geschichte vor mir.

THEODOR MUNDT

## Der Zeitpolyp

Ja, ich bin krank! Alles an mir und in mir liegt danieder wie zertretene Saat; mein Herz ein Kirchhof, aber ohne Kirche, in den Gräbern junge Dichterhoffnungen, Armesünderleichen, die nicht selig geworden sind, aber noch oft als Gespenster aufsteigen, mir die Ruhe zu stehlen. Die Wurzeln großen Wollens und Vollbringens, durch die Indifferenz der Umstände ohne Blüteansatz gelassen, liegen wie schwere und drückende Strünke in meiner Natur herum und fangen an zu faulen. Ich spüre eine Krankheit in mir, die ich noch in keiner Pathologie beschrieben gefunden. Ich habe den Zeitpolyp. Seit der Julirevolution 1830 hat er sich in meinem Herzen angeschwemmt und muß jetzt gerade so groß geworden sein wie eins von den Revolutionseiern, die, wie mein Kollege bei der hiesigen Salinenschreiberei, der Kopist Mundus, immer erzählt, ein aus dem uralten Rätselland Ägypten herüberge-flogener dämonischer Vogel in den Julitagen über ganz Europa gelegt haben soll; so daß nach seiner Ansicht die Julirevolution nie in einem Wintermonat hätte ausbrechen können, sondern bloß die heiße Julisonne es verschuldet hatte, daß jene Eier ausgebrütet wurden. Aber mein Zeitpolyp, glaube mir, Mädchen! ist eine schwere, zehrende Krankheit. Er frißt und kneift an meiner Natur wie das vielberüchtigte Prinzip der Bewegung an einem stabile Einfälle wie ein altes Haus habenden Staatsgebäude. Es ist das Wehtun der Zeit in meinem innersten Menschen, woran ich hinschmachte. Der Zeitgeist tut weh in mir, Esperance! Kennst du das? Der Zeitgeist zuckt, dröhnt, zieht, wirbelt und hambachert in mir; er pfeift in mir hell wie eine Wachtel, spielt die Kriegstrompete auf mir, singt die Marseillaise in all meinen Eingeweiden und donnert mir in Lunge und Leber mit der Pauke des Aufruhrs herum. Vergebens lese ich in jetziger Stimmung meinen alten, geliebten Goethe, um mich durch ihn wieder in die gute, goldene, altväterliche Ruhe eines literarischen Deutschlands hineinzuwiegen und einzulullen; vergebens brauche ich seine herrlichen Werke, um sie mir gewissermaßen als Aufruhr-Akte gegen meine dermalige Zeitaufregung zu verlesen. Es hilft alles nichts mehr. Wo fünf beisammen sind, wird es nach gewöhnlichen Bestimmungen der Aufruhr-Akten schon für einen Auflauf und eine Emeute angesehen, und so denke ein Mensch, was es heutiger Zeit für Aufläufe und Emeuten in einem Individuum geben muß, bei dem seine fünf Sinne immer beisammen sind! Man erlasse auf dem Wege rechtens eine gesetzliche Aufforderung an diese fünf Sinne, auseinanderzugehen und sich als ruhige Bürger in ihre friedfertige Häuslichkeit zurückzuziehen, und wenn es hilft, so werden die Staaten und Throne gesichert sein, alles wird hübsch beim alten bleiben, Rindviehzucht, Ackerbau und Gewerbe werden blühen, die Stabilität wird ihren Triumph erleben, und keine Revolution kann entstehen. Mit meinen im Aufruhrzustande begriffenen fünf Sinnen bringe ich's aber nicht soweit. Himmel, ich bin ein Unruhiger und weiß doch nicht, was ich will und soll! So viel weiß ich nur, daß etwas Neues mit mir vorgehen muß, wenn ich leben bleiben soll, und daß ich die Wiedergeburt meines alten Deutschen Adam nur in den jetzigen politischen Zeitinteressen finden kann! Wie aber soll ich hier, nach Kleinweltwinkel verschlagen, an dies entlegenste Thule der Weltgeschichte gebannt, wo nur selten einmal, wie ein verirrter Schiffer, eine Zeitung hinkommt, wie soll ich hier, unter diesen jämmerlichen, unhistorischen Kleinstädtern, die noch nie eine Geschichte gehabt haben, an dem Werk meiner Wiedergeburt arbeiten? O mon dieu! Wie soll ich hier den Sauerteig der Zeit, der noch formlos in mir gärt, zum wahren Brot des Lebens ausbacken? Da muß ich hier sitzen und Salzrechnungen schreiben! Ach ihr Götter alle! Salz, Salz, was ist Salz? Pulver möcht' ich schreiben in die Zeit hinaus, und auf dem Streitroß meiner kriegführenden Gedanken möchte ich als ein Held ausziehen in das Schlachtgetümmel der Geschichte! Siehst du nun, Esperance, die du mich einzig verstehst, wie krank und unglücklich ich bin?

# Feinde und Gegenbilder

# ANTI-GOETHEANA

ALEXANDER VON UNGERN-STERNBERG

Ja, großer Toter, wir rufen dich jetzt zurück, dein Tod ist ja unser Leben! Gelitten und geseufzt haben wir unter deiner strahlenden Größe; es ist nichts so unbequem, als Größe zu ertragen, und diese Beschwerde hast du uns reichlich aufgeladen. Unser Leben war ein ewiger Kampf gegen dein Licht, und die dich am giftigsten zu bekämpfen suchten, die lobten dich! Es ist nicht angenehm, übersehen zu werden, und wir wurden übersehen! – Darum wecken wir dich gewiß nicht auf, altes Lorbeerhaupt! Schlummre ruhig in der Gruft Seiner königlichen Hoheit des Großherzogs von Weimar, so ruhig, als lägest du mit jenem alten, vergessenen Kaiser am öden Inselstrande! Gewiß, unser Jahrhundert ist mild und einsichtsvoll; es weckt keinen Toten auf, besonders keinen großen! Vielleicht daß hie und da ein Liedchen ertönt, deinen Namen nennend, daß ein armer, blöder Knabe in der Angst seiner Seele bei brechendem Herzen und vorquellenden Tränen dir nachruft, oder daß ein vergessener Professor einer noch vergessenern Lehranstalt ein Wörtlein von dir fallen läßt und sagt, daß du eine alte Kindersage, den Faust, geschrieben habest, die nicht schlecht sei; oder ein lustiger Franzose stößt deinen Namen im Fluch aus, weil er sich die sonderbare Grille in den Kopf gesetzt hat, doch auch einmal etwas von einem alten deutschen Autor zu lesen. Ja, ja, vergessen! sei gewiß, Zürnender, du wirst vergessen! Wir freuen uns aus voller Seele, da wir so viele Dinge behalten müssen, daß wir endlich einmal auch etwas vergessen dürfen, und bei dir dürfen wir es, da du groß bist; es ist sogar eine Pflicht, die alle kleinen Geister einander schuldig sind und die wir

21

treulich erfüllen wollen. Nichts, nichts soll uns an dich erinnern, selbst nicht einmal die neue Cottasche Ausgabe deiner Werke! Freut euch, Millionen der Erde! es gibt nichts mehr zu bewundern, nichts mehr zu verehren; der alte, adlige Sänger ist tot! es gibt keinen Unterschied der Stände und der Geister mehr; wir sind alle klein, glücklich, frei und gleich! o herrliches Jahrhundert!

LUDWIG BÖRNE

Goethe hätte ein Herkules sein können, sein Vaterland von großem Unrate zu befreien; aber er holte sich bloß die goldenen Äpfel der Hesperiden, die er für sich behielt, und dann setzte er sich zu den Füßen der Omphale und blieb da sitzen. Wie ganz anders lebten und wirkten die großen Dichter und Redner Italiens, Frankreichs und Englands! Dante, Krieger, Staatsmann, ja Diplomat, von mächtigen Fürsten geliebt und gehaßt, beschützt und verfolgt, blieb unbekümmert um Liebe und Haß, um Gunst und Tücke und sang und kämpfte für das Recht. Er fand die alte Hölle zu abgenutzt und schuf eine neue, den Übermut der Großen zu bändigen und den Trug gleisnerischer Priester zu bestrafen. Alfieri war reich, ein Edelmann, adelstolz, und doch keuchte er wie ein Lastträger den Parnaß hinauf, um von seinem Gipfel herab die Freiheit zu predigen. Montesquieu war ein Staatsdiener, und er schrieb seine „Persischen Briefe", worin er den Hof verspottete, und seinen „Geist der Gesetze", worin er die Gebrechen Frankreichs richtete. Voltaire war ein Höfling; aber nur schöne Worte verehrte er den Großen und opferte ihnen nie seine Gesinnung auf. Er trug eine wohlbestellte Perücke, feine Manschetten, seidene Röcke und Strümpfe; aber er ging durch den Kot, sobald ein Verfolgter um Hülfe schrie, und holte mit seinen adeligen Händen schuldlos Gerichtete vom Galgen herab. Rousseau war ein kranker Bettler und hülfsbedürftig; aber nicht die zarte Pflege, nicht die Freundschaft, selbst der Vornehmen, verführte ihn, er blieb frei und stolz und starb als Bettler. Milton vergaß über seine Verse die Not seiner Mitbürger nicht und wirkte für Freiheit und Recht. So waren Swift, Byron, so ist Thomas Moore. Wie war, wie ist Goethe? Bürger einer freien Stadt, erinnert er sich nur, daß er Enkel eines Schultheißen ist, der bei der Kaiserkrönung Kammerdienste durfte tun. Ein Kind ehrbarer Eltern, entzückte es ihn, als ihn einst als Knabe ein Gassenbube Bastard schalt, und er schwärmte mit der Phantasie des künftigen Dichters, wessen Prinzen Sohn er wohl möchte sein. So war er, so ist er geblieben. Nie hat er ein armes Wörtchen für sein Volk gesprochen, er, der früher auf der Höhe seines Ruhms unantastbar, später im hohen Alter unverletzlich, hätte sagen dürfen, was kein anderer wagen durfte. Noch vor wenigen Jahren bat er die „hohen und höchsten Regierungen" des deutschen Bundes um Schutz seiner Schriften gegen den Nachdruck. Zugleich um gleichen Schutz für alle deutschen Schriftsteller zu bitten, das fiel ihm nicht ein. Ich hätte mir lieber wie einem Schulbübchen mit dem Lineal auf die Finger klopfen lassen, ehe ich sie dazu gebraucht, um mein *Recht* zu betteln, und um *mein* Recht allein!

Goethe war glücklich auf dieser Erde, und er erkennt sich selbst dafür. Er wird hundert Jahre erreichen; aber auch ein Jahrhundert geht vorüber, und ewig sitzt die Nachwelt. Sie, die furchtlose, unbestechliche Richterin, wird Goethe fragen: Dir ward ein hoher Geist, hast du je die Niedrigkeit beschämt? Der Himmel gab dir eine Feuerzunge, hast du je das Recht verteidigt? Du hattest ein gutes Schwert, aber du warst nur immer dein eigner Wächter! Glücklich hast du gelebt, aber du *hast* gelebt.

ADOLF GLASSBRENNER

Schiller.
    Nein, länger trag ich nicht die Schmach! Es ruft
    Der Gott in mir mich selbst zur Rache auf!
    Welch Staubgeborner steht so hoch, daß er
    Die frevle Hand an mich zu legen wagte,
    Nicht zitternd vor dem Fluch des Genius,
    Der mich begeistert für mein deutsches Volk?
    Wo schläft dies Volk, für das ich sang? Hab ich
    Den Tell erweckt, den kräft'gen Sohn der Schweiz,
    Den freien Mann auf seinen freien Bergen,
    Daß er vermodre in der Gruft? Rief ich
    Den Wallenstein, daß jeder glatte Wurm
    Der Politik an seinem Leichnam zehre?
Goethe.
    Mein Freund, du mußt die Zeiten nehmen, wie sie
    Man kann im Winter keine Rosen brechen!    [sind;
    Ist jetzt der treue Kettenhund noch blind,
    Den du das Volk genannt, und schläft in Ruh',
    So braucht man wohl ein Säkulum dazu,
    Zu wecken ihn und seinen Star zu stechen!
    Zu schnelles Licht tut nicht dem Auge wohl,
    Man muß erst mit der Sonne kokettieren;
    Kurz, klingt es dir prosaisch auch und hohl:
    Der Mensch muß niemals die Geduld verlieren!


HEINRICH LAUBE

Ich habe Goethe nie geliebt, selbst dann nicht, als ich es
einsah, daß er unser größter Dichter sei. Es geht ein
egoistischer Zug durch sein Gesicht und sein Leben, welcher für mein Herz die Liebe ausschließt, mag es auch,
wie Heine sagt, der egoistische Zug um den Mund des
Jupiter sein. Ich habe auch den Jupiter nie geliebt.

Als die bürgerliche Entrüstung losbrach über unsre Hofpoeten, als man mit donnernder Stimme all unsre poetischen Schläfer aus ihren faulen Sorgenstühlen aufschreckte und sie daran erinnerte, über dem feisten Mittagstische nicht die wenigen Interessen und Güter der Menschheit zu vernachlässigen, Notiz davon zu nehmen, wie es in der wirklichen Welt aussähe; als Ludwig Börne anfing, die langen Sündenzettel der teutschen Autoren zu veröffentlichen, da kreischte auch ich mit gegen den Geheimenrat Wolfgang von Goethe. Er hat nie etwas von jener humanen, schönen Begeisterung empfunden, mit welcher die besten Menschen der Weltgeschichte gestorben sind.

Und seine Partei, welche man in der teutschen Geschichte Koraxe nennt, war ganz geeignet, diesen Zorn zu steigern. Oft ausgezeichnet durch feine Bildung, kultivierten Geschmack, war sie doch immer eine tatlose Gesellschaft, arm an energischem Genie, an gewaltiger, überwältigender Kraft. Mit einer Art kleinlicher Sorgfalt und Ängstlichkeit scharten sie sich um ihn in jenen für sie so drangvollen Jahren, und die kompromittiertesten Bürger unsers Vaterlandes gehörten zu ihnen. Sie gaben der Poesie das Ansehn, als sei sie nur ein Spielzeug des Despotismus.

So geschah's, daß eine förmlich fanatische Verfolgung hereinbrach über alles Goethesche Wesen, daß man lange vor seinem Tode sagte, er sei gestorben; daß man den achtzigjährigen Greis mit unbändigen Schimpfnamen belegte, ja daß man Häckerling über das Grab des großen Toten warf. Die Nachricht seines Todes, die zehn Jahre früher wie ein Donnerschlag über Teutschland hingerollt wäre, schlich leise durch die Städte, und nur die offiziellen Blätter und die Goetheschen Beamten erhoben eine verworrene Totenklage. Ich habe damals die fatalen Worte gehört: Wieder ein herzloser Aristokrat weniger! Die wilde Jugend rief sogar den

Fluch des Vaterlandes auf seine Asche herab und klagte ihn des einem Dichter unnatürlichsten Verbrechens an, die freie Volksentwickelung aufgehalten, die Knechtschaft besungen zu haben.

CHARLOTTE STIEGLITZ

Goethe steht in seiner letzten Periode immer dem Publikum gegenüber wie ein absoluter König. *Ich der König.* Er geruht, dieses und jenes dem Volke zu übergeben. Keine Kammern, die ihn konstitutionsmäßig mit dem Volke verbinden. Jean Paul und Schiller sind durch die Herzkammern mit dem Volke vereint. Überhaupt kann der jetzige Dichter gar nicht mehr so vornehm von oben herunter sagen: „Das Publikum".

HEINRICH HEINE

Nein, Gott manifestiert sich nicht gleichmäßig in allen Dingen, wie Wolfgang Goethe glaubte, der dadurch ein Indifferentist wurde und statt mit den höchsten Menschheitsinteressen sich nur mit Kunstspielsachen, Anatomie, Farbenlehre, Pflanzenkunde und Wolkenbeobachtungen beschäftigte: Gott manifestiert sich in den Dingen mehr oder minder, er lebt in dieser beständigen Manifestation, Gott ist in der Bewegung, in der Handlung, in der Zeit, sein heiliger Odem weht durch die Blätter der Geschichte, letztere ist das eigentliche Buch Gottes; und das fühlte und ahnte Friedrich Schiller, und er ward ein „rückwärtsgekehrter Prophet", und er schrieb den „Abfall der Niederlande", den „Dreißigjährigen Krieg" und die „Jungfrau von Orleans" und den „Tell".

Freilich, auch Goethe besang einige große Emanzipationsgeschichten, aber er besang sie als Artist. Da er nämlich den christlichen Enthusiasmus, der ihm fatal war, verdrießlich ablehnte und den philosophischen Enthusiasmus unserer Zeit nicht begriff oder nicht begreifen wollte, weil er dadurch aus seiner Gemütsruhe herausgerissen zu werden fürchtete: so behandelte er den Enthusiasmus überhaupt ganz historisch, als etwas Gegebenes, als einen Stoff, der behandelt werden soll, der Geist wurde Materie unter seinen Händen, und er gab ihm die schöne, gefällige Form. So wurde er der größte Künstler in unserer Literatur, und alles, was er schrieb, wurde ein abgerundetes Kunstwerk.

Das Beispiel des Meisters leitete die Jünger, und in Deutschland entstand dadurch jene literarische Periode, die ich einst als „die Kunstperiode" bezeichnet und wobei ich den nachteiligen Einfluß auf die politische Entwickelung des deutschen Volkes nachgewiesen habe. Keineswegs jedoch leugnete ich bei dieser Gelegenheit den selbständigen Wert der Goetheschen Meisterwerke. Sie zieren unser teueres Vaterland, wie schöne Statuen einen Garten zieren, aber es sind Statuen. Man kann sich darin verlieben, aber sie sind unfruchtbar: die Goetheschen Dichtungen bringen nicht die Tat hervor wie die Schillerschen. Die Tat ist das Kind des Wortes, und die Goetheschen schönen Worte sind kinderlos. Das ist der Fluch alles dessen, was bloß durch die Kunst entstanden ist. Die Statue, die der Pygmalion verfertigt, war ein schönes Weib, sogar der Meister verliebte sich darin, sie wurde lebendig unter seinen Küssen, aber soviel wir wissen, hat sie nie Kinder bekommen. Ich glaube, Herr Charles Nodier hat mal in solcher Beziehung etwas Ähnliches gesagt, und das kam mir gestern in den Sinn, als ich, die unteren Säle des Louvre durchwandernd, die alten Götterstatuen betrachtete. Da standen sie, mit den stummen, weißen Augen, in dem marmornen Lächeln eine geheime Me-

lancholie, eine trübe Erinnerung vielleicht an Ägypten,
das Totenland, dem sie entsprossen, oder leidende Sehnsucht nach dem Leben, woraus sie jetzt durch andere
Gottheiten fortgedrängt sind, oder auch Schmerz über
ihre tote Unsterblichkeit: – sie schienen des Wortes zu
harren, das sie wieder dem Leben zurückgäbe, das sie
aus ihrer kalten, starren Regungslosigkeit erlöse. Sonderbar! diese Antiken mahnten mich an die Goetheschen Dichtungen, die ebenso vollendet, ebenso herrlich, ebenso ruhig sind und ebenfalls mit Wehmut zu
fühlen scheinen, daß ihre Starrheit und Kälte sie von
unserem jetzigen bewegt warmen Leben abscheidet,
daß sie nicht mit uns leiden und jauchzen können, daß
sie keine Menschen sind, sondern unglückliche Misch-
linge von Gottheit und Stein.

THEODOR MUNDT

Er war vornehmlich der Erlöser der deutschen Form,
die er vergeistigte und künstlerisch machte, aber nicht
der Erlöser des deutschen Geistes, der in ihm und in
seiner Zeit noch nicht zur höchsten Freiheit auferstehen
konnte, weil die Weltanschauung noch getrennt und
auseinander lag vom Leben und vom Talent. Die Familie und die Persönlichkeit waren die Grenze der
Dichter und des Volkes. Einen merkwürdigen und
höchst naiven Kommentar zu dieser damaligen Art zu
dichten besitzen wir in Goethes Selbstbekenntnissen:
„Dichtung und Wahrheit", wobei wir erstaunen müssen, wie diese großen Poeten keine andere Weltgeschichte kannten als die mikrokosmische ihrer eigenen Persönlichkeit. Dieser geniale Egoismus ist uns
heutzutage bereits so fremd geworden, daß wir uns
auf manchen Punkten gar nicht mehr in ihn hinein-
zusetzen vermögen, wenn auch noch viele unter uns

28

und in unserer Nähe an der alten Krankheit zu leiden
scheinen, die aber keine neuen und erhabenen Gedichte
wie damals mehr erzeugen wird. Nur von der metaphysischen Universalität des deutschen Geistes hatte
Goethe ein Normalgedicht gedichtet in seinem „Faust",
ein Werk, das die größte Ewigkeit hat in der deutschen
Literatur. Aber es sind auch hier wie immer nur die
allgemeinsten elementaren Bestandteile des Lebens,
die er berührt. Im „Wilhelm Meister" sind es die Formen
der deutschen Geselligkeit, die neu gebildet werden sollen, und in den „Wahlverwandtschaften" sind es die Kon-
flikte der Sittlichkeit, welche aus den geselligen Kultur-
zuständen wie ein tragisches Fatum sich entspinnen ...
In der „Natürlichen Tochter" ist es das Abstraktum einer
Heilighaltung der bürgerlichen Gesellschaftsform und
Gesellschaftsehre, zu deren Versöhnung und Ausgleichung jedes Opfer notwendig erachtet wird, und im
„Tasso" tritt der Dichter als solcher selbst vor, ein Schoß-
kind seiner Träume, in einer launenhaften Zerspaltung
zwischen Dichter und Mensch, zwischen innen und
außen, zwischen Welt und Gemüt befangen, die wir
heut nicht mehr ganz begreifen und nachfühlen können, weil uns kein echter Dichter ohne Größe und stäh-
lerne Kraft der Weltanschauung, mithin ohne Einheit
und Schwerpunkt des Daseins, mehr denkbar ist.

# DIE REAKTIONÄRE ROMANTIK

ROBERT PRUTZ

Die Romantiker... gefielen sich darin, eine Literatur in der Literatur, ein Volk im Volke, eine kleine bevorzugte Gemeinde zu stiften gegenüber der geschmacklosen, rohen, ungebildeten Menge. Es fehlte ihnen jener schöne, liebevolle Eifer, jenes duldsame, pädagogische Element, durch welches namentlich Schiller, durch welches Fichte so groß gewesen und ohne das es überhaupt nur schwer, wenn nicht unmöglich fällt, groß zu sein in irgendeiner Sphäre menschlicher Fähigkeit, menschlichen Tuns: darum, weil man ohne das dem wahren Boden aller Größe, dem Boden seines Volkes, entsagt.

Die Romantiker knüpfen hierin wie in vielem andern an Goethe an, dessen Vornehmheit so oft und viel besprochen ist.

Ich meine damit nicht jene Vornehmheit des persönlichen Verhaltens, jene steife Förmlichkeit, jene Kälte des Umgangs, die man Goethen nachsagt und in welcher er – es bleibe unentschieden, ob mehr den Minister eines kleinen Landes oder den Patriziersohn einer großen Stadt repräsentierte. Ich meine die andere, die literarische Vornehmheit, die Geringschätzung der Massen, die Verachtung des Publikums, von welcher der große Dichter mehr als billig beherrscht ward und durch die er namentlich einen so merkwürdigen Gegensatz gegen Schiller bildete. Bei Goethe (wie ich dies schon neulich erwähnte) war diese Vornehmheit ein unmittelbares, naives Ergebnis seiner gesamten Natur; er war nun eben der schöne Egoist, die fertige, runde Persönlichkeit, die nach den anderen nichts fragt, deshalb, weil sie nichts nach ihnen zu fragen braucht.

Bei den Romantikern dagegen war diese Vornehmheit vielmehr eine reflektierte, erkünstelte, selbstbewußte; sie verachteten die Menge – nicht bloß weil sie selbst so weise, nein: auch weil die Menge so dumm. Das Goethesche Leben und Lebenlassen war bei ihnen zu einem aristokratischen: ich lebe und die andern bilden sich bloß ein zu leben – geworden. Goethe war subjektiv, die Romantiker wurden exklusiv; Goethe duldete die Welt und freute sich an ihr, die Romantiker verachteten sie und spotteten ihrer.

Indem nun die Romantiker auf diese Weise sich loslösten von der Masse des Publikums, indem sie sich besser, weiser, geistreicher fühlten als alle übrigen: so war es eine unvermeidliche Folge, daß sie, um sich nicht wider ihren Willen zu verlieren in der Menge, welche sie verachteten, sich zusammentaten in Cliquen und Koterien.

Die Romantiker sind die eigentlichen Separatisten unserer Literatur. Die Clique, die abgesonderte, exklusive Partei, wenn sie auch als die verdorbene, ungesunde Frucht einzelner krankhafter Persönlichkeiten schon vorher hie und da in unserer Literatur aufgetaucht war: so waren es doch erst die Romantiker, welche sie förmlich ausbildeten und zum Prinzip erhoben; so waren doch sie es erst, welche, das Eis der heiligen Scham durchbrechend, jene kleinen Künste literarischer Intrige, jene unsauberen Mittel der Parteilichkeit und des Eigennutzes, die bis dahin wohl auch, aber doch immer nur im stillen, doch immer nur heimlich gebraucht worden waren, zuerst auf offenem Markte, massenhaft, in einer förmlich organisierten Presse zur Schau trugen; so waren doch sie es erst, durch welche das Publikum gewöhnt ward, in der Literatur zuerst und vor allem den Skandal zu suchen.

Auch blieb dies Cliquenwesen keineswegs bloß innerhalb der Literatur, es zeigte sich nicht bloß als literarische Partei: es ging – und dies war bei weitem das Unseligste! – auch über in unsere Geselligkeit, ja in die

Mitte unseres häuslichen Lebens. Jene leidige Manie, die Literatur und was daran hängt, Kunst, Theater usw. zum ausschließlichen Gegenstande geselliger Unterhaltung zu machen, von den Begebenheiten des öffentlichen Lebens aber, von den Zuständen der Geschichte, den Angelegenheiten des Vaterlandes, der Gemeinde, des bürgerlichen Verkehrs ist keine Rede; jene parfümierten Tees, wo man „mit wenig Witz und viel Behagen" um ein Buch, ein Kunstwerk, einen berühmten Mann sich versammelt – nicht aus Begeisterung, aus innerem Bedürfnis: bloß weil die Mode es verlangt und weil es so für vornehm, für feingebildet gilt, wo man sich langweilt im stillen und doch in dieser Langenweile sich unendlich viel vornehmer vorkommt als der Pöbel, der sich amüsiert: es ist ja ästhetische Langeweile ...!

. . .

Und doch kann niemand in dem abstrakten Nichts ausharren. Es muß der Mensch, nach dem Worte des Dichters, etwas haben, woran seine Seele sich hängt: wer an den Geist nicht mehr glaubt, der glaubt an Gespenster, wer seine Götter zerschlagen, der macht sich Götzen.

Auch die Romantiker konnten es in der absichtlichen, künstlichen Öde, welche sie um sich geschaffen, in dieser geflissentlichen Abstraktion von allen positiven Mächten des Lebens auf die Dauer nicht ertragen. Des natürlichen Bodens, des Bodens der Geschichte, des Volkes, der Sitte hatten sie sich begeben: so suchten sie nach einem neuen, künstlichen, einem Boden, der, gleich jenen scheinbaren Inseln, jenen Anhäufungen von Schlingpflanzen und Flechten und Gräsern, von denen die Naturforscher uns erzählen, mit trügerischem Grün den Abgrund überdeckt; ihr angebornes, lebendiges Herz in natürlicher, warmer Fülle hatten sie in selbstmörderischem Wahnsinn aus der Brust gerissen: so suchten sie es zu ersetzen durch einen künstlichen

Mechanismus, ein Uhrwerk, ein Automat mit Rädern und Stiften, dessen eintönig knarrende Bewegung den schönen, freien Puls des Lebens nachäffen sollte.

Daher dieser Ruf nach einem Mittelpunkt, einem Zentrum der Literatur, welcher diese ganze Zeit der Romantiker erfüllt; daher dieses Bedürfnis, sich äußerlich anzulehnen an gewisse Zeiten, gewisse Zustände, gewisse Muster, welche nun ein für allemal für poetisch gelten sollten; daher diese Versuche und Anstrengungen, diese Irrfahrten und Wanderungen, dieser ganze abenteuerliche Drang, der Kunst von außen her durch neue Stoffe, neue Formen ein Leben, eine Frische zuzuführen, die sie an sich selbst schon nicht mehr besaß! –

Es sind besonders drei Richtungen, welche sich dabei unterscheiden lassen, drei Wege, auf welchen die Literatur abirrte, da sie den Weg der Geschichte, den Weg der Freiheit, die zugleich die Schönheit ist, nicht gehen wollte – oder vielmehr, genötigt durch die öffentlichen Zustände im allgemeinen, sie konnte ihn nicht gehen.

Zuerst die einseitige und kaprizierte Hinneigung zum Mittelalter. Im Mittelalter, in dieser Dämmerungsepoche der modernen Welt, wo die Gegensätze, welche gegenwärtig unser Leben erschüttern, noch schlummernd unter der Decke lagen, und nur mitunter jählings zuckten sie wie im Traum, und einzelne unverstandene Laute klangen prophetisch, ahnungsvoll in die allgemeine Stille hinein – in dieser träumenden, dämmernden Epoche, diesem Pflanzenleben des Mittelalters, wo die Geschicke noch massenweise gingen, wo noch keine geschichtliche Krisis den Frieden des einzelnen störte, glaubte man das wahre, vollkommene Zeitalter der Menschheit erkannt zu haben. Die antike Welt, in ihrer gesunden Frische, ihrer prallen Kraft, ihrer geschlossenen, herben Schönheit, erschien dem weichlichen, bedürftigen Sinne dieser neuen Zeit als etwas Kaltes, Ablehnendes, Unverträgliches; ihre krankhafte Neigung, ihr Streben ohne Ziel, ihre Leidenschaft ohne Feuer, ihre Empfindung ohne Wahrheit fühlte sich sympathetisch hingezogen zu den verzwickten, verschrobenen Formen der mittelalterlichen Welt.

Dazu trat das nationale Element.

. . .

Allein auch hier wieder welche Nationalität ist es, die sie meinen? wo liegt das Deutschland, von dem sie sprechen? welche volkstümlichen Institutionen, welche geschichtlichen Zustände sind es, die sie uns empfehlen? Greifen auch sie nicht, statt sich frohen Mutes der Gegenwart und ihren Rechten, ihren Bedürfnissen hinzugeben, vielmehr rückwärts in die Vergangenheit und schieben uns, statt der neuen, freien Zeit, die sie verkündet, den Wechselbalg eines reflektierten, erkünstelten, unwahren Mittelalters unter?!

So gehen den großen Ereignissen der Zukunft nicht bloß ihre Geister, auch ihre Gespenster gehen ihnen voran. Hoffen wir, daß die Sonne dennoch aufgehen und mit wohltätig befreiendem Strahl diese traurigen Schatten auflösen wird in das Nichts, dem sie entsprungen! –

Das zweite sodann, woran die Romantiker sich anzulehnen, worin sie einen Mittelpunkt ihrer Kunst zu finden suchten, war der Katholizismus. Zum Katholizismus wurden sie nicht allein durch ihre mittelalterlichen Sympathien, nicht bloß durch das Muster jener südlichen Literaturen geführt, hauptsächlich der spanischen, welche sie, wie vorhin erwähnt, mit Vorliebe pflegten; es war nicht bloß der imponierende Anblick der mittelalterlichen Kirche, einer Kirche, deren kolossale Abgeschlossenheit, deren unerschütterliche Stabilität jenes Reich des ewigen Friedens, der allgemeinen träumerischen Ruhe zu verwirklichen schien, nach welchem die Romantiker sich sehnten, von dem sie sangen und dichteten, wie von einem saturnischen Zeitalter, einer untergegangenen Insel der Seligen: es war ebensosehr, und noch mehr sogar, die Haltungslosigkeit ihres eigenen Innern, ihre eigene sittliche Zerflossenheit, ihre moralische Entnervtheit, was sie, nach tausend Irrtümern und Kämpfen, zerbrochen, müde, abgenutzt, endlich dem Katholizismus in die Arme warf. Es ist ein sehr charakteristischer Zug, daß von den Hauptstimmführern der Romantik gerade diejenigen, die den Katholizismus am lautesten gepredigt, die am meisten geliebäugelt haben mit katholischen Bildern, katholischen Formen, durchgängig nicht als Katholiken geboren und erzogen worden: es sind Protestanten, die katholisch geworden, es sind müde, schiffbrüchige Seelen, die sich in den Katholizismus als eine Zuflucht, einen Hafen nach dem Sturm gerettet haben.

Das dritte endlich, wodurch die Romantiker der Literatur zu geben suchten, was ihr fehlte, einen Inhalt, eine unmittelbare, lebendige, konkrete Fülle, war dies, daß sie dieselbe zu Gaste schickten bei sich selbst: ich meine, daß sie die Literatur zu nähren suchten von der Literatur, daß sie Bücher schrieben über Bücher, Gedichte über Gedichte, Komödien über Komödien. Es fehlte der Literatur an Stoffen, es fehlte ihr an Gegenständen, deren sie sich bemeistern, die sie darstellen, durch deren Darstellung sie wirken konnte. Aber wohlan, lebt nicht der Dachs vom eigenen Fett? und sollte es nicht ebenso möglich sein, Literatur zu machen von der Literatur? – So entstanden jene Künstlerromane, jene Dramen, welche, statt das wirkliche Leben, das Leben der einzelnen, die Schicksale der Völker künstlerisch abzuspiegeln, nichts Würdigeres auf die Bühne zu bringen wußten als literarische Kämpfe, ästhetische Streitfragen, als schlechte Bücher elender Skribenten, die kaum des Witzes und ganz gewiß nicht des Eifers wert waren, der hier an ihre Verspottung, ihre Vernichtung gewendet ward.

Auf die Teilnahme des Volks natürlich, die Sympathie der Masse mußte bei all diesen Bestrebungen verzichtet werden. Was war dem Volke das Mittelalter? was ihm der Katholizismus, zumal dieser nebelnde, schwebelnde, süßduftende, den z. B. die starre, ehrliche Frömmigkeit des Tirolers unmöglich hätte können für ebenbürtig anerkennen? Was auch waren dem Volke diese literarischen Streitigkeiten, diese Kämpfe der Systeme, diese Fehden der Koterien? was war ihm dieser Frosch- und Mäusekrieg der Schriftsteller, an dem die Romantiker zu Homeren zu werden suchten?!

Und so mußte gerade das, wodurch die Romantiker die Literatur zu retten suchten, sie nur noch tiefer stürzen; so mußte gerade das, was der Kunst Boden, Inhalt und Mittelpunkt verleihen sollte, nur dazu dienen, sie noch schroffer abzulösen von dem, was ihr allein Boden, Inhalt und Mittelpunkt sein konnte: von dem Volke.

ALEXANDER VON UNGERN-STERNBERG

„Wie, Gnädigste!" rief Ottfried zürnend, „Sie vergessen die neuen schwäbischen Dichter, die herrlichen Lieder, die alle Welt entzücken; die süßen Stimmen, die jede Brust mit Trost, Frieden, Liebe und Verehrung füllen, jene Gesänge, die so frisch und bezaubernd selbst nicht zu den Zeiten des zweiten Friedrichs, des kunstliebenden Kaisers erschollen sein können. Hat je die Muse etwas Köstlicheres beschert als jene wunderschönen Romanzen, von denen eine immer heller und bedeutsamer als die andre erklingt? Sie sind Blumen unsrer heutigen Poesie." – „Wer widerstreitet das?" rief die Gräfin; „und sie würden unstreitig noch farbenreicher und duftiger erblühen, wenn sie nicht auf dem Boden des Mittelalters wüchsen, das mir nun einmal widerwärtig ist. Ich meine, daß diese Stoffe, wenn sie auch für den Dichter einst ergiebig waren, doch jetzt abgenutzt sind; der Born des alten Nibelungenliedes kann doch endlich einmal ausgeschöpft sein, und Liederchen, die von Jung-Siegfried und Jungfrau Sieglinden handeln, lassen selbst die Verehrer des Dichters kalt und erinnern zu ihrem Nachteil an die nordischen Ungeheuerlichkeiten, an die Karikaturen aus der Edda und an jene Zeit, wo man an einem eleganten Teetisch oft von nichts anderem hörte als von den Tölpeleien eines isländischen Riesen oder von den minniglichen Albernheiten einiger Schwächlinge, die sich in Rüstungen verirrten. Wie kräftig und wahr erscheint dagegen Bürgers Leonore, wie ergreifend sein Lied vom braven Mann!"

LUDOLF WIENBARG

Mußte nun dies Spiegelbild [der Ritterzeit] viel Anziehendes für unsere Phantasie haben, die in der Gegenwart aus Mangel an Nahrung zu verschmachten droht, ja lag uns die Frage nahe, ob es nicht eben diese romantische Schönheit des Mittelalters sei, dessen Wiederbelebung der Zeit und dem deutschen Volke not tue, so ließen wir uns doch nicht darauf ein, diese Frage eher zu beantworten, als bis eine andere aufgeworfen und beantwortet wäre, nämlich die: trägt die romantische Schönheit des Mittelalters auch in der Tat den Stempel der schönen Humanität an sich, der uns als Ideal vorschwebt, war sie lautre Natur, frei von Künstelei und Überspannung, war sie dem deutschen Geiste so eigentümlich, daß keine spätere Zeit ihre Kraft entfalten kann, ohne sich in diese Form zu schmiegen, muß die neue, schönere Zeit, die heranzieht, die als Samenkorn in tausend und aber tausend deutschen Herzen verschlossen liegt, um an irgendeinem Frühlingsmorgen neuerwacht ins Leben zu blühen, muß sie haben Barone, Ritter, Knechte, Dome, Pfaffen, galanten Frauendienst, Minnegesang und alle jene Denk- und Lebensformen, wodurch sich das Mittelalter auszeichnete. Und da glaubten wir mit Nein antworten zu müssen, und ich denke, alles, was jung ist in Deutschland, steht auf unserer Seite und lebt der frohen Hoffnung, daß auch ohne Verjüngung mittelaltriger Formen eine Wiedergebärung der Nation, eine poetische Umgestaltung des Lebens, eine Ergießung des heiligen Geistes, eine freie, natürliche, zwanglose Entfaltung alles Göttlichen und Menschlichen in uns möglich sei.

Das Mittelalter hat sich überlebt, sein Geist ist ein Schatten der Geschichte, der auf verwitterten Ruinen einherwandelt. Poesie mag ihn beschwören, mag ihn in romantischem Mondlicht unserm Auge vorüberführen, der helle Tag sieht und kennt ihn nicht mehr. Schon zur Zeit der Reformation gehörte er zu den Abgeschiedenen, die Erfindung des Pulvers, der erste Kanonenschuß, die Entdeckung der griechischen und lateinischen Klassiker, die Entdeckung von Amerika hatten ihn in Europa, und hauptsächlich in Deutschland, allmählich geschwächt und vernichtet, als Luther auftrat und durch den Erfolg seiner kühnen Worte und Unternehmungen dartat, daß seine älteste Burg und sein festestes Prachtgebäude, die Kirche, nur sein eignes Mausoleum sei.


HEINRICH HEINE


Wenn aber die Herren Schlegel für die Meisterwerke, die sie sich bei den Poeten ihrer Schule bestellten, keine feste Theorie angeben konnten, so ersetzten sie diesen Mangel dadurch, daß sie die besten Kunstwerke der Vergangenheit als Muster anpriesen und ihren Schülern zugänglich machten. Dieses waren nun hauptsächlich die Werke der christlich-katholischen Kunst des Mittelalters. Die Übersetzung des Shakespeares, der an der Grenze dieser Kunst steht und schon protestantisch klar in unsere moderne Zeit hereinlächelt, war nur zu polemischen Zwecken bestimmt, deren Besprechung hier zu weitläuftig wäre. Auch ward diese Übersetzung von Herrn A. W. Schlegel unternommen, zu einer Zeit, als man sich noch nicht ganz ins Mittelalter zurück enthusiasmiert hatte. Später, als dieses geschah, ward der Calderon übersetzt und weit über den Shakespeare angepriesen; denn bei jenem fand man die Poesie des Mittelalters am reinsten ausgeprägt, und zwar in ihren beiden Hauptmomenten Rittertum und Mönchstum. Die frommen Komödien des kastilianischen Priesterdichters, dessen poetischen Blumen mit Weihwasser besprengt und kirchlich geräuchert sind, wurden jetzt nachgebildet, mit all ihrer heiligen Grandezza, mit all ihrem sacerdotalen Luxus, mit all ihrer gebenedeiten Tollheit; und in Deutschland erblühten nun jene buntgläubigen, närrisch tiefsinnigen Dichtungen, in welchen man sich mystisch verliebte wie in die „Andacht zum Kreuz" oder zur Ehre der Muttergottes schlug wie im „Standhaften Prinzen"; und Zacharias Werner trieb das Ding so weit, wie man es nur treiben konnte, ohne von Obrigkeits wegen in ein Narrenhaus eingesperrt zu werden.

Unsere Poesie, sagten die Herren Schlegel, ist alt, unsere Muse ist ein altes Weib mit einem Spinnrocken, unser Amor ist kein blonder Knabe, sondern ein verschrumpfter Zwerg mit grauen Haaren, unsere Gefühle sind abgewelkt, unsere Phantasie ist verdorrt: wir müssen uns erfrischen, wir müssen die verschütteten Quellen der naiven, einfältiglichen Poesie des Mittelalters wieder aufsuchen, da sprudelt uns entgegen der Trank der Verjüngung. Das ließ sich das trockne, dürre Volk nicht zweimal sagen; besonders die armen Dursthälse, die im märkschen Sande saßen, wollten wieder blühend und jugendlich werden, und sie stürzten nach jenen Wunderquellen, und das soff und schlürfte und schlükkerte mit übermäßiger Gier. Aber es erging ihnen wie der alten Kammerjungfer, von welcher man folgendes erzählt: sie hatte bemerkt, daß ihre Dame ein Wunderelexir besaß, das die Jugend wiederherstellt; in Abwesenheit der Dame nahm sie nun aus deren Toilette das Fläschchen, welches jenes Elexir enthielt, statt aber nur einige Tropfen zu trinken, tat sie einen so großen, langen Schluck, daß sie durch die höchstgesteigerte Wunderkraft des verjüngenden Tranks nicht bloß wieder jung, sondern gar zu einem ganz kleinen Kinde wurde.

# KRITIKEN UND PERSONALSATIREN

HEINRICH HEINE

## *August Wilhelm Schlegel*

Noch heute fühle ich den heiligen Schauer, der durch meine Seele zog, wenn ich vor seinem Katheder stand und ihn sprechen hörte. Ich trug damals einen weißen Flauschrock, eine rote Mütze, lange blonde Haare und keine Handschuhe. Herr A. W. Schlegel trug aber Glacéhandschuh und war noch ganz nach der neuesten Pariser Mode gekleidet; er war noch ganz parfümiert von guter Gesellschaft und eau de mille fleurs; er war die Zierlichkeit und die Eleganz selbst, und wenn er vom Großkanzler von England sprach, setzte er hinzu „mein Freund", und neben ihm stand sein Bedienter in der freiherrlichst Schlegelschen Hauslivree und putzte die Wachslichter, die auf silbernen Armleuchtern brannten und nebst einem Glase Zuckerwasser vor dem Wundermanne auf dem Katheder standen. Livree-bedienter! Wachslichter! silberne Armleuchter! mein Freund, der Großkanzler von England! Glacéhand-schuh! Zuckerwasser! welche unerhörte Dinge im Kollegium eines deutschen Professors! Dieser Glanz blendete uns junge Leute nicht wenig, und mich besonders, und ich machte auf Herren Schlegel damals drei Oden, wovon jede anfing mit den Worten: O du, der du, usw. Aber nur in der Poesie hätte ich es gewagt, einen so vornehmen Mann zu duzen. Sein Äußeres gab ihm wirklich eine gewisse Vornehmheit. Auf seinem dünnen Köpfchen glänzten nur noch wenige silberne Härchen, und sein Leib war so dünn, so abgezehrt, so durchsichtig, daß er ganz Geist zu sein schien, daß er fast aussah wie ein Sinnbild des Spiritualismus.

Trotzdem hatte er damals geheuratet, und er, der Chef der Romantiker, heuratete die Tochter des Kirchenrat Paulus zu Heidelberg, des Chefs der deutschen Rationalisten. Es war eine symbolische Ehe, die Romantik vermählte sich gleichsam mit dem Rationalismus; sie blieb aber ohne Früchte. Im Gegenteil, die Trennung zwischen der Romantik und dem Rationalismus wurde dadurch noch größer, und schon gleich am andern Morgen nach der Hochzeitnacht lief der Rationalismus wieder nach Hause und wollte nichts mehr mit der Romantik zu schaffen haben. Denn der Rationalismus, wie er denn immer vernünftig ist, wollte nicht bloß symbolisch vermählt sein, und sobald er die hölzerne Nichtigkeit der romantischen Kunst erkannt, lief er davon. Ich weiß, ich rede hier dunkel und will mich daher so klar als möglich ausdrücken:

Typhon, der böse Typhon, haßte den Osiris (welcher, wie ihr wißt, ein ägyptischer Gott ist), und als er ihn in seine Gewalt bekam, riß er ihn in Stücken. Isis, die arme Isis, die Gattin des Osiris, suchte diese Stücke mühsam zusammen, flickte sie aneinander, und es gelang ihr, den zerrissenen Gatten wieder ganz herzustellen; ganz? ach nein, es fehlte ein Hauptstück, welches die arme Göttin nicht wiederfinden konnte, arme Isis! Sie mußte sich daher begnügen mit einer Ergänzung von Holz, aber Holz ist nur Holz, arme Isis! Hierdurch entstand nun in Ägypten ein skandaloser Mythos und in Heidelberg ein mystischer Skandal.

Herrn A. W. Schlegel verlor man seitdem ganz außer Augen. Er war verschollen. Mißmut über solches Vergessenwerden trieb ihn endlich, nach langjähriger Abwesenheit, wieder einmal nach Berlin, der ehemaligen Hauptstadt seines literärischen Glanzes, und er hielt dort wieder einige Vorlesungen über Ästhetik. Aber er hatte unterdessen nichts Neues gelernt, und er sprach jetzt zu einem Publikum, welches von Hegel eine Philosophie der Kunst, eine Wissenschaft der Ästhetik, erhalten hatte. Man spottete und zuckte die Achsel. Es ging ihm wie einer alten Komödiantin, die nach zwanzigjähriger Abwesenheit den Schauplatz ihres ehemaligen Succes wieder betritt und nicht begreift, warum die Leute lachen, statt zu applaudieren. Der Mann hatte sich entsetzlich verändert, und er ergötzte Berlin vier Wochen lang durch die Etalage seiner Lächerlichkeiten. Er war ein alter, eitler Geck geworden, der sich überall zum Narren halten ließ. Man erzählt darüber die unglaublichsten Dinge.

Hier in Paris hatte ich die Betrübnis, Herrn A. W. Schlegel persönlich wiederzusehen. Wahrlich, von dieser Veränderung hatte ich doch keine Vorstellung, bis ich mich mit eigenen Augen davon überzeugte. Es war vor einem Jahre, kurz nach meiner Ankunft in der Hauptstadt. Ich ging eben das Haus zu sehen, worin Molière gewohnt hat; denn ich ehre große Dichter und suche überall mit religiöser Andacht die Spuren ihres irdischen Wandels. Das ist ein Kultus. Auf meinem Wege, unfern von jenem geheiligten Hause, erblickte ich ein Wesen, in dessen verwebten Zügen sich eine Ähnlichkeit mit dem ehemaligen A. W. Schlegel kundgab. Ich glaubte seinen Geist zu sehen. Aber es war nur sein Leib. Der Geist ist tot, und der Leib spukt noch auf der Erde, und er ist unterdessen ziemlich fett geworden; an den dünnen spiritualistischen Beinen hatte sich wieder Fleisch angesetzt; es war sogar ein Bauch zu sehen, und oben drüber hingen eine Menge Ordensbänder. Das sonst so feine, greise Köpfchen trug eine goldgelbe Perücke. Er war gekleidet nach der neuesten Mode jenes Jahrs, in welchem Frau v. Staël gestorben. Dabei lächelte er so veraltet süß, wie eine bejahrte Dame, die ein Stück Zucker im Munde hat, und bewegte sich so jugendlich wie ein kokettes Kind. Es war wirklich eine sonderbare Verjüngung mit ihm vorgegangen; er hatte gleichsam eine spaßhafte zweite Auflage seiner Jugend erlebt; er schien ganz wieder in die Blüte gekommen zu sein, und die Röte seiner Wangen habe ich sogar in Verdacht, daß sie keine Schminke war, sondern eine gesunde Ironie der Natur.


HEINRICH LAUBE

## Ludwig Tieck

Welchen Einfluß auf sein Volk hat Ludwig Tieck gesucht, welchen hat er gefunden?

Er hat sich von Haus aus mit seinem „William Lovell" als einen Künstler angekündigt, der Glaube und Schönheit und Form sucht. Er hat den „Prinz Zerbino" und ähnliches geschaffen, um in feiner Ironie anzudeuten, daß alles nicht recht wäre, wie es sein sollte, er hat die „Genoveva" geschrieben, als das religiöse Moment Mode ward. Man erzählt, daß er sie dem Goethe vorgelesen und daß Goethe gesagt habe, nur der Anfang und das Ende hätten ihn interessiert. Deshalb sind einige der Meinung, Goethe sei drüber eingeschlafen, andre, er habe sehr aufmerksam zugehört. Es muß hierbei auch bemerkt werden, daß Tieck sehr gut vorliest und Goethe nicht gern vorlesen hörte.

Kürzer: er arbeitete lange Zeit für das Haus Schlegel und Kompanie, für die Firma der christlichen Romantik und wurde in Rom katholisch.

Die Romantik, dieser schöne, künstliche Automat, verlor sein Interesse an der hellen, modernen Sonne, die Zeit ward vernünftig, besonnen und ein wenig trivial, Tieck sprach nirgends von seinem Katholizismus, besuchte weder eine protestantische noch eine katholische Kirche und fing an, künstliche Novellen zu schreiben, wo ein Thema durchräsoniert und durchgelebt ward, irgendein Interesse, der Pietismus oder die Malerei oder die Verrücktheit oder so etwas den Mittel- und Endpunkt abgab. Zwischen all diesen Äußerungen seiner Tätigkeit ging sein Studium ausländischer Literaturen, die meist großen Einfluß auf seine Schriften hatten, das Studium des Cervantes, Calderon, Boccaccio, Shakespeare. Es tut ihm heute noch sehr leid, daß wir Kulissen, Verwandlungen und sonstigen Theaterapparat besitzen, er möchte viel lieber alles von einer Leinwand abspielen sehen, weil es zur Zeit der Königin Elisabeth in England so Mode gewesen ist.

Diese Skizze nun soll ihm nicht etwa den Vorwurf machen, daß er katholisch oder protestantisch oder keins von beiden sei – solche Torheit und Unbilligkeit ist fern von mir – sie soll ihm auch nicht vorwerfen, daß er von da oder dort die Ironie sich geholt, daß er Romantiker oder so etwas gewesen sei, daß er bald hierhin, bald dorthin gehört habe, daß er niemals konsequent gewesen sei, daß er eine fünfzigjährige Julia lieber hört als eine sechzehnjährige. Wer wird die Freiheit der Liebhaberei beschränken, namentlich einem Poeten, wer wird im Entwickelungsgange eines Menschen starre Konsequenz fordern, welche meist die inhumanen Fanatiker und Philister gebiert.

Aber sie soll der Wegweiser sein, uns zu zeigen, wie Ludwig Tieck sein ganzes Leben hindurch *getändelt* habe, wie das meiste seines poetischen Glaubens *gemachter* Flitter, ja, wie sogar das Herz seiner Poesie eine Lüge sei. Seine Dichtungen sind nicht aus seiner Seele gewachsen, ja, er hat nie gewußt, was er wollte, und nie gewollt, was er wußte. Sein großes Talent hat ihn auf die poetischen Arbeiten hingewiesen, er hat eben poetisiert, weil ihm das leicht und bequem war, nicht weil ihn der Geist getrieben hätte, unwiderstehlich getrieben hätte, wie's dem höheren Poeten geschieht.

Er ist der größte Gelegenheitsdichter unserer Litera-

tur, mehr oder minder wurden die Sachen alle bei ihm bestellt, oder richtiger, er ist der talentvollste Komödiant unsrer Literatur, er spielt alle Rollen, er weint ein wenig und lacht recht laut, er ist heftig, er ist sanft, er schwärmt, er spottet, was man will – aber dafür hab ich ihm in meinem Leben nichts geglaubt, ich habe immer das doppelte Gesicht erblickt, und in unserer Literaturgeschichte ist mir lange nichts so auffallend gewesen, als von Tiecks überwältigendem Humor reden zu hören. Man erzähle mir von der schönen, künstlerischen Konstruktion dieses oder jenes Buchs von Ludwig Tieck, so werd ich das in der Ordnung finden, denn Ludwig Tieck ist ein überaus feiner, geistreicher, künstlerischer Schriftsteller, er ist ein ausgezeichneter Kopf, und mit dem Kopfe kann man die herrlichsten Dinge machen, man kann sogar Herzen schildern. Aber zum Humor bedarf's des eignen, echt bewegten Herzens, er ist das Lachen des Herzens, und in den feinen Nuancen dieses Lachens erkennt man den Menschen. Und wahrlich, das ist kein liebes, herzliches Lachen eines trefflichen Gesellschafters, der vortrefflich lachen gelernt hat, und manchmal wie die humoristische Partie in der „Ahnenprobe" ist es gar ein unheimlich Grinsen.
...

Und an welche Klasse von Lesern mußte man sich immer mit Tieckschen Sachen wenden? Nur an die, welche durch allerlei Leseübung vorbereitet war, an die Professionsleser, er hat nie etwas geschaffen, was unsre Nation interessiert hätte, er wurzelt nirgends in der Nation, und das geht jedem so, dem es nicht ernst ist, der nur spielt mit den Dingen. Es geht dem Dichter mit seinem Volke wie dem Liebhaber mit den Mädchen: wenn diese sehen, daß er nichts Ernstliches wollen kann, daß er keiner tiefen, ausschließlichen Neigung fähig ist, dann wird er höchstens ihr Gesellschafter, aber ihre Liebe gewinnt er nimmer.

Solch ein Gesellschafter Deutschlands ist denn auch Tieck geworden, und wenn man jetzt gefragt wird, welch eine Stelle ihm anzuweisen sei in unsrer Gesellschaft, so gerät man in Verlegenheit. Er hat sich immer nur mit toten Dingen beschäftigt, zum Liederdichter und zu dem, was man so gewöhnlich Dichter nennt, hat er kein Talent, es dreht sich in seinen Versen alles um die „Waldeinsamkeit", und sie machen viel zuviel Gerede von dieser schönen, stillen Sache. Unser Volk weiß nichts von seinen Interessen. Die Romantik hat er bekanntlich nicht erfunden – nun, das soll ihm nicht zum Tadel angerechnet werden, man kann Deutschlands größter Mann sein und kein Altdeutsch verstehen – aber er hat sie *verdorben*, er hat uns eigentlich durch seinen geistreichen Indifferentismus um das Interesse für unsere Vorfahren gebracht, er hat auch, wie mit allem, mit unsern schönsten Sagen getändelt, den Spott hineingetragen, ihre Unschuld zerstört: das reine Gegenstück Uhlands. –

Und so ist unser Zustand: es fehlt uns von jeher an einem kernigen Mittelpunkte unsres Volkswesens, in welchem sich unsre zahlreichen Kräfte vereinigen könnten, und deshalb bleiben wir immer dieselben reichen Bettler Europas, die einander selbst die Lumpen vom Körper reißen. Da erfand man uns die Romantik – vielleicht war sie ein Anfang, uns innerlich historisch zu entwickeln und herabgehend bis zu uns mit der Zeit einmal einen ganzen Deutschen zustande zu bringen. Aber da bemächtigten sich ihrer die Narren, die Betbrüder und die Müßiggänger – die poetische Geschichte eines Volks ist das hauptsächlichste religiöse Element eines Volks. Es heißt eines Volkes Seele töten, wenn man dies verletzt – und Ludwig Tieck hat mit seiner Tändelei das Ehrwürdige jener alten Stoffe aufgelöst.

Kurz: er ist der Repräsentant all jener Leute, welche in geschäftiger Spielerei das Leben verbringen, die nie bei den Taten der Geschichte zugegen sind, der Kaffeehauspolitiker, welche hinterdrein das große Maul führen, der Komödianten unsrer Literatur.

Sogar sein Stil geht dahin: in kleinen Gedanken zierlich einherhüpfend ist auch dieser gerühmte Stil eine Sprache für die Augen, ein hübsches Bildchen, was man einmal mit Vergnügen ansieht – durch die Augen wirkt man zunächst auf den Verstand, durch das Ohr gehen die kürzesten Wege in die Seele eines Menschen, eines Volks. Es ist in Tiecks Stile nichts von jenem Hineinfallen in das Herz, was den Völkern die Lebensworte gibt, nichts von jenem markigen Laute, dem kein Ohr entrinnen kann – man liest ganze Seiten von Tieck, tänzelt mit den Augen darüber hin, und am Ende weiß man nichts von den kleinen, niedlichen Dingen.

Und wozu nun all diese Vorwürfe? Darf man denn nicht das Leben auf alle Weise anfassen, darf man denn nicht auch damit spielen, wie es einem eben gefällt, wenn dies noch obenein mit dem feinsten Geiste geschieht? Müssen denn alle geistigen Tätigkeiten unter einen einzigen immer stark nach bloßer Ethik schmeckenden Grundsatz gedrängt werden? Beschränkt nicht eine solche Kritik alle individuelle Freiheit?

Wahrlich, ich halte es selbst für einen Frevel, die Individuen unsrer Geschichte also zu behandeln, ich glaube, man hält die mannigfache Entwickelung der Welt auf, wenn man ein Gewisses von allen verlangt; es muß alles gestattet sein, auch das Tändeln und Spielen und zwecklose Dahlen. Wäre Tieck dabei ein unbefangener Mann, wie manche unsrer liebenswürdigen Poeten, nimmer würde ich seinem reichen Talente mit solch rauher Hand zu nahe treten.

Aber er tritt dreist und übermütig in die Bestrebungen aller neueren Literatur herein und gebärdet sich wie ein zürnender Priester – er, der nie etwas Heiliges aufgefunden, der das wenige, was wir noch besaßen, zerstört, der nicht ein einziges großes Interesse für uns gewonnen, der die Lüge in unsrer Poesie propagandiert hat, er maßt sich einen vornehmen Ton gegen die moderne Schriftstellerei an, und dadurch fordert er heraus, ihm hinzuzeichnen, welch zweifelhafte, kümmerliche Stellung er in unsrer Nationalliteratur einnimmt.

Wir wissen es sehr wohl, daß wir den Mittelpunkt einer neuen Kunst noch nicht überall gefunden haben, aber wir sind ehrlich und gestehen es und suchen redlich, studieren Goethe und die Welt und fragen nun ihn, Herrn Ludwig Tieck, was er uns hinterläßt zu Hilfe und Anleitung – was?

Ein paar feine, ja schöne Novellen über einzelne Interessen des Lebens. Berechtigt das zu solchem Gebaren?

Und wegen all der matten Winkelschreiber unsrer jetzigen Tage mußte einmal Rechnung gelegt werden über Ludwig Tieck. Dies Volk des „Bitte, Bitte" und des ewig polizeigemäßen Herzens, was nicht auf eignen Füßen stehen kann, dieser Fluch unsrer dreisten Mittelmäßigkeit, die sich immer irgendwo anklammern muß, ist auf dem besten Wege, eine Koraxerei mit Ludwig Tieck anzustimmen, wie sie's mit Goethe machten, den sie uns auf Jahre in widerwärtigem Dampf verhüllten. Wenn die Wasser stille stehn, da kommen die Frösche und Unken. Und es war doch noch ein größer Wesen bei einem so festwurzelnden Manne wie Goethe als hier, wo aller Mittelpunkt solcher Verehrung, wo der *Charakter* fehlt.

Es ist einmal unser Los, daß wir kein Maß finden für unsere Schriftsteller, die ökonomischen Verhältnisse lassen sie hungern, wenn sie in der Blüte stehen, kümmert man sich nicht um sie, wenn sie abgeblüht sind, übertreibt man die Pietät – wir laborieren an unrichtigen Verhältnissen in bezug auf Personenwert. Das bringt denn auch den ewigen Krieg in unsere Literatur, in keinem Lande befehden sich die Schriftsteller so als in dem unseren – die Römer hetzten die Löwen aufeinander, und wenn sie sich getötet hatten, zogen sie ihnen die Felle ab und nützten sie. Dieser unser literarischer Zustand hängt genau mit unsern äußern Zuständen zusammen, und man müßte zuviel darüber sagen, wenn man etwas sagen wollte.

Die echten Professoren und die echten Leute von Stande haben die Schriftsteller noch immer nicht anerkannt, ein echter Professor und ein Grandseigneur sehen noch heute vornehm auf Goethe herab; und das weiß auch die Menge noch, und Ludwig Tieck ist derjenige, welcher diesen Glauben konservieren helfen wird, auch wenn er es natürlich nicht will. Er hat niemals einen Mann, einen Charakter gezeigt, er hat für alles geschrieben. – Viele erzählen, er habe auch, von einer Dame aufgefordert, ein scharmantes Büchlein zur Verteidigung der Leibeigenschaft angefertigt. Das mag nun wahr oder nicht wahr sein, es bezeichnet die Stellung, welche sein innerstes Wesen in unserer Tagesgeschichte einnimmt.

Ludwig Tieck kann nie zu einer Hauptfigur unserer Literaturgeschichte gemacht werden; er hat nichts mit unsrer Nation zu schaffen. Er muß als reiches, ausgezeichnetes Talent seine Würdigung erhalten; ja, man darf nicht einmal seinem kritischen Talente einen großen Einfluß gestatten, weil es kaum ein kleines ästhetisches Gewissen, aber keinen Sinn für breitere Entwickelung, für allgemeinere Interessen haben würde.

So muß heutigestags Ludwig Tieck angesehen werden: als ein geistreicher Privatmann in unserer Literatur, der an der Regierung keinen Teil haben kann wegen Mangel an Grundsätzen und nationaler Würde.

## Der Graf von Platen

„Und was haben Sie denn jetzt in den Händen?" frug ich den Markese.

„Brillanten!" antwortete er und überreichte mir das Buch.

Bei dem Wort „Brillanten" sprang Hyazinth in die Höhe; doch als er nur ein Buch sah, lächelte er mitleidigen Blicks. Dieses brillante Buch aber hatte auf dem Vorderblatte folgenden Titel:

> „Gedichte von August Grafen von Platen; Stuttgart und Tübingen. Verlag der J. G. Cottaschen Buchhandlung. 1828."

Auf dem Hinterblatte stand zierlich geschrieben: „Geschenk warmer brüderlicher Freundschaft." Dabei roch das Buch nach jenem seltsamen Parfüm, der mit Eau de Cologne nicht die mindeste Verwandtschaft hat, und vielleicht auch dem Umstande beizumessen war, daß der Markese die ganze Nacht darin gelesen hatte.

„Ich habe die ganze Nacht kein Auge zutun können" – klagte er mir – „ich war so sehr bewegt, ich mußte eilfmal aus dem Bette steigen, und zum Glück hatte ich dabei diese vortreffliche Lektüre, woraus ich nicht bloß Belehrung für die Poesie, sondern auch Trost für das Leben geschöpft habe. Sie sehen, wie sehr ich das Buch geehrt, es fehlt kein einziges Blatt, und doch, wenn ich so saß, wie ich saß, kam ich manchmal in Versuchung –"

„Das wird mehreren passiert sein, Herr Markese."

„Ich schwöre Ihnen bei unserer lieben Frau von Loretto und so wahr ich ein ehrlicher Mann bin" – fuhr jener fort – „diese Gedichte haben nicht ihresgleichen. Ich war, wie Sie wissen, gestern abend in Verzweiflung, sozusagen au désespoir, als das Fatum mir nicht vergönnte, meine Julia zu besitzen – da las ich diese Gedichte, jedesmal ein Gedicht, wenn ich aufstehen mußte, und eine solche Gleichgültigkeit gegen die Weiber war die Folge, daß mir mein eigener Liebesschmerz zuwider wurde. Das ist eben das Schöne an diesem Dichter, daß er nur für Männer glüht, in warmer Freundschaft; er gibt uns den Vorzug vor dem weiblichen Geschlechte, und schon für diese Ehre sollten wir ihm dankbar sein. Er ist darin größer als alle andern Dichter, er schmeichelt nicht dem gewöhnlichen Geschmack des großen Haufens, er heilt uns von unserer Passion für die Weiber, die uns so viel Unglück zuzieht – O Weiber! Weiber! wer uns von euren Fesseln befreit, der ist ein Wohltäter der Menschheit. Es ist ewig schade, daß Shakespeare sein eminentes theatralisches Talent nicht dazu benutzt hat, denn er soll, wie ich hier zuerst lese, nicht minder großherzig gefühlt haben als der große Graf Platen, der in seinen Sonetten von Shakespeare sagt:

Nicht Mädchenlaunen störten deinen Schlummer,
Doch stets um Freundschaft sehn wir warm dich
ringen:
Dein Freund errettet dich aus Weiberschlingen,
Und seine Schönheit ist dein Ruhm und Kummer.“

Während der Markese diese Worte mit warmem Gefühl deklamierte und der glatte Mist ihm gleichsam auf der Zunge schmolz, schnitt Hyazinth die widersprechendsten Gesichter, zugleich verdrießlich und beifällig, und endlich sprach er:

„Herr Markese, Sie sprechen wie ein Buch, auch die Verse gehen Ihnen wieder so leicht ab wie diese Nacht, aber ihr Inhalt will mir nicht gefallen. Als Mann fühle ich mich geschmeichelt, daß der Graf Platen uns den Vorzug gibt vor den Weibern, und als Freund von den Weibern bin ich wieder ein Gegner von solch einem Manne. So ist der Mensch! Der eine ißt gern Zwiebeln, der andere hat mehr Gefühl für warme Freundschaft, und ich, als ehrlicher Mann, muß aufrichtig gestehen, ich esse gern Zwiebeln, und eine schiefe Köchin ist mir lieber als der schönste Schönheitsfreund. Ja, ich muß gestehen, ich sehe nicht so viel Schönes am männlichen Geschlecht, daß man sich darin verlieben sollte."

Diese letzteren Worte sprach Hyazinth, während er sich musternd im Spiegel betrachtete, der Markese aber ließ sich nicht stören und deklamierte weiter:

„Der Hoffnung Schaumgebäude bricht zusammen,
Wir mühn uns, ach! und kommen nicht zusammen:
Mein Name klingt aus deinem Mund melodisch,
Doch reihst du selten dies Gedicht zusammen;
Wie Sonn und Mond uns stets getrennt zu halten,
Verschworen Sitte sich und Pflicht zusammen,
Laß Haupt an Haupt uns lehnen, denn es taugen
Dein dunkles Haar, mein hell' Gesicht zusammen!
Doch ach! ich träume, denn du ziehst von hinnen,
Eh noch das Glück uns brachte dicht zusammen:
Die Seelen bluten, da getrennt die Leiber,
O wären's Blumen, die man flicht zusammen!"

„Eine komische Poesie!" – rief Hyazinth, der die Reime nachmurmelte – „Sitte sich und Pflicht zusammen, Gesicht zusammen, dicht zusammen, flicht zusammen! komische Poesie! Mein Schwager, wenn er Gedichte liest, macht oft den Spaß, daß er am Ende jeder Zeile die Worte ‚von vorn' und ‚von hinten' abwechselnd hinzusetzt; und ich habe nie gewußt, daß die Poesiegedichte, die dadurch entstehen, Ghaselen heißen. Ich muß einmal die Probe machen, ob das Gedicht, das der Herr Markese deklamiert hat, nicht noch schöner wird, wenn man nach dem Wort ‚zusammen' jedesmal, mit Abwechslung ‚von vorn' und ‚von hinten' setzt; die Poesie davon wird gewiß zwanzig Prozent stärker."

Ohne auf dieses Geschwätz zu achten, fuhr der Markese fort im Deklamieren von Ghaselen und Sonetten, worin der Liebende seinen Schönheitsfreund besingt, ihn preist, sich über ihn beklagt, ihn des Kaltsinns beschuldigt, Pläne schmiedet, um zu ihm zu gelangen, mit ihm äugelt, eifersüchtelt, schmächtelt, eine ganze Skala von Zärtlichkeiten durchliebelt, und zwar so warmselig, betastungssüchtig und anleckend, daß man glauben sollte, der Verfasser sei ein manntolles Mägdlein. – Nur müßte es dann einigermaßen befremden, daß dieses Mägdlein beständig jammert, ihre Liebe sei gegen die „Sitte", daß sie gegen „diese trennende Sitte" so bitter gestimmt ist wie ein Taschendieb gegen die Polizei, daß sie liebend „die Lende" des Freundes umschlingen möchte, daß sie sich über „Neider" beklagt, „die sich schlau vereinen, um uns zu hindern und getrennt zu halten", daß sie über verletzende Kränkungen klagt von seiten des Freundes, daß sie ihm versichert, sie wolle ihn nur flüchtig erblicken, ihm beteuert, „Nicht eine Silbe soll dein Ohr erschrecken!", und endlich gesteht:

„Mein Wunsch bei andern zeugte Widerstreben,
Du hast ihn nicht erhört, doch abgeschlagen
Hast du ihn auch nicht, o mein süßes Leben!"

Ich muß dem Markese das Zeugnis erteilen, daß er diese Gedichte gut vortrug, hinlänglich dabei seufzte, ächzte und, auf dem Sofa hin und her rutschend, gleichsam mit dem Gesäße kokettierte. Hyazinth versäumte keineswegs, immer die Reime nachzuplappern, wenn er auch ungehörige Bemerkungen dazwischenschwätzte. Den Oden schenkte er die meiste Aufmerksamkeit. „Man kann bei dieser Sorte", sagte er, „weit mehr lernen als bei Saunetten und Ghaselen; da bei den Oden die Füße oben ganz besonders abgedruckt sind, kann man jedes Gedicht mit Bequemlichkeit nachrechnen. Jeder Dichter sollte wie der Graf Platen bei seinen schwierigsten Poesiegedichten die Füße oben drucken und zu den Leuten sagen: ‚Seht, ich bin ein ehrlicher Mann, ich will euch nicht betrügen, diese krummen und geraden Striche, die ich vor jedes Gedicht setze, sind sozusagen ein Conto finto von jedem Gedicht, und ihr könnt nachrechnen, wieviel Mühe es mich gekostet, sie sind, sozusagen, das Ellenmaß von jedem Gedichte, und ihr könnt nachmessen, und fehlt daran eine einzige Silbe, so sollt ihr mich einen Spitzbuben nennen, so wahr ich ein ehrlicher Mann bin.‘ Aber eben durch diese ehrliche Miene kann das Publikum betrogen werden. Eben wenn die Füße vor dem Gedichte angegeben sind, denkt man: ich will kein mißtrauischer Mensch sein, wozu soll ich dem Manne nachzählen, er ist gewiß ein ehrlicher Mann, und man zählt nicht nach und wird betrogen. Und kann man immer nachrechnen? Wir sind jetzt in Italien, und da habe ich Zeit, die Füße mit Kreide auf die Erde zu schreiben und jede Ode zu kollationieren. Aber in Hamburg, wo ich mein Geschäft habe, fehlt mir die Zeit dazu, und ich müßte dem Grafen Platen ungezählt trauen, wie man traut bei den Geldbeuteln von der Courantkasse, worauf geschrieben steht, wieviel hundert Taler darin enthalten – sie gehen versiegelt von Hand zu Hand, jeder traut dem andern, daß so viel darin enthalten ist, wie darauf steht, und es gibt doch Beispiele, daß ein Müßiggänger, der nicht viel zu tun hatte, so einen Beutel geöffnet und nachgezählt und ein paar Taler zuwenig darin gefunden hat. So kann auch in der Poesie viel Spitzbüberei vorfallen. Besonders wenn ich an Geldbeutel denke, werde ich mißtrauisch. Denn mein Schwager hat mir erzählt: im Zuchthaus zu Odensee sitzt – ein gewisser jemand, der bei der Post angestellt war und die Geldbeutel, die durch seine Hände gingen, unehrlich geöffnet und unehrlich Geld herausgenommen und sie wieder künstlich zugenäht und weitergeschickt hat. Hört man von

55

solcher Geschicklichkeit, so verliert man das menschliche Zutrauen und wird ein mißtrauischer Mensch. Es gibt jetzt viel Spitzbüberei in der Welt, und es ist gewiß in der Poesie wie in jedem anderen Geschäft."

HEINRICH LAUBE

### Der Turnvater Jahn

Es war um die neunte Stunde, als Jahn zu uns ins Zimmer trat. Das Städtchen Freiburg war sein Exil, und er gab sich die redlichste Mühe, allda seine klassische Rolle zu spielen. Vom Grafen Brühl in Berlin hatte er sich das Kostüm dazu erbeten. Man mußte den ganzen Tacitus mit Aufmerksamkeit gelesen haben, um zu wissen, wer da zur Tür herein trat. Es war ein Mann von mäßiger Größe, aber von unmäßiger Breite, eine vortreffliche Kanonierfigur, eine ganze Kanone samt Lafette und Pulverkasten hatte auf seinen Schultern und Hüften Raum. Und das war sein Stolz; ich weiß, daß er wohlgefällig lacht, wenn er das liest; eigentliche Kultur war gar nicht in ihm, er interessierte sich nur für die Masse, die Materie, das Gewicht, er bestrebte sich, ein Urbewohner, ein Autochthone zu sein und die Vorteile der Kultur vergessen zu machen.

Ich bin immer für das Turnen gewesen, es ist eine notwendige, ja eine blühende Grammatik des Körpers, aber die Turner waren zumeist künstliche Pferdeknechte, raffinierte Barbaren, die sich alle ersinnliche Mühe gaben, jede Kulturregung zu vergessen.

Ludwig Jahn trug eine doppelte Stirn, deren zweiter Teil sich leer und dumm rückwärts hinaufstreckte bis in den Teutoburger Wald. Er sah überhaupt nur rückwärts, obwohl er klare Turneraugen hatte. Jene Stirn und ein schöner herabwallender Bart, der aschgrau auf sein blaues Hemd fiel, bildeten eigentlich sein Gesicht, was dazwischen lag, war unbedeutend. Unter dem schlotternden, blauen Oberhemd sah man eine behaarte Brust und ahnte ein Paar kurze, unbedeutende Beine, um welche teutsche weite Leinwandhosen flatterten. Auch hatte er, wie das männiglich weiß, ein großes Maul und große Füße, und so ausgerüstet, und mehr merkwürdig als interessant aussehend, ließ er sich auf einem harten Gestell nieder, was wir in seiner Gegenwart nicht Sofa zu nennen wagten. Denn die alten Teutschen lagen auf Bärenhäuten und nicht auf Sofas. Auf Tischen, an der Erde, auf den Sofalehnen saßen wir um ihn herum, und er fing an vorzutragen und trug vor zwölf volle Stunden bis abends um neun.

Hätte ich nicht ein böses Gewissen gehabt wegen der rosenroten Minna aus Merseburg, mir wäre die Zeit sehr lang geworden. Daß er zu jedem von uns Du sagte, verstand sich von selbst, und das hat mir bei der ganzen teutschen Wirtschaft immer am besten gefallen.

Er erzählte aber von den Cheruskern, vom Minister Stein, von seinen Feldzügen auf der Universität und mit den Alliierten – er selbst hielt sich für den vierten Alliierten, und Rußland, Preußen, Österreich und Jahn hatten die große Armee geschlagen. Er erzählte von Napoleon, der eigentlich keine Courage gehabt habe, von Ludwig Jahn und dessen unsterblichem Mute, von einer eisernen Stange, womit er seiner Zeit die Studenten geprügelt habe, von den erzgebirgischen Klößen und den pommerschen Gänsebrüsten, welche die Einheit Teutschlands aufhielten, auch viele kleine Geschichten, wo er natürlich immer die Hauptrolle spielte. Da war er eines Tags während des Krieges nach Frankfurt gekommen und hatte die Stadt ganz bestürzt gefunden. Es sei ein französischer Spion da und niemand könne ihn ausfindig machen. Er beruhigt die Frankfurter und geht aus. Auf der ersten Straße begegnet er ihm, geht auf ihn zu und tritt ihm auf den Fuß. Und das ist nicht unbedeutend, wenn Jahns Fuß sich entschieden irgendwo niederläßt. „Pardon", ruft der höfliche Mann – „Pardon", also Franzos; Jahn alarmiert Frankfurt, der Mann hat in der Überraschung französisch gesprochen, es ist der Spion, er wird arretiert. Frankfurt staunt, Jahn, der unaufhaltsame, geht weiter.

# WOLFGANG MENZEL,
## DER „DENUNZIANT"

FRANZ KOTTENKAMP

In den Jahren der behaglichen Ruhe, als noch keine Papierkrisis den ehrlichen Leuten wie Damoklesschwert über dem Haupte schwebte, als die guten Deutschen bei dem German comforts Bier und Tabak ruhig hinter dem Ofen sitzen konnten, um vom fernen Kriegsgeschrei, vom Zeitgeiste, von konstitutionellen Regierungsformen zu schreiben und zu lesen, damals, als alle gutherzigen Philister an den literarischen Boxereien Müllners ihr innigstes Vergnügen fanden, erstand unter ihnen ein Mann, der ihre große Masse bald für sich zu gewinnen wußte. Herr Wolfgang Menzel vereinte in sich zu viele glänzende Eigenschaften, um nicht alle ehrsamen und bequemen Gemüter zu erwärmen und zu erfreuen, als er auf einem Tummelplatz erschien, der ohnedies den Deutschen stets ein Lieblingsschauspiel gewährte. Wie wir ja alle wissen, sind die literarischen Schlachten unser eigentliches Nationalvergnügen; wir freuen uns des Tintevergießens zum Frommen der Literatur wie der Spanier seines Correo de Toros. Tritt bei uns ein Matador auf, um Schriftsteller niederzuschlagen, so erweckt er um so größere Freude, wenn er ein wenig burschikos – grob, als tête carrée Allemande, wie die Franzosen sagen, in den Schranken erscheint. Herr Wolfgang Menzel, den wir übrigens nicht die Ehre haben, persönlich zu kennen, scheint als solch ein Matador ein besonderes natürliches Talent zu besitzen. Wir denken uns ihn mit breitem Gesichte, herabhängender Oberlippe, viereckiger Stirn, hervorragenden Backenknochen und emporstrebenden Ohren, wenn es überhaupt erlaubt ist, sich nach Lavaters System nur aus

geistigen Merkmalen eine charakteristische Physiognomie zu bilden. Eine mit dieser ausgezeichneten Grundlage verknüpfte Süffisance, ein vielgelesenes Journal,
mancher von Herrn Wolfgang Menzel niedergewor-
fene, nicht sattelfeste Schriftsteller, gewisse abgetretene
Gemeinplätze, welche dem hausbackenen Verstand genug Bequemlichkeit gewähren, um alles, was ihm sonst
unverständlich ist, behaglich in die breite Rubrik zu
bringen und so sein Urteil wie den Stiefel aus der Hand
des Schusters fertig zu erhalten, endlich jener Kunstgriff
des sentimental sittlichen Gefühls, der in Deutschland
nie mißglücken wird, machten ihn bald, wie gicht-
brüchig er sonst auch sein mochte, zum Leithammel
einer zahlreichen Masse. Wir wissen ja alle, jeder, der
bei dem Franzosen den Hang zur Persiflage, bei dem
Engländer den Nationalstolz, bei dem Deutschen die
gemütliche Saite seines Charakters zu berühren versteht, hat stets gewonnenes Spiel. Ist diese Saite einmal
angeschlagen, so beherrscht unser reizbares Abdominal-
system, so wie die leicht zu affizierende Tränendrüse alle
körperlichen und geistigen Funktionen unseres Nerven-
systems. Doch wäre es unbarmherzig, wollte man
Herrn Wolfgang Menzel an diesem seinem Publikum
als Journalist sich nicht erfreuen lassen. Wir hegen die
aufrichtige Besorgnis, es möchten die Blumen seines
Literaturblattes allmählich in eine elegische Stimmung
übergehen; wir wagen es, vorher zu verkünden: sein
Einfluß wird mit jeder Nummer geschwächt, um allmählich an der Phthisis dahinzuschwinden.


KARL GUTZKOW

Ich lege soeben die dreizehnte Lieferung der „Deutschen Literatur" von W. Menzel aus der Hand und gestehe, daß sich das unmittelbare Gefühl, welches mich

beherrscht, kaum gegen den schamlosen und ignoranten Autor richtet, sondern daß es Deutschland beklagt, wo so wenig Einheit der Tendenz herrscht, daß es hiedurch nur einer so unaussprechlich bornierten Parteigängerschaft gelingen konnte, in einem gewissen Sinne festen Fuß zu fassen. Eine Nation, die es duldet, daß über ihre größten Geister mit so frecher Stimme der Stab gebrochen wird, scheint nicht wert, daß sie die großen Geister erzeugte. Wenn sich der Ruhm gegen so herostratischen Wahnsinn, wie ihn Menzel offenbart, versichern lassen muß; wem schien es wohl des Schweißes wert, in Deutschland berühmt zu sein? Chateaubriand war ein Narr, wenigstens ein Don Quixote und auf alle Fälle als Minister ein Unterdrücker der Völkerfreiheit: Walter Scott war ein enragierter Feind der neuen Zeit und hörte von beiden einer auf, nichtsdestoweniger in ihren höchsten literarischen Ehren zu verbleiben? Aber wäre es nur die Politik! Wären es nicht die heterogensten Maßstäbe, welche Menzel an die Literatur gelegt wissen will, wären es nicht die Entstellungen der Lüge, welche jeder verstockte Sünder zu Hilfe nimmt, wenn es darauf ankommt, sich von einem Halseisen loszusprechen, dessen er längst würdig ist!

Ich behaupte hier im Angesichte der Nation, daß es keine schnödere Entstellung der heiligsten Wahrheiten, keine ruchlosere Falschmünzung der Historie geben kann, als sie sich in W. Menzels „Deutscher Literatur" findet. Ich hatte im verflossenen Jahre versprochen, die ganze innere morsche und stockige Hohlheit der Menzelschen Maximen nachzuweisen. Ich will hier einen Teil meines Versprechens halten. Ich will nur die innern Widersprüche des berüchtigten Buches aufdecken, die Haltlosigkeit der kecksten Behauptungen, die vage Allgemeinheit seiner Prinzipien, wenn sie objektiv sind, und ihre boshafte Kaprice, wenn sie aus des Verfassers Individualität kommen. Ich habe diesmal nicht mit jenem Heuchler zu tun, der sich um seinen aufgeriebenen

Leib den Kapuzinerstrick der Frömmigkeit gewunden hat, nicht mit diesem falschen Propheten, der ein Wolf im Schafskleide, das unerhörte Evangelium der Tugend predigen will, einer Tugend, die nichts aus dem innersten Herzen Geborenes ist, einer Tugend, die nur kritische Waffe, polemisches Surrogat sein will, einer Runkelrübentugend; sondern diesmal gilt es jener Anmaßung, die Studien gemacht zu haben vorgibt, die die Maske der Belehrung und speziellen Kenntnisnahme vor ein freches Antlitz legt, die mit Jahreszahlen und Namen kokettiert und sich stellt, als wäre sie der Wahrheit nicht nur als Liebhaber, sondern auch als Archivar verpflichtet. Ich werde nachweisen, daß der Bodensatz dieser trüben Mixturen die Ignoranz ist.

Das Buch über die deutsche Literatur erschien vor acht Jahren zum ersten Male und mußte bei einer Zeitstimmung Glück machen, die sich eben vorbereitete, in die Juliusrevolution auszubrechen. Eine solche gärende Stimmung prüft nicht. Sie ist immer jesuitisch und benutzt die blinde Aufregung, wo sie deren findet. Die jungen Leute waren bestimmt, eine Rolle zu spielen. Man konnte ihnen nicht Gewalt und mit der Gewalt nicht Selbstbewußtsein genug einräumen. Die tatsächliche Wahrheit wurde einstweilen suspendiert oder doch auf einen Raum zusammengedrängt, der nicht größer war als der Zirkel, den die schwankende Feder am Barett des Studenten beschreibt.

Doch schon damals rügte man die unsaubern Elemente, die Menzel zu seiner Darstellung der deutschen Literatur mischte. Sein Buch hatte einen jesuitisch-katholischen Geruch. Man war so gutmütig, dem Verfasser eine ultramontanistische Tendenz unterzuschieben, wie man auch bei Görres genötigt war, neben seiner Liebe zur Freiheit die Anbetung des apostolischen Stuhles in Kauf nehmen zu müssen. Man ahnte noch nicht, daß Menzel nur ein Dilettant der Wahrheit ist; daß er die heterogensten Dinge in seinem Straußenmagen verdauen kann, daß er von jedem literarischen und sozialen Phänomene nur den äußern Farbenduft abstreift und sich in der Drehkrankheit eines quasi-poetischen Illusionendusels herumtreibt. Hätte man dies schon ahnen können, man würde eingesehen haben, daß Menzel nur *eine* unveränderliche Eigenschaft besitzt: das ist die Renommisterei.

LUDOLF WIENBARG

„Wo Mut und Kraft in deutscher Seele flammen" – so lautet der Anfang eines schönen Liedes, das mir aus den grünen Lauben meiner ersten Universitätsjahre herüberklingt. Aber das Lied ist mir vergällt worden, weil ich oft erlebte, daß die Lippen, die am schäumigsten von deutschem Mut und deutscher Kraft überflossen, sich am schleunigsten blau färbten, zitterten und flappten vor der herannahenden Tat. Ich hasse diese bierschäumige Prahlerei mit deutscher Kraft, deutscher Tugend und Sitte. Drängt sie sich ein in die Literatur, wirft sie mit steinernen Krügen nach den Büsten unserer unsterblichen Denker und Dichter, rülpst sie ihren schlecht verdauten Patriotismus auf die Blätter der Geschichte, vergreift sie sich täppisch und tückisch an jenen knospenden Talenten, die, obgleich wurzelnd im heimatlichen Boden und von tausend Quellen der Muttererde genährt, ihre freien Häupter in die Strahlen der großen Völkersonne tauchen und nach weltliterärischer Zeitigung streben, dann muß man ihrem Bierherzogtume ein Ende machen und ihr den Ziegenhainer, ihr kritisches Zepter, gebrochen ins Gesicht werfen.

Ich spreche von Wolfgang Menzel. Wer kennt ihn nicht, seit er sich selbst gezeichnet hat mit dem Brandmark des Vandalismus, mit seiner Wut gegen Goethe! Goethes Weltüberblick, seine freie, ausgehämmerte,

in starker Angel ruhende Persönlichkeit, seine in tausend Gedichten klingende Vergangenheit, alles, was unsterblich sein wird an Goethe und was die gerechte Jugend unserer Tage mit Bewunderung anerkennt, fand in Menzels „Deutscher Literatur", einem Werk der kritisch-historischen Siebenkoppelwirtschaft, die protzigste Herabwürdigung. Man hüte sich, Börnes feurige Angriffe mit der Menzelschen Afterkritik zu verwechseln. Beider Maßstab sieht sich ähnlich wie dem Schwert die Schneiderelle. Was reizte Menzel? Eine demokratische Antipathie? eine von Idealen glühende Seele? die Ungeduld mit der Geduld der deutschen Philister, als deren Repräsentanten und Stammhalter er etwa Goethe betrachtete? winkende Kränze des Ruhms und der deutschen Freiheit? – Ihn Ideal? Ruhm? Freiheit? – Die Lederpuppe, deutscher Philistrismus, war sein Ideal, und dieses Ideal hatte er vorliegen, als er Goethe, außer dem Genie, die Ehre absprach, ein echter deutscher Mann und Dichter zu sein. O wir kennen jetzt die edle Blume seiner deutschen Poesie und Mannhaftigkeit und wissen, auf welchem Mist sie blüht. Einen wackern Kampf hat er zeither gekämpft, der deutsche Mann, dem Goethe keiner war; breit und mächtig flatterten die stolzen Segel, die er ausspannte, als der Wind ein wenig hinter Deutschland blies. –
. . .

Der Taschenspieler! was er selbst nicht hat, teilt er mit, aus Krücken schnitzelt er sich Pfeile, mit der Schwäche seines Publikums gürtet er sich die Lenden, sein Lotterbett macht er zum Triumphwagen, und wenn er sich zeigen will in seinem vollsten Glanze, so schirrt er sein Viergespann, die Arroganz, die Unwissenheit, die Heuchelei und die Verleumdung davor.

In solchem würdigen Pomp triumphierte kürzlich dieser Philisterfänger von Stuttgart über die junge Literatur seines Vaterlandes. Zum erstenmal sprach er ihren Namen aus, und so fest vertraute er auf den Giftschaum und die Hufe seines edlen Gespanns, daß er statt eines heißen Kampfes, statt einer verzweifelten Wehr gegen weit über ihn hinausragende Tendenzen alles auf eine schamlose persönliche Vernichtungskomödie ankommen ließ. Aus der Zahl der jugendlichen Talente, deren Namen er auszusprechen meidet wie einst der Römer seine verhängnisvollen schwarzen Namen, wählte er sich Karl Gutzkow, denselben Jüngling, der seinem „Literaturblatt" eine Zeitlang wenigstens *einen* Charakter, den des Witzes und der Belehrung, aufdrückte, der bereits Deutschland mit außerordentlichen Produktionen, mit „Mahaguru", „Nero", den „Öffentlichen Charakteren", beschenkte und der, wie ich mit Stolz auf seine Freundschaft hinzufüge, von der Öffentlichkeit seines eigenen poetischen und kritischen Charakters abstrahiert, seinen Freunden und nächsten Umgebungen ein Vorbild unausgesetzter idee ller Tätigkeit, einer bis zur Durchsichtigkeit wahren, mit allem Zarten und Hohen sympathisierenden Gesinnung ist. Diesen erkor sich Menzel zum Opfer seiner langunterdrückten Wut gegen die Jugend. Er nahm die „Wally", einen kürzlich erschienenen Roman Gutzkows, zur Hand, knetete daraus einen alarmierenden Popanz, ein Ungeheuer der Irreligiosität und Sittenlosigkeit, und nachdem er, der deutsche Mann, eingängig eine persönliche Infamie dem jungen Autor angeschmitzt hatte, gab er dem ganzen monströsen Gebäck seiner Hände den Namen Gutzkow, ad libitum junges Deutschland. Warf's darauf zur Zermalmung unter die Hufen seiner Rosse.

Das Ungeheuer ist nun zerstampft, die Rotte Korah, die Menzel nicht mehr gelten lassen wollte, ist vernichtet, das Vaterland atmet wieder auf, die Altäre umwölken sich mit dem fetten Qualm der Dankopfer, die öffentliche Moral produziert sich wieder in einer reingewaschenen, blendenden Toga, Deutschlands Genius, ja Deutschlands Genius selber reicht Menzel, der schon wieder ganz ordinär im Stuttgarter Casino sitzt, eigenhändig Tabakspfeife und brennenden Fidibus, wobei er ihm zur Belohnung seiner Forschheit künftighin das Privilegium erteilt, 1. sich Papa des Vaterlands zu nennen, 2. wieder ein halbes, ja ein ganzes Jahr lang sein „Literaturblatt" mit lauter Exzerpten zu füllen, 3. unter guten Freunden und im Familienkreise so viele alte, ehrliche, deutsche Zoten zu reißen und, bei höherm Schwung, so viele priapische Epigramme zu knöpfeln, als er dieses bisher schon auf eigene Hand und ohne seine, nämlich des deutschen Genius, ausdrückliche Erlaubnis getan hat.

Menzel wird sich solcher Vergünstigung herzlich erfreuen. Uns Ärmsten aber, mit denen der deutsche Genius sich nicht so gemein macht, bleibt, wenn wir uns anders noch den Schatten einer vaterländischen oder moralischen Existenz beimessen dürfen, nichts übrig als der bloße Ernst, das strenge Gewissen und ein Ideal, dem wir rastlos nachjagen und den letzten Hauch unsers Lebens widmen wollen.

HEINRICH HEINE

Es ist purer Luxus, wenn, nach so vielen edlen Stimmen des Unwillens, auch ich noch hinzutrete, um über das kläglich Haupt des Herrn Wolfgang Menzel in Stuttgart die Ehrlosigkeit, die Infamia, auszusprechen. Nie hat deutsche Jugend einen ärmeren Sünder mit witzigeren Ruten gestrichen und mit glühenderem Hohne gebrandmarkt! Er dauert mich wahrlich, der Unglückliche, dem die Natur ein kleines Talent und Cotta ein großes Blatt anvertraut hatten und der beides so schmutzig, so miserabel mißbrauchte!

Ich lasse es dahingestellt sein, ob es das Talent oder das Blatt war, wodurch die Stimme des Herrn Menzel so weitreichend gewesen, daß seine Denunziation so

betrübsam wirken konnte, daß beschäftigte Staatsmänner, die eher Literaturblätter als Bücher lesen, ihm
aufs Wort glaubten. So viel weiß ich, sein Wort mußte
um so lauter erschallen, je ängstlichere Stille damals in
Deutschland herrschte ... Die Stimmführer der Bewe-
gungspartei hielten sich in einem klugen Schweigen versteckt oder saßen in wohlvergittertem Gewahrsam und
harrten ihres Urteils, vielleicht des Todesurteils ...
Höchstens hörte man manchmal das Schluchzen einer
Mutter, deren Kind in Frankfurt die Konstablerwache
mit dem Bajonette eingenommen hatte und nicht mehr
hinauskonnte, ein Staatsverbrechen, welches gewiß
ebenso unbesonnen wie strafwürdig war und den fein-
öhrigsten Argwohn der Regierungen überall rechtfer-
tigte ... Herr Menzel hatte sehr gut seine Zeit gewählt
zur Denunziation jener großen Verschwörung, die, unter dem Namen „das junge Deutschland", gegen Thron
und Altar gerichtet ist und in dem Schreiber dieser Blätter ihr gefährlichstes Oberhaupt verehrt.

Sonderbar! Und immer ist es die Religion und immer
die Moral und immer der Patriotismus, womit alle
schlechte Subjekte ihre Angriffe beschönigen! Sie greifen uns an, nicht aus schäbigen Privatinteressen, nicht
aus Schriftstellerneid, nicht aus angebornem Knecht-
sinn, sondern um den lieben Gott, um die guten Sitten
und das Vaterland zu retten. Herr Menzel, welcher
jahrelang, während er mit Herrn Gutzkow befreundet
war, mit kummervollem Stillschweigen zugesehen, wie
die Religion in Lebensgefahr schwebte, gelangt plötzlich zur Erkenntnis, daß das Christentum rettungslos
verloren sei, wenn er nicht schleunigst das Schwert ergreift und dem Gutzkow von hinten ins Herz stößt.
Um das Christentum selber zu retten, muß er freilich
ein bißchen unchristlich handeln; doch die Engel im
Himmel und die Frommen auf der Erde werden ihm
die kleinen Verleumdungen und sonstigen Hausmittel-
chen, die der Zweck heiligt, gern zugute halten.

Wenn einst das Christentum wirklich zugrunde ginge (vor welchem Unglück uns die ewigen Götter bewahren wollen!), so würden es wahrlich nicht seine Gegner sein, denen man die Schuld davon zuschreiben müßte. Auf jeden Fall hat sich unser Herr und Heiland, Jesus Christus, nicht bei Herrn Menzel und dessen bayrischen Kreuzbrüdern zu bedanken, wenn seine Kirche auf ihrem Felsen stehenbleibt! Und ist Herr Menzel wirklich ein guter Christ, ein besserer Christ als Gutzkow und das sonstige junge Deutschland? Glaubt er alles, was in der Bibel steht? Hat er immer die Lehren des Bergpredigers strenge befolgt? Hat er immer seinen Feinden verziehen, nämlich allen denen, die in der Literatur eine glänzendere Rolle spielten als er? Hat Herr Menzel seine linke Wange sanftmütig hingehalten, als ihm der Buchhändler Franckh auf die rechte Wange eine Ohrfeige oder, schwäbisch zu sprechen, eine Maulschelle gegeben? Hat Herr Menzel Witwen und Waisen immer gut rezensiert? War er jemals ehrlich, war sein Wort immer Ja oder Nein? wahrlich nein, nächst einer geladenen Pistole hat Herr Menzel nie etwas mehr gescheut als die Ehrlichkeit der Rede, er war immer ein zweideutiger Duckmäuser, halb Hase, halb Wetterfahne, grob und windig zu gleicher Zeit wie ein Polizeidiener. Hätte er in jenen ersten Jahrhunderten gelebt, wo ein Christ mit seinem Blute Zeugnis geben mußte für die Wahrheit des Evangeliums, da wäre er wahrlich nicht als Verteidiger desselben aufgetreten, sondern vielmehr als der Ankläger derer, die sich zum Christentume bekannten und die man damals des Atheismus und der Immoralität beschuldigte. Wohnte Herr Menzel in Peking statt in Stuttgart, so schriebe er jetzt vielleicht lange delatorische Artikel gegen „das junge China", welches, wie aus den jüngsten Dekreten der chinesischen Regierung hervorgeht, eine Rotte von Bösewichtern zu sein scheint, die durch Schrift und Wort das Christentum verbreiten und deshalb von den Mandarinen des himmlischen Reiches für die gefährlichsten Feinde der bürgerlichen Ordnung und der Moral erklärt werden.

Ja, nächst der Religion ist es die Moral, für deren Untergang Herr Menzel zittert. Ist er vielleicht wirklich so tugendhaft, der unerbittliche Sittenwart von Stuttgart? Eine gewisse physische Moralität will ich Herrn Menzel keinesweges absprechen. Es ist schwer, in Stuttgart *nicht* moralisch zu sein. In Paris ist es schon leichter, das weiß Gott! Es ist eine eigne Sache mit dem Laster. Die Tugend kann jeder allein üben, er hat niemand dazu nötig als sich selber; zu dem Laster aber gehören immer zwei. Auch wird Herr Menzel von seinem Äußern aufs glänzendste unterstützt, wenn er das Laster fliehen will. Ich habe eine zu vorteilhafte Meinung von dem guten Geschmacke des Lasters, als daß ich glauben dürfte, es würde jemals einem Menzel nachlaufen. Der arme Goethe war nicht so glücklich begabt, und es war ihm nicht vergönnt, immer tugendhaft zu bleiben. Die schwäbische Schule sollte ihrem nächsten Musenalmanach das Bildnis des Herrn Menzel voransetzen; es wäre sehr belehrsam. Das Publikum würde gleich bemerken: er sieht gar nicht aus wie Goethe. Und mit noch größerer Verwunderung würde man bemerken: dieser Held des Deutschtums, dieser Vorkämpe des Germanismus, sieht gar nicht aus wie ein Deutscher, sondern wie ein Mongole . . . jeder Backenknochen ein Kalmuck!
. . .

Ich sage dieses nur, um die Keime und Ursprünge seiner Teutomanie nachzuweisen, nicht um ihn zu kränken; wie ich denn überhaupt, was ich wiederholen muß, nicht aus Groll oder Böswilligkeit ihn bespreche. Sind meine Worte hart, so ist es nicht meine Schuld. Es gilt dem Publikum zu zeigen, welche Bewandtnis es hat mit jenem bramarbasierenden Helden der Nationalität, jenem Wächter des Deutschtums, der beständig auf die Franzosen schimpft und uns arme Schriftsteller des jungen Deutschlands für lauter Franzosen und Juden erklärt hat. Für Juden, das hätte nichts zu bedeuten; wir suchen nicht die Allianz des gemeinen Pöbels, und der Höhergebildete weiß wohl, daß Leute, die man als Gegner des Deismus anklagte, keine Sympathie für die Synagoge hegen konnten; man wendet sich nicht an die überwelken Reize der Mutter, wenn einem die alternde Tochter nicht mehr behagt. Daß man uns aber als die Feinde Deutschlands, die das Vaterland an Frankreich verrieten, darstellen wollte, das war wieder ein ebenso feiges wie hinterlistiges Bubenstück.

Es sind vielleicht einige ehrliche Franzosenhasser unter dieser Meute, die uns ob unserer Sympathie für Frankreich so erbärmlich verkennen und so aberwitzig anklagen. Andere sind alte Rüden, die noch immer bellen wie Anno 1813 und deren Gekläffe eben von unserem Fortschritte zeugt. „Der Hund bellt, die Karawane marschiert", sagt der Beduine. Sie bellen weniger aus Bosheit denn aus Gewohnheit, wie der alte räudige Hofhund, der ebenfalls jeden Fremden wütend anbelfert, gleichviel ob dieser Böses oder Gutes im Sinne führt. Die arme Bestie benutzt vielleicht diese Gelegenheit, um an ihrer Kette zu zerren und damit bedrohlich zu klirren, ohne daß es ihr der Hausherr übelnehmen darf. Die meisten aber unter jenen Franzosenhassern sind Schelme, die sich diesen Haß absichtlich angelogen, ungetreue, schamlose, unehrliche, feige Schelme, die, entblößt von allen Tugenden des deutschen Volkes, sich mit den Fehlern desselben bekleiden, um sich den Anschein des Patriotismus zu geben und in diesem Gewande die wahren Freunde des Vaterlandes gefahrlos schmähen zu dürfen. Es ist ein doppelt falsches Spiel. Die Erinnerungen der napoleonischen Kaiserzeit sind noch nicht ganz erloschen in unserer Heimat, man hat es dort noch nicht ganz vergessen, wie derb unsere Männer und wie zärtlich unsere Weiber von den Franzosen behandelt worden, und bei der großen Menge ist der Franzosenhaß noch immer gleichbedeutend mit Vaterlandsliebe: durch ein geschicktes Ausbeuten dieses Hasses hat man also wenigstens den Pöbel auf seiner Seite, wenn man gegen junge Schriftsteller zu Felde zieht, die eine Freundschaft zwischen Frankreich und Deutschland zu vermitteln suchen. Freilich, dieser Haß war einst staatsnützlich, als es galt, die Fremdherrschaft zurückzudrängen; jetzt aber ist die Gefahr nicht im Westen, Frankreich bedroht nicht mehr unsere Selbständigkeit, die Franzosen von heute sind nicht mehr die Franzosen von gestern, sogar ihr Charakter ist verändert, an die Stelle der leichtsinnigen Eroberungslust trat ein schwermütiger, beinah deutscher Ernst, sie verbrüdern sich mit uns im Reiche des Geistes, während im Reiche der Materie ihre Interessen mit den unsrigen sich täglich inniger verzweigen: Frankreich ist jetzt unser natürlicher Bundesgenosse. Wer dieses nicht einsieht, ist ein Dummkopf, wer dieses einsieht und dagegen handelt, ist ein Verräter.

Aber was hatte ein Herr Menzel zu verlieren bei dem Untergange Deutschlands? Ein geliebtes Vaterland? Wo ein Stock ist, da ist des Sklaven Vaterland. Seinen unsterblichen Ruhm? Dieser erlischt in derselben Stunde, wo der Kontrakt abläuft, der ihm die Redaktion des Stuttgarter „Literaturblattes" zusichert. Ja, will der Baron Cotta eine kleine Geldsumme als stipulierte Entschädigung springen lassen, so hat die Menzelsche Unsterblichkeit schon heute ein Ende. Oder hätte er etwas für seine Person zu fürchten? Lieber Himmel! wenn die mongolischen Horden nach Stuttgart kommen, läßt Herr Menzel sich aus der Theatergarderobe ein Amorkostüm holen, bewaffnet sich mit Pfeil und Bogen, und die Baschkiren, sobald sie nur sein Gesicht sehen, rufen freudig: das ist unser geliebter Bruder!

Ich habe gesagt, daß bei unseren Teutomanen der affichierte Franzosenhaß ein doppelt falsches Spiel ist.

Sie bezwecken dadurch zunächst eine Popularität, die sehr wohlfeil zu erwerben ist, da man dabei weder Verlust des Amtes noch der Freiheit zu befürchten hat. Das Losdonnern gegen heimische Gewalten ist schon weit bedenklicher. Aber um für Volkstribunen zu gelten, müssen unsere Teutomanen manchmal ein freiheitliches Wort gegen die deutschen Regierungen riskieren, und in der frechen Zagheit ihres Herzens bilden sie sich ein, die Regierungen würden ihnen gern ein gelegentlich bißchen Demagogismus verzeihen, wenn sie dafür desto unablässiger den Franzosenhaß predigten. Sie ahnen nicht, daß unsere Fürsten jetzt Frankreich nicht mehr fürchten, des Nationalhasses nicht mehr als Verteidigungsmittel bedürfen und den König der Franzosen als die sicherste Stütze des monarchischen Prinzips betrachten.

Wer je seine Tage im Exil verbracht hat, die feuchtkalten Tage und schwarzen, langen Nächte, wer die harten Treppen der Fremde jemals auf- und abgestiegen, der wird begreifen, weshalb ich die Verdächtigung in betreff des Patriotismus mit wortreicherem Unwillen von mir abweise als alle andern Verleumdungen, die seit vielen Jahren in so reichlicher Fülle gegen mich zum Vorschein gekommen und die ich mit Geduld und Stolz ertrage. Ich sage mit Stolz: denn ich konnte dadurch auf den hochmütigen Gedanken geraten, daß ich zu der Schar jener Auserwählten des Ruhmes gehörte, deren Andenken im Menschengeschlechte fortlebt und die überall neben den geheiligten Lichtspuren ihrer Fußstapfen auch die langen, kotigen Schatten der Verleumdung auf Erden zurücklassen.

Die „Heroen" der Bewegung

ALEXANDER VON UNGERN-STERNBERG

## Die geistige Landkarte

Als ich noch ein Schüler war, kam ich auf einen sonder-
baren Einfall. Es geschah öfters, daß ich eine bunte,
große Landkarte anstarrte, die über meinem Bette hing.
Gewöhnlich ehe meine Gedanken in Schlaf übergingen,
fußte ich noch einmal hier oder dort auf weitläufigem
Länderbesitz oder ging auf Reisen über Höhen und
weite Fernen hinaus; vor allem war es mir interessant,
dem Lauf der Gebirge zu folgen. Einst schlummerte
ich ein, und mein Blick war im Traum wieder auf meine
geliebte Karte gerichtet, ich suchte meine Berge; doch
siehe da! es war eine mehr als seltsame Verwandlung
vorgegangen: alle Berge waren von der Stelle gerückt;
ich erschrak, als ich die Schweizer und italienischen
Alpen gegen Holland hinaufgeschoben, die erhabene
Kette der Pyrenäen um London herum und die hohen
Tiroler Felsen in der Gegend um Wittenberg erblickte.
Noch hatte ich das Auge starr auf diese Erscheinung gerichtet, als mir die seltsame Natur dieser Berge, welche
gleichsam schwebend über der Erde sich zu befinden
schienen, auffiel; ich grübelte hin und her, da wurde es
mir im Traum gesagt, dieses seien die Höhen des menschlichen Geistes, welche im umgekehrten Verhältnis mit
denen der Erde sich befänden. Als ich am Morgen darauf die Karte sah, fiel mir jener wunderliche Traum
wieder so lebhaft ins Gedächtnis, daß ich alsbald das
Blatt von der Wand nahm, mit dem Entschluß, jener
Idee nachzugehen. Ich entwarf eine Karte, färbte sie
gleichmäßig dunkel und hob nun, dem Gang der Geistesentwickelung folgend, immer heller und hellere Lichter aus dem Grunde hervor, und wirklich kam ich nun
auf die sonderbarsten Kontraste. Ägypten, die alte
Wiege der Aufklärung, bekanntlich das platteste Land,
wurde auf meiner Karte fast das gebirgigste, und so

ging die Kette weiter durch Asien nach Europa; mit wahrem Vergnügen pflanzte ich meine Berge hin, doch merkte ich bald, daß ich zu freigebig wurde; eine Menge Berge mußten daher wieder zu Hügeln niedergedämpft werden. Fast immer ging meine Straße den wirklichen Bergen vorbei; Griechenland, Rom erhielten Lichtpunkte, dunkel blieb die ganze Fläche, nur nach Island belustigte ich mich ein paar gewaltige Lichtberge hinzusetzen, und die Karte der alten Welt war fertig. Im Mittelalter rückten noch entschiedener meine Gebirge nach Norden, bis der Rücken endlich durchaus flach wurde, wo ich mich nicht enthalten konnte, in das finstere Meer die Worte zu schreiben: Flache Öde voll Aberglauben und Trägheit. Jetzt benannte ich meine Berge: der Chimborasso-Luther schien mir eine glückliche Erfindung, der Mont-Blanc-Kopernikus nicht weniger, die Jungfrau-Newton war spaßhaft, der Gotthard-Kepler usw.; eine neuere Karte stellte um Berlin eine ganze Gebirgskette, die mit Leibniz, Mendelssohn, Lessing anfing, Kant in sich schloß und mit dem Berge Hegel endigte. Diese phantastische Karte hing ich nun an meine Wand auf, und ich darf die kleine Eitelkeit nicht verschweigen, daß, wenn ich am Abend den Blick auf meine Berge richtete, ich heimlich hoffte, auch mich einst als einen tüchtigen Berg ausgebildet in irgendeiner verehrlichen Kette prangen zu sehen.

HEINRICH HEINE

## Lessing

Ich habe hier schon zum zweiten Male den Namen genannt, den kein Deutscher aussprechen kann, ohne daß in seiner Brust ein mehr oder minder starkes Echo laut wird. Aber seit Luther hat Deutschland keinen größe-

ren und besseren Mann hervorgebracht als Gotthold
Ephraim Lessing. Diese beiden sind unser Stolz und
unsere Wonne. In der Trübnis der Gegenwart schauen
wir hinauf nach ihren tröstenden Standbildern, und
sie nicken eine glänzende Verheißung. Ja, kommen
wird auch der dritte Mann, der da vollbringt, was Luther begonnen, was Lessing fortgesetzt, und dessen das
deutsche Vaterland so sehr bedarf – der dritte Befreier! – Ich sehe schon seine goldne Rüstung, die aus
dem purpurnen Kaisermantel hervorstrahlt, „wie die
Sonne aus dem Morgenrot"!

Gleich dem Luther wirkte Lessing nicht nur, indem
er etwas Bestimmtes tat, sondern indem er das deutsche
Volk bis in seine Tiefen aufregte und indem er eine
heilsame Geisterbewegung hervorbrachte, durch seine
Kritik, durch seine Polemik. Er war die lebendige Kritik seiner Zeit, und sein ganzes Leben war Polemik.
Diese Kritik machte sich geltend im weitesten Bereiche
des Gedankens und des Gefühls, in der Religion, in der
Wissenschaft, in der Kunst. Diese Polemik überwand
jeden Gegner und erstarkte nach jedem Siege. Lessing,
wie er selbst eingestand, bedurfte eben des Kampfes zu
der eignen Geistesentwickelung. Er glich ganz jenem
fabelhaften Normann, der die Talente, Kenntnisse und
Kräfte derjenigen Männer erbte, die er im Zweikampf
erschlug, und in dieser Weise endlich mit allen mög-
lichen Vorzügen und Vortrefflichkeiten begabt war. Be-
greiflich ist es, daß solch ein streitlustiger Kämpe nicht
geringen Lärm in Deutschland verursachte, in dem stillen Deutschland, das damals noch sabbathlich stiller
war als heute. Verblüfft wurden die meisten ob seiner
literarischen Kühnheit. Aber eben diese kam ihm hülfreich zustatten; denn „Oser!" ist das Geheimnis des
Gelingens in der Literatur, ebenso wie in der Revolution – und in der Liebe. Vor dem Lessingschen Schwerte
zitterten alle. Kein Kopf war vor ihm sicher. Ja, manchen Schädel hat er sogar aus Übermut heruntergeschla-

gen, und dann war er dabei noch so boshaft, ihn vom Boden aufzuheben und dem Publikum zu zeigen, daß er inwendig hohl war. Wen sein Schwert nicht erreichen konnte, den tötete er mit den Pfeilen seines Witzes. Die Freunde bewunderten die bunten Schwungfedern dieser Pfeile; die Feinde fühlten die Spitze in ihren Herzen. Der Lessingsche Witz gleicht nicht jenem Enjouement, jener Gaîté, jenen springenden Saillies, wie man hierzuland dergleichen kennt. Sein Witz war kein kleines französisches Windhündchen, das seinem eigenen Schatten nachläuft; sein Witz war vielmehr ein großer deutscher Kater, der mit der Maus spielt, ehe er sie würgt.

Ja, Polemik war die Lust unseres Lessings, und daher überlegte er nie lange, ob auch der Gegner seiner würdig war. So hat er, eben durch seine Polemik, manchen Namen der wohlverdientesten Vergessenheit entrissen. Mehrere winzige Schriftstellerlein hat er mit dem geistreichsten Spott, mit dem köstlichsten Humor gleichsam umsponnen, und in den Lessingschen Werken erhalten sie sich nun für ewige Zeiten wie Insekten, die sich in einem Stück Bernstein verfangen. Indem er seine Gegner tötete, machte er sie zugleich unsterblich. Wer von uns hätte jemals etwas von jenem Klotz erfahren, an welchen Lessing so viel Hohn und Scharfsinn verschwendet! Die Felsenblöcke, die er auf diesen armen Antiquar geschleudert und womit er ihn zerschmettert, sind jetzt dessen unverwüstliches Denkmal.

Merkwürdig ist es, daß jener witzigste Mensch in Deutschland auch zugleich der ehrlichste war. Nichts gleicht seiner Wahrheitsliebe. Lessing machte der Lüge nicht die mindeste Konzession, selbst wenn er dadurch, in der gewöhnlichen Weise der Weltklugen, den Sieg der Wahrheit befördern konnte. Er konnte alles für die Wahrheit tun, nur nicht lügen. Wer darauf denkt, sagte er einst, die Wahrheit unter allerlei Larven und Schminken an den Mann zu bringen, der möchte wohl gern ihr Kuppler sein, aber ihr Liebhaber ist er nie gewesen.

Das schöne Wort Buffons „Der Stil ist der Mensch selber!" ist auf niemand anwendbarer als auf Lessing. Seine Schreibart ist ganz wie sein Charakter, wahr, fest, schmucklos, schön und imposant durch die inwohnende Stärke. Sein Stil ist ganz der Stil der römischen Bauwerke: höchste Solidität bei der höchsten Einfachheit; gleich Quadersteinen ruhen die Sätze aufeinander, und wie bei jenen das Gesetz der Schwere, so ist bei diesen die logische Schlußfolge das unsichtbare Bindemittel. Daher in der Lessingschen Prosa so wenig von jenen Füllwörtern und Wendungskünsten, die wir bei unserem Periodenbau gleichsam als Mörtel gebrauchen. Noch viel weniger finden wir da jene Gedankenkaryatiden, welche ihr la belle phrase nennt.

Daß ein Mann wie Lessing niemals glücklich sein konnte, werdet ihr leicht begreifen. Und wenn er auch nicht die Wahrheit geliebt hätte und wenn er sie auch nicht selbstwillig überall verfochten hätte, so mußte er doch unglücklich sein; denn er war ein Genie. Alles wird man dir verzeihen, sagte jüngst ein seufzender Dichter, man verzeiht dir deinen Reichtum, man verzeiht dir die hohe Geburt, man verzeiht dir deine Wohlgestalt, man läßt dir sogar Talent hingehen, aber man ist unerbittlich gegen das Genie. Ach! und begegnet ihm auch nicht der böse Wille von außen, so fände das Genie doch schon in sich selber den Feind, der ihm Elend bereitet. Deshalb ist die Geschichte der großen Männer immer eine Märtyrerlegende; wenn sie auch nicht litten für die große Menschheit, so litten sie doch für ihre eigene Größe, für die große Art ihres Seins, das Unphilisterliche, für ihr Mißbehagen an der prunkenden Gemeinheit, der lächelnden Schlechtigkeit ihrer Umgebung, ein Mißbehagen, welches sie natürlich zu Extravaganzen bringt, z. B. zum Schauspielhaus oder gar zum Spielhaus – wie es dem armen Lessing begegnete.

Mehr als dieses hat ihm aber der böse Leumund nicht

nachsagen können, und aus seiner Biographie erfahren wir nur, daß ihm schöne Komödiantinnen amüsanter dünkten als hamburgische Pastöre und daß stumme Karten ihm bessere Unterhaltung gewährten als schwatzende Wolffianer.

Es ist herzzerreißend, wenn wir in dieser Biographie lesen, wie das Schicksal auch jede Freude diesem Manne versagt hat und wie es ihm nicht einmal vergönnte, in der Umfriedung der Familie sich von seinen täglichen Kämpfen zu erholen. Einmal nur schien Fortuna ihn begünstigen zu wollen, sie gab ihm ein geliebtes Weib, ein Kind – aber dieses Glück war wie der Sonnenstrahl, der den Fittich eines vorüberfliegenden Vogels vergoldet, es schwand ebenso schnell, das Weib starb infolge des Wochenbetts, das Kind schon bald nach der Geburt, und über letzteres schrieb er einem Freunde die gräßlich witzigen Worte:

„Meine Freude war nur kurz. Und ich verlor ihn ungern, diesen Sohn! Denn er hatte so viel Verstand! so viel Verstand! – Glauben Sie nicht, daß die wenigen Stunden meiner Vaterschaft mich schon zu so einem Affen von Vater gemacht haben! Ich weiß, was ich sage. – War es nicht Verstand, daß man ihn mit eisernen Zangen auf die Welt ziehen mußte? daß er so bald Unrat merkte? – War es nicht Verstand, daß er die erste Gelegenheit ergriff, sich wieder davonzumachen? – Ich wollte es auch einmal so gut haben wie andere Menschen. Aber es ist mir schlecht bekommen."

Ein Unglück gab es, worüber sich Lessing nie gegen seine Freunde ausgesprochen: dieses war seine schaurige Einsamkeit, sein geistiges Alleinstehn. Einige seiner Zeitgenossen liebten ihn, keiner verstand ihn. Mendelssohn, sein bester Freund, verteidigte ihn mit Eifer, als man ihn des Spinozismus beschuldigte. Verteidigung und Eifer waren ebenso lächerlich wie überflüssig. Beruhige dich im Grabe, alter Moses; dein Lessing war zwar auf dem Wege zu diesem entsetzlichen

Irrtum, zu diesem jammervollen Unglück, nämlich zum Spinozismus – aber der Allerhöchste, der Vater im Himmel, hat ihn noch zur rechten Zeit durch den Tod gerettet. Beruhige dich, dein Lessing war kein Spinozist, wie die Verleumdung behauptete; er starb als guter Deist, wie du und Nicolai und Teller und die „allgemeine deutsche Bibliothek"!

Lessing war nur der Prophet, der aus dem zweiten Testamente ins dritte hinüberdeutete. Ich habe ihn den Fortsetzer des Luther genannt, und eigentlich in dieser Eigenschaft habe ich ihn hier zu besprechen. Von seiner Bedeutung für die deutsche Kunst kann ich erst später reden. In dieser hat er nicht bloß durch seine Kritik, sondern auch durch sein Beispiel eine heilsame Reform bewirkt, und diese Seite seiner Tätigkeit wird gewöhnlich zumeist hervorgehoben und beleuchtet. Wir jedoch betrachten ihn von einem anderen Standpunkte aus, und seine philosophischen und theologischen Kämpfe sind uns wichtiger als seine Dramaturgie und seine Dramata. Letztere jedoch wie alle seine Schriften haben eine soziale Bedeutung, und „Nathan der Weise" ist im Grunde nicht bloß eine gute Komödie, sondern auch eine philosophisch theologische Abhandlung zugunsten des reinen Deismus. Die Kunst war für Lessing ebenfalls eine Tribüne, und wenn man ihn von der Kanzel oder vom Katheder herabstieß, dann sprang er aufs Theater und sprach dort noch viel deutlicher und gewann ein noch zahlreicheres Publikum.

Ich sage, Lessing hat den Luther fortgesetzt. Nachdem Luther uns von der Tradition befreit und die Bibel zur alleinigen Quelle des Christentums erhoben hatte, da entstand, wie ich schon oben erzählt, ein starrer Wortdienst, und der Buchstabe der Bibel herrschte ebenso tyrannisch wie einst die Tradition. Zur Befreiung von diesem tyrannischen Buchstaben hat nun Lessing am meisten beigetragen. Wie Luther ebenfalls nicht der einzige war, der die Tradition bekämpft, so kämpfte

Lessing zwar nicht allein, aber doch am gewaltigsten gegen den Buchstaben. Hier erschallt am lautesten seine Schlachtstimme. Hier schwingt er sein Schwert am freudigsten, und es leuchtet und tötet. Hier aber auch wird Lessing am stärksten bedrängt von der schwarzen Schar, und in solcher Bedrängnis rief er einst aus:

„O sancta simplicitas! – Aber noch bin ich nicht da, wo der gute Mann, der dieses ausrief, nur noch dieses ausrufen konnte. (Huß rief dieses auf dem Scheiterhaufen.) Erst soll uns hören, erst soll über uns urteilen, wer hören und urteilen kann und will!

O daß er es könnte, er, den ich am liebsten zu meinem Richter haben möchte! – Luther, du! – Großer, verkannter Mann! Und von niemanden mehr verkannt als von den kurzsichtigen Starrköpfen, die, deine Pantoffeln in der Hand, den von dir gebahnten Weg, schreiend aber gleichgültig, daherschlendern! – Du hast uns von dem Joche der Tradition erlöst: wer erlöset uns von dem unerträglicheren Joche des Buchstabens! Wer bringt uns endlich ein Christentum, wie du es itzt lehren würdest; wie es Christus selbst lehren würde!"

Ja, der Buchstabe, sagte Lessing, sei die letzte Hülle des Christentums, und erst nach Vernichtung dieser Hülle trete hervor der Geist. Dieser Geist ist aber nichts anders als das, was die Wolffschen Philosophen zu demonstrieren gedacht, was die Philanthropen in ihrem Gemüte gefühlt, was Mendelssohn im Mosaismus gefunden, was die Freimaurer gesungen, was die Poeten gepfiffen, was sich damals in Deutschland unter allen Formen geltend machte: der reine Deismus.

Lessing starb zu Braunschweig, im Jahr 1781, verkannt, gehaßt und verschrien.

## Schiller

Die Schranke, an welcher Goethes Genie zuschanden ward, hat Schiller überschritten. Mit ihm ist die Poesie aus der bloßen Innerlichkeit des schönen Subjekts hinausgetreten in die erfüllte, bewegte Welt des historischen Subjekts, welches das schöne, als seine Voraussetzung, bereits in sich hat. Er ist der Anfang einer neuen Epoche unsrer Dichtung, in deren ersten Stadien wir uns noch gegenwärtig befinden, der helle, leuchtende Aufgang einer Bahn, die wir noch lange nicht vollendet haben, ja von der wir uns geraume Zeit verloren hatten und auf die wir erst jetzt allmählich zurückkehren. Es ist derselbe Weg, der uns im Leben der Nation von dem bloß ästhetischen zum politischen Bewußtsein führen will, zu welchem jenes nur Durchgang und Vorbereitung gewesen ist; wie das von Schiller selbst in seinen Briefen über die ästhetische Erziehung des Menschengeschlechts mit klarer Einsicht ausgesprochen worden ist. Die Poesie wird die Nation auch auf dieser neuen Entwicklung begleiten: und also ist, von Schiller an, die politische Poesie unsrer Zukunft gewiß.

Das Pathos der Goetheschen Poesie ist die lebendige Persönlichkeit; das Pathos der Schillerschen ist die Freiheit. Das hat auch Goethe, dieser Kenner der Herzen, wohl erkannt: „Durch alle Werke Schillers", sagte er zu Eckermann (Januar 1827), „geht die Idee von Freiheit, und diese Freiheit nahm eine verschiedene Gestalt an, sowie Schiller in seiner Kultur weiterging und selbst ein anderer wurde. In seiner Jugend war es die physische Freiheit, die ihm zu schaffen machte und die in seine Dichtung überging; in seinem späteren Leben die ideelle." Aber diese Freiheit bleibt bei ihm nicht bloß ideell, sie ist nicht immer bloß ein Postulat, das zwar ausgesprochen, aber nicht befriedigt wird: sondern die

Geschichte bietet ihm den Stoff, das göttliche Recht, die lebendige Erfüllung dieser Forderung nachzuweisen. Zwar ist es nicht unmittelbar die Geschichte seiner Gegenwart, die er poetisch bewältigte: aber mit sicherem historischen Takt, ja mit prophetischem Geist fand er, statt sich wie Klopstock in eine fabelhafte, abstruse Vorzeit zu verlieren, stets solche Zeiten heraus, die den damaligen analog waren; er hat uns nicht selbst politische Lieder hinterlassen, aber die Anregungen dazu hat er gegeben und die Bahn bezeichnet. Es ist ein interessantes Problem, was Schiller getan haben würde, wenn er die Katastrophe von Jena und jene schmachvollen Jahre der Fremdherrschaft, die sich an diese anschlossen, erlebt hätte. Aber man darf es ja nicht einmal ein Problem nennen: wie hätte der Mann, der sich schon von fremdher in die Französische Revolution einmischen wollte (in der projektierten Verteidigung Ludwigs des Sechzehnten), gleichgiltig sein können gegen das Schicksal seines Vaterlandes? wie hätte der Historiker, der den Freiheitkrieg der Niederlande verherrlicht hatte und der sich mit dem Gedanken eines deutschen Plutarch trug, die Knechtschaft seines Volkes ertragen wollen? wie hätte der Dichter des Tell, dieses unsterblichen Gedichtes, das er uns scheidend, ein letztes, teuerstes Denkmal hinterlassen, ein glorreiches Festspiel der Freiheit, vor dem noch dreißig Jahre später die Könige sich scheuten – wie hätte er von sich selbst abfallen und den Heroldruf der Freiheit, der Einigkeit, der männlichen Tat verleugnen können?

Aber das alles sind nun müßige Träumereien. Schiller ward uns entrückt, gerade zu der Zeit, wo er seinem Volk am nötigsten gewesen wäre. In der vollen Kraft seines Geistes, in der schönsten Blüte seines Talentes schied er dahin; er sollte uns nur ein heller, schöner Polarstern werden, der keinen Niedergang kennt, der Stern unsrer Zukunft, zu dem unser Auge sich allzeit erhebt.

## *Denkrede auf Jean Paul*

Ein Stern ist untergegangen, und das Auge dieses Jahrhunderts wird sich schließen, bevor er wieder erscheint; denn in weiten Bahnen zieht der leuchtende Genius, und erst späte Enkel heißen freudig willkommen, von dem trauernde Väter einst weinend geschieden. Und eine Krone ist gefallen von dem Haupte eines Königs! Und ein Schwert ist gebrochen in der Hand eines Feldherrn; und ein hoher Priester ist gestorben! Wohl mögen wir den beweinen, der uns Ersatz gewesen und uns nun unersetzlich geworden. Jedem Lande ward für jedes trübe Entbehren irgendeine freundliche Vergütung. Der Norden ohne Herz hat seine eiserne Kraft; der kränkelnde Süden seine goldene Sonne; das finstere Spanien seinen Glauben; die darbenden Franzosen erquickt der spendende Witz, und Englands Nebel verklärt die Freiheit. *Wir* hatten Jean Paul, und wir haben ihn nicht mehr, und in ihm verloren wir, was wir nur in ihm besaßen: Kraft und Milde und Glauben und heitern Scherz und entfesselte Rede. Das ist der Stern, der untergegangen: der himmlische Glaube, der in dem Erloschenen uns geleuchtet. Das ist die Krone, die herabgefallen: die Krone der Liebe, die den beherrschte, der sie getragen, wie alle, die ihm untertan gewesen. Das ist das Schwert, das gebrochen: der Spott in scharfer Hand, vor dem Könige zittern und der blutleere Höflinge erröten macht. Und das ist der hohe Priester, der für uns gebetet im Tempel der Natur – er ist dahingeschieden, und unsere Andacht hat keinen Dolmetscher mehr. Wir wollen trauern um ihn, den wir verloren, und um die andern, die ihn nicht verloren. Nicht allen hat er gelebt! Aber eine Zeit wird kommen, da wird er allen geboren, und alle werden ihn beweinen. Er aber steht geduldig an der Pforte des zwanzigsten Jahrhunderts und wartet lächelnd, bis sein schleichend Volk ihm nachkomme. Dann führt er die Müden und Hungrigen ein, in die Stadt seiner Liebe; er führt sie unter ein wirtliches Dach: die Vornehmen, verzärtelten Geschmacks, in den Palast des hohen Albano; die Unverwöhnten aber in seines Siebenkäs enge Stube, wo die geschäftige Lenette am Herde waltet und der heiße, beißende Wirt mit Pfefferkörnern deutsche Schüsseln würzt.

Jahrhunderte ziehen hinab, die Jahreszeiten rollen vorüber, es wechselt die Witterung des Glücks; die Stufen des Alters steigen auf und steigen nieder. Nichts ist dauernd als der Wechsel, nichts beständig als der Tod. Jeder Schlag des Herzens schlägt uns eine Wunde, und das Leben wäre ein ewiges Verbluten, wenn nicht die Dichtkunst wäre. Sie gewährt uns, was uns die Natur versagt: eine goldene Zeit, die nicht rostet, einen Frühling, der nicht abblüht, wolkenloses Glück und ewige Jugend. Der Dichter ist der Tröster der Menschheit; er ist es, wenn der Himmel selbst ihn bevollmächtigt, wenn ihm Gott sein Siegel auf die Stirne gedrückt und wenn er nicht um schnöden Botenlohn die himmlische Botschaft bringt. So war Jean Paul. Er sang nicht in den Palästen der Großen, er scherzte nicht mit seiner Leier an den Tischen der Reichen. Er war der Dichter der Niedergebornen, er war der Sänger der Armen, und wo Betrübte weinten, da vernahm man die süßen Töne seiner Harfe. Mögen wir der stolzen Glocke, die an seltenen Festtagen majestätisch schallt, unsere Ehrfurcht zollen – unsere Liebe wird der vertrauten Uhr, die jeden Pulsschlag unseres Herzens begleitet, die jede Viertelstunde unserer Freude nachtönt und alle unsere Schmerzen, Minute nach Minute, von uns nimmt.

In den Ländern werden nur die Städte gezählt; in den Städten nur die Türme, Tempel und Paläste; in den Häusern ihre Herren; im Volke die Kameradschaften;

in diesen ihre Anführer. Vor allen Jahreszeiten wird der Frühling geliebkost; der Wanderer staunt breite Wege und Ströme und Alpen an; und was die Menge bewundert, preisen die gefälligen Dichter. Jean Paul war kein Schmeichler der Menge, kein Diener der Gewohnheit. Durch enge, verwachsene Pfade suchte er das verschmähte Dörfchen auf. Er zählte im Volke die Menschen, in den Städten die Dächer und unter jedem Dache jedes Herz. Alle Jahreszeiten blühten ihm, sie brachten ihm *alle* Früchte. Auch der ärmste Dichter, und schlotterte ihm nur *eine* Saite noch auf seiner kümmerlichen Leier, hat die Feiertage der ersten Liebe besungen. Jean Paul wartet diese heilige Flamme, bis sie mit dem Tode verlischt. Bei jeder goldenen Hochzeit ist er der trauende Priester, der die alten Herzen noch einmal aneinanderlegt, und die zitternden Hände zum letzten Male paart, bevor der Tod sie trennt. Durch Nebel und Stürme und über gefrorne Bäche dringt er in das eingeschneite Häuschen eines Dorfschulmeisters, die Christnachtfreuden seiner Kinder zu teilen. Mit vollen Klängen besingt er die königliche Lust auf den Wonne-Inseln des Lago Maggiore; aber mit leisern und wärmern Tönen das enge Glück eines deutschen Jubelseniors und die Freuden eines schwedischen Pfarrers.

Für die Freiheit des Denkens kämpfte Jean Paul mit andern; im Kampfe für die Freiheit des Fühlens steht er allein. Seltsame, wunderliche Menschen, die wir sind! Fast sorglicher noch als unsern Haß suchen wir unsere Liebe zu verbergen, und wir fliehen so ängstlich den Schein der Güte, als wir unter Dieben den Schein des Reichtums meiden. Wie oft geschieht es, daß wir auf dem Markte des täglichen Treibens oder in den Sälen alltäglichen Geschwätzes all den wichtigen, volljährigen Dingen, die hier getrieben, dort besprochen werden, erlogene Aufmerksamkeit schenken! Wir scheinen gelassen und sind bewegt, scheinen ernst und sind weich, scheinen wach und sind von süßer Lust gewiegt, gehen bedächtigen Schrittes, und unser Herz taumelt von Erinnerung zu Erinnerung, und wir wandeln mit breitem Fuße zwischen den Blumenbeeten unserer Kindheit und erheben uns auf den Flügeln der Phantasie zu den roten Abendwolken unsrer hinabgesunkenen Jugend. Wie ängstlich lauschest du dann umher, ob kein Auge dich ertappt, ob kein Ohr die stillen Seufzer deiner Brust vernommen! Dann tritt Jean Paul nahe an dich heran und sagt dir leise und lächelnd: „Ich kenne dich!" Du verbirgst deine Freuden, weil sie dir zu kindlich scheinen für die Teilnahme der Würdigen; du verheimlichst deine Schmerzen, weil sie dir zu klein dünken für das Mitleid. Jean Paul findet dich auf und deine verstohlene Lust und spricht: „Komm, spiele mit mir!" Er schleicht sich in die Kammer, wo du einsam weinest, wirft sich an dein Herz und sagt: „Ich komme, mit dir zu weinen!" Schlummert und träumt irgendeine kindliche Neigung in deiner Brust, und sie erwacht, steht Jean Paul vor ihrer Wiege, und vielleicht waren es nur seine Lieder, die dein Herz in solchen Schlaf und in solche Träume gelullt. Nicht wie andere es getan, spürt er nach den verborgenen Einöden im menschlichen Herzen, er sucht darin die versteckten Paradiese auf. Er löset die Rinde von der verhärteten Brust und zeigt den weichen Bast darunter; und in der Asche eines ausgebrannten Herzens findet er den letzten, halbtoten Funken und facht ihn zur hellen Liebesflamme an. Darin hat er seinem Volke wohlgetan, darin war er sein Retter! Es gab eine Zeit, wo kein deutscher Jüngling, wenn er liebte, zu sagen wagte: ich liebe dich. Zünftig und bescheiden, wie er war, sagte er: *wir lieben dich, Mädchen!* Hinangezogen am Spalier der Staatsmauer, hinaufgerankt an der Stange des Herkommens, hatte er verlernt, seinen eignen Wurzeln zu trauen. Jean Paul munterte die blöden Herzen auf; er zuerst wagte, das jedem Deutschen so grause Wort *Ich* auszusprechen, und wenn die Freiheit nicht darin besteht, daß man ohne Gesetze lebe, sondern daß jeder sein eigener Gesetzgeber sei, so war es Jean Paul, der für unsere Enkel die Saat der deutschen Freiheit ausgestreut.


RICHARD OTTO SPAZIER

## Jean Paul und Börne

Da, als ich bei den Vorbereitungen meine alten Tagebücher durchsah, um mich in die Stimmung jener Zeit zurückzuversetzen, wo Jean Paul der Mittelpunkt aller meiner Gedanken und Empfindungen gewesen, jener Zeit, wo die Namen „Bayreuth, Fichtelgebirge, Wonsiedel" mich, wenn ich sie zufällig hörte oder erblickte, mit Wonnebeben durchdrangen – aber auch jener Zeit, wo durch seinen Tod die ersten Blüten meines Jugendmutes geknickt wurden – da fiel mir auch Ihr Brief wieder in die Hände, und Ihr Bild und Ihre Denkrede traten freundlich und vertraulich aus der Vergangenheit zu mir wieder heran. Ich ließ mir den Band Ihrer Werke holen, in welchem jene Rede abgedruckt ist. Ich las – ein Blitz nach dem andern fuhr in meine Seele! – Alles, was ich in der ganzen Reihe von Jahren als Resultat meines Nachdenkens über ihn gewann – es stand da, entweder ausgesprochen oder angedeutet, oder leise Winke dazu hingeworfen. Da war das Thema, zusammengedrängt auf wenig Seiten, das, wenn ausgeführt, bewiesen und belegt, den Stoff zu meinen entworfenen Bänden fast vollständig vorzeichnete! –

Ich war in tiefster Seele erschrocken. Jetzt mußte ich Sie vollständig kennenlernen. Ein Band nach dem andern Ihrer Werke ward von mir verschlungen; von den Aufsätzen aus der „Wage" an bis auf den letzten Brief aus Paris. Drei Tage brachte ich ununterbrochen damit zu. Es wäre schwer, Ihnen zu beschreiben, was ich dabei empfand! Lange hatte mich solche Wehmut und solche Rührung nicht ergriffen als bei Ihrem Scherz! – Manchmal erschrak ich zu tief, um weiterlesen zu können; ich fürchtete mich abermals vor Ihnen, aber wie vor einem wiedergekehrten Geist. – Er ist's! – Er ist's! – so rief es einmal über das andere in mir – Wer? – Sie können fragen, Börne? – Es ist ein Teil von Jean Pauls Seele, die in Ihnen auf Erden fortlebt! – und zwar ist's jene kräftige zweite Hälfte von ihm – Sie sind Quod Deus Vult, der in jener Maskennacht mit der Flöte in die weite Welt zog und den der Dichter ziehen lassen mußte, weil in seinem armen und beschränkten Leben nur für den Walt Raum war! – Und ich blöder Tor, der ich gewesen! Warum erkannte ich nicht, daß Vult es war, der nach des Dichters Tode jenen Brief an mich geschrieben. – Wie die „Wage", so mußte Vult auf seinen Reisen scherzen über das Theater, die Polizei und die Welt, den tiefen Schmerz und den hohen Ernst tief zurückdrängend in die Brust und doch ihn wider Willen leise verratend. So mußte er schreiben, nachdem er Walts schwere Exzerpten- und Bilderlast von sich geworfen und mit der Leichtigkeit, die ein vielgereister Weltmann sich aneignet, ohne jedoch das köstliche Gut seiner Originalität an den Wagenrädern abzuschleifen. – War es nun ein Wunder, daß Sie ihn so meisterhaft geschildert, so ganz und gar erfaßt und begriffen?

Und die Briefe aus Paris? – die hätte der Dichter am ehesten für seinen Vult in Anspruch genommen. „Der Schelm", hätte er mit frohem Stolz, strahlenden Augen und doch mit seinem lieblichen Lächeln gesagt – „der Schelm hat sich wirklich erfrischt und verjüngt in dem erhabenen Sturm der großen Zeit. Sein Lebensüberdruß, seine Menschenverachtung hat dieser ganz von ihm abgeweht. Er hat neue Hoffnungen gefaßt, und

nun donnert und schmettert er wie ein zürnender Gott
in die Völker, damit sie schneller sich vom Boden erheben. Aber dennoch ist's der alte Vult, und die Maut-
rede an die Bauerngemeinde ist wohl ganz besonders
von ihm." –

Wahrlich, Börne, hätte er Sie gekannt, er hätte Sie
sehr geliebt! –

Es drängte mich zu sehr, Ihnen dies laut vor aller
Welt zuzurufen, Ihnen den verlassenen Thron Jean
Pauls als Ihren Sitz zu bezeichnen! – Ich wußte, daß
dies der verwegenste Handstreich war, den ich ausgeführt, daß er mich am teuersten zu stehen kommen
werde. Von allen Seiten höre ich das Erbitterungs-
geschrei, das erzwungene und krampfhafte Hohnlachen
der Gegner, das mitleidige und verächtliche Lächeln
der vornehmen Gelehrten- und Gesellschaftsaristo-
kratie. Ich höre, wie sie ausschreien werden, nun habe
auch die Parteiwut so weit geführt, den ehrwürdigen
Jean Paul, den unschuldigen Frauendichter, nach seinem Tode zu einem Jakobiner zu machen. Ich sehe
selbst sonst verständige Leute den Kopf schütteln. –
Immerhin! Gehört doch der Jugend die Zukunft! – Und
sie, weiß ich, die allernächste Nachwelt, stimmt in den
Schluß dieser *Dedikation* – denn das ist dieser mein
Brief – laut und froh mit ein. –

Noch einmal, Börne, er hätte Sie sehr geliebt!


ERNST WILLKOMM


## Börne

Ich bin ein paar Tage in Pempelfort gewesen, wo ich,
angeregt durch die Erinnerung an die Vergangenheit,
die Schriften Jacobis zu lesen begann. Sie können mich
jedoch nicht mehr so recht fesseln. Dergleichen hat sei-

nen eigentlichsten Wert verloren für uns moderne Unglückskinder.

Ganz anders erfaßt mich Börne, in dessen Briefen aus Paris uns Oskar des Abends viele Stunden lang vorliest. Ich kann nicht müde werden, diesen göttlichen Menschen zu lieben, der es wagt, in dem Bewußtsein seiner reinen Tugendhaftigkeit den Schleier von dem Antlitz der Zeit zu heben und dem lebenden Geschlecht zu zeigen, was für ein fahler Totenkopf darunter verborgen ist. Gäbe es auch nur diesen einzigen Börne in Europa, so läge in ihm schon der schlagende Beweis, daß dieser Erdteil sehr krank sei. Börne ist nicht als Deutscher aufzufassen, sondern als ein Produkt des europäischen Lebens. Und ihm zur Seite wandeln bereits Jüngere, die freilich dem Titanen erst bis an die Knie reichen. Solche wittere ich in manchen gegenwärtig Verfemten, und wenn du's nicht übelnimmst, mein Geliebter, so behaupte ich, diese Menschen werden noch einmal hoch verehrt werden von der Nachwelt, und zwar ihrer angeblichen Frevel halber.

JOHANNES SCHERR

## Heinrich Heine

Erinnerst du dich? Wir saßen uns einmal in einer Gesellschaft gegenüber an einem windstillen, schwülen Abend. Da waren alte Weiber mit falschen Hüften und junge mit falschen Zähnen, auch mittelalterliche, an denen alles falsch; da waren alte Herren mit roten Nasen, die an ihre Whistpartie, und junge mit geschnürten Taillen und schmachtenden Locken, die an gar nichts dachten. Die Leute gaben sich entsetzliche Mühe, sich zu amüsieren, verstummten aber allmählich, als ob sie es überdrüssig würden, so gar ordinär zu sein. Eine allgemeine

Stille trat ein, doch flog da ein Engel durchs Zimmer, so war es höchstens der Engel der Langeweile. Ich glaubte seinen Bleimantel träge knittern zu hören und sah dir an, daß dir fabelhaft öde zumut ward. Gar zu gern hätt' ich dich angesprochen, aber meine Liebe zu dir befand sich damals in ihrem sentimentalen Stadium, und wenn sich ein Mensch in dieser Verfassung befindet, so ist Albernheit sein Name. Das wußt' ich wohl und schwieg darum klüglich. Es war eine heillose, so recht blasierte Stimmung, die durch wassersüchtigen Tee mit hektischen Butterschnitten keineswegs verbessert wurde. Da öffnete sich plötzlich die Türe, und ein bedeutender Mann trat herein, ein öffentlicher Charakter deines schönen Landes, mit gedankenheller Stirn, das Siegel des Witzes auf dem schönen Mund, der schon so viele Weiber geküßt hatte und in parlamentarischen Kämpfen so spöttisch, so sicher, so schneidend und siegreich das Nichts eurer Halbmänner, eurer politischen Schilfrohre an den Pranger zu stellen gewöhnt war. Es ging ein Aufatmen durch die ganze Gesellschaft: der neue Ankömmling war der Messias, welcher der Schlange der Langeweile den Kopf zertrat und für uns eine ganz neue Ära der Unterhaltung anbrechen ließ. Alle regte er an, alle entzückte er, die alten Damen machte er ihre Möpse, die jungen den Anzug ihrer Nachbarinnen, die mittelalterlichen die problematische Wirksamkeit ihrer Reize, die alten Herrn ihre Gicht, die jungen ihre Lorgnetten und Frisuren vergessen und mich – nun mich brachte er plötzlich zu der Einsicht, was für ein unpraktisch Ding die Sentimentalität, so daß ich beschloß, dich von Stund an nicht mehr bloß aus der Ferne petrarkaisch anzuseufzen, und dir dann beim Nachhausegehen auch wirklich ganz einfach sagte: Mein Herz, ich liebe dich!

Sieh, meine Freundin, wenn du dir die ersten Stunden jenes Abends ins Gedächtnis zurückrufen willst, so können sie dir in politischer, sozialer und literarischer

93

Beziehung die treffendste Vorstellung jenes langweiligen Zeitraums geben, den man die Restaurationsperiode nennt. Die himmlischen Götter hatten den Vorhang vor der Weltbühne heruntergelassen und, ermüdet durch die Tragödie der Revolution und des Kaiserreichs, sich schlafen gelegt, nachdem sie ihren lieben Freunden, den Göttern dieser Erde, zuvor noch den väterlichen Gedanken eingeflößt, das Völkerpublikum müsse von dem langen Drama ebenfalls ermüdet sein und es tue ihm daher ein tüchtiger psychischer Untertanenschlaf not. Ja, das Schauspielhaus der Geschichte wurde geschlossen. Die Kongreßstücke, eine neue Art von Komödien mit obligater russischer Hörnermusik, die dann und wann zu Laibach, Verona und anderswo aufgeführt wurden, gab man hinter verschlossenen Türen. Das große Publikum hatte dabei nichts zu tun, als die Gage der Schauspieler zu bezahlen, und als man nicht umhin konnte, es zur Aufführung der improvisierten Heldenspiele „Griechischer Befreiungskampf" und „Südamerikanische Revolutionen" und „Riegos Tod" zuzulassen, trug man Sorge, die freie Aussicht auf die Bühne mit Kulissen zu versperren, welche mit deutscher Waldeinsamkeit und Romantik recht dick überpinselt waren, damit sich das liebe Publikum durch den Anblick des „Untergangs von Missolunghi" und der „Schlacht von Ayacucho" nicht zu sehr alteriere. Ohne Bild: Die Politik – doch dieses hellenische Wort ist hier viel zu edel – die diplomatischen Praktiken vielmehr und reaktionären Staatskünsteleien der Restaurationsperiode strebten mit aller Macht, bald metternichisch fein, bald bourbonisch plump, dahin, die Völker in jenen Zustand schlafseligen Vegetierens, stumpfsinniger Apathie hineinzudrängen, welche das Ideal des Absolutismus ist. Es realisierte sich auch recht ordentlich dieses Wollen, vornehmlich in meinem deutschen Vaterland, dessen Sprache du sprichst, dessen geistige Glorie du verehren und lieben kannst, ohne gezwungen zu sein, ihm Untertanen zu gebären. Und mit der Flauheit, Erbärmlichkeit, mit der Schneckenhäuslichkeit unserer politischen Zustände ging auch die Nichtsnutzigkeit unserer sozialen, die Abgestandenheit unserer literarischen Hand in Hand. Es war da für Deutschland eine Zeit hereingebrochen, die ich mit einem Schillerschen Ausdruck eine „konfiszierte" nennen möchte. Wie das Staatsleben nach dem kurzen Aufschwung jener Jahre, in welchen die deutschen Stämme ihre Fürsten von dem Joch Napoleons befreiten, bald wieder in die unvolkstümlichsten Formen zurückgedämmt wurde, so fiel auch das gesellschaftliche Leben, nachdem es vermittelst nationaler Begeisterung einen vielversprechenden Anlauf genommen, schnell wieder in krähwinkeligen Schlendrian zurück und vergnügte sich noch einige Zeit damit, minniglich zu tändeln und sich mit altdeutschen Lappen und Lappalien zu behängen. Der Geist der Mittelmäßigkeit überschattete Germania, die aber keine Jungfrau mehr war, und sie gebar auch weiter nichts als eine neue Auflage der althergebrachten deutschen Spießbürgerei und Philisterei, die uns denn auch aus der Literaturgeschichte jener Periode so schauerlich angähnt. Langeweile und Mittelmäßigkeit herrschten in der Literatur wie im Leben. Der alte Goethe übersetzte aus dem Chinesischen und schrieb widerliche Speichelleckereien an hohe Personen, die romantische Schule war mit ihrem frömmelnden Spektakeln, ihrer angekränkelten Mittelalterlichkeit bereits wieder verschollen, die patriotischen Sänger aus den Jahren 1809–15 gestorben, verdorben, verbannt oder eingesteckt. Es fehlte keineswegs an Talenten, sogar an großen Talenten, Wilhelm Müller und Joseph von Eichendorff warfen ihre schmetternden Liederraketen in die Luft, Wilhelm Hauff entfaltete das anmutigste Erzählernaturell, Immermann, Grabbe, Platen dichteten – nein, es fehlte nicht an Talenten, wohl aber an der Stimmung, ihrer zu genießen. Die Literatur sperrte sich mit selbstbehäglicher Michelei in Taschenbücher und entfaltete da eine unsägliche Erbärmlichkeit, auf der Bühne haselierte Müllner, der famose Advokat von Weißenfels, mit seinen Schicksalstragödien, und den großen Markt der Literatur versah Clauren, das Entzücken seiner Nation, vollauf mit seinen leichten, aber mit dem Peststoff hohler Sinnlichkeit infizierten Fabrikate.

Die Pariser Julirevolution machte der Restaurationsperiode ein Ende, aber die Julirevolution der deutschen Literatur datiert schon von früher, datiert von dem Auftreten Heinrich Heines, der mit seinen „Reisebildern", deren erster Band 1826 erschien, die Polignacs und Peyronnettes unserer Literatur vom Ministertische jagte und, wenn auch nicht eine neue Sonne, so doch ein neues Morgenrot über den deutschen Dichterwald aufgehen ließ.

Ästhetisches

## Der Griff in die Gegenwart

Junge Dichter, fühlt ihr Talent und Trieb, nach der
höchsten Palme zu ringen, einen Roman zu schreiben,
wandelt nicht die verfallene, menschenleere Straße
einer abgestorbenen Zeit, klopft nicht an die Gräber, um
die Toten aufzuwecken – sie haben für euch nie gelebt,
euer Herz kennt sie nicht – sie gehören entweder der
Geschichte an, oder der Vergessenheit. Nur die Toten
der Sage gehören dem Volke, der Poesie.

Greift in die Zeit, greift in euren eigenen Busen. Vor
allem aber, greift nicht eher zur Feder, werdet nicht
früher Schöpfer, Gestalter, als bis ihr selber gestaltet.

Greift in die Zeit, haltet euch an das Leben. Ich weiß,
was ihr entgegnet. Nicht wahr, es ist verdammt wenig
Poesie in dieser Zeit, in diesem Leben, das wir in
Deutschland führen? Woher der Stoff zu einem zeit-
geschichtlichen Roman? Ich frage aber dagegen, woher
entnahm Goethe ihn für Wilhelm Meister? – Versteht
mich recht. Um alles in der Welt keinen Wilhelm wieder. Der ist abgetan, der ist Goethes und seiner Zeit.
Was und wer ist *euer*? Welcher Idee könnt *ihr* Leib und
Seele verleihen? Was habt *ihr* erlebt und gestrebt? Welche Bekanntschaften, Ansichten und Lebensverhältnisse
vermögt *ihr* in die Region der Poesie mit hinüberzu-
nehmen?

Ich gebe zu, und mir blutet das Herz dabei, ja wir
leben in einer Zeit, wo der matte Quell der Poesie
kaum über die ersten sechzehn Jahre unsers Lebens-
alters hinaufspringt.

Aber gut. Haltet einmal Abrechnung mit der Zeit,
entzieht einmal durch einen herzhaften Entschluß dieser heutigen deutschen Literatur den Schimmer poeti-
scher Lügen, deckt einmal auf, ihr Dichter, was ihr
schauet, laßt einmal den Staub wirbeln in der Wüste

und zählt die Grashalme, die auf grünen Inselfleckchen wachsen, zeigt uns den Himmel, wie er grau und schmutzig über uns niederhängt, und fangt die Sonnenstrahlen auf, die sich auf euren Scheitel stehlen, reißt der Zeit den Mantel der Heuchelei, der Selbstsucht, der Feigheit vom Leibe, und macht mit dem Kusse eures Mundes aller Welt bemerklich, wo nur noch ein echter Faden, der rote Faden der Poesie hinzieht, klopft, hämmert an alles taube Gestein, und sucht die Erzadern zu erforschen, wie sparsam, tief und versteckt sie auch fortlaufen. Noch einmal haltet Abrechnung mit der Zeit, mit eurem eigenen Leben. Das bißchen Poesie, das sich darein verzettelt, das bißchen aufzuweisen bringt euch Ehre und der Zeit Schande. Jetzt müßt *ihr* euch schämen. Wendet das Blatt. Die Philister nennen euch Lügner, Schaumblaser, Puppenspieler, Romanschmierer, und, bei Gott, die Philister haben recht.


KARL GUTZKOW

## Tendenzpoesie

Von jeher hat es Männer gegeben, die über dem Kampfe der Parteien erst den wahren Mittelpunkt ihres Lebens finden wollten. Sie suchten das Außerordentliche, weil entweder ihre Bildung eigentümlicher gestaltet war oder der Drang ihrer Überzeugung sie trieb. Sie bedurften der Masse, aber nur des Gegensatzes und der Folie wegen. Der eine suchte einen tieferen Frieden des Gemüts, den er im Lärm des Marktes nicht finden konnte, der andere war Egoist aus Eitelkeit oder aus Reflexion. Diese Leute verlangen von der Wahrheit, daß sie auch immer neu, von ihrer Darstellung, daß sie jedem überraschend scheine. Daher verschmähen sie eine Gemeinde, wo der Schüler vom Meister nur durch den

Unterschied des Alters getrennt wird. Wir Deutsche würden mehr Verteidiger der politischen Freiheit aufweisen können, wenn sie mit unserer Kunst, Wissenschaft und Literatur inniger zusammenhinge. Weil sich die politische Wirksamkeit selbst in den Weg treten würde, wenn sie tiefer eindränge als in die Durchschnittsintelligenz des Volkes, so sind ihre Begriffe und Terminologien einfach.

Es gibt in Preußen Leute, die sich schämen, das Wort Konstitution in den Mund zu nehmen, und es sind sonst die schlechtesten noch nicht! In Frankreich hält die Politik und der Kampf der Parteien alle Richtungen des dichtenden und denkenden Geistes zusammen. Dort sind die Helden des Tages auch Helden des Jahrhunderts. Wir Deutsche, bisher allem öffentlichen Leben entfremdet, haben von den Goldminen der Wissenschaft nie geahnt, daß sie unter dem Boden des Staatslebens sich fortziehen. Unser politisches Streiten ist demokratisch, wir sind aber gewohnt, nie die Feder zu greifen als im Geiste unserer literarischen Aristokratie. All diese kleinen Momente unseres früheren Lebens, auf die uns eignes und fremdes Urteil stolz gemacht hat, sollten von großartigeren Triebfedern nun ersetzt werden müssen? Die Notwendigkeit der Politisierung unserer Literatur ist unleugbar. Man gehorcht ihr zwar, aber mit welcher Zögerung! mit welchen fremdartigen Erscheinungen! Sie wird noch die häßlichsten Leidenschaften aufrufen. Die Eitelkeit der Originalität, die schmutzige Begeiferung, die fast anerkannter Ton unserer Kritik ist, Neid auf literarische Berühmtheit, das alles steht dem Siege der guten Sache entgegen. Noch werden sich viele von ihr darum abwenden, weil die wenigen Erkennungs- und Stichwörter des Liberalismus ihrer Phantasie nicht zusagen. An vieles gewöhnt, finden sie da nur wenig. Sie lesen oft so schwache, unreife Behandlung liberaler Doktrinen, die sich durch nichts auszeichnen als durch ihren guten Willen, aber wenn man auch die Tiefe der Begründung, die Form des Geistreichen selbst im Ausdruck schätzen muß, so dürfen sie doch in einer Zeit, wo nur die Massen siegen, sich von ihnen nicht lossagen ohne eigenen Schaden.

HEINRICH LAUBE

## Die neue Kritik

Ich will den Lesern der eleganten Zeitung hiermit ankündigen, daß sich diese erlauben werde, eine Heerschau unserer schwarzen und weißen Truppen anzustellen, die wie das Unglück aus allen Winkeln der Erde heraufsteigen und gespenstische Waffen schwingen. Zum vollen Kostüm neuer Eleganz gehört auch Anlegung des glänzenden Waffenschmucks der neuen Zeit – der Kritik. Wir leben in einer kritischen Epoche, alles ist in Frage gestellt, das große Examen der Welt hat seit langer Zeit begonnen. Es rollt jetzt eine werdende Welt, ihre Fahne ist die Prüfung, ihr Zepter das Urteil. In solcher Periode der Entwickelung scheint selten die wärmende Sonne: Alles sucht nach dem leitenden Monde – Kritik. Da aber *alles* nach Gestaltung ringt, alles geprüft wird, so ist unsere bessere Lesewelt enzyklopädistisch geworden; man sucht die Höhen, um Übersicht zu gewinnen.

Wir wollen daher versuchen, unsern Literaturabriß so summarisch als möglich zu machen, damit man wie dort aus der „laufenden Geschichte" ein kompaktes Bild des Geschehenen und der Taten, hier eins des Geschriebenen und der Schriften erhalte.

Wer mit jedem unbedeutenden Manne breit spricht, spricht vieles, aber selten viel, und der Abend kommt, und er ist nicht bis ans andere Ende des Marktes gelangt, und die Finsternis verhüllt hundert brave Leute, die er nicht kennengelernt hat. Die Weibergeschwätzigkeit unserer deutschen Kritik kommt von der deutschen Charakterlosigkeit, die lange Zeit unser Charakter war – ich weiß nicht, ob sie's noch ist. Es war eine demokratische Schwäche in uns: mit jedem langweiligen Gesellen, der ein noch langweiligeres Buch geschrieben, mußten wir stundenlang plaudern. Wir hielten das für literarischen Anstand und modellierten unsere Literatur nach unsern kleinstädtischen Casinos und geschlossenen Gesellschaften. Unsere Literatur dünkte uns eine ebenso philisterhaft geschlossene Gesellschaft, und wir hielten es schon für einen Akt der Kühnheit, der Genialität, dies Schloß zu sprengen und ohne höhere Erlaubnis ein Buch herauszugeben. Fehlte nun diese Kühnheit und trat der Verfasser im Galarocke, mit Manschetten und seidenen Strümpfen an der Hand eines Paten auf, etwa des Geheimenrats Wolfgang v. Goethe oder des Hofrats Ludovico Tieck oder gar des männiglich mutigen Ritters von Fouqué, so zerflossen wir vor breiter Artigkeit: es war ein Händereiben, ein Komplimentemachen, ein Bücken und Winden und Drehen und ein süßes, artiges, weitläufiges Geflüster wie am Hofe des Königs Réné, wenn ein Ritterlein mit ein paar schlechten Versen eintraf.

Wir wollen die unwichtigen Sprecher auf dem großen Büchermarkte nur flüchtig auf freundliche oder herbe Weise begrüßen, je nachdem sie uns ein demokritsches oder heraklitsches Gesicht zu verdienen scheinen – nur bei den bedeutenden Leuten, bei den Massen wollen wir länger verweilen, damit eine gewisse Totalität, das Endziel aller Wissenschaftlichkeit, erreicht werde. Wir brauchen in Deutschland summarische Fora, wo jeder gehört und erwähnt wird, aber nicht jeder im Verhältnisse zu sich, sondern zum Ganzen ausführlich.

Die Literatur gestaltet sich meist nach den Hauptpostulaten der Zeit, ihre Gestalt ist oft die Vorrede der kommenden Geschichte: ehe die griechischen Staaten auseinanderfielen wie morsche Kleider, zerfuhr ihre Literatur in dialektische Spitzfindigkeit, in wesenloses Geschwätz; als Rom der Auflösung entgegenging, stand es im Zeitalter seiner bleiernen Literatur; jetzt, wo in Deutschland der Kampf gegen die aristokratischen Prinzipien begonnen hat, ist die Literatur bereits auf der Höhe des Demokratismus. Und die Natur bietet hülfreich die Hand dazu; man möchte dem schmalen Gedanken nachlaufen, daß die tellurischen Einflüsse die Relaispferde der menschlichen Entwickelung sind. Weil sie seit längerer Zeit durch Leberkrankheit, Hypochondrie und Cholera die Unterleibsorgane in Anspruch nehmen und dadurch die Menschen für das Positive untauglicher machen, befördern sie vielleicht die Kritik und ihre blutrote Tochter, die Revolution. Welch eine Schar von Fürsten der Literatur ist in kurzem gestorben, vor wenig Monden noch erst der jüngste Prinz der Philosophie, der so viel Lungen und Federn in verwirrte und verwirrende Bewegung gesetzt, Hegel in Berlin, der legitimst gewordene Fürst der Poesie, Wolfgang Goethe in Weimar, der Duc der Physiker Cuvier in Paris und eine Menge anderer der kleinern regierenden Herren und apanagierten Prinzen der Feder und des Worts. Die einzelnen Höhen verschwinden, aber die ganze Masse rückt höher, die Gebirgsgegend der Aristokratie schwindet mehr und mehr, die Täler werden ausgefüllt, es entsteht eine demokratische Hochebene.

Und es ist dies ein Zeichen von Fortschritt. Große Unterschiede bekunden großen Mangel an Kultur, so im Staatsleben, so in der Literatur. Wer darüber klagt, daß uns die Häupter fehlen, versteht die Zeit nicht; einzelne Häupter sind Hauptgebrechen – was früher einzelne vermochten, vermögen jetzt viele, Wissenschaft und Kunst sind aus umschlossenen Gemächern auf die Märkte gestiegen – ist das nicht besser? Das Verallgemeinern der Güter ist die höchste Aufgabe des Kultivierens. Wenn man erst die Periode der Welt und der da hineingehörenden Literärgeschichte nicht mehr nach Namen, sondern nach Begriffen benennt, so ist die Geschichte unendlich weit fortgeschritten. Das Jammern der alten Leute, daß jetzt alles schreibt, alles sich um alles bekümmert, ist ein Beweis, daß die Leute alt sind und die Jugend der Zeit und deren Sprünge nach ihren alten Beinen messen. Das Endziel der Zivilisation ist, daß niemand mehr nötig hat, zu schreiben und zu belehren, weil alles schreiben kann, alles belehrt ist – um dahin zu kommen, muß aber erst alles geschrieben und gelehrt haben. Man macht sich so schwer los von der Theorie der Bevorzugungen, und wir sind alle noch so ritterlich romantisch geartet, daß wir abwechselnde Höhen und Tiefen, daß wir starkes Licht und starken Schatten brauchen, damit wir uns nicht langweilen. Der Gang der Welt geht aber nach *allgemeinem* Licht, und seine Begrenzung soll nur das Jenseitige sein, was unserer Konstruktion nach für uns dunkel bleiben muß. *Zwischen uns* bedarf's keiner absondernden Schatten. Unsere Enkel werden darum auch eine neue Poesie erfinden, denn unsere jetzige beruht noch größtenteils auf diesen Schattenverhältnissen – wenn unsere Helden nicht mehr nach unerreichbaren Prinzessinnen schmachten können, wenn die allgemeine Helle und Ordnung die mystischen Abenteuer unmöglich machen, da werden sich die Poeten nach anderer Staffage umsehen müssen. Nach unsern Begriffen bricht allerdings ein breiter Strom von Prosa mit der neuen Zeit herein; aber wenn die Welt sich erst in den *Nutzen* gefunden, so wird sie sich auch neue Räume und Gesetze der *Lust* entdecken.

Es ist darum kein Wunder, es ist kein Grund zur Betrübnis, daß in allen Gattungen des wissenschaftlichen und künstlerischen Schaffens jetzt eine Art von Unordnung, Auflösung herrscht, daß die weiteren Gesetze noch um die Glieder schlottern und Tausenden noch für Anarchie gelten. Das ist das beste Gesetz, des-

sen Knoten leicht geschürzt ist, das leicht erweitert werden kann, und über kurz oder lang wird jede Anarchie Gesetz. Diese Art von Freiheit, welche jetzt Kunst und Wissenschaft aufzulösen droht, wird sich bald zu großen Regeln gestalten, denn alles gestaltet sich in dieser Welt des Stoffs, und spätere Jahrhunderte werden die Auflösung dieser Ordnung gewordenen Anarchie sehen. Die Welt *geht.* Nur wer keine Geschichte kennt, erschrickt vor dem jetzigen Zustande unserer Literatur, statt sich darüber zu freuen, daß er eine Krisis des Weltprozesses erlebt und am neu aufzulegenden Codex der Weltordnung mitarbeiten kann.
. . .

So ist es denn gekommen, daß die jungen Tage in keine Gemeinschaft treten mit den alten, stumpf gewordnen Männern. Diese haben ihre Schritte nicht also beflügeln können, sie sind zurückgeblieben, und die Fülle von Begebenheiten und Gesetzen der letzten Jahre ruht lediglich auf den Schultern der historischen Jugend. Die neue französische Geschichte, der Versuch zu einer deutschen, das polnische Epos, die italienischen Träume – wer von den alten Herren hat sie uns wiedergegeben? Keiner . . . Und wie steht es denn nun in dieser anarchischen Zeit mit der Kunst aller Künste, mit der, die der lebendige Odem aller übrigen, welche die schwankende Brücke aus Traumbalken ist – mit der Poesie? Hat *sie* keine Veränderungen erlitten? – Oh, sie ist heruntergesprungen von ihren hohen Postamenten, wo sie als Marmorstatue die Vorübergehenden erhob, sie hat frisches Blut in den Adern gefühlt, sie hat gefroren in der antiken Tracht, sie hat sich modern gekleidet und läuft jetzt unter den Menschen, auf den Märkten umher. Aus der objektiven Poesie ist eine subjektive geworden. Man wollte nicht mehr bloße Form, man wollte Leben, nicht mehr kalte, schöne Worte, sondern lebendig warme, pulsierende Gedanken. Und diese Änderung kam wie jede andere aus der anders gewordenen *Geschichte*. Früher war alles in Ordnung, die großen staatlichen und die kleinen bürgerlichen Verhältnisse – es fühlte alles nach der Regel; später kam alles in Unordnung, jeder machte seine Richtung geltend. Der ausgleichende Geist eines zentralisierenden Monarchismus ward begraben, jeder wollte eine Physiognomie besitzen, jeder wollte als Individuum gelten, die Gesetze wurden erweitert, damit jeder einzelne größern Spielraum fände. Die zum Schema vermischte Allgemeinheit hörte auf, die Masse ging auseinander, es kamen tausend und aber tausend Personen, Köpfe, Gesichter, Herzen zum Vorschein, und solange der große Quotient für diese vielfältigen Einzelheiten nicht gefunden ist, so lange wird die Poesie subjektiv sein. Eine kritische Epoche der Weltgeschichte wird begleitet von einer subjektiven der Poesie; denn jedes Individuum verlangt hartnäckig sein Recht, also auch sein Recht, zu fühlen und zu singen, und zwar individuell zu fühlen und zu singen.

Der Tonangeber in Deutschland war Heine oder doch der, welcher auf die genialste Weise die Sache bis zur Spitze trieb. Der junge Heine ist der subjektivste, der ältere Goethe der objektivste Dichter. Jener enthüllt, entblößt schonungslos sein Inneres, es mag eben darin aussehen, wie es will – das Innerste des Menschen, sein Fühlen, sein Herzenstrachten ist immer poetisch – alles ist poetisch, es kommt nur auf das Auge an, das sich darauf richtet. So spricht jene Partei. Diese, die objektive, öffnet nie die Brust, sondern bringt das Gefühl erst, wenn es von regelnder Hand beschnitten und geordnet ist.

Die letztere ist das Ergebnis einer abgelaufenen, kritischen Epoche – auch *wir* werden einst wieder dahin kommen, aber der neu entdeckte Weg wird geebnet mit aufgenommen, unsere nächste objektive Poesie wird um so viel reicher sein, als die neuere Gattung sie jetzt arm nennt.

### Die Entthronisierung der Musik

„Sagen Sie mir von allen neuen Autoren einen, der ein gutes Urteil über Musik hätte? Es ist Mangel einer gewissen Saite in der Seele, daß es ganz unmöglich ist, die Namen Menzel, Börne, Heine mit irgendeiner musikalischen Verrichtung zusammenzubringen."

„Die Lärmtrommel!" hieß es irgendwo, während Cäsar das Wort ergriff: „Was kann empfehlenswerter für die Richtung sein, die unsere ersten Geister nehmen? Alle frühere Literatur bildete sich im Interesse irgendeiner vereinzelten Kunst oder Tendenz: die Lessing-Goethesche Zeit im Interesse der Antike, die Romantik im Interesse der Malerei, die Phantastik im Interesse der Musik. Erst in unseren Tagen sammelt die Literatur ihre Vorposten, die sich in die fremden Feldlager verloren hatten, und zieht sie in den Kern ihrer Kräfte zurück, um aufs neue zu bestimmen, welches ihr Zweck sei. Ich glaube, daß sich die Literatur ausdehnen wird auf andere Felder, um diese zu befruchten; aber wahrlich, mein Herr, auf die Musik nicht!" Bis hierher sprach Cäsar ohne Zweifel so, daß es unnütz gewesen wäre, Unterschriften darauf zu sammeln. Das Folgende schien zweifelhafter: „Was soll überhaupt die Musik? Diese klingende Mathematik? In der Erziehung sind die geometrischen Köpfe meist die härtesten, und in den großen Musikern habe ich immer Leute gefunden, die, obschon sie mit Schlüsseln umgehen, über nichts Aufschluß geben können. Die Musik ist eine ganz sinnliche Kunst. Wenn Sie dem Otaheiter einen Trauermarsch von Spontini vorspielen, glauben Sie, daß er weinen wird? Er wird springen und seine Kokosschale vor Lebenslust bis auf die Hefe leeren. Musik ist absolut nichts: die Bildung legt erst hinein, was wir darin

zu finden glauben. Wenn ich für mein Teil bei irgendeinem Musikstück geneigt bin, an die Unsterblichkeit
der Seele zu glauben, so verbinden zu gleicher Zeit Sie
damit einen Begriff, der vielleicht der entgegengesetzte
ist. Wenn Sie bei einer Symphonie von Beethoven an
einen gotischen Dom denken, so dachte der Kompo-
nist, wie Beethoven eingestanden hat, an das Giebel-
dach einer Bauernhütte. Nein, mein Herr, die Musik
wird aufhören zu den ersten Künsten gerechnet zu
werden. Nähert sich die Musik nicht in der Oper schon
immer mehr der rhetorischen Deklamation? Ist die
Sprache, das volle, tönende, menschliche Wort nicht
unendlich höher als der unnatürliche Gebrauch einer
im Munde versteckten, zufälligen Fertigkeit? Ich bitte
Sie, überlegen Sie das?"

THEODOR MUNDT

*Gesprochenes statt geschriebenes Deutsch*

Die Emanzipation der Prosa, wofür man ihre innere
Gleichstellung mit der Poesie oder vielmehr ihre bloß
dem Gedanken folgende Darstellungsfreiheit ansehen
könnte, ist in der deutschen Literatur noch nicht seit
lange erreicht, keineswegs aber schon zu einer allgemei-
neren Durchbildung, selbst bei den Schriftstellern, vor-
geschritten. Unter deutscher Prosa hatte man sich sonst
ein schwerlötiges, vierundzwanzigpfündiges Geschütz
vom gröbsten Kaliber zu denken, das mit einem Lang-
gespann von sechs Pferden rumpelnd in die Schlacht
gezogen wurde; oder einen in tiefen Sandspuren langsam fortkeuchenden, uckermärkischen Frachtwagen,
der mit Säcken, Kisten und Fässern aller Art so voll-
bepackt dahinrollt, daß man den Mut verliert, ihn
anzuhalten, und das, was man von ihm haben möchte,

aus seiner Ladung herauszukramen. Die deutsche Prosa war in ihrer Entstehung etwas Wissenschaftliches, eine Produktion der Gelehrsamkeit, eine Abstraktion aus den Alten, sie wurde nicht durch die Bedürfnisse des öffentlichen Lebens, noch durch gesellschaftliche Reize und Anlässe hervorgerufen und gefärbt. Ihre Grundbildung fällt in die Wiederherstellung der Wissenschaften in Deutschland, und diese Elemente eines gelehrten, besonders aber latinisierenden Satzgefüges, das einen durchgängigen wissenschaftlichen Anflug und keinen einzigen gesellschaftlichen hat, sind sehr lange an ihr haftengeblieben, auch in die Schreibweise des Privatlebens, in den Stil des Volkes unbewußt übergegangen. Man kann annehmen, daß die meisten Schreibenden ihren Stil aus dem Schulunterricht in den antiken Sprachen, namentlich aus den Lehrstunden im Cicero, eingesogen haben. Daher ein deutscher Stil, der eigentlich auf den Periodenbau einer fremden Sprache gegründet ist, ohne die vielen hülfreichen Konstruktionen derselben, die absoluten Sätze, die von schleppenden Artikeln unbeschwerte Flexion, für die Satzbildung nutzen zu können. So ist jenes ins Unendliche sich verlaufende Einschachtelungssystem in unsere Schreibart gekommen, das dem grammatischen Organismus der deutschen Sprache völlig widerstrebt und nur in den antiken, welche für die Periodisierung so viele Vorteile besitzen, den Zweck einer imposanten Schönheit zu erreichen vermag. Im allgemeinen ist dem Deutschen sein Stil eine schon fertige Form, ein gemauertes Gefäß, in das er irgendeinen Inhalt hineingießt, keine Sinnpflanze, die mit dem Gedanken aufwächst und abblüht. Die Deutschen sind eine schreibende Nation genannt worden, und doch war bei keinem andern Volk die schöne Kunst zu schreiben von so zäher Barbarei so lange zurückgehalten. Eine Sprache, die viel *gehört* wird, gelangt jedoch weit eher dazu, auch gut *geschrie-*

*ben* zu werden, und eine bloß geschriebene, wie die deutsche, welche sich ganz dem Ohr entzieht und der freieren, öffentlichen Gelegenheiten entbehrt, fällt von selbst dem Studierstubencharakter, dem Kanzlei- und Predigerstil, dem altfränkischen Menuettschritt steifverschlungener Sätze, anheim. Der Deutsche schreibt nicht, um zu sprechen, sondern man sieht immer, daß er sich eigens dazu an den Tisch setzt, um zu schreiben, wie ein Drechsler an die Hobelbank; man sieht ihn an seinen Sätzen zimmern im Schweiß seines Angesichtes, alles mögliche Bauholz herbeischleppen und ein Perioden-Magazin aufführen, in dem viele Ideen hausen können, das aber selber keine gestaltete Idee ist und wird. Am schlimmsten steht es jedoch mit der Schreibsprache des gemeinen Mannes in Deutschland, dem gänzlich eine öffentliche Norm guter Rede, woran er den Ausdruck seiner Bedürfnisse erheben und veredeln könnte, abgeht, mit Ausnahme etwa der Eindrücke, die er aus der Kirche und von der Kanzel empfängt. Deshalb stimmen auch Leute aus der niedern Volksklasse, wenn sie Briefe schreiben, so häufig einen erbaulichen Ton darin an und bedienen sich salbungsvoller Redensarten, die ihnen vielleicht im wirklichen Leben völlig fremd sind; aber es scheint ihnen einmal mit dazu zu gehören, wenn sie sich in die absonderliche Positur des Schreibens setzen. Noch häufiger trifft man, daß sie der Gegenstände ihrer Gedanken, mögen sie auch noch so lebhaft davon erfüllt sein, im Schreiben durchaus nicht Herr werden können, weil ihnen die Mittel des Schreibens etwas zu getrennt Liegendes von der Vorstellungswelt sind und die nationelle Sitte nichts Verbindendes und Gewöhnendes an die Hand gibt, um die Kluft zwischen den Vorstellungen und ihrem geregelten Ausdruck dem Volke überspringen zu helfen. So möchten die Deutschen vielleicht die einzige Nation sein, die einen „Briefsteller für Liebende" nötig haben, aus dem

sie sich sogar die Gefühle ihrer Zärtlichkeit und Zunei-
gung wechselseitig ab- und zuschreiben, und die häu-
figen Auflagen, die solche Kleiderverleihanstalten des
deutschen Stils erleben, beweisen den praktischen Gebrauch, der davon im Volke gemacht wird. Das Herz,
sich ganz so abzuschreiben, wie er ist, besitzt der Deutsche nicht, wenn er auch *ein Herz* dazu besitzt.

LUDWIG BÖRNE

## Das attische Salz

Ich war immer erstaunt, daß unsern zwei größten Dichtern der Witz gänzlich mangelt; aber ich dachte: sie
haben Adelstolz des Geistes und scheuen sich, da wo sie
öffentlich erscheinen, gegen den Witz, der plebejischer
Geburt ist, Vertraulichkeit zu zeigen. Im Hause, wenn
sie keiner bemerkt, werden sie wohl witzig sein. Doch
als ich ihren Briefwechsel gelesen, fand ich, daß sie im
Schlafrocke nicht mehr Witz haben, als wenn den Degen
an der Seite. Einmal sagt Schiller von Fichte: „Die Welt
ist ihm nur ein Ball, den das Ich geworfen hat und den
es bei der Reflexion wieder fängt." Man ist erstaunt,
verwundert; aber diese witzige Laune kehrt in dem
bändereichen Werke kein zweites Mal zurück.

Der Mangel an Witz tritt bei Goethe und Schiller da
am häßlichsten hervor, wo sie in ihren vertraulichen
Mitteilungen Menschen, Schriftsteller und Bücher beurteilen. Es geschieht dieses oft sehr derb, oft sehr grob;
aber es geschieht ohne Witz. Das Feuer brennt, aber es
leuchtet auch; das Licht warnt vor dem Schmerz und
bezahlt ihn. Tadel ohne Witz ist Glut ohne Licht. Das
Lob braucht den Witz, verträgt ihn nicht; Wohlgefallen
ist nur, wo Einheit der Empfindung, und der Witz
trennt, zerreißt. Der Tadel braucht ihn; der Witz

macht ihn milder, erhebt den Ärger zu einem Kunstwerke. Ohne ihn ist Kritik gemein und boshaft.

Ich weiß nicht, wie hoch die Gesetzbücher der Ästhetik den Witz stellen; aber ohne Witz, sei man noch so großer Dichter, kann man nicht auf die Menschheit wirken. Man wird nur Menschen bewegen, Zeitgenossen, und sterben mit ihnen. Ohne Witz hat man kein Herz, die Leiden seiner Brüder zu erraten, keinen Mut, für sie zu streiten. Er ist der Arm, womit der Bettler den Reichen an seine Brust drückt, womit der Kleine den Großen besiegt. Er ist der Enterhaken, der feindliche Schiffe anzieht und festhält. Er ist der unerschrockene Anwalt des Rechtes und der Glaube, der Gott *sieht*, wo ihn noch kein anderer ahnet. Der Witz ist das demokratische Prinzip im Reiche des Geistes; der Volkstribun, der, ob auch ein König wolle, sagt: *ich will nicht!*

Der Verstand ist Brot, das sättigt; der Witz ist Gewürz, das eßlustig macht. Der Verstand wird verbraucht durch den Gebrauch, der Witz erhält seine Kraft für alle Zeiten. Goethes und Schillers so verständige Lehren nützen nicht mehr; denn man hat ihre Lehren befolgt, und neues Wissen braucht neue Regeln. Auch Lessing und Voltaire haben gelehrt, die Kunst und ihre Zeit haben von ihnen gelernt; aber ihre Lehren sind für immer. Sie kämpften mit dem Witze, und der Witz ist ein Schwert, das in jedem Kampfe zu gebrauchen. Die Geschichte zählt große Menschen, die sind *Register der Vergangenheit*: so Goethe und Schiller. Sie zählt wieder andere, die sind *Inhalts-Verzeichnis der Zukunft*: so Voltaire und Lessing.

## *Heine als Vorbild eines witzigen Stils*

Heinrich Heine verdient in doppelter Hinsicht die Aufmerksamkeit der deutschen Prosaisten, sowohl wegen der Tugenden als der Fehler seines Stils, die ebensoviel Lichter und Schatten seines Genius sind. Im allgemeinen verdient er aber durchaus die Auszeichnung, die wir ihm vor andern großen Prosaisten zuteil werden lassen, als Charakterbild der neuen Prosa zu gelten; weder Goethe noch Jean Paul, noch irgendein anderer von den ausgezeichneten Geistern der jüngst vergangenen ästhetischen Epoche ist geeignet, den Geist der Zeit und der neuesten Bewegungen aus der Abspiegelung ihrer Prosawerke erkennen zu lassen. Es liegt eine Kluft zwischen uns und jenen Werken, die dem gewöhnlichen Auge unsichtbar sein mag, die aber dem schärferen und geübteren Blick in ihrer ganzen Breite und Tiefe nicht entgeht. Dies auszuführen wird meine heutige Aufgabe sein.

Es ist schwer, mit einigen Worten diesen Unterschied anzugeben; derselbe liegt nicht allein in der Natur der ausgesprochenen Ansichten, namentlich in der größeren Freiheit der politischen, sondern im verborgenen Räderwerk des Geistes, im Schwung, in der Konzentration der Gedanken nach einer gewissen Richtung, in der Wahl des Ausdrucks, im Bau der Periode, selbst in scheinbaren Kleinigkeiten, wie Absätze, Punkte und Kommata sind. Dennoch bringt es unsere Aufgabe mit sich, wenigstens den Versuch zu machen, uns über das Charakteristische des Sonst und Jetzt in der Prosa so gut, als es geschehen kann, aufs reine zu bringen.

Gewiß, meine Herren, Sie werden sich keinen größeren Unterschied in der Schreibart denken können als zwischen der Goethischen und der von Jean Paul, obgleich man doch beide als Zeitgenossen zu betrachten hat; ebenso auffallend wird Ihnen die Heinesche Schreibart von der des edeln Börne abzustechen scheinen. Dennoch wird ein der Geschichte kundiger, geistreicher Mann, der nach hundert Jahren die frühere und jetzige deutsche Literatur seiner Aufmerksamkeit würdig hält, ohne weiteres Goethe mit Jean Paul, Heine mit Börne verbinden und jedem Paar seine eigentümliche Periode anweisen; so stark und durchsichtig sind die Kennzeichen, die jedes Zeitalter seinen bedeutenden Organen und Schriftstellern anhängt. Charakterisieren wir vorläufig die vier genannten Schriftsteller und ihre Schreibart durch einige der hervorstechendsten Züge, welche jedermann bei ihrer Lesung in die Augen springen. Goethe schreibt in seinen besten Werken, wie ein Künstler des Altertums meißelt, jeder Meißelschlag von den Tausenden, die leicht und zierlich vor unsern Augen angebracht werden, bringt eine neue Schönheit ans Licht, zeigt uns eine neue Ader, Muskel des Apoll, der Venus, des Herkules, bis die ganze kunstreich verkörperte Idee Fleisch und Blut zu gewinnen scheint und mit der zartesten Haut umgeben vor uns steht. Während nun Goethe bei allen seinen Produktionen die Idee der Kunst vor Augen schwebte und er kein Wort, keinen Gedanken niederschrieb, um außer der Reihe der übrigen damit zu glänzen, sondern jeden Ausdruck dem höhern Ganzen unterordnete, hatte Jean Paul, sein Zeitgenosse, gar keine Ahnung von Kunst und künstlerischer Darstellung; das Herz voll unaussprechlicher tiefer Gefühle, den Kopf schwanger von Witz und Phantasie, goß er eine Flut von Gedanken und Gefühlen aufs Papier hin, so wie er jedesmal im Moment angeregt und aufgelegt war, ohne sich eben zum Behuf einer konzipierten Kunstidee viel um die Stelle zu bekümmern, wo er sein Genie leuchten ließ. Meistens gibt er zuviel und erdrückt, im Laufe eines Satzes fällt ihm hunderterlei ein, was als Parenthese oder zwischen Kommaten eingeschlossen wird, und so gleichen seine Perioden dem

Zickzack der Blitze und sind nicht selten wie diese taube Schläge, die wohl erschüttern, aber nur momentan, und keine Nachwirkung zurücklassen. Börne, an Gemüt ihm ähnlich, ist ihm hierin ganz entgegengesetzt, jeder Satz ein abgeschlossener Gedanke, Schlag um Schlag eine neue Behauptung, Schritt vor Schritt ein Stück Weges zurückgelegt, Stoß um Stoß irgendeine träge Masse von Vorurteilen und Dummheiten verdrängt. Absicht und Kunst, wie bei Goethe, sind selten an seiner Darstellung zu merken, er drängt und fährt nur so darein und kümmert sich nicht um das, was die Leute dazu sagen. Man sollte meinen, daß Heine dies auch nur so tut, allein man würde sich irren. Vergleichen Sie den Heineschen Stil mit dem Börneschen, so werden Sie die Absichtlichkeit der Heineschen Darstellung als etwas ihr Eigentümliches nicht verkennen. Heine bedenkt sich, wo Börne unbedenklich hinschreibt und wo Jean Paul zwei Gedanken für einen ineinandermischt. Nicht, daß er um das, was er sagen will, verlegen wäre, nicht, daß ihm irgendeine Anspielung, eine Vergleichung, eine geistreiche Wendung nicht zu Gebot stände, er bedenkt sich, um den Ausdruck zu treffen, der das, was er sagen will, unvergeßlich macht, das Wort zu finden, das *seinen* Gedanken auf das *eigentümlichste* und *schlagendste* wiedergibt.

Hält man nun diese Züge der bewährtesten Schriftsteller miteinander zusammen, so möchte man eher Börne mit Jean Paul, Heine mit Goethe in Vergleichung setzen, wenn man bei Beurteilung eines Stilistikers von der *Idee der Kunst* als tertium comparationis ausgeht. Heine und Goethe, Börne und Jean Paul sind sich in der Tat auch in Anlagen und geistigem Vermögen verwandt, was auch von ihnen selbst, ich meine von den Jüngeren, Heine und Börne, richtig gefühlt und ausgesprochen ist; von letzterem in der herrlichen Rede auf Jean Pauls Tod, das schönste Denkmal, das den Manen des großen Dichters errichtet worden und das

zugleich, sowohl durch die Begeisterung der Sprache als durch diese selbst, dem Redner einige unverwelkliche Blätter aus Jean Pauls eigenem Ehrenkranz zusichert.
. . .

Welches Merkmal ist es also, das die Ästhetik der neuesten Literatur, die Prosa eines Heine, Börne, Menzel, Laube, von früherer Prosa unterscheidet? Ich möchte ein Wort dafür geben und sagen, dies Merkmal ist die Behaglichkeit, die sichtbar aus der Goetheschen und Jean Paulschen Prosa spricht und die der neuesten fehlt. Jene früheren Großen unserer Literatur lebten in einer von der Welt abgeschiedenen Sphäre, weich und warm gebettet in einer verzauberten, idealen Welt und sterblichen Göttern ähnlich auf die Leiden und Freuden der wirklichen Welt hinabschauend und sich vom Opferduft der Gefühle und Wünsche des Publikums ernährend. Die neuern Schriftsteller sind von dieser sichern Höhe herabgestiegen, sie machen einen Teil des Publikums aus, sie stoßen sich mit der Menge herum, sie ereifern sich, freuen sich, lieben und zürnen wie jeder andere, sie schwimmen mitten im Strom der Welt, und wenn sie sich durch etwas von den übrigen unterscheiden, so ist es, daß sie die Vorschwimmer sind und, sei es nur trocken und elegant auf dem Rücken eines Delphins wie Heine oder naß und besprizt wie Börne, den Gestaden der Zukunft entgegeneilen, welche die Zeit für „ihre hesperischen Gärten glücklicher Inseln" ansieht.

Behaglichkeit ist in solcher Lage und bei solchem Streben nicht wohl denkbar, die Schriftstellerei ist kein Spiel schöner Geister, kein unschuldiges Ergötzen, keine leichte Beschäftigung der Phantasie mehr, sondern der Geist der Zeit, der unsichtbar über allen Köpfen waltet, ergreift des Schriftstellers Hand und schreibt im Buch des Lebens mit dem ehernen Griffel der Geschichte, die Dichter und ästhetischen Prosaisten stehen nicht mehr wie vormals allein im Dienst der Musen, sondern auch

im Dienst des Vaterlandes, und allen mächtigen Zeit-
bestrebungen sind sie Verbündete. Ja, sie finden sich
nicht selten im Streit mit jenem schönen Dienst, dem
ihre Vorgänger huldigten, sie können die Natur nicht
über die Kunst vergessen machen, sie können nicht immer so zart und ätherisch dahinschweben, die Wahrheit
und Wirklichkeit hat sich ihnen zu gewaltig aufge-
drungen, und mit dieser, das ist ihre Schicksalsaufgabe,
mit dieser muß ihre Kraft so lange ringen, bis das Wirkliche nicht mehr das Gemeine, das dem Ideellen feind-
lich Entgegengesetzte ist. Daher begreifen sie auch, woher diese Quelle der Behaglichkeit, welche über Goethes
Kunstprosa, über Jean Pauls Humor so ruhig und lieblich hinfließt und der selbst diesem, so unkünstlerisch
er auch zu Werke geht, weit mehr die Empfindung der
Ruhe und Befriedigung mitteilt, welche mit dem An-
schauen klassischer Werke verknüpft ist, als den Heineschen Kunstprodukten.

Ich würde in Verlegenheit geraten, sollte ich im ein-
zelsten Einzelnen an einem Satz, einer Periode das
Gesagte nachweisen, nichtsdestoweniger ist eben dieser
verschiedene Charakter im Ganzen, Großen allen prosaischen Werken dieser und jener Zeit aufgedrückt. Die
neue Prosa ist von der einen Seite vulgärer geworden,
sie verrät ihren Ursprung aus, ihre Gemeinschaft mit
dem Leben, von der andern Seite aber kühner, schärfer,
neuer an Wendungen, sie verrät ihren kriegerischen
Charakter, ihren Kampf mit der Wirklichkeit, besonders auch ihren Umgang mit der französischen Schwester, welcher sie außerordentlich viel zu verdanken
hat. Der deutsche Prosaist ist seit der Französischen
Revolution und eben durch französische Schriften Herr
und Meister geworden über das ungeheure Material der
Sprache, das den frühern Schriftstellern in ellenlangen
Perioden nachschleppte, von Goethe aber freilich schon
zu Kunstarbeiten glücklich verzimmert worden war.
Die größte Meisterschaft hat sich Heine darin erworben,

der den flüchtigen Ruhm, Liederdichter zu sein, sehr bald mit dem größeren vertauscht hat, auf dem kolossalen, alle Töne der Welt umfassenden Instrument zu spielen, das unsere deutsche Prosa darbietet.

Die Witzader ist bekanntlich die Hauptader der Heineschen Prosa, ja der ganzen Heineschen Person, der immer etwas auf den Lippen schwebt, was einem Witz ähnlich sieht. Der Witz ist das, was Heines Schriften so verbreitet und wirksam macht, was aber auch zugleich die steifen Herren, die aristokratischen Herren, die pfäffischen Herren wider sie aufbringt. Es ist überhaupt in Deutschland noch nicht lange her, daß es den Schriftstellern ungestraft hinging, witzig zu sein; die meisten Schriftsteller gehörten zur Klasse der Gelehrten, und unter dieser saftlosen und hochmütigen Klasse hatte sich eine solche Verachtung der ursprünglichen und angebornen geistigen Gaben und namentlich des Witzes eingenistet, daß es um den Ruf eines jungen Mannes unwiederbringlich geschehen war, wenn ihm das Malheur passierte, in seinen Schriften und Vorträgen eine geistreiche, blühende und witzige Sprache zu führen. Die deutschen Gelehrten mieden die witzigen Leute, als wären sie Aussätzige, und wirklich nannte der Schweizer Bodmer *den Witz* eine Krätze des Geistes, die nicht eher Ruhe läßt, als bis sie sich durchjuckt. Allmählich aber sind den Deutschen die Augen, wie über viele Dinge, so auch über den Witz, aufgegangen. Die Notwendigkeit deutscher witziger Kultur verteidigt Jean Paul mit folgenden Worten: „Es gibt nicht bloß Entschuldigungen der Kultur des Witzes, sondern sogar Aufforderungen dazu, welche sich auf die deutsche Natur gründen. Alle Nationen bemerken an der deutschen, daß unsere Ideen wand-, band-, niet- und nagelfest sind und daß mehr der deutsche Kopf und die deutschen Länder zum Mobiliarvermögen gehören als der Inhalt von beiden (nämlich die Gedanken und die Menschen). Wie Wedekind den

Wasserscheuen beide Ärmel aneinandernäht und beide Strümpfe, um ihnen das Bewegen einigermaßen unmöglich zu machen, so werden von Jugend auf unsern innern Menschen alle Glieder zusammengenäht, damit ruhiger Nexus vorliege und der Mann sich mehr im Ganzen bewege. Aber Himmel, welche Spiele könnten wir gewinnen, wenn wir mit unseren einsamen Ideen *rochieren* könnten.

Zu *neuen* Zeiten gehören durchaus *freie*; zu *diesen* wieder *gleiche*; und nur der Witz gibt uns Freiheit, indem er Gleichgewicht vorhergibt. Er ist für den Geist, was für die Scheidekunst Feuer und Wasser ist. Chemica non agunt nisi soluta, das ist, nur die Flüssigkeit gibt die Freiheit zu neuer Gestaltung, oder, nur entbundene Körper schaffen neue. Besinnt sich ein Autor zum Beispiel bei Sommerflecken des Gesichts auf Herbst-, Lenz-, Winterflecken desselben, so offenbart er dadurch wenigstens ein freies Beschauen, welches sich nicht in den Gegenstand eingekerkert verliert und vertieft.

Uns fehlt zwar Geschmack für den Witz, aber gar nicht die Anlage zu ihm. Wir haben Phantasie; und die Phantasie kann sich leicht zum Witz einbücken wie ein Riese zum Zwerg, aber nicht dieser sich zu jenem aufrichten. In Frankreich ist die Nation witzig, bei uns die Elite."

„Da dem Deutschen", fährt Jean Paul satirisch-witzig fort, „folglich zum Witz nichts fehlt als Freiheit, so geb' er sich doch diese. Etwas glaubte er freilich für diese zu tun, daß er neuerer Zeit ein und das andere rheinische Länderstück in Freiheit setzte, nämlich in französische, und wie sonst den Adel, so jetzt" (dieser Aufsatz ist unter Napoleons Herrschaft geschrieben) „die besten Länder zur Bildung sozusagen auf Reisen schickte zu einem Volk, das gewiß noch mehr frei ist als groß.

Hier ist nur ein alter, aber unschuldiger Weltzirkel, der überall wieder vorkommt. Die Menschheit kann nie zur Freiheit gelangen ohne geistige hohe Ausbildung: Freiheit gibt Witz, und Witz gibt Freiheit. Die Schuljugend übe man im Witz; das spätere Alter lasse sich zu dem Witz *freilassen*."

So weit Jean Paul. Er selbst hat zur geistigen Emanzipation der Deutschen durch Humor und Witz mehr als irgendein anderer Schriftsteller seiner Zeit beigetragen. Ihm stand mehr Witz zu Gebot als allen deutschen Schriftstellern zusammengenommen, eine einzige Seite seiner Schriften wird selbst durch den witzigsten Franzosen und Engländer kaum durch vier andere Seiten aufgewogen. Dennoch mangelte seinem Witz der Charakter der Einheit, welchen die Kunst und eine bestimmte Gemüts- und Lebensrichtung den Strahlen des Witzes verleiht. Der Witz an sich ist ein geistiges Quecksilber, das in tausend Kügelchen über die Papierfläche rollt, ein scherzender Schmetterling, der von Blume zu Blume fliegt, ein ungewisser Strahl, der sich in Luft und Wasser bricht und das reinste Kristall wie die trübste Glasscheibe durchflittert und vergoldet. Der Witz an sich ist der Diener aller Herren, der Dummen ausgenommen, aber nicht der Schlechten, nicht der Servilen; denn er kehrt sich nicht an Herz und Gesinnung, sondern nur an den Verstand, und ein elender Saphir, ein Mensch, den man durch Furcht dahin bringen kann, die Peitsche zu küssen, die ihn gezüchtigt hat, kann einen Washington, einen Lafayette an *Witz* besiegen und überflügeln.

Nur wenn der Witz sich mit edlerem Vermögen paart, wenn er phantasiereichen und gemütvollen Menschen zu Gebote steht, wenn er einem Jean Paul dient, Himmel und Erde, Vergangenheit und Zukunft miteinander zu verknüpfen, kann er dem ernsteren Deutschen gefallen: um uns am Witze nicht zu ärgern, muß uns der Charakter des Witzigen nicht ärgerlich sein, um uns am Spiel des Witzes zu ergötzen, müssen wir ihn über der Tiefe des Ernstes schweben sehen. Das ist auch

die Natur des deutschen Witzes, der an Zweideutig-
keiten und Wortspielen wenig Geschmack findet; und
daß seine Natur so ist, verdankt er eben seiner Verbindung mit der Phantasie, welche ihn auf ihre Schwingen nimmt und ihn vor der Gefahr schützt, ins Klein-
liche oder Gemeine auszuarten. Allein auf der andern
Seite hat diese Verbindung des Witzes mit der Phantasie auch ihre Nachteile; wie aus dem Beispiel Jean
Pauls erhellt, dessen Witz bei einem geringeren Grad
von Phantasie schlagender gewesen wäre als bei dieser
Überfülle. Das ist der Abweg des deutschen Witzes, er
wird zu phantastisch, er entfernt sich zu weit von der
nächsten graden Gedankenlinie und verliert über dem
Haschen das endliche Ziel aus den Augen. Sie sehen
wohl, wo die Quelle dieser wildgewordenen Witze,
dieser ins Blaue streifenden Phantasie zu suchen ist.
Denken Sie an Jean Paul. War eine Lebenseinheit in
seinem Charakter, schwebte ihm ein bestimmtes Ziel
vor Augen? Nein. Er strebte allem Höchsten nach, aber
nach Art der damaligen Poeten, mehr im Traum als im
Wachen, er war ein edler, freier Mann, er kannte die
Gebrechen der Zeit, er fühlte die Schmach des Vaterlandes, er zürnte über Aristokratismus und Möncherei,
allein sein Ringen nach einer bessern Zeit zerfloß immer
in Sentimentalität, und wenn er einmal eine starke
Lanze einlegte und gegen einen bestimmten Feind zu
Felde zog, so war ihm dieser eher das Nachdrucker-
gesindel und sonstige deutsche Schofel und Schofeleien
als die großen Landesfeinde und Landesübel, die der
Patriot aufs Korn nehmen soll. Das lag in seiner Zeit;
in der unsrigen hat sich der Witz einen Kampfplatz
aufgesucht, wo er mit der Freiheit vereint gegen ver-
rostete Helme und Kapuzen zu Felde zieht, und gottlob, es liegen schon Splitter und Stücke genug auf dem
Boden, welche seine Schärfe und Kraft beurkunden.

Man läßt den Witz nicht mehr auf seine eigne Hand
und nach den Grillen der Phantasie hinlaufen, er ist

nicht mehr ein ungesatteltes, flüchtiges Pferd, das ohne Bahn und Steg rechts und links ausschlägt und bloß mit Lust und Bewunderung über seine Kühnheit erfüllt, es sitzt ihm ein Reiter auf dem Nacken, auf dessen Wink und Führung es die verhaßten Barrieren überspringt und niederreitet, welche die Dummheit und die Unverschämtheit vor dem Genuß der Welt aufgeschlagen hat. Der Witz unserer neuen Prosa ist nicht mehr ein reiner Phantasiewitz, sondern Charakterwitz, er ist unserer heutigen Prosa, ich meine unserm heutigen Bürgerstande, unsere bürgerliche Freiheit. Der Adel hat sich oft mit der Poesie des Lebens verglichen, mag er sie repräsentieren auf die unschädliche Weise, wie es die Goldenschnittstaschenbuchspoeten in Deutschland tun, er ist ihr ein unentbehrliches Werkzeug, um den vernichtenden Krieg zu führen, dessen Ende sich wohl bis zu künftigen Geschlechtern hinziehen wird, um das Säuberungsgeschäft im Augiasstall von Europa durchzusetzen, um reine Bahn zu machen für andre Füße als die mit Ketten und Vorurteilen belasteten. Diese Bedeutung des Witzes für unsere Zeit spricht Heine, dessen Witz eben hierin vorleuchtet, mit folgenden Worten aus:

„Es gibt trockne Leute in der Welt, die den Witz gern proskribieren möchten, und man kann täglich hören, wie Pantalon sich gegen diese niedrigste Seelenkraft, den Witz, zu ereifern weiß und als guter Staatsbürger und Hausvater die Polizei auffordert, ihn zu verbieten. Mag immerhin der Witz zu den niedrigsten Seelenkräften gehören, so glauben wir doch, daß er sein Gutes hat. Wir wenigstens möchten ihn nicht entbehren. Seitdem es nicht mehr Sitte ist, einen Degen an der Seite zu tragen, ist es durchaus nötig, daß man Witz im Kopfe habe. Und sollte man auch so übellaunig sein, den Witz nicht bloß als notwendige Wehr, sondern sogar als Angriffswaffe zu gebrauchen, so werdet darüber nicht allzusehr aufgebracht, ihr edeln Pantalone des deutschen Vaterlands. Jener Angriffswitz, den ihr Satire nennt, hat seinen guten Nutzen in dieser schlechten, nichtsnutzigen Zeit. Keine Religion ist mehr imstande, die Lüste der Erdenherrscher zu zügeln, sie verhöhnen euch ungestraft, und ihre Rosse zertreten eure Saaten; eure Töchter hungern und verkaufen ihre Blüten dem schmutzigen Parvenü, alle Rosen dieser Welt werden die Beute eines windigen Geschlechts von Stockjobbern und bevorrechteten Lakaien, und vor dem Übermut des Reichtums und der Gewalt schützt euch nichts als der Tod und die Satire."

Reiseliteratur

THEODOR MUNDT

### Der herumvagabundierende Schriftsteller

Das Schlechteste aber, was ich diesem Buche vor allem nachreden kann, ist, daß es durchaus unvollendet erscheint und daß niemand daraus klug werden wird, der erst aus Büchern klug werden will. Wie kann es auch anders sein? Der Verfasser, ein vagabundierender deutscher Schriftsteller (– und was soll die heimatlose deutsche Literatur Besseres tun als vagabundieren? –), hat diese Skizzen, soweit sie von ihm herrühren, samt und sonders in Wirtshäusern geschrieben, einige auf einem rippenbrechenden Postwagen sich ausgedacht, andere in Wind und Wetter auf der Landstraße geträumt. Sollte aus solchem von der Luft dieser Zeit selbst zusammengeblasenen Stoff das, was man im gemeinen Leben ein Buch nennt, werden, so mochte es eines sein, das alle ästhetisch frommen Kunstrichter in Ansehung von Gattung, Form und Art, unter die sie es klassifizieren könnten, zum Teufel wünschen müssen. Und ich bete nur zu Gott – denn auch die armen Bücher dieser Welt haben ihren lieben Gott, der ihrer waltet –, daß nicht noch andere *fromme* Richter als bloß die ästhetisch frommen Kunstrichter zu einer Überantwortung an den leidigen Teufel das von mir in bester Absicht Herausgegebene verurteilen möchten. Der Teufel ist zwar heutzutage nicht mehr fürchterlich, nachdem ihm die moderne Gesellschaft (sonderbar, daß ich, aus bloßer Zerstreuung der Feder, statt *moderne* immer schreiben möchte *modernde*!) feine Sitten beigebracht, nachdem ihn die Justemilieu-Regierungen zu einem Staatskünstler ausgebildet, nachdem ihn die Philosophen in ein System gepackt und die Poeten, seine Duzbrüder, eine sogenannte neue Poesie aus ihm abgeleitet haben. Aber, aufrichtig gestanden, ich möchte doch lieber bloß gegen die militärfromm gerittene Ästhetik des literarisch deutschen Ancien régime, an dem alle guten Köpfe dieser Zeit längst das Köpfen verdient hätten, angesündigt haben als gegen den Frieden jener guten Seele, die bisher an dem Glück der Überlieferung traulich festgehalten und durch die hergebrachten Formen in Staat, Kirche, Leben und Gesellschaftsgesittung selig geworden ist! Doch, du gute Seele, wenn du dem Teufel überantworten willst dies Buch oder vielmehr die Luft dieser Zeit, aus der es den Verfasser in den Wirtshäusern und auf den Landstraßen angeflogen, du gute Seele, dann bedenke doch, daß, wie gesagt, auch ein Buch seinen Gott hat!

Und ihr Richter, wie wollt ihr dies Buch taufen, da es doch nun einmal ein christlich erzeugtes Buch ist und als solches, wie jedes gute Kind, Namen und Taufe zu erhalten verdient? Wollt ihr ihm die Nottaufe eines *Romans* geben, es mit dem Unschuldsnamen der *Novelle* benennen? Helft mir beizeiten aus dieser Verlegenheit, da der Setzer stündlich auf das Titelblatt wartet! Oder besser, wir zerbrechen uns lieber alle durchaus nicht den Kopf damit. Ich erkläre mit feierlicher Resignation, daß es eigentlich gar kein *Buch* ist, das ich herausgebe, sondern bloß ein Stück Leben, das sich wie Schlangenhäutung auf diesen zerstreuten Blättern abgelöst hat. Macht also nicht so viele Umstände mit einem Stück Leben! Seht zu, ob ihr es brauchen könnt, ob nicht, und taugt es euch zu keinem Dinge, so laßt es laufen wie einen jungen Menschen, mit dem sich vor der Hand noch nichts Solides anfangen läßt. Laßt es laufen, laßt es laufen! Es läuft gern, denn es liebt die *Bewegung*!

Ja, wollt ihr ihm durchaus einen Büchernamen geben, so nennt es ein *Buch der Bewegung*! Nicht bloß, weil es der vagabundierende Verfasser auf Reisen geschrieben hat, sondern weil wirklich alle Schriften, die unter der Atmosphäre dieser Zeit geboren werden, wie Reisebücher, Wanderbücher, Bewegungsbücher aussehen. Die neueste Ästhetik wird sich daher gewöhnen müssen, diesen Terminus ordentlich in Form rechtens in ihre Theorien und Systeme aufzunehmen. Die Zeit befindet sich auf Reisen, sie hat große Wanderungen vor und holt aus, als wollte sie noch unermeßliche Berge überschreiten, ehe sie wieder Hütten bauen wird in der Ruhe eines glücklichen Tals. Noch gar nicht absehen lassen sich die Schritte ihrer befriedigungslosen Bewegung, wohin sie dieselben endlich tragen wird, und wir alle setzen unser Leben ein an ihre Bewegung, die von Zukunft trunken scheint. Und daher das Unvollendete dieser Bewegungsbücher, weil sie noch bloß von Zukunft trunken sind und keiner Gegenwart voll!

WILLIBALD ALEXIS

## Zwischenstation

– – – In einer Januarnacht auf der ordinären Post, wenn der Ostwind durch die Lederklappen pfeift, ohne Mantel und in Nankinghosen, und keinen Groschen in der Tasche und dazu krank, verflucht krank – –

Kannst du dir noch was zudenken zum Elend? – Freilich, man könnte uns noch einen Eisenring um den Hals löten; das ist der einzige Beweis, der noch fehlt, daß wir Leibeigne sind.

Der Torschreiber fuhr zusammen, als ich mich Kandidat nannte. – „Des Predigtamts?" fragt das Hundegesicht. – „Nein des Galgens!" schreie ich, daß ihm die Laterne ausgeht.

„Ein verdorbener Kandidat", brummte es in die

129

Nacht. Was heißt verderben?! Daß man zur Vernunft kommt!

Mein Schirrmeister reichte mir zum Abschied einen Schnaps, statt daß ich ihm ein Trinkgeld gab, und dann promenierte ich allein durch die lichterhelle Stadt. Wie man zum Mordbrenner werden kann, das begreif ich, wenn man in einer kalten Winternacht hungernd und in Nankinghosen an den hellen Fenstern vorbeigeht, wo die Weingläser und Punschlöffel klirren. – – – Die Stimmen von einem Paar Polen führten mich zurecht.

Allein bin ich nicht mehr – habe Geld und Mantel dazu – aber krank noch; wozu kurieren, wo alles krank ist, und die Radikalkur kommt.

– – – So sind *die* hier. Dein ehemaliger Stiefbruder, der Landbeschädiger, spielt eine saubere Rolle. Kein Wunder, daß er euch vergaß. Er schwänzelt unter dem aristokratischen Gezücht, wie es solcher niederträchtigen Natur eigen ist. Aber selbst *die* mögen ihn nicht. Es ist auch nicht mehr zu schwänzeln. Die Mittelmenschen müssen grade zuerst ausgerottet werden, weil sie immer beilegen, beschönigen. Für oder gegen heißt die Losung. Beschönigen! Ein verfluchtes Wort; was häßlich ist, schön machen! Ich möchte alle Schönheit mit Kot beschmeißen.

Dieser Goethe, diese Kunstmenschen, wie lange haben sie uns betrogen mit ihren Masken, die sie vor die Unnatur, die himmelschreiende Ungerechtigkeit hielten und mit ihr kokettierten. Nun lamentieren diese lappigen Milchmenschen, die unsere Sehnen, Nerven, Geister in ein Kunstsystem spannen möchten, daß wir über den Schönheitssinn vergessen sollten, daß wir ein Volk sind, was essen, trinken, handeln, selbst sehen will und nicht begreift, warum es sich von Natur bücken soll vor einem, der nichts voraushat als einen schwarzen –

In Paris fließt der Rinnstein in der Mitte der Gassen; das ist das Juste-milieu. Bei uns noch näher an beiden

Seiten; wir wollen sehen, wie lange wir den Unrat noch da lassen.

Das Volk ist gut. Die kleine Presse arbeitet tüchtig. Sie spuckt ihnen ins Gesicht, daß sie sich wundern. Nur noch nicht genug; noch immer Rücksichten. Wundert euch nur, es kommt noch besser.

Wir stehen auf der schmalen Kante. Bevor die Sonne zehnmal für diese gut katholische Stadt untergeht, entscheidet sich's, ob – Amerika das letzte Vaterland des freien Deutschen ist. – – –


LUDWIG BÖRNE

## Unterwegs nach Paris

### Karlsruhe, Sonntag, den 5. September 1830

Ich fange an den guten Reisegeist zu spüren, und einige von der Legion Teufel, die ich im Leibe habe, sind schon ausgezogen.

Aber je näher ich der französischen Grenze komme, je toller werde ich. Weiß ich doch jetzt schon, was ich tun werde auf der Kehler Brücke, sobald ich der letzten badischen Schildwache den Rücken zukehre. Doch darf ich das keinem Frauenzimmer verraten.

Gestern abend war ich bei S. Die hatten einmal eine Freude, mich zu sehen! Sie wußten gar nicht, was sie mir alles Liebes erzeigen sollten, sie hätten mir gern die ganze Universität gebraten vorgesetzt. Mir Ärmsten mit meinem romantischen Magen! Nicht der Vogel Rock verdaute das. Die W. hat einen prächtigen Jungen. Ich sah eine schönere Zeit in rosenroter Knospe. Wenn die einmal aufbricht! Wie gern hätte ich ihn der Mutter gestohlen und ihn mit mir über den Rhein geführt, ihn dort zu erziehen mit Schlägen und Küssen,

131

mit Hunger und Rosinen, daß er lerne frei sein und dann zurückkehre, frei zu machen.

In Heidelberg sah ich die ersten Franzosen mit dreifarbigen Bändern. Anfänglich sah ich es für Orden an, und mein *Ordensgelübde* legte mir die Pflicht auf, mich bei solchem Anblicke inbrünstig zu ärgern. Aber ein Knabe, der auch sein Band trug, brachte mich auf die rechte Spur.

Ich mußte lachen, als ich nach Darmstadt kam und mich erinnerte, daß da vor wenigen Tagen eine fürchterliche Revolution gewesen sein soll, wie man in Frankfurt erzählte. Es ist eine Stille auf den Straßen gleich der bei uns in der Nacht, und die wenigen Menschen, die vorübergehen, treten nicht lauter auf als die Schnekken. Erzählte man sich sogar bei uns, das Schloß brenne, und einer meiner Freunde stieg den hohen Pfarrturm hinauf, den Brand zu sehen! Es war alles gelogen. Die Bürger sind unzufrieden, aber nicht mit der Regierung, sondern mit den Liberalen in der Kammer, die dem Großherzoge seine Schulden nicht bezahlen wollen. Das ist *deutsches* Volksmurren, das laß ich mir gefallen; darin ist Rossinische Melodie.

Wenn Sie mir es nicht glauben werden, daß ich gestern drei Stunden im Theater gesessen und mit himmlischer Geduld Minna von Barmhelm bis zu Ende gesehen – bin ich gar nicht böse darüber. Aber das Unwahrscheinlichste ist manchmal wahr. Auf der Reise kann ich alles vertragen.

Die Theaterwache in Darmstadt war gewiß fünfzig Mann stark. Ich glaube, auf je zwei Zuschauer war ein Soldat gerechnet. Noch viel zuwenig in solcher tollen Zeit. Und diesen Morgen um sechs Uhr zogen einige Schwadronen Reiter an meinem Fenster vorüber und trompeteten mich und alle Kinder und alle Greise und alle Kranken und alle süßträumenden Mädchen aus dem Schlafe. Das geschieht wohl jeden Tag. Diese kleinen deutschen Fürsten in ihren Nußschal-Residenzen sind gerüstet und gestachelt wie die wilden Kastanien. Wie froh bin ich, daß ich aus dem Lande gehe.

Adieu, Adieu. Und schreiben Sie mir es nur auf der Stelle, sooft bei uns eine schöne Dummheit vorfällt.


ADOLF GLASSBRENNER

*Reise nach Wien*

Die warmen Lüfte hatten eben den Park vor meiner Vaterstadt grün gefärbt; die Zweige und Blüten guckten neugierig in die neue Welt hinein; die Vögel piepten und zwitscherten; der Himmel und die Erde hatten wieder Friede gemacht; es war Frühling. Und als die Hofräte sahen, daß alles gut war, gingen sie hinaus und amüsierten sich; ich aber wurde traurig, denn der Himmel lag schwer auf mir; ich fühlte wie Don Carlos, daß mich nur augenblickliche Veränderung heilen könne, und ich packte meine Siebensachen zusammen.

Dahin flog ich über Leipzig und Dresden, durchträumte in Sachsen den schönen Traum von der Schweiz; schüttelte all mein Weh in den alten, ewig jungen Gebirgen ab; legte mein Herz an die heilige, dichtende Natur; grüßte die glühende Morgensonne, die glühende Abendsonne; fühlte die ewige Liebe und den ewigen Gott und war glücklich, überglücklich! Ach, du hast recht, du göttlicher Sänger:

Die Welt ist schön überall,
Wo der Mensch nicht hinkommt mit seiner Qual.

Und da kam schon ein Mensch mit seiner Qual: der Steuerbeamte in ... „Haben's Mautbares bei sich?" fragte er, ließ seine Brille, die auf dem zahlenschweren Kopfe lag, auf die große Nase herabfallen und trat meinem Wagen um einige Schritte näher. „Nein!" antwortete ich, obgleich ich Tabak bei mir hatte, nach welchem bekanntlich die österreichischen Mautleute am meisten begierig sind. Es war freilich ein Verbrechen, was ich in diesem Augenblick beging, allein Gott ist äußerst gnädig, dachte ich; vielleicht tritt auch Österreich der mächtigen Zollverbindung bei, und es ist das Wahrzeichen eines großen Geistes, seiner Zeit vorauszueilen. „Da muß i nachschaun!" sprach der Großnasige weiter, machte aber keine Miene, seine Drohung zu realisieren, sondern sah mich mit einem Blicke an, der unendlich viel Ähnlichkeit mit einer offenen Hand hatte. Ich verstand, griff in die Börse, holte einige landesübliche Münzen heraus und drückte ihm diese in die freundlich dargebotene Rechte. Er fühlte, und wahrscheinlich hatte ich ein schönes Gefühl in ihm erweckt, denn er verneigte sich ein wenig, gab dem Schwager einen Wink und mir einen Beweis, daß das Vertrauen auf die menschliche Rechtlichkeit noch nicht ganz gesunken ist. Kaum hatten aber die Pferde dreimal ihre Füße übereinandergesetzt, so trat ein zweiter Beamter heraus, der bis dahin am Fenster gelauert hatte, und ich sah deutlich, wie sie sich in meine Bitte: sich nicht zu inkommodieren, teilten. Ob in gleiche Teile, kann ich nicht sagen. –

Ich zündete meine Pfeife an, machte große Züge und blies mit einer Art von Schadenfreude den Dampf der amerikanischen Blätter in die Luft hinein. Ja, ja, ich wußte es wohl: Österreich mag keine amerikanischen Blätter leiden, allein es schmuggelt sich dennoch nach und nach etwas von dem verderblichen Dampfe hinein; die Bürger und Bauern atmen das neue Aroma begierig auf, und zuletzt mag man weder „roten noch schwarzen König". Sic transit gloria mundi!

Böhmen ist ein schönes, bergiges Land, aber die Böhmen haben mir gar nicht gefallen. Schon beim Durchreisen habe ich sie kennengelernt, und ich dankte Gott, als mir der erste österreichische Wirt mit seinem frischen und freundlichen Gesicht entgegenkam; das Käppchen in der Hand behielt und auf sein: „Was schaffen Euer Gnaden?" kaum die Antwort erwarten konnte. Ein böhmischer Wirt dagegen raucht ruhig in seiner schmutzigen, stinkenden Stube fort, wenn man ermattet, hungrig und durstig hineintritt; was einem gereicht wird, ist schlecht, und man muß es für ein besonderes Glück halten, wenn man nachmittags Kaffee oder Tee in den Posthäusern bekommt. Diese Posthäuser sind an Schuhmacher, Schneider, Sudelwirte usw. verpachtet, daher ist an Ordnung und Bequemlichkeit nicht zu denken; die Postillione werden wenig reguliert und machen mit den Passagieren, was sie wollen; ihre Unverschämtheit mit dem Trinkgeld-Fordern grenzt an das Unglaubliche, und wenn man ihnen Vorwürfe macht, so schimpfen und grinsen sie einen auf böhmisch aus.

Die einzigen Ausnahmen sind Teplitz und das schöne, großartige, denkwürdige Prag. Am Tore dieses steinernen Geschichtsbuches bekam ich einen soliden Schreck, denn auch hier trat ein Mautiger an meinen Wagen und fragte, ob ich etwas beizusteuern hätte. Ich war namentlich in Besorgnis um das Wohl meiner geliebten Zigarren, denn hier konnten sie leicht in rohe Hände fallen, allein das Schicksal begünstigte mich zum zweiten Male, und Fräulein Nemesis schien ihre ganze Rache bis zur ... Linie vor Wien aufzusparen. Ich hatte noch keine Antwort gegeben, als ein Herr sich neben den Mautigen stellte und mir zurief: „Geben Sie ihm doch eine Kleinigkeit!" Mein Gesicht wurde purpurrot, denn ich glaubte, es müsse jetzt ein amtliches Donnerwetter losbrechen, allein der gute Dienstmensch nahm mit zärtlichem Danke meine Belohnung für seine Treue und ließ mich weiterfahren. Man halte diese Erzählung für keine Fabel oder für eine licentia poetica, sie ist faktisch und leicht erklärlich, wenn man die Summe nennen hört, mit welcher diese Mautbeamten besoldet werden.

Mein Lohnbedienter vom schwarzen Roß war ein

höchst interessanter Mensch. Er hatte sich in vieler Herren Länder herumgetrieben, die merkwürdigsten Charaktere im Negligé kennengelernt und es zur Verachtung alles Scheines gebracht; er war ein Philosoph, und zwar ein ausgezeichneter Philosoph, weil er nicht alle Weisheit hartnäckig in ein System hineindrängte. Ich bat ihn zuvörderst herzinnig, mir nicht alle Merkwürdigkeiten zu zeigen; ich sagte ihm, daß ich vor diesen einen ungeheuern Respekt habe, daß ich aus Büchern die meisten Denkmäler Prags kenne und überhaupt lieber Menschen als Gegenstände betrachte. Menschen, nur immer Menschen! Der Leser wird weiter unten sehen, daß ich angenommen: was mich langweilt, müsse auch ihn langweilen, und fast mutwillig bei allen Dingen vorübergehüpft bin, welche in die Statistik oder Topographie gehören. Ich bemerke das jetzt, denn noch ist es Zeit, dies Buch aus der Hand zu legen, ohne mir später Vorwürfe machen zu können; ich sage es ausdrücklich noch einmal, daß ich *alle* Gegenstände der Langeweile vermieden habe.

„Am wenigsten aber", fuhr ich zu meinem Lohnbedienten fort, „zeigen Sie mir religiöse Dinge: ich bin zwar ein sehr frommer Mensch und bete alle Tage auf meine Weise, allein man muß ohnehin in Böhmen so viele Heiligenbilder sehen wie in Preußen Warnungstafeln, und, unter uns gesagt: Ich halte es mehr mit weltlichen als geistlichen Dingen." Er betrachtete mich zuerst mit bewundernden Augen, ließ dann ein wohlgefälliges Lächeln um seine Lippen spielen und sagte: „Euer Gnaden werden mit mir zufrieden sein."

Nachmittag um vier Uhr fuhren wir nach dem Hradschin in die Metropolitan-Kirche zu St. Veit. Um diese Zeit pflegt Karl X. zu beten, und ich konnte mir das Vergnügen nicht versagen, einen vertriebenen König zu sehen, wie er die Hände faltet und Gott um Vergebung seiner Sünden bittet. Als wir in die Kirche traten, sagte mein Mentor: „Halten sich Euer Gnaden die Taschen zu, denn die Leute sind hier unendlich fromm." Der Erzbischof las eben für seinen verstorbenen Kammerdiener ein Totenamt; wahrscheinlich war der Selige ein treuer und verschwiegener Knecht gewesen, und es war eine gerechte Dankbarkeit seines heiligen Herrn, ihm einen guten Platz im Himmel zu besorgen. Die ganze Gemeinde schrie ihr „Bitt für uns!", an verschiedenen Altären standen die Priester und verrichteten ihre Geschäfte und knieten und küßten. Ich aber stand in heiliger Andacht vor dem silbernen Grabmale des heiligen Nepomuk, das sechsunddreißig Zentner wiegt und früher noch mehr gewogen hatte. Wenn du diese sechsunddreißig Zentner Silber hättest, dachte ich und wischte mir eine große Träne aus den Augen, wie viele Unglückliche wolltest du glücklich machen, wie viele Trostlose trösten! Du würdest auf die Straße gehen, mit vollen Händen Geld unter die Leute werfen und ausrufen: „Seht, das hat der heilige Nepomuk für euch getan! Er ist heraufgestiegen aus seinem Grabe, hat mit Unwillen den nutzlosen Schmuck betrachtet und ihn mir gegeben mit den Worten: ,Gehe hin und gib den Armen, auf daß sie ferner nicht mehr um Brot schreien. Sage ihnen, daß der echt-fromme Mensch weder der Kirche noch des Glanzes bedürfe, um sein Gemüt zu Gott zu richten; sage ihnen, daß die schöne Natur mit ihren Wunderschöpfungen ein unentweihter Tempel des Herrn und daß Bewunderung und Genuß alles Schönen das heiligste Gebet sei!'"

„Euer Gnaden, da ist er!" flüsterte mir der Lohnbediente ins Ohr.

„Wer?"

„Der verehrungswürdige Urheber der Julirevolution." Ich schaute hinauf nach der vergitterten Loge, und ich sah ihn, den zärtlichen Grafen von Artois, den Monsieur! den Geber der Ordonnanzen. Er warf seine lebhaften Augen links und rechts, beugte seinen Kopf, faltete die Hände, richtete sich nach einer kleinen Pause wieder empor, riß den Mund auf und – gähnte. Und ich gähnte mit ihm; ich fühlte die Notwendigkeit zu gähnen, denn ich dachte mich in ihn hinein. Ich stampfte mit dem Fuße auf die Erde, daß die Herzogin von Angoulème zusammenfuhr; ich verfluchte Polignac und rief: Gebt mir mein Frankreich wieder! Gebt mir mein Frankreich wieder, meine zweiunddreißig Millionen Sklaven, meine Zivilliste, meine Gewalt, mein Reich. Ein König ohne Reich ist ein Reich ohne König, ein willenloses Wollen! Ich will die Nationalgarde und alle Konzessionen lassen; ich will alles versprechen, was meine Franzosen wollen; gebt mir nur mein Frankreich wieder, sonst sterbe ich hier vor Ennui! Aaah! ich muß schon wieder gähnen! – Und ich schrie in diesem Augenblick nicht: „Bitt für uns?!", sondern „Bitt für *mich*! Herr Christus! ich will dir für eine ganze Zivilliste Altäre bauen lassen, und für fünfundzwanzig Millionen bekommt man eine Masse Religion in Frankreich. Ich habe ja nie etwas anderes gewollt, als meine und deine Würde wiederherstellen, welche beide ihren Nimbus verloren hatten; und dein treuer Beamter Latil, der charmante Erzbischof von Reims, hat mir immer gesagt: Sire, Christus und die Tyrannei setzen in Sie ihre letzte Hoffnung; vollenden Sie nicht, woran wir schon so lange gearbeitet, so sinkt ihr Glanz und ihre Macht auf ewig! Also bitt für mich, mein Herr Christus, und empfehle mich dem lieben Gott zur nächsten Vakanz des Thrones von Frankreich! Sonst langweile ich mich zu Tode!" Und ich gähnte zum dritten Male.

Während wir den Lorenzberg hinauffuhren, um die Aussicht auf Prag zu genießen, erzählte mein stiefelputzender Philosoph, daß die Prager Karl X. nicht liebten, weil er zwar den König fortspiele und sein Volk, bestehend aus fünfzig oder sechzig Personen, mit all jener Weisheit regiere, die er schon in Frankreich an den Tag gelegt – aber so sparsam lebe, daß man schon auf die Vermutung gekommen, er lege so viel Geld zurück, um sich im Innern von Afrika ein Königreich zu kaufen und die wilden Nationen zu kultivieren.

Als ich oben auf dem Lorenzberge stand und hinabschaute auf die schöne, von der Abendsonne vergoldete Stadt, überfiel mich eine Schwermut. Ich lehnte mich an einen Baum, überhörte die Erklärungen meines Führers, starrte hinunter in das Schauspiel der Natur und in das Trauerspiel der Politik; tausend Gedanken gingen mir durch den Kopf, von denen einer hinreichend gewesen, einen Polizeisergeanten zum Commissarius zu erheben; ich ballte die Hände, knirschte mit den Zähnen, und mein Gesicht wurde so glühend rot wie die Abendsonne. Ach, ich liebe die Menschen, auch die Böhmen. Da stand ich mitten in dem schönen Lande, an dessen Grenzen die Flegel dreschen, und so dicht dreschen, daß ungeknickt kein Lichtstrahl durch kann; kräftige, schöne Menschen gehen innerhalb des hochgebildeten Deutschlands umher und suchen nach den Brosamen, die von dem geistigen Tische fallen; kein Dichter sitzt unter ihnen und fordert in lieblichen Weisen zum fröhlichen Genusse des Lebens auf, und wann ja einmal ein Begeisterter über die Berge zieht, wird ihm die Kehle zugeschnürt.

Mein Führer hatte mit seinen Erklärungen geendet und schien in meinen Augen lesen zu wollen, was in mir vorgehe. Er schrieb mit seinem Stocke den Namen „Joseph II." in den Sand, und ich klopfte ihm freundlich auf die Schulter, zum Zeichen, daß er mich verstanden. „Es ging einst eine Sonne hier auf", sagte ich, nahm seinen Arm und trat den Rückweg zum Wagen an. „Ja, lieber Herr!" antwortete er, und der alte Mann konnte vor Rührung kaum sprechen, „eine schöne Sonne, aber sie kam zu früh, und die Nacht behauptete ihr Recht." Und er breitete die Hände aus und rief wie ein Begeisterter: „Und doch haben die wenigen Strahlen alle Herzen erwärmt und Millionen Köpfe gelichtet, und es wird eine Zeit kommen, wo sie wieder alle zusammenbrennen werden zu einer großen, glühenden Sonne."

Ich bestellte mir zum andern Morgen Postpferde, nahm mir vor, auf der Rückreise Prags Leben und Treiben näher kennenzulernen; küßte zum Abschied meinen neuen Freund, den Lohnbedienten vom schwarzen Roß, und fuhr über Stock und Stein in gerader Linie nach Wien. Aber noch nicht in Wien hinein!

An der ... Linie hieß es: Halt! und ein Mautiger trat wieder an meinen Wagen und fragte, ob ich Steuerbares bei mir habe. „Nichts als etwas Tabak und einige Zigarren zu meinem Gebrauche", antwortete ich, holte ein paar Gulden aus der Tasche und drückte ihm diese in die suchende Hand.

„I muß doch a bissel nachschaun. Haben's d'Güt, lassen's aufmachen!"

Während ich gehorsam war, meinen Mantelsack und alle Pakete öffnete, hatte sich ein zweiter Beamter herangeschlichen und lauschte mit dem einen Auge, während das andere gleichgültig in der Welt herumschweifte. Mein Untersuchender, der zuvor nur einen nachlässigen Blick über meine Effekten geworfen, mußte soeben das eine lauschende Auge seines Vorgesetzten bemerkt haben; er gab mir heimlich sein Geld zurück und ließ meine sämtlichen Sachen aus dem Wagen auf die nahe stehende Bank schaffen. Hier wurde ich aufgefordert, alles einzeln herausnehmen und besichtigen zu lassen; einer fühlte hier an, der andere dort; jeder Winkel wurde sorgfältig untersucht, meine feine Wäsche wie Unkraut durcheinandergeworfen. Zu solchen Zeiten bete ich immer, damit ich nicht wütend werde. Hier lag ein unschuldiges Beinkleid, das diese Störung gar nicht begreifen konnte; dort sah mich mein neuester Frack mit seinen blanken Knöpfen mitleidflehend an; hier zerknitterte man eine Chemisette, dort fielen ein paar schneeweiße Vatermörder auf die Erde; eines meiner Lustspiele fiel auch; – einige angefangene Novellen wurden in den Schlafrock gewickelt und mehrere lyrische Gedichte unter die alte Wäsche geworfen; jedes Stäubchen Tabak wurde konfisziert, und endlich faßte einer meine Briefe und begann die ungesiegelten zu lesen.

Jetzt wurde ich wild. Ich bin ein sehr guter Mensch, solange es dauert, aber wenn ich böse werde, „so bin i a Viech!", wie die Wiener sagen. „Herr!" rief ich, als er eben die Blätter entfaltete und sich's bequem zu der bevorstehenden Lektüre machte, „haben Sie auch Erlaubnis von Ihrer Regierung, die namentlich alle Fremde freundlich und artig behandelt wissen will, deren Geheimnisse zu erforschen? Heischt es Ihre Pflicht, Briefe zu lesen, und das heiligste Recht eines jeden Menschen mit Füßen zu treten? Bei uns würde man das Unverschämtheit nennen und exemplarisch bestrafen!"

„Bei uns nit!" antwortete das Maut-Ungeheuer mit einer fürchterlichen Pomade und setzte seine Unterhaltung fort; „i les ja a *nur*, was *drin'n* steht!"

Bei dieser Dummheit zuckte es mir in der Hand. Ich hätte ein Königreich für die Erlaubnis gegeben, wenn ich Karl X. gewesen wäre, diesem Steuermanne eine Maulschelle verabfolgen zu dürfen; allein ich wollte mich zu meinem Vergnügen in Wien aufhalten; bezähmte also die hervorbrechende Wut, packte inzwischen meine Sachen wieder ein und wartete dann ruhig, bis man den Inhalt meiner Briefe usw. auswendig wußte. Man kann bei diesen traurigen Zeiten nichts Besseres tun als alles ruhig abwarten.

„Na, Se hab'n ja viel Geld z' fordern, wie i seh. Da werden's halt vergnügt leben, Herr v...!" Mit diesen Worten und mit einem freundlich-maliziösen Seitenblicke legte er die Briefe wieder zusammen und kündigte mir an, daß ich des Tabaks wegen in die Amtsstube müsse. Ich folgte ihm, trat aber *aus Versehen* fehl und ihn dermaßen auf den Fuß, daß ihm mindestens sechs bis sieben Hühneraugen abfielen. Mir wurde wieder leicht; er aber schrie wie ein gestochenes Schwein, hob das eine Bein hoch auf und tanzte mit dem andern trotz Crombe, Nullmüller und Taglioni. „I hab Ihnen *nur* a'fen Fuß g'treten!" sagte ich und ging in die Amtsstube.

Hier wurde ein Protokoll des eingeschmuggelten Tabaks wegen aufgenommen, und obgleich ich um die möglichste Eile bat, mußte ich über eine Stunde warten und nebenbei einige zwanzig Gulden Münze Strafe zahlen. Man hatte den Staub aus meinem Tabaksbeutel mit gewogen, glücklicherweise aber nicht bemerkt, daß noch ein Rest in meiner Pfeife steckte, sonst wäre die Strafe höher ausgefallen. – Endlich kam ich zur Unterschrift des Protokolls, ich empfahl mich höflichst, sagte den vier oder fünf Beamten, die sich alle mit mir unterzeichnen mußten, daß es mich freue, auf eine so interessante Weise ihre Bekanntschaft gemacht zu haben; versuchte noch einmal, den Solotänzer aus Versehen auf den Fuß zu treten, er zog ihn aber schnell zurück; warf endlich einen sehnsüchtigen Blick nach meinen amerikanischen Blättern, stieg in den Wagen und fuhr in das lärmende Wien hinein.

# STÄDTEBILDER
## UND CHARAKTERISTIKEN

HEINRICH HEINE

## *Hamburg*

Die Stadt Hamburg ist eine gute Stadt; lauter solide
Häuser. Hier herrscht nicht der schändliche Macbeth,
sondern hier herrscht Banko. Der Geist Bankos herrscht
überall in diesem kleinen Freistaate, dessen sichtbares
Oberhaupt ein hoch- und wohlweiser Senat. In der Tat,
es ist ein Freistaat, und hier findet man die größte
politische Freiheit. Die Bürger können hier tun, was
sie wollen, und der hoch- und wohlweise Senat kann
hier ebenfalls tun, was er will; jeder ist hier freier Herr
seiner Handlungen. Es ist eine Republik. Hätte Lafayette nicht das Glück gehabt, den Ludwig Philipp zu
finden, so würde er gewiß seinen Franzosen die ham-
burgischen Senatoren und Oberalten empfohlen haben.
Hamburg ist die beste Republik. Seine Sitten sind englisch, und sein Essen ist himmlisch. Wahrlich, es gibt
Gerichte zwischen den Wandrahmen und dem Dreck-
wall, wovon unsere Philosophen keine Ahnung haben.
Die Hamburger sind gute Leute und essen gut. Über
Religion, Politik und Wissenschaft sind ihre respektiven
Meinungen sehr verschieden, aber in betreff des Essens
herrscht das schönste Einverständnis. Mögen die christlichen Theologen dort noch so sehr streiten über die
Bedeutung des Abendmahls; über die Bedeutung des
Mittagmahls sind sie ganz einig. Mag es unter den
Juden dort eine Partei geben, die das Tischgebet auf
deutsch spricht, während eine andere es auf hebräisch
absingt; beide Parteien essen und essen gut und wissen
das Essen gleich richtig zu beurteilen. Die Advokaten,

die Bratenwender der Gesetze, die so lange die Gesetze wenden und anwenden, bis ein Braten für sie dabei abfällt, diese mögen noch sosehr streiten: ob die Gerichte öffentlich sein sollen oder nicht; darüber sind sie einig, daß alle Gerichte gut sein müssen, und jeder von ihnen hat sein Leibgericht. Das Militär denkt gewiß ganz tapfer spartanisch, aber von der schwarzen Suppe will es doch nichts wissen. Die Ärzte, die in der Behandlung der Krankheiten so sehr uneinig sind und die dortige Nationalkrankheit (nämlich Magenbeschwerden) als Brauniander durch noch größere Portionen Rauchfleisch oder als Homöopathen durch $1/_{10\,000}$ Tropfen Absinth in einer großen Kumpe Mockturtelsuppe zu kurieren pflegen, diese Ärzte sind ganz einig, wenn von dem Geschmacke der Suppe und des Rauchfleisches selbst die Rede ist. Hamburg ist die Vaterstadt des letztern, des Rauchfleisches, und rühmt sich dessen, wie Mainz sich seines Johann Fausts und Eisleben sich seines Luthers zu rühmen pflegt. Aber was bedeutet die Buchdruckerei und die Reformation in Vergleichung mit Rauchfleisch? Ob beide ersteren genutzt oder geschadet, darüber streiten zwei Parteien in Deutschland; aber sogar unsere eifrigsten Jesuiten sind eingeständig, daß das Rauchfleisch eine gute, für den Menschen heilsame Erfindung ist.

Hamburg ist erbaut von Karl dem Großen und wird bewohnt von 80 000 kleinen Leuten, die alle mit Karl dem Großen, der in Aachen begraben liegt, nicht tauschen würden. Vielleicht beträgt die Bevölkerung von Hamburg gegen 100 000; ich weiß es nicht genau, obgleich ich ganze Tage lang auf den Straßen ging, um mir dort die Menschen zu betrachten. Auch habe ich gewiß manchen Mann übersehen, indem die Frauen meine besondere Aufmerksamkeit in Anspruch nahmen. Letztere fand ich durchaus nicht mager, sondern meistens sogar korpulent, mitunter reizend schön und im Durchschnitt von einer gewissen wohlhabenden Sinnlichkeit, die mir beileibe! nicht mißfiel. Wenn sie in der romantischen Liebe sich nicht allzu schwärmerisch zeigen und von der großen Leidenschaft des Herzens wenig ahnen: so ist das nicht ihre Schuld, sondern die Schuld Amors, des kleinen Gottes, der manchmal die schärfsten Liebespfeile auf seinen Bogen legt, aber aus Schalkheit oder Ungeschick viel zu tief schießt und statt des Herzens der Hamburgerinnen nur ihren Magen zu treffen pflegt. Was die Männer betrifft, so sah ich meistens untersetzte Gestalten, verständige, kalte Augen, kurze Stirn, nachlässig herabhängende rote Wangen, die Eßwerkzeuge besonders ausgebildet, der Hut wie festgenagelt auf dem Kopfe und die Hände in beiden Hosentaschen, wie einer der eben fragen will: was hab ich zu bezahlen?

LUDWIG BÖRNE

## Versailles

„Diese beiden Paläste rechts und links von so edler Bauart? Wahrlich, die Götter Roms hatten keine schöneren Tempel!" – Das waren die Pferdeställe des Königs. – „Und dort?" – Es gehörte den Hunden des Königs. – „Jenes auf der andern Seite?" – Darin wurden die *jungen* Hunde gefüttert und erzogen, bis sie ein Jahr alt und diensttauglich geworden. – „Dort drüben, das unermeßliche Gebäude?" – Es enthielt tausend Zimmer, und zweitausend königliche Diener wurden darin ernährt. Mit dem Verkaufe der Schüsseln, die unverzehrt von den Tischen kamen, gewann der Oberbeamte der Küche 150 000 Franken jährlich. – „Links, jenes fürstliche Haus?" – Es wurde von der Dubarry bewohnt, die, samt ihrer Familie, innerhalb fünf Jahre dem Staate vierhundert Millionen gekostet! – „Das auf der andern Seite?" – Das *Ballhaus,* worin Frankreich die Geduld verlor und die Freiheit fand.

Das königliche Schloß. Schon ist das Gitter, welches den Hof umgibt, unter der gegenwärtigen Regierung neu vergoldet worden. Schon ist man beschäftigt, einen Teil der Zimmer bewohnbar zu machen. Man wird nach und nach weiterrücken. Dem ganzen Palaste den alten Glanz zu geben würde mehr als zehn Millionen kosten. Auch tritt man leise auf, um der öffentlichen Meinung unbemerkt in den Rücken zu fallen. Aber welch ein Tag der Siegeswonne wird es für die Höflinge sein, an dem sie sich zum ersten Male wieder im Œil de bœuf versammeln! Wer kennt dieses berüchtigte Vorzimmer nicht, worin die Schmeichler dreier Könige ihre Zunge gewetzt und die Blutsauger dreier Menschengeschlechter durstig herumgekrochen? Als der erklärende Lakai den Namen des Zimmers nannte, war ein Geflüster der Verwunderung in der ganzen Gesellschaft zu hören, und auf manchem Gesichte sah man ein Lächeln tugendhafter Schadenfreude. Wir gingen mit bestäubten Stiefeln durch die Prachtgemächer Ludwigs XIV. Die Zerstörungswut der ersten Freiheitsmänner konnte den Marmorwänden nichts anhaben und die Deckengemälde von Lebrüns Meisterhand nicht erreichen. Daß die großen Künstler so kleine Menschen sind! Sie schmeicheln jeder Macht. Die sogenannten Großtaten Ludwigs XIV. sind auf allen Wänden mit knechtischer Verehrung dargestellt. Der König als Mars, als Apollo, als dieser oder jener Gott, und auf dem unsterblichen Haupte die unvermeidliche Allongeperücke.

Die Wasser sprangen heute, als Vorfest des nahen Ludwigstages. Wohl sechzigtausend Menschen waren von Paris herbeigeströmt, die Tränen ihrer Voreltern fließen zu sehen, die, zu Sturzbächen vereinigt, die Wasserkünste bildeten. Mehr als tausend Millionen hatte Ludwig XIV. allein, ungerechnet was seine Nachfolger getan, auf Schloß und Garten von Versailles gewendet. Auf diesem kleinen Raume wurde das Mark des ganzen Reiches verzehrt. Ein einziges Feuerwerk, bei der Vermählung Ludwigs XVI. im Park abgebrannt, hatte *sechs* Millionen gekostet. Die Aufführung jeder Oper im Theater des Schlosses kostete an Beleuchtung und anderen Zurüstungen 100 000 Franken... Und man spricht noch von den dummen Streichen, die das französische Volk während der Flegeljahre seiner Freiheit begangen!

KARL GUTZKOW

## Potsdam

Hinter Wittenberg hört der Wechsel der Jahreszeiten auf. Nun ist die Natur ewig jung und ewig alt; Tannenbaum, das edle Reis, bleibt die Zierde des gelben Landes, und die nüchternen, geistlosen Pappeln strecken sich auf den staubigen Chausseen. Vor Wittenberg sah ich zum ersten Male einen schwarz und weiß bemalten Pfahl. Warum mir aber so weh wurde, davon muß ich Ihnen den Grund verschweigen, und kaum werden Sie erraten, wie ein Skythe durch die preußischen Nationalfarben kann zur Wehmut gestimmt werden. Das Sonnenlicht brannte auf den Block, und deutlich unterschied ich mit der Hand, wie immer die schwarzen Streifen glühten und immer die weißen so kalt und todesmatt schimmerten, ganz wie in Preußen, eines herrlich, das andere beängstigend.

Nun finden Sie überall nur Adler und Kronen und Zepter, und in Potsdam endlich lange Grenadiere. Potsdam wollte ich anfangs zu allem, was ich über Preußen schon gesehen und gedacht und empfunden hatte, wie ein kategorisches Punktum setzen, bald aber merkte ich, daß es in der großen Staats- und Geschichtssprache Preußens nur der Anfang einer Periode ist, der das rechte Ende fehlt, ein Anakoluth.

Ich habe Sanssouci gesehen und Friedrichs des Großen Grabmal und die Grabmäler seiner Hunde, die einmal ein späterer Altertumsforscher für Freunde und Freundinnen des großen Mannes halten wird. Was ich von den schönen Tempeln und Palästen denke? Die Kunst, meine Teuren, ist ebensosehr ein Werk der Begeisterung, als sie den Enthusiasmus bewirkt. Ein jeder Künstler hat etwas befriedigen wollen, entweder seinen noch unausgesprochenen Drang oder sein künstlerisches Interesse. Griechen formten Tempel, weil sie die Götter in heilige Gemächer stellen mußten, und wie sie gleichsam ihren eigenen Geist als Kalk und Mörtel verbaut haben, beweisen die Unterschiede ihrer Bauarten, von denen man nicht weiß, ob man sie nach ästhetischem oder psychologischem Gesichtspunkte trennen soll. Ludwig XIV. Zeitalter ist für die Richtung aller Künste entscheidend gewesen. Die schwebenden, tänzelnden Statuen scheinen nicht mit dem Meißel geformt, sondern wie von Lully komponiert. Auch in die Architektur wurde das erhabene, pompöse Gleichmaß des Alexandriners gebracht. Die Schule, in der sich der Künstler bildete, war das Studium. Dies soll es zwar immer sein, aber wenn die Begeisterung keine volkstümliche ist, so muß sie eine philologische bleiben. Die Bauten Schinkels könnten auch von den Professoren der Ästhetik als Apparat zur Erklärung des Vitruv und Pausanias gebraucht werden.

Bei den Bauten von Versailles und Potsdam hatte der Künstler die ungefähre Idee eines neuen Gebäudes; er setzt sich hin und zeichnet sie auf. Nun findet sich aber, daß die Idee nichts mehr war als im Grunde nur eine einzelne Fassade, daß sie durch ein wirkliches Haus noch unterstützt werden muß. Aus dieser Vorbereitung ergaben sich zwei Folgen, einmal die Armut dieser Paläste, die bei allem Schmuck und bei aller Großartigkeit doch sehr grell hervortritt, und überdies die alte Bemerkung, daß Potsdams Gebäude nicht nach

architektonischen Grundrissen, sondern wie nach niedlichen Kupferstichen gebaut sind. Man kann ferner an
ihnen deutlich unterscheiden, was des Künstlers Enthusiasmus aufgefunden und was ihm die Notwendigkeit
geboten, hinzuzusetzen. Die Einheit liegt nicht im Ganzen, sondern in einzelnen, separaten Teilen. Während
an jedem immer eins, was anmutig und freundlich in die
Augen fällt, sich findet, herrscht im übrigen die geist-
loseste Kategorie, die in der Kunst nur existiert, das
gleichmäßige Fortschreiten in der Proportion. Die
Konsequenz der Proportion ist chinesischer Geschmack,
und ich muß gestehen, daß ich bei vielen Palästen dieser
Stadt an China erinnert wurde. Das Chinesische ist in
der Potsdamischen Kunst so durchgreifend, daß sogar
ein Haus, das in der Tat japanisch sein soll, *nicht* im
chinesischen Stile gebaut ist. Wolf, Friedrichs des Großen Liebling, hielt China für den besten Staat.

Zum Denken und Exerzieren ist diese Stadt sehr geschickt. Man kann hier ziemlich abstrakt leben, und ich
mache den Vorschlag, bei dem gegenwärtigen Mangel
einer tonangebenden Philosophie eine Kolonie von
Denkern hieherzuführen, die man vielleicht ebenso
bereitwillig aufnimmt als die russische Kolonie Alexan-
drowka. Als ich durch die Blockhäuser dieses Dorfes
wandelte, dachte ich an den Weisen drüben auf Sanssouci, an die Schlachten bei Zorndorf und Kunnersdorf,
an Diebitsch und an ebendiese Kolonie und an eine
Welt, wo man heute wegen einer Meinung gelobt und
morgen schon getadelt wird, daß man sie nicht geändert hat.

Durch die Einsamkeit Potsdams fliegen rote und
schwarze und steinerne Adler. Überall Helmlarven an
den Häusern, aufgestürzte Panzer, von Kugeln und
Kanonenröhren umgeben, und Fahnen, gestickt und
geschmückt mit frommen Wünschen und militärischen
Lakonismen. Selbst an meinen Ofen im Gasthofe hatte
sich ein Adler geflüchtet, einer aus Lehm, in die Kacheln

gebrannt. Ihm zu Füßen lagen Siegestrophäen, Helme, Schilde, Speere, Schwerter. Oben stand die Sonne mit vierundzwanzig Strahlen und ein Mann in der Scheibe, als wär's nicht die Sonne, sondern der Mond. In diese Sonne fliegt der Adler kühn hinein, ein Experiment, um welches drei Worte zu lesen sind, die mir, einem unerfahrnen Lapidologen, mancherlei Schwierigkeit verursachten. Erst las ich: *huic* soli cedit, und übersetzte, dieser allein (nämlich der Sonne) weiche Preußens Adler. Ich erschrak vor dieser Auslegung, denn der Preußische Staat ist ja das Land der Aufklärung, es *sucht* die Sonne und flieht die Finsternis, und der Adler fliegt auch auf dem Bilde gerade hinein. Ich glaub auch, das Gegenteil ist richtiger: *non* soli cedit, nicht einmal der Sonne weicht der Adler. Oh, ich weiß es, Preußen wird der Wahrheit, und dann wird die Wahrheit auch *ihm* Wort halten! Aber auch nur *dann*!

ERNST WILLKOMM

## Köln

In den letztvergangenen Tagen war ich bemüht, das Innere der Stadt genauer zu besichtigen. Köln ist häßlich, eng, finster. Ein dunkler Schatten, den die Bigotterie des Mittelalters zurückgelassen hat, kriecht rastlos über die Stadt fort und will sich nicht von ihr scheiden. Diese altkatholische Atmosphäre hat für einen Protestanten immer etwas Beängstigendes.

In Köln fehlt es weder an Kirchen noch Klöstern. Auf allen Straßen ragt ein solcher steinerner Zahn gen Himmel, halb zertrümmert oder doch dem Zerbrechen nahe. Und in dem hohlen Gehäuse betet einsam die Andacht ihren Rosenkranz, Weihrauch dampft als eine Ergänzung des ambrosianischen Lobgesanges um den

Hochaltar, und die Kerzen dunkeln dem Erlöschen zu wie geschwächte Augen, die das blendende Licht des hereinbrechenden Tages nicht mehr ertragen können.

Ach, mir ward schwer und bang auf meinen einsamen Wanderungen! Gedanken, vielleicht mehr als groß und unnennbar, weil zu neu, wühlten sich aus dem Schutt der alten Religiosität hervor und klopften mit dem hellen Puls jugendlich stürmischen Lebens an das bemooste Herz des so verständig still gewordenen Menschengeschlechts. Wie mir da seltsam zumute ward! Wie mir in diesem weiten, eigentlich öden Köln die Religion unsers Jahrhunderts so verlassen, beinahe verfallen erschien! Diese Stadt, noch voll von innigen Glaubens an die Lehren des katholischen Kirchentums, kommt mir vor wie ein großes, gotisches Grabgewölbe, das die Entwickelung der Jahrhunderte auseinandergesprengt hat. In den Riß hinein stürzt ein milder Freudenblick des heitern Lebenshimmels und erhellt den weihrauchstillen Raum, in dem der einbalsamierte Leichnam *des* Gottes schläft, dessen Andenken die Welt mit vollstem Recht zur Religion erhob. Aber Himmel, wie hat sich dieser duldende Versöhner verwandelt! Das edle Gesicht ist zusammengesunken, und darauf liegt der bunte Moderstaub von achtzehn langen Jahrhunderten! Um den Gesalbten aber kniet, betet, stammelt und röchelt das ungläubige Kind der armen Gegenwart und ist erfreut, wenn der feuchte Stern der Fäulnis, der auf der verwesten Pupille sein dämmerndes Licht anzündet, es anstrahlt mit der Bewußtlosigkeit des Todes! – Ja, Ferdinand, komm hierher, in diese heilige Stadt, da kannst Du erkennen lernen, wohin es gekommen ist mit unserm verkannten Christus! Ich habe heute gekniet an seinem moderbedeckten Leichnam und bin aufgestanden mit gebrochenem Herzen und dem zitternden Lebensweh: o daß doch Rettung erschiene vom Himmel oder der Hölle für die verlornen Völker Europas!

## Anhalt

Anhalt ist das Land der Hasen, der Mittelmäßigkeit und des Obstes. Gleich und gleich gesellt sich gern. Die Hasen sitzen in ganzen Friedensheeren unter den Anhaltinern und halten große Herbstlager und Manövers ab, und wenn man die Flinte bei zugedrückten Augen losschießt, so trifft man doch einen Hasen. Der ganze Ausdruck des Landes und der Bewohner ist so mittelmäßig ausdruckslos, daß er auch nicht den kleinsten Gedanken erzeugt. Die Lüneburger Heide hat doch einen Charakter, aber Anhalt mit seinen Bewohnern ist ein verwischtes Löschpapiergesicht. Das Land ist sehr fruchtbar, die Menschen sind's auch, es ist ein gesegnetes Land. Aber es ist ein Land ohne Courage; es gibt eine gewisse Wohlhäbigkeit, die alle Spannkraft mit weichem Fleisch oder Fett bekleidet und erstickt. Wenn man ein Gesicht sieht, was von Haus aus wohlgebildet ist, das aber langweilig aussieht wie eine leere Landkarte von Afrika, wo die Augenlider schlafsüchtig die halben Augen bedecken, so kann man immer von vornherein vermuten, es gehöre einem Anhaltiner. Sieht man dabei noch müde, schläfrige semmelblonde oder braunblonde Haare, die sich gern krausen möchten, aber nicht Mark dazu haben, eine kraftlose, längliche Figur, bei der die Schulter schmal und die Haltung schwach ist, so ist das Anhalt und noch einmal Anhalt.

Die Leute dort sind nicht dumm, sie sind nicht faul, nicht schlimm, aber sie sind mittelmäßig. Das Stück Teutschland vom Harze südöstlich aus bis an die sächsischen und schlesischen Gebirge hat die Natur nach Tisch geschaffen, es ist ein reizloses Verdauungsland. Die Anhaltiner sind fast so höflich wie die Sachsen, aber ihre Höflichkeit ist Schwäche, ich glaube, sie haben kaltes Blut wie die Fische.

Wenn man bedenkt, daß Wilhelm Müller, der liebenswürdige Waldhornist, aus Dessau ist, so schätzt man sein Talent noch einmal so hoch. Dessau ist der hübscheste Kirchhof in Teutschland, und wenn es nicht noch muntre Judenmädchen dort gäbe, so hörte man den ganzen Tag über nicht ein Wort. Es hat sehr anmutige Familienbegräbnisse: den Park beim Schlosse, das Luisium und Georgium, und wenn man einen ganz aparten Gottesacker sehen will, so geht man einen schattigen Weg einige Stunden weit bis nach Wörlitz. Dort gibt es kleine Seen und Tempel und Raritäten, unter andern eine mediceische Venus, die schriftstellerisch dressiert ist und auf einen Federdruck schamhaft erscheint. Damen werden dabei nicht zugelassen, die dürfen so etwas nicht sehen. Anhalt ist protestantisch, und wenn man eine schöne Frau lieben will, muß man mit ihr verheiratet sein.

# ANEKDOTISCHES

HEINRICH LAUBE

## Il Rialto

Es war ein stiller, liebenswürdiger Abend, ich saß wieder auf dem Markusplatze im Kaffeehause, vor mir lockte wieder der schöne heimatliche Nacken der Venezianerin, draußen spielten die Austriaci teutsche Walzer, in den Schultern meiner Schönen zuckte hie und da eine lockende Passage der schwelgerischen Militärmusik. Es waren immer viel junge Venezianer um die Dame her, sie mochte sehr schön sein. Ein alter, gelber Herr mit einer ehrwürdigen Nasenruine und unbeweglichen Nobiliaugen saß stets neben ihr. Cavaliere oder Marito? ich wußte es nicht. Es kostete mich drei Schritte, so konnt' ich das Antlitz der Schönen erblicken, aber ich wollte die drei prosaischen Schritte nicht machen; dieser schöne Nacken war mir genug. Nur das Glück sollte mir ein Angesicht bringen, auf welches meine Augen harrten.

Da schlug es zwölf; mich rief die Pflicht. In einer schönen Kirche hatte ich die Bekanntschaft einer Dame gemacht, welche Antonia hieß, la bella Antonia, und welche heut nach zwölf Uhr über den Rialto ging. Zwischen den glänzenden Butiken der Merceria eilt' ich hin, atemlos kam ich auf den Rialto, der ebenfalls von Butiken bedeckt ist. Sie waren geschlossen, und es war still und tot auf der Brücke. Niemand zu sehen. Hie und da geschäftig Vorübergehende. Der Mond lag weiß wie eine Wolke auf dem großen Canale, dem welthistorischen Canale grande, wo Palast neben Palast steht, wo einst die Könige des Meeres in langer Reihe dicht nebeneinander wohnten, die Dandoli, Foscari, Pesari,

Contarini, lauter Namen, vollwichtig wie goldne Kronen –

Es sind Paläste darunter, deren Rost aus eitel Zederstämmen besteht.

Nicht weit von mir lehnte eine schwarze Frauengestalt an der steinernen Brückenlehne, ihr schwarzer Schleier flatterte im Nachtwinde. Ich trat nahe an sie heran. Das konnte Antonia nicht sein, Antonia war nicht so groß.

Wir standen lange nebeneinander. Starr wie eine Bildsäule sah sie den Kanal entlang, auf welchem die weißen Mondesstrahlen sehnsüchtig hin und her wogten. Der Mond ist das Licht des Unglücks, alte Liebe und alte Größe muß man im Mondschein besuchen.

Wir standen immer noch stumm da. Es war mir nie so feierlich venezianisch zumute. Unten legte eine Gondel an, die schwarze Dame ergriff mich bei der Hand, wir stiegen hinab, setzten uns, öffneten die Fenster der kleinen Kajüte und fuhren langsam den großen Kanal entlang. Sie hatte ihren Schleier zurückgeschlagen und sah mit großen, stillen, schwarzen Augen an den Palästen auf und ab. Antlitz, Schulter und Busen war weiß wie Mondschein, und jetzt erhob sie die Stimme und nannte mir die Paläste und die Schicksale ihrer Herren. Es war eine wollüstige, berauschende Stimme.

So kam es, daß mir der große Kanal die eigentliche Romantik Venedigs wurde. Bald hier, bald dort sieht man eine Dogenmütze an den Palästen, und darüber stiere, glaslose Fenster oder mit Brettern verschlossene – alte Dogensärge. Vor einem der stolzesten Häuser hielt der Gondolier einen Augenblick – er stützte sich auf sein Ruder, meine Begleiterin rief lebhafter: ecco! Es war der Palazzo der Pesari. Als die Franzosen nach Venedig gekommen sind, da hat der letzte Pesaro seinen Palast verlassen und hat Venedig für immer ade gesagt. „Fischer waren wir, Fischer werden wir" sind seine letzten Worte gewesen, vor drei Jahren ist er im Auslande gestorben.

Um diesen schönen Stolz sollt Ihr die Aristokraten beneiden, sagte das Weib.

Sprich, heißest du wirklich Antonia, fragte ich sie, als wir wieder in der Nähe des Rialto waren.

Und sie lächelte wunderbar vornehm, und die Schönheit rollte wie fließendes Gold über Antlitz, Busen und Hüfte. Ich breitete die Arme aus nach dieser zauberhaft lockenden Schönheit.

Ihr habt alle zu wenig Mut, ihr Poeten einer neuen Zeit, sprach sie, und ich weiß nicht, war es mehr Spott oder war es mehr Scherz, was um ihre Lippe flog, der Mondschein glich es aus zur Ungewißheit. Ihr wagt es nur zu vermuten, was ihr vermögt. Ihr stehlt eure Freuden und laßt die Welt glauben, eure unchristlichen Dinge seien kleine, frivole Unarten. Ihr wagt es nicht zu bekennen, daß diese Unarten euer System sind. Ihr wollt ein christliches Heidentum und wagt es nicht zu gestehn, ihr wollt das Fleisch, die Sünde emanzipieren und schämt euch vor der Sünde, kokettiert mit der alten, verdorrten Tugend, weil ihr Autoritätsmenschen seid. Komm, umarme mich, du furchtsames teutsches Blut, halt still, Andrea, hier ist Lord Byrons Haus, Venedig ist ein Grenzstein der Poeten: hier seht Ihr mit einem Blicke in die katholischen Kirchen, aus denen der geheimnisvolle, lateinische Gesang tönt, mit dem andern in den wollüstigen Orient, welcher des Leibes Schönheit genießt bis in die feinste Faser, hier seht Ihr die Trümmer von allerlei Größe, aus welchen die romantischen, sehnsüchtigen Worte wachsen, und Ihr seht den frischen Genuß alles dessen, was noch lebt, was sich auf den Trümmern umarmt – Venedig ist jener Don Juan, der sich freut, bis ihm die Seele ausfährt, Venedig ist der lustige Kirchhof moderner Poeten, komm, piccolo Enrico, in diesem Hause hat Lord Byron seinen Don Juan empfangen und geschrieben, komm.

Weib, wer bist du!

Sie legte sich mit dem weichen Samtärmel auf meine Schulter, lächelte und sprang, auf mich gestützt, behende aus der Gondel auf die Stufen des Palastes. Ich hob eben den Fuß, um ihr nachzueilen, da stieß der Gondolier den Kahn ab, umsonst war mein Rufen und Befehlen.

Das schöne Weib stand mit ausgebreiteten Armen an der Schwelle des Palazzo, der Samt fiel zurück von den weißen, lockenden Armen, und die Mondesstrahlen legten sich schwelgerisch in die Umarmung.

„Sehne dich nach mir!" sprach sie, „das ist ein christlicher Rest von Poesie, an dem ich hänge – sehne dich, und du wirst dichten."

Ecco Venezia! murmelte der Gondolier in den Bart.

Sie verschwand, und der Kahn rauschte blitzschnell nach dem Rialto hin, ich versucht' es nicht einmal, den Gondolier zur Rückkehr zu zwingen. Und wenn ich ihn fragte, wer die Dame gewesen sei, so richtete er sich auf, sah stolz umher im Mondscheine des Canale grande und sprach: Ecco Venezia.

So kamen wir wieder an den Rialto. Diese Brücke, die in *einem* Bogen über den breiten Kanal springt, ist ein Bild aus meiner Kindheit. Darum war sie mir jetzt zu klein. Und die ökonomische Benutzung ihres Rükkens zu Butiken war mir ein Greuel. In den Zeiten des venezianischen Glanzes lag wenigstens Gold und Silber darauf ausgebreitet, jetzt fletscht einem das rohe Fleisch, es fletschen einem die blutigen Fleischer entgegen. –

Aber in diesem Augenblicke flog der Rialto still und schweigsam, es lag eine feierliche Geschichtsstunde Venedigs auf den weißen Palästen und Lagunen, und diese letzteren atmeten seufzend auf, die Paläste neigten sich, als wären sie todesmüde und als wollten sie die steinernen Glieder endlich, endlich ausstrecken auf den weichen Lagunen.

Und doch ist's noch Venezia la dominante – mein ganzes Herz sehnte sich nach Byrons Hause, aber ich fand keinen Schiffer mehr, ach es war zu spät.

ADOLF GLASSBRENNER

## Im Bade

Der Bademeister konnte mich nicht schnell genug entkleiden; ich hatte eine unbeschreibliche Wassersucht. „Sind viele Gäste im Bade?" fragte ich ihn.

„Nein!" antwortete er und hing mir den leinenen Mantel um, „nur eine Dame."

Nur eine Dame, bei diesen Worten glaubte ich die Engel im Himmel singen zu hören; ich zog in der Zerstreuung einen Stiefel wieder an, wahrscheinlich um recht elegant zu erscheinen. „Kennen Sie diese Dame?" fragte ich mit gleichgültiger Miene.

„Ja", antwortete der Bademeister, „es ist die Gräfin H., eine junge Witwe, ihr Mann starb drei Tage nach der Hochzeit. Sie badet hier schon seit zwei Monaten." Kaum konnte ich meine Freude verbergen. Eine junge, schöne Witwe ist auf dieser Welt das Reizendste; es liegt in dem Namen Witwe schon so viel Gewährung männlicher Wünsche, so viel süße Hoffnung, während der Name Mädchen zurückschreckt, wahrscheinlich weil das Wort Ehe darin enthalten und die Silbe „chen" immer auf etwas Kleines anspielt.

Die Bäder in Baden, in welchen Herren und Damen zusammenbaden, sind natürlicherweise oder vielmehr künstlicherweise so eingerichtet, daß Individuen gewöhnlicher Größe schon bis am Halse im Wasser sind, sobald sie durch die Türe in den Bassin eintreten. Das gelbe Schwefelwasser verbreitet einen unangenehmen Geruch und trübt den Genuß des Schönheitssinnes, indessen ist es der Gesundheit wohltätig und bietet durch seine freundliche Aufnahme beider Geschlechter manchen interessanten Moment, aus welchem Stunden entspringen können.

Ohne den geringsten moralischen Zweck stieg ich die Treppe hinunter, öffnete die Türe und trat, nur mit meinem Antlitze aus dem Wasser hervorragend, in den Bassin, rings von undurchsichtigen Brettern umgeben.

Kaum hatte sie mich erblickt, so lachte das lockige Köpfchen, das auf dem gelben Wasser schwamm, die schönste Wasserblume, welche ich mein Leben lang gesehen hatte.

„Worüber lachen Sie, gnädige Frau?" fragte ich.

„Es ist gar zu komisch!" sagte sie und konnte sich noch immer nicht zufriedengeben. „Ein Rendezvous im Schwefelbade, es ist gar zu komisch! Sie können sich ja nicht einmal vor mir verbeugen in diesem dicken Wasser, viel weniger die Hand küssen, denn der Genuß des Schwefelwassers ..." Sie konnte vor Lachen nicht weitersprechen.

„Gnädige Frau!" sagte ich und lachte ebenfalls, „das Leben ist kurz; ich bin kein Verschwender mit seligen Augenblicken, besonders wenn die Augen so schön und die Blicke so freundlich wie die Ihrigen sind. Ich hörte aus Ihrem eigenen Munde, daß Sie ins Wasser gingen, und ich durfte mir den Reiz nicht versagen, die Schönste Ihres Geschlechtes näher kennenzulernen."

„Die Schönste meines Geschlechtes!" sagte sie und lachte. „Ja, das bin ich, dagegen läßt sich nichts einwenden. Die Schönste Ihres Geschlechtes! Etwas trivial zwar, aber dennoch immer von bedeutender Wirkung."

„Fühlen Sie eine solche?" fragte ich schnell.

„Mein Herr, Sie sind sehr eitel!"

„Das bin ich, schöne Frau. Aber nicht aus angeborner Dummheit, sondern aus Grundsatz. Ich schätze diese

Eitelkeit, weil sie uns nur zum Guten und Schönen anregt; sie will Liebe, Bewunderung, Achtung erwecken und vermeidet daher Albernheiten und schlechte Handlungen."

„Aber", entgegnete sie, „die Eitelkeit läßt am Ende wohl zuviel Vertrauen zu sich selbst gewinnen. Sie läßt uns vielleicht Siege sehen, wo nur mit uns gespielt wurde. Also auch diese Eitelkeit kann uns lächerlich machen."

„Niemals, gnädigste Frau, wenn sie von dem rechten Mann gehandhabt wird. Ich, zum Beispiele, besitze nicht allzuviel, aber doch so viel Verstand, mich aus jeder Verlegenheit, in welche mich meine Eitelkeit stürzen könnte, augenblicklich zu retten. Ich könnte mich nur in den Augen flacher Menschen lächerlich machen, und dabei ist keine Gefahr."

Sie schwieg eine Weile und betrachtete mich wohlgefällig. „Und wenn ich Ihnen nun sage, mein Herr, daß mich Ihr scharfer Blick in der Promenade des Parkes beleidigte, daß ich mich rächen, daß ich Sie foppen wollte?"

„So antworte ich Ihnen: Gnädige Frau, es ist alles Wahn in diesem Leben, und eine Stunde des Wahns, Ihnen nicht gleichgültig zu sein, ist so göttlich, daß sie mich für den Kummer meiner ferneren Lebensjahre entschädigen wird. Auch kann ich Ihnen nicht gleichgültig sein, schöne Frau. Sie haben ein Gefühl für mich, das der Rache; und wer sagte Ihnen, daß ich ein anderes verlangt habe?"

„Sie sind ein Schelm!" sagte sie und reichte mir die Hand. „Führen Sie mich ein wenig umher. Für den Dritten müßte unser Gespräch sehr komisch gewesen sein. – Sie hätten sich sehen sollen", fügte sie hinzu und lachte, „wie Ihre Expektorationen mit dem kurzen Atem sich ausnahmen. Alle Augenblicke nahmen sie die Backen voll und bemühten sich vergebens, im Zusammenhange zu sprechen. Auch erhob Sie das Wasser mehr als der Gegenstand Ihrer Rede."

„Um die Gefahr zu vermeiden, lächerlich zu werden", antwortete ich und schlang meinen Arm um die schlanke Gestalt, an deren Formen sich die nasse Leinwand schmiegte, „werde ich mich an Ihnen festhalten." Dabei trat ich sie leise auf den Fuß, und fieberhaft durchzuckte es meinen Körper; ich sah diesen Busen wogen, ich fühlte das warme Blut unter dem weichen Alabaster wallen; ich hatte Gottes Meisterstück in meinen Händen und wurde von heiliger Wollust ergriffen. –

„Wahrhaftig!" sagte sie und bemühte sich ohne die geringste Anstrengung, sich aus meinen Armen zu winden, „eine gewisse Schüchternheit darf man Ihnen nicht absprechen."

„Geh den Weibern zart entgegen", antwortete ich, „du gewinnst sie auf mein Wort; doch wer keck ist und verwegen, kommt fürwahr noch besser fort, sagt Goethe."

„Sie verstehen die Dichter meisterhaft!" sagte die junge Gräfin und vermochte nicht länger zu widerstehen. Sie legte ihren glühenden Kopf an den meinigen und lispelte: „vielleicht sind Sie selbst ein Dichter, Sie Schelm!"

„Seitdem ich Sie gesehen", antwortete ich, und sie berührte meine Lippen, die sich nicht lange bitten ließen.

„Nicht doch!" rief sie nach einer Pause.

„Mein süßes, reizendes Wesen!"

„Nicht doch! – Gehen Sie, Sie Dichter, Sie leichtsinniger Improvisator! Nicht doch! Wenn jemand . . ."

Oben auf der Galerie öffnete sich die Türe, der Bademeister trat mit einem Herrn und einer Dame herein, welche sich das Lokal besehen wollten. Ich erschrak wie jeder Schiffer, der eine Wasserhose in der Nähe weiß, ließ schnell meine schöne, vornehme Witwe los, wollte etwas Gleichgültiges sprechen, hatte aber die Balance verloren, glitschte aus und tauchte unter.

Eine solche augenblickliche Abkühlung meiner leidenschaftlichen Glut hatte weder ich noch die Gräfin H. vermutet, und da meine Ankämpfungen gegen den bevorstehenden Wasserfall überdies von sehr komischer Wirkung gewesen sein mußten, indem ich mich mit den Händen am Wasser halten wollte, so schlug meine neue Geliebte ein solches Gelächter auf, daß ich unten auf dem Grunde des Meeres dasselbe deutlich hören konnte. Die verwünschten, neugierigen Gäste hatten vielleicht nur meine beiden Hände gesehen, wie sie in der Verzweiflung die Ergreifung irgendeines ähnlichen Gegenstandes beabsichtigten, nichtsdestoweniger stimmten sie der Gräfin bei und lachten aus vollem Halse.

Ich überlegte mir unten die Sache. Tauchst du wieder empor, dachte ich, so hört das Lachen gar nicht auf, und meine Behauptung, niemals Gegenstand eines Gelächters werden zu können, wäre dann auf die eklatanteste Weise widerlegt. Freilich bist du schon jetzt ein solcher Gegenstand, dachte ich weiter, allein die Leute da oben haben dein Gesicht nicht gesehen, und der schönen Gräfin wirst du ein wenig in den Fuß kneifen, um ihr zu zeigen, wie empfindlich dich ihr Gelächter berühre.

Nachdem dies geschehen, ging ich mit gekrümmtem Rücken unter dem Wasser fort, öffnete mit emporgestreckter Hand und entschlüpfte durch dieselbe nach der Treppe.

Eine lange Weile mußte ich lauschen, bis das Gelächter sich endigte. Leise öffnete sich die Tür; die Gäste hatten sich entfernt, soviel ich hören konnte, ob aber auch die Gräfin, wußte ich nicht genau und wollte mich überzeugen. Sie war fort.

Nein, sie stand hinter der Türe, zog mich näher und fragte mich, ob ich böse sei. Und wäre ich's gewesen, den Teufel hätte sie besänftigt in diesem Augenblicke, so liebenswürdig, so neugierig, so schmeichelnd war sie.

Da ich nebst Sophonias von einem berühmten Schriftsteller eingeladen war, mit ihm im Redoutensaale zu speisen, lehnte ich die Einladung der Gräfin ab, nahm aber mit desto größerer Freude die nachfolgende an.

Wir verabredeten, nachmittags in ihrer Equipage nach dem Helenentale zu fahren, natürlich ihre Tugend durch Begleitung der Gesellschafterin geschützt, die meinige durch Sophonias. „Dort wandeln wir durch das reizende Tal bis zu den wildesten Partien", sagte die schöne, vornehme Wienerin, „und wenn Sie so wild wie diese Partien werden, so will ich Sie schon wieder besänftigen, Sie Schelm!"

Wir schieden mit einem langen Kusse.


HERMANN FÜRST VON PÜCKLER-MUSKAU

## Algerischer Ramadan

Algier, den 17. Januar 1835

Es ist die Zeit des Ramadan, während dem, um sich für das Fasten am Tage zu entschädigen, die Muselmänner den Abend und die Nacht durchschwelgen. Als ein pflichtschuldiger Reisender, ein Opfer meines Handwerks, machte ich daher diesen Abend mit einem jungen Franzosen eine Entdeckungsreise in den gänzlich dunkeln, labyrinth- und höhlenartigen Straßen, nebst vielen seltsamen öffentlichen und geheimen Orten der Stadt. Hätte dieses furchtsame, an Sklaverei gewöhnte, unterwürfige Volk einen Banditen-, Diebes- oder Überzivilisationscharakter, gäbe es z. B. in Italien oder England ein solches Stadtlokal wie dieses, ich möchte mich nicht, ohne bis an die Zähne bewaffnet zu sein, in dunkler Nacht hineinwagen. Hier ist dagegen durchaus *nichts* zu fürchten, als höchstens von Zeit zu Zeit in eine Pfütze oder einen Kothaufen zu treten oder mit dem Kopf an einen zu niedrigen Bogen, einen hervorstehenden Balken und dergleichen anzurennen, wenn nicht gerade ein vorübergehender Maure, mit seiner hohen Papierlaterne die Straße momentan erleuchtend, den Weg deutlicher erkennen läßt.

Man kann, sobald es finster geworden ist, nicht fünf Minuten in der Stadt umhergehen, ohne von einem Ruffiano, die hier meistens junge Knaben sind, angesprochen zu werden, der einem dann in ziemlich verständlichem Französisch alles anbietet, was der gesunde wie der verkehrteste Geschmack nur verlangen kann, als: reizende Jüdinnen, die meistens verheiratet und keineswegs Freudenmädchen nach europäischer Art sind; alte, dicke maurische Weiber, die, mit Gold und Brimborions aller Art behangen, daliegen und aus einem großen Houkah rauchen, welcher einer Schraube ohne Ende gleicht, aus dem sie den Dampf durch Wasser widerlich schnalzend einziehen; Negerinnen mit hängenden Brüsten; braune Mädchen bis zum Alter von zehn Jahren herab, mit gefärbten Nägeln und Augenbrauen usw. Ja, ich weiß nicht, was einer verschrobenen Einbildungskraft nicht alles sonst noch auf Verlangen hier vorgeführt werden möchte! Es versteht sich von selbst, daß für einen Europäer die meisten dieser Schauspiele so ungeheuer ekelhaft sind, daß man alle seine Reisepflicht zusammennehmen muß, um sich nur zu ihrem Anblick entschließen zu können; doch machen zuweilen einzelne tableaux auch eine vollständige Ausnahme. So erschien mir folgendes so frappant, daß ich es gewiß nie vergessen werde.

Wir wurden von unsern zwei Ruffiani, einem schönen, aber zerlumpt angezogenen, siebzehnjährigen Jüngling, und einem, in eine braune Kapuze gewickelten, ebenfalls recht hübschen Knaben von höchstens zwölf Jahren, durch einen langen stockdunkeln Trichter von Gasse treppauf, treppab geführt, bis wir auf eine blendende vom Mond erleuchtete Terrasse kamen, die uns plötzlich das Meer und die geisterbleiche Stadt übersehen ließ. Von hier verloren wir uns von neuem

in ägyptische Finsternis und befanden uns nach Erstei-
gung weniger Stufen in einem ganz anständigen, mit
Teppichen belegten Gemach. Hier saßen, wie drei Götzenbilder unbeweglich, mit unterschlagenen Beinen,
drei junge Mädchen, in verschiedne Farben, zwar reich,
aber nach unsern Begriffen immer mehr oder weniger
schmutzig gekleidet. Sie waren mit goldnen und silbernen Ketten, Münzen usw. behangen, trugen eine Art
Husarenjacken mit goldnen Schnüren und kurzen offnen Ärmeln, durchsichtigem Muslin über dem Busen,
die nur bis an die Wade reichenden Beinkleider aus demselben Stoff, an den nackten Armen und Beinen große
Ringe, lange Glocken in den Ohren und einen Shawl-
turban auf dem Kopfe. Zwei rauchten aus dem Houkah, eine, mit aller Grazie eines Pariser Stutzers, Zigarren. Sie grüßten uns weder, noch nahmen sie scheinbar
irgendeine Notiz von uns. In der Ecke stand, an die
Wand gelehnt, ein kranker Wahnsinniger, in eine zerrissene wollene Decke gehüllt, mit einem leichenähn-
lichen Antlitz. Zwei Bänke an der Türe waren leer. Wir
setzten uns, müde von dem langen Umhersteigen, auf
die eine, die Ruffiani auf die andre, und nun hatten wir
alle Muße, die uns noch immer schweigend gegenüber
rauchenden Schicksalsschwestern auf das genaueste zu
betrachten. Sie waren alle drei hübsch, aber von dem
verschiedensten Ausdruck, nur sich ähnlich durch den
metallartigen Glanz der Augen und die blendende
Weiße ihrer Zähne, wie durch die gleiche rote Färbung
der Nägel und kohlschwarze der Augenbrauen, die
letztern noch durch einen Strich in eins zusammenge-
zogen, was allerdings den Augen einen erhöhten lustre
zu geben scheint.

Die, welche rechter Hand von uns saß, mochte achtzehn Jahr alt sein und war eine orientalische Schönheit,
das heißt sehr korpulent, aber dennoch wohl propor-
tioniert. Sie sah ebenso apathisch als unwohlwollend
aus und hatte, trotz ihrer regelmäßigen Züge, etwas

Gemeines und Charakterloses. Die mittelste, die ich höchstens fünfzehn Jahr schätzte, zeigte ein wahres Ideal der Jungfräulichkeit, im strengen griechischen Stil, mit einer schönen, jugendlichen Brust nach derselben Vorschrift. Sie blickte eiskalt, ernst und melancholisch. Die dritte, mit einem Stutznäschen und zierlich aufgeworfenen Lippen, angenehmer Fülle und schalkhaft ausgelaßner Miene, glich ganz einer Französin aus dem Süden und war die einzige, die uns, obgleich immer noch stillschweigend, mehrmals anlachte und nach einiger Zeit endlich dem Gelüste über uns zu spotten nachgebend, sich wahrscheinlich mit irgendeiner boshaften Bemerkung zu der Dicken wandte, die jedoch nur mit einem erneuten quirlenden Zuge aus ihrem Houkah antwortete. Die maurische Sprache in Algier ist angenehm, bis auf einen gewissen Ton, unserm Ch ähnlich, der häufig wiederkehrt und fatal klingt. Übrigens hat sie etwas – wie soll ich sagen – von Natur Geziertes oder Affektiertes (denn es gibt auch ein solches im Gegensatz zu dem Absichtlichen), was jedoch im Munde der Jugend nicht ohne Reiz ist. Nachdem also die Kleine vergeblich ihre Gefährtinnen zum Lachen oder in bessere Laune zu bringen gesucht und die Korpulente nur damit noch zorniger gemacht zu haben schien, denn sie sprudelte etwas einer Verwünschung Nahekommendes hervor, wandte sie sich an uns und frug in gebrochnem Französisch, mit italienischen Worten untermischt, ob wir militärische Chefs wären. So begann endlich die Unterhaltung, die indessen, soweit wir uns gegenseitig durch unsre Interpreten verständlich machen konnten, immer nur auf dieses eine Mädchen beschränkt blieb. Auf unsre Bitte stand sie auf und machte nachher wenig Umstände, wie auf dem Sklavenmarkt ihre Reize dem Anblick preiszugeben.

Als ich ihr meine Verwunderung äußerte, daß sie ihre hübschen Hände und Füße durch eine, altem Mahagoniholz gleiche, braunrote Farbe so verunstalten möge, meinte sie: das käme bloß auf den Geschmack an, unsre weißlichroten Nägel schienen ihr ebenso häßlich als uns die braunen, und die Franken wüßten überhaupt gar nicht, was schön wäre. Als wir darauf nicht viel zu entgegnen fanden, fing sie an, mit anmutiger Stimme ein mehr als erotisches französisches Lied zu singen, von dem sie jedoch nur die ersten Zeilen behalten hatte, die sie daher auf lächerliche Weise immerwährend wiederholte, was ich hier selbst nicht einmal nachzuahmen wage. So willig diese Schöne sich nun zeigte, so spröde war die jugendliche mittlere, welche weit mehr den Effekt einer Priesterin der Vesta als der Venus auf uns machte. Nur mit der größten Mühe bewogen wir sie aufzustehen, und kaum ließ sie uns ihre schlanke Taille einige Sekunden bewundern, während die Dicke, wahrscheinlich erbittert, daß wir von ihr gar keine Notiz zu nehmen schienen, uns derb auszuschelten begann. Nachdem wir, ohne darauf zu achten, noch eine Weile mit der andern gescherzt, frug die Kleine, indem sie ihre Zigarre aus dem Munde nahm und uns keck in die Augen blickte: ob es nur unsre Absicht sei, sie anzusehen. Der junge Franzose antwortete mit der Lebhaftigkeit seines Alters: Que notre intention sans doute n'allait pas plus loin; mais qu'il la payerait bien, si elle voulait nous donner avec le jeune homme, qui nous avait amené, une scène de la tendresse moresque. En entendant ces mots grossiers, que la traduction de l'interprète rendait encore plus humiliants, le sang monta de colère au visage de la jeune fille, qui, regardant avec une fierté mêlée de mépris celui, qui l'avait offensée, dit: Un Ruffiano est trop au dessous de moi; et elle ajouta encore quelques mots, que nous ne pouvons répéter littéralement, mais qui caractérisent trop bien les mœurs des habitants de ce pays pour être passés sous silence. Le sens de sa phrase était que, si mon compagnon était si curieux, il n'avait qu' à se charger de son rôle auprès du jeune homme, pour être entièrement satisfait. Diese monströse Abfertigung decontenancierte den unvorsichtigen Angreifer dergestalt, daß ihm alles fernere Spaßen verging. Wir warfen darauf den drei Mädchen einige spanische Piaster hin, was ihnen sehr viel zu dünken schien. Die beiden Ruffiani, die wir jetzt entließen, erhielten jeder zwanzig Sous und waren gleich dankbar dafür.

Wir begaben uns nun in eine Art Theater der Mauren, wo Ombres chinoises vortrefflich dargestellt wurden. Hier aber überstieg die Obszönität alle Vorstellung. Der Hauptheld des berühmten Volksstückes war der Riese Carragus, welcher einen Priape zur Schau trug, mit dem er vor den Augen der gravitätisch rauchenden Zuschauer ausführte, was in dieser Hinsicht denkbar und (für uns) nicht denkbar ist. Das Ende des Stücks bestand darin, daß ein Piket französischer Soldaten den Riesen gefangen nehmen wollte, worauf er sich des erwähnten Priape als Waffe bediente und zuletzt das Piket damit glücklich in die Flucht schlug.

Nach dem Schauspiel besuchten wir einen Mädchenball, der alle Monat zum Benefiz des Meruar, Vorgesetzten dieser Klasse (ein förmlicher Roi des Ribauds, welcher für Ausübung dieser Charge dem Gouvernement jährlich 20 000 Franken zahlt), stattfindet. Die Mädchen, seltsam und phantastisch wie Priesterinnen angezogen, tanzen nicht zusammen, sondern eine nach der andern allein, indem sie mit Tüchern dazu wehen. Die Hauptbewegung bei diesem Tanz besteht in ganz besondern, höchst unschicklichen Konvulsionen, von wollüstigem Mienenspiel begleitet, um den physischen Genuß deutlich auszudrücken. Ungeachtet einige dieser Mädchen schön und nicht ohne Grazie waren, wirkte doch das Ganze auf Europäer gewiß nur höchst widrig. Die männlichen Zuschauer, welche Gefallen an der Tänzerin finden und dies durch Geschenke betätigen wollen, nähern sich ihr mit einem Zeichen, worauf sie ihren Tanz unterbricht und ihr Gesicht, gegen den Galan gewandt, in die Höhe hebt. Dieser nimmt mehrere Münzen in die Hand, die er erst mit seinem Speichel befeuchtet und sie ihr dann auf Stirn, Wangen und Kinn aufklebt, worauf er sie küßt. Sobald dies geschehen, bückt sie sich über einen Teppich und schüttelt den Kopf wie ein Pferd, damit die Geldstücke herabfallen, die der Chef für sie in Empfang nimmt. Man kann sich kaum etwas Widersinnigeres und Ekelhafteres denken als diese Operation. Während die eine tanzte, kauerten die übrigen neben ihr auf dem Boden und rauchten; die Tanzende selbst aber trank häufig (wie unsere Vorleser) Zuckerwasser. Daß auch alle anwesenden Männer rauchten, braucht wohl kaum erwähnt zu werden.

Wir beschlossen unsre, meistens penible Tour mit Besichtigung eines der angesehensten Kaffeehäuser, wo ein maurisches Konzert viele Leute versammelte. Dieses bot uns wiederum ein sehr originelles Charakterbild dar.

Auf einer mit Teppichen behangenen Estrade saßen auf ihren nackten Beinen, bunt und selbst ziemlich reinlich gekleidet, vier Musiker mit den ausdrucksvollsten Gesichtern, die in ihrer Art durchaus keine ungeschickten Künstler waren. Zuerst links ein kugelrunder, unförmlich dicker Neger mit einem höchst gutmütigen Mondfinsternisgesicht, der mit rührenden Grimassen die Zither spielte. Neben ihm ein schöner, alter Araber, mit langem, weißen Bart, welcher eine Art Geige strich und mich, der nahe herangetreten war, auf das freundlichste, jedoch immer würdevoll anblickte. Ihm folgte ein junger Maure von ebenso hellem Teint wie ein Europäer, der die Trommel schlug. Der letzte der kleinen Truppe war ein starker Mann von dunkelbrauner Gesichtsfarbe und wahrscheinlich gemischtem Blute, mit struppigem schwarzen Bart, und dieser blies eine Art Flöte. Die Musik, welche die Leute machten, hatte etwas Wildes, Abruptes und Fremdartiges, war aber keineswegs unangenehm. Da mich das ganze Schauspiel sehr ergötzte, legte ich ein Fünffrankenstück auf den Teppich, worauf das Orchester sogleich mit vieler Gewandtheit aus der Nationalmusik einen Übergang in eine bekannte europäische Melodie bewerkstelligte, offenbar uns zu Ehren, weshalb auch der Alte mit dem weißen Bart mir mehrmals lächelnd dabei zuwinkte und seine kleinen Augen, die wie ein paar Kohlen funkelten, komisch dazu verdrehte. Wir ließen uns jetzt Kaffee geben, den in kleinen Tassen ein Negerknabe sehr reinlich servierte und auf Verlangen auch gestoßnen Kandiszucker hinzufügte. Obgleich mit dem Satz vermischt, fanden wir doch beide diesen Trank vortrefflich und weit besser als in den hiesigen französischen Kaffeehäusern. Ebenso gut war der türkische Tabak, von dem ich, mitten unter den in stolzer Ruhe hingelagerten Muselmännern, eine Pfeife mit Vergnügen rauchte. Sonderbar ist die Mode, daß in diesen Häusern kein Preis für das, was man darin genießt, feststeht. Man zahlt wörtlich nach Belieben. Denn man gebe noch sowenig, es wird nichts mehr verlangt, eine reichere Gabe jedoch mit vielem Danke angenommen.

So hatten wir denn auch *unsern* Ramadan, im Geist des Landes, freilich grotesk und für die Augen zum Wehtun indezent, aber doch merkwürdig und fastend gefeiert!

# Fragen der Moral

# DAS NEUE LEBENSGEFÜHL

LUDOLF WIENBARG

Das Leben ist des Lebens höchster Zweck, und höher kann es kein Mensch bringen, als den lebendigen Organismus darzustellen. Kenntnisse und Wissenschaften sind nicht für sich, sind nur für den Geist vorhanden, dessen Trank und Speise sie sind. Der Geist ist kein Magazin, keine kalte, steinerne Zisterne, die den Regen des Wissens auffängt, um sich damit bis an den Rand zu füllen. Er gleicht einer Blume, die ihren Kelch den Tautropfen aufschließt und aus den Brüsten der Natur Leben und Nahrung saugt. Aufzublühen, ins Leben hineinzublühen, Farben auszustrahlen, Düfte auszuhauchen, das ist die Bestimmung der Menschenblumen.

Wir haben uns herausstudiert aus dem Leben, wir müssen uns wieder hineinleben. So gründlich, wie wir studieren, so gründlich sollen wir leben. Deutschland war bisher nur die Universität von Europa, das Volk ein antiquarisches, ausgestrichen aus der Liste der Lebendigen und geschichtlich Fortstrebenden. Tausend Hände rührten sich, um der Vergangenheit Geschichte zu schreiben, wenige Hände, um der Zukunft eine Geschichte zu hinterlassen. Deutschland hatte nur Bibliotheken, aber kein Pantheon. Die Deutschen waren nur Zuschauer im Theater der Welt, aber hatten selbst weder Bühne noch Spieler. Sie waren stolz auf ihre Unparteilichkeit, ihre vorurteilsfreie Anerkennung und Würdigung aller Lebens- und Kraftäußerungen fremder Nationen, aber sie selbst wurden nicht wieder anerkannt, denn sie hatten keinen positiven Lebensgehalt zur Rückanerkennung fremden Völkern zu bieten. Nur die Kraft mag anerkennen, und sie erhöht ihren Wert, wenn sie es nicht unterläßt – *die Schwäche muß*. Der

Kräftige fragt den Schwächling nicht, ob er ihn und seine Kraft gelten lassen will, dem Schwächling bleibt keine Wahl, er muß, er sieht sich dazu gezwungen, aller Bettelstolz hilft ihm zu nichts. Der kleinste Funke einer schöpferischen Lebenskraft hat seinen Altar auf der Welt, seine Priester, Verehrer, aber ohne den ist alles nichts.

Bloßes Wissen, sage ich, kann nicht Zweck der Erziehung, nicht Aufgabe des Lebens sein, und ich habe unter Wissen bisher nur den Ballast historischer Positivitäten verstanden, womit Deutschland zum Versinken befrachtet ist. Es gibt aber ein dem historischen und dogmatischen Wissen entgegengesetztes höheres, ein Wissen nicht des Gedächtnisses, sondern des Verstandes, ein selbsttätiges, verstehendes Wissen, das man mit dem Namen des philosophischen bezeichnet. Der tiefsten metaphysischen Seite desselben ist in voriger Stunde mit schuldiger Ehrerbietung Erwähnung getan, sie führt vom Leben ab, das liegt in ihrer Natur, und die Tatsache leidet keinen Zweifel; denn sie muß die Welt erst zerstören, um sie aufzubauen, sie ist der Tod der Sinne und der Sinnlichkeit, und schon Plato definierte sie als ein langsames Absterben für die bunten und wechselnden Gestalten und Erscheinungen der Welt und ein Festwerden in den Ideen der Ewigkeit. Auch hängt sie in höherem Grade, als eine bloß dialektische, kritische und psychologische Sekte der modernen Philosophie zugestehen mochte, mit dem religiösen Mystizismus eng zusammen.

Neben und außer der Philosophie, die sich in der Gesellschaft gleichsam isoliert, herrscht ein weites Reich des Gedankens, das sich gleich jener über den Zwang des Gegebenen, Historischen und Positiven erhebt, keinesweges aber mit ihr gleichsam an die äußersten Grenzen der erschaffenen Welt verliert, sondern in der Mitte und Fülle der lebendigen Schöpfung stehenbleibt und sich an den organischen und gebildeten Naturen derselben erfreut. Auch hier ist Zweck und Resultat ein Wissen, und zwar ebenfalls ein solches, das sich sowohl durch die Analogie der Erscheinungen als durch die Harmonie mit den Gesetzen unseres Denkvermögens bewährte, ein Wissen, zu dem am Ende auch die abstrakte Philosophie gelangen muß, wenn sie, wie Herbart in Königsberg dies witzig und scharfsinnig ausgedrückt hat, wenn sie Rechnungsproben zu ihren allgemeinen Sätzen sucht. Es hat dieses Wissen bald die Natur, bald den Staat und die Gesellschaft, bald die einzelnen Produktionen derselben, die Werke der Kunst, Beredsamkeit und Poesie im Auge. Es zerstört nicht das Gegebene, es erhebt sich nur über dasselbe, es läßt sich in freie Betrachtungen ein, es untersucht, urteilt, prüft und vergeistigt sich den Stoff, indem es ihn geistig bearbeitet und reproduziert. Der Naturforscher untersucht den Organismus der Pflanzenwelt, die Metamorphosen eines Gewächses, die Brechungen des Lichts, die Kristallisationen des Flüssigen, und es ist überall sein höchstes Bemühen, den organischen Zusammenhang und die Identität des Mannigfaltigen an einem Werke, einer Erscheinung der Natur aufzufassen. So untersucht und erforscht der Politiker den Organismus des Staats, der Ästhetiker den Organismus der Kunst und die Gesetze und Bedingungen, unter denen sich die Kunstschönheit entfaltet. Zweck und Resultat alles dessen ist und bleibt das Wissen, so sehr es sich auch durch Frische und Individualität vom abstrakten und gar geistlosen historischen Wissen unterscheidet.

Aber auch dieses Wissen, das Kennzeichen der Bildung, das allgemeinste Erfordernis, um auf den Namen eines denkenden und gebildeten Menschen Anspruch zu machen, habe man sich nunmehr auf die eine oder auf die andere Seite desselben geworfen, *ist nicht und ersetzt nicht das Leben;* wenn sie auch in naturgemäßem Zustande denkbar wäre, ohne Voraussetzung des letzteren.

Denn es ist der Mensch nicht bloß der Spiegel, der die Schöpfung reflektiert und geistig wieder auffaßt, er ist ja selbst eine Schöpfung, und ihm angeboren ist das Recht und die Kraft, selbst etwas für sich zu sein und unter den Existenzen der Welt seinen Platz einzunehmen. Er soll sich dort behaupten durch selbsteigene, schöpferische Tätigkeit, er soll, da wo er geboren ist, mit den Füßen Wurzel fassen in der Gegenwart und die Hand rühren zu Werken, welche sein flüchtiges Dasein beurkunden, er soll sich freuen an menschlicher Tat, sich hingeben menschlichem Genusse, das Spiel seiner Kräfte entfalten, für Recht und Wahrheit in die Schranken treten, die Unschuld lieben, die Tugend ehren, die Lüge hassen, die Bosheit entlarven, den Frevel rächen, die Gefahr verachten und, wenn's nötig, sein Leben für die höchsten Güter, sei's zur Erringung oder Behauptung derselben, für Freiheit und Vaterland in die Schanze zu schlagen.

Wir sind nicht bloß auf die Welt gesetzt, um über die Welt zu räsonieren, um Philosophen, Naturforscher, Ärzte und Politiker zu sein. Die Welt geht ihren Gang ohne uns, wir sollten nur mehr unsern eigenen Gang gehen, die Sinne schärfen, die Kraft ausbilden und Kraft gegen Kraft abreiben. Um das Denken und die humane Bildung ist es eine schöne Sache, aber fehlt ihr der Mittelpunkt, fehlt ihr das Herz, das Leben, der ungebrochene starke Wille, so ist das Denken nur ein Spiel und die Bildung ohne Gehalt. Denke dir den Blitz und fühle ihn, sagt ein Schwede, und das Wort ist selbst ein Blitz, das man denkend fühlt.

Das Leben ist des Lebens höchster Zweck, kein Wissen und keine Wissenschaft, keine Bildung ersetzt den Fonds des Lebens, könnte sie auch ohne Voraussetzung des letzteren im naturgemäßen Zustande gedacht werden.

Fort denn mit den kurzsichtigen Ideen einer bloßen Nützlichkeitstheorie! Unserer Stunden sind wenige – doch mögen sie schön sein. Unser Leben ist kurz – doch *Vergnügen* verlängert die Tage. Der Mensch ist für den Genuß gemacht. Dies allein ist dein Beruf, o Mensch! und sie mögen predigen und seufzen und schluchzen und pfeifen und donnern. Für diesen Zweck allein haben wir das Leben, und früher oder später wird die Menschheit es einsehen. Die einfache Philosophie, deren Morgen tagt, ist nur ein einziger Aufruf an unsere fünf Sinne und den gemeinen Menschenverstand. Ich werde nicht leben, um ihre glückbringenden Gesetze zu hören, noch wird es wahrscheinlich mein Sohn; doch in mir fühle ich die Überzeugung, daß ein goldenes Zeitalter nicht allzu entfernt mehr von uns ist. Die Welt ist rund – so ist die Ewigkeit und so ist die Zeit.

KARL GUTZKOW

Die Liebe! Noch hat sie mich nicht glücklich gemacht; und doch ist sie der Anker meines Lebens. Wir lieben schlecht. Die Liebe ist kein großer Kultus mehr, Hymens Fackel ist der einheizende Ofen der Familienstube geworden, und Amor ist nicht mehr blind, sondern nur blödsichtig. Amor hat keine Binde mehr vor dem Auge, sondern einen grünen Lichtschirm, wie Marschall Soult und der Constitutionel in den französischen Karikaturen. Ich glaube an die Reformation der Liebe wie an jede soziale Frage unsres Jahrhunderts.
. . .
Der Aufruf ist der: Schämt euch der Leidenschaft nicht, und nehmt das Sittliche nicht wie eine Institution des Staates! Vor allen Dingen aber denkt über die Metho-

dik der Liebe nach, und heiligt euern Willen dadurch, daß ihr ihn frei macht zur freien Wahl! Der einzige Priester, der die Herzen traue, sei ein entzückender Augenblick, nicht die Kirche mit ihrer Zeremonie und ihren gescheitelten Dienern! Die Sittlichkeit im Verkehr der Geschlechter, wenn ihn die Liebe heiligt, hängt am schlechtesten mit der Gewohnheit zusammen, welche auch immer das Gewöhnliche ist.

FERDINAND GUSTAV KÜHNE

Dies Zittern, dies Flattern, dies Beben um dich, siehe! das ist die Liebe – die Liebe ist ein tiefer Schmerz. Ach! wir können einander wenig geben, wenig sein! Wir können, rings von Liebe umgeben, uns dennoch einsam fühlen: das ist die Armut des Lebens bei allem Reichtum, das ist der Bettelstolz der menschlichen Seele! Ich lag oft an Händen und Füßen gebunden in den Stricken der Verzweiflung. Die Liebe regte sich geschäftig um mich her, sie mühte sich angstvoll ab, sie erschöpfte sich an Mitteln und Gaben, und ich fühlte, daß sie doch nicht hineinreicht in mein ganzes Selbst. Wer hat mich über die Abgründe hinweggetragen, vor Wahnsinn bewahrt, vor Selbstmord gesichert? – Der Gedanke Gottes, mein Ich, das sich in der Irre des Lebens in ihm zurechtfand – nicht die Liebe. Die Liebe füllt augenblicklich dein volles Dasein, aber dein Ich entwindet sich der Gemeinschaft wieder, es ragt über alle Bande mit Menschen hinüber – ein sprödes Korn, an dem der Meißel des Geschickes zerbricht: so ist deine Seele. Alle Neigung unter Menschen unterliegt dem Wandel; in diesem Fliehen und Sichfinden wogt die Liebe, ohne das Niveau zu finden, in Ebbe und Flut unaufhörlich ab und auf. Am allerwenigsten ist die bürgerlich geschlossene Ehe ein Takthalter der Pulse. Sie ist eine gesellschaftliche Akkommodation der Sitte und des Herkommens, sie bürgt aber nicht für eine Dauer geistiger Gemeinsamkeit und für ein Zusammenleben der Seelen. Die Ehe sanktioniert durch kirchliche Form ein Doppelleben, aber in diesem Doppelleben ist wie überall, in allen Verhältnissen, dies Hin- und Herwogen eines lebendigen Fluidums. Der Mensch müßte ja sterben, wenn sich eine ewige Liebe seiner bemächtigte. So aber lebt die Seele aus der Liebe sich wieder hindurch und ringt sich los, um sich selbst von neuem zu erfassen. Sie erfaßt sich aber nur, um wieder sich selbst zu fliehen, und gibt sich doch wieder hin, gefangen, gebunden, sie begräbt sich in Flammen und steigt von neuem – der alte Phönix – unversehrt aus der Asche empor. Das ist die Sophistik in der Geschichte der Seele, das ist die Wonne und der Schmerz des Lebens im ewigen Wechselspiel – das ist Wahrheit und Wirklichkeit. Sich selbst aber treu sein ist die höchste Treue, bis der Gott uns von uns selbst befreit.


ERNST WILLKOMM


Die Liebe ist die Religion der Welt. Dies sollst du lernen, Sigismund, nach abgelaufener Bußezeit. Warum schlingt sich diese Weltreligion so fest an einen gemachten Himmel, jenen unbestimmten Begriff alles Ungewiß-Schönen, Traumhaft-Erhabenen? Warum ist die Liebe so feig gewesen, sich binden zu lassen mit dürren Binsen versengter Gesinnung? Warum hat sie sich erniedrigt und ist hingesunken unter das kalte Duschbad verständiger, gut gemeinter Gesetze? Das Leben bewegt und gestaltet sich am schönsten, wenn ihm wohlwollend alle Wege der Entwickelung geöffnet werden, und jede Schranke fällt, die nicht begründet ist in der Natur. Ist Liebe etwas anders als die Umarmung zweier

179

Flammen, die sich auflösen in eine? Bedarf ich Ermah-
nung, wo alles glüht? oder Mäßigung, wo sie allein
sittenlos, fluchwürdig und Lästerung des Lebens wäre?
Sieh, mein Geliebter, das ist es, was ich der Männer-
welt rate zu bedenken. Genialität in der Liebe gebiert
Genialität im Leben. Aus der Gewohnheit, und hätte
sie sechs Weihen empfangen, wird kein Sprößling er-
wachsen, von Sonnenduft und Ätherglanz umwallt.
Nur die Freigeisterei der Liebe erzeugt den Heroen der
Freiheit!


THEODOR MUNDT


Ich habe es mir gerade zur Aufgabe gesetzt, dieser
verhaßten, naturwidrigen Prüderie, die im Leben wie
in der Literatur immer mehr um sich gegriffen, mit
allen Waffen entgegenzuarbeiten. Wir leiden heutzutage wahrhaft kläglich daran. Die Prüderie hat sich
mit dem sogenannten guten Ton verbündet und dadurch zu einer Macht unter uns erhoben, die alles Gro-
teske, Naturkräftige, Kernhafte, das unser Leben und
Streben erfrischen könnte, allmählich aus der Welt verschwinden zu lassen droht. Alles soll jetzt glatt, damen-
haft, salonsmäßig, gesellschaftlich sein. Nun gut, nichts
leichter als das! – Aber was soll dabei herauskommen?
Eine engherzige Verknöcherung der Poesie, der Sprache,
der Sitte! Unsere Poesie, unsere herrliche deutsche
Sprache, wird sie nicht auf diesem Wege bald alles Eisen
verlieren, allen Metallklang einbüßen und um ihre
bezeichnendsten Kernausdrücke ärmer werden? Man
scheut ja jede Aufregung als unanständig, und die Deutschen werden bald nur eine kastrierte Mädchenschulen-
Literatur zu ertragen imstande sein! Ach, ach, pfui der
Schande über unsern germanischen Stamm! Ich erlebe
es noch, daß unser ganzes Dasein wie eine reinlich auf-

getragene Stickerei aussieht, die aus den keuschen Händen einer alten, ehrbaren Jungfer hervorgegangen! O ihr großsinnigen Alten mit der Naturkräftigkeit eures Lebens, mit der Unbefangenheit eurer Sitte, mit der Nacktheit eurer Statuen! Bei uns muß sich das Schönste verhüllen, weil die kleinlichen Seelen sich schämen, wenn sie es sehen. Es sind Leineweberseelen. Venus Anadyomene darf nicht ohne Kattunschürze vor ihnen erscheinen. Sie sind prüde, und sie werden prüde sein. Wollte man nur nicht die sittlichsten Sachen von der Welt, wie z. B. „die Beinkleider", die auch in der englischen Dezenz nur als *die Unaussprechlichen,* die inexpressibles, figurieren dürfen, befeinden! Mein Gott, was soll man am Ende anfangen, wenn man die nächsten, naivsten, unschuldigsten Bedürfnisse vor Scham nicht mehr auszusprechen wagen darf! Werden wir diese verruchten Tugendhaftigkeiten wohl einmal wieder loswerden? Sind aber die Prüden so streng, sollte man auch gegen sie anfangen, streng zu sein.

# ALS ANWÄLTE DER FRAUEN

LUDOLF WIENBARG

Weiber, euer Los wird sich verbessern. Noch einmal wird die Welt verteilt werden, und ihr sollt nicht leer ausgehen.

Sechstausend Jahre führten Männer die Alleinherrschaft. Ihre Albernheiten nennt man die Weltgeschichte.

Nur selten flochtet ihr das königliche Diadem in eure Locken; noch seltener ohne Würde, ohne größere Entwürfe, ohne Beschämung eurer männlichen Thronfolger.

Häufiger schreibt man euch die Ehre zu, mittelbar auf die Lose der Völker eingewirkt zu haben. Damit will man euch, wie ihr wißt, eben keine Schmeichelei sagen. Man klagt euch an, Ursache blutiger Kriege, zerstörter Reiche und Städte gewesen zu sein. Man beschuldigt eure treulose Schönheit, Tod und Verderben unter die Männer gesät zu haben. Was antwortet ihr darauf?

Laßt mich auch hier euren Wortführer sein.

KARL GUTZKOW

Ich werfe mich zum wärmsten Verteidiger deines Geschlechts auf. Ich will die Blößen eines Systems aufdecken, das an der frechen Stirn der einen so viel Rückhalt gefunden hat, als an der nachgiebigen Schwäche der andern. Die Bestimmungen der Vernunft reichen weiter als die der Sitte. Die Macht der Gewohnheit ist freilich dann stark, wenn man ihr huldigt, aber nie schwächer, als wenn man ihr zu trotzen wagt. Ich sehe die eine Hälfte deiner Schwestern unter Verhältnissen leben, die keinen Unterschied der Bildung aufkommen lassen, da die Notwendigkeit dieser selbst geleugnet wird. Die zweite hat den Mut, sich in eine andere Karriere zu werfen, leider ist die aber auf jedem Schritt von dem Blendwerke falscher Grundansicht beleuchtet. Das größte Hindernis zur Besserung dieses Zustandes ist der Irrtum, daß die Frauen nicht als Korporation, sondern nur als Individuen angesehen werden. Man hat gefragt, ob die Frauen Menschen sind, diese Frage hat man jetzt modifiziert, daß sie bei einer Unverheirateten in der Tat schwer zu beantworten sei. Niemand verfolgt diese Ansicht mehr als die Frauen selbst. Sie wüten gegeneinander, Neid und Eifersucht lassen sie nicht zu dem Gedanken kommen, daß sie nach dem Muster der Männer auch eine Gemeinde, eine Union bilden könnten.

Man verachtet die Weiber, wenn sie ihre Sphären überschreiten, und will in ihnen doch mehr sehen als willenlose Geschöpfe. Man führt sie zu einer Quelle und heißt sie dort dasselbe Wasser der geistigen Bildung dieser Zeit trinken, das nachher als stagnant und trüb verschrien wird. Eure Weiber sollen euch in den Himmel führen, und ihr lehrtet sie nur die Hölle kennen!

Sieh, Geliebte, mit dem Gewichte solcher Redensarten tret ich als dein Anwalt auf. Ich werde die Lage dieses Verhältnisses um so weniger verschleiern, je glücklichere Mittel der Abhülfe ich gefunden habe. Hier kommt es eben darauf an, jene Grundsätze zu verteidigen, die das System der weiblichen Kritik ausmachen. Suche mit Umsicht und Klarheit die Erscheinungen unserer Literatur nach dem Einflusse zu würdigen, den sie auf das weibliche Herz, dessen tiefste und geheimste Falten ausüben. Beweise mit standhafter Unerschrockenheit, welch ungeheure Fülle des Unrechts und geistiger Grausamkeit in der Annihilierung des halben Menschengeschlechts enthalten ist. Man denkt sich die Menschheit in der Form einer Halbkugel und als ihre Bestandteile nur die Glieder des Männerbundes. Behalte dies Bild bei, und stelle nun dreist deine Rede so: Sollten wir Weiber auch nur jenen schmeichelhaften Spiegel abgeben, in dem ihr die zweite Hälfte, also euch wieder, und dann recht das Ideal aller Vollkommenheit, sehen möget, so hütet euch zu eurem eignen Besten, die Helle und Klarheit dieses Spiegels mit eurem Nebelhauche zu trüben! Jede eurer Handlungen sei nur dadurch vollendet und gerundet, daß sie auch das Stilleben weiblicher Seelen mit angemessener Wärme und Lebenskraft erfülle.

# DIE WIEDEREINSETZUNG
## DES FLEISCHES

THEODOR MUNDT

### Die nackte Venus

Und jetzt eilte ich in ein anderes Zimmer der Galerie, ich verließ den Christus vor Pilatus. Nach Bildern derber Sinnlichkeit suchte ich, um mich nicht an mich selbst und an mein Denken zu verlieren. Ich wollte mich zerstreuen, denn mein Geist fühlte sich von trüben Lebenserinnerungen umschattet. Und wie oft gab ich mich nicht an die bloße glänzende und glühende Form der Erscheinung hin, wenn mir angst wurde in meinen Gedanken! Eine nackte Diana von Floris, ebenfalls einem niederländischen Maler, die im nächsten Zimmer hing und zu der ich hinstürzte, tat mir noch kein Genüge. Wie gemein waren diese Formen des Fleisches, wie wenig Reiz fand ich an dieser phantasielosen Zeichnung menschlicher Körperschönheit, an diesen zu hartgeformten Schenkeln, an diesem blütenleeren Busen. Ich wandte mich mit Ekel davon ab. Ich ging zu den Italienern, zu der sitzenden Venus von Tizian. Schöner, lieblicher, zarter, weicher, geistig gehobener, poetisch duftiger sah ich das Fleisch noch nie gemalt. Wie ein Gedicht lag der menschliche Körper vor meinen Augen da, ich seufzte, und andächtig und still wurden alle meine Gefühle. Ich habe große Ehrfurcht vor dem menschlichen Körper, denn die Seele ist darin! Und ich trachte nach der Einheit von Leib und Geist, darum bete ich auch an die Schönheit, und ein heiliger Anblick ist sie mir. Siehe, ich suchte nach Bildern derber Sinnlichkeit, und vor Tizians Venus wurde mir wieder heilig zumute, und ein harmonischer Klang zog sich versöhnend durch meine ganze Stimmung. Nicht mit frivolen Augen schaue auf des Weibes echte Schönheit hin, sondern den guten und heilerweckenden Gedanken hänge nach, zu denen der Gottesfrieden dieser Formen dich erhebt! Himmel, in welche Zauberwelt von süßer Gestaltung ist mein froherschrockener Blick gedrungen, und was das Leben der Erscheinung heißt, studiere ich in trunkener Vertiefung. Tizian, erhabener Meister, großer Poet der Menschenform, lieblicher Schwan, der die geheimnisreiche Musik des Körpers austönt, dir danke ich! Und wie danke ich dir! Diese Venus predigt Weisheit zu mir her, wie eine gottgewaltige Philosophie, die mich mir selbst lehrt! Venus, aus den Tiefen des Meeres emporgestiegen und in die herrschende Schönheit der Gestalt geboren, zum Sieg und zum Glück! Die Tiefe verlangte nach der Gestalt, und den formlosen Abgrund der Schöpfung wandelte die Begierde an nach der Erscheinung, und es wirbelte oben der Meeresschaum in gewaltiger Sehnsucht, daß es war, als müsse er sich formen. Die frohlockenden Sonnenfunken schlugen vom Himmel her rufend und zündend in die Schäumung, und die Tiefe unten drängte vom Abgrund herauf mit unwiderstehlicher Inbrunst. Da lächelte es aus der Empörung hervor wie ein niegesehenes Gesicht und schlug zwei wunderbare Augen auf und streckte zwei lilienweiße Arme aus und ordnete sich in die sanftschwellende Harmonie des Leibes. Die Gestalt war geboren, und die Tiefe hatte ihre Ruhe gefunden. Die Schönheit stieg mit verschämten Wangen an das Ufer der Erde. Venus wurde von den Dichtern und den Weisen und von den Göttern verehrt. Und sie war die Anadyomene der Tiefe.

Leben! Erscheinung! Gestalt! Wie drängt sich alles danach, was ist! wie stürmen alle Elemente auf diesen Frieden, wie strömt die ganze Unendlichkeit auf diese Grenze zu! Und auch ich bin ein Wesen, das erschienen ist, ich bin ein Körper, der erscheint! Ich bin Fleisch geworden, und die Tiefe in mir drängt nach Licht, und das Licht schimmert sehnsuchtshell in die Finsternis. Ich, der ich eine Erscheinung bin, ich bin die Einheit von Licht und Finsternis, denn sonst könnte ich nicht erscheinen. Licht gibt es nicht ohne Finsternis, und Finsternis nicht ohne Licht, ohne beide aber keine Farbe und kein Bild. Ich bin ein Bild der Welt, und zwei Verschiedenheiten sind in mir in die Einheit vergangen, sonst wäre ich nicht Bild und freute mich nicht meiner Erscheinung. Ich fühle mich als ein Ganzes in meiner Trennung, und ich fluche dir, Asket, der du mich wieder auflösen willst in meine getrennten Bestandteile! Ja, ich fluche der Trennung von Geist und Leib, von Diesseits und Jenseits, denn ich fühle mich *ein Eines*! Ich bin eine gesunde Weltnatur, ich bin ein Konkretes und fasse mich als einen kräftigen Organismus zusammen, solange ich mit ruhiger Pflichterfüllung über die Erde schreite. In mir ist Diesseits und Jenseits, in mir ist Licht und Finsternis. Und hier sage ich mir wieder, daß das Licht nicht ist ohne die Finsternis und die Finsternis nicht ohne das Licht. Der Geist ist nicht ohne den Körper, und der Körper ist nicht ohne den Geist, sondern beide ineinander sind das Bild, als das ich erscheine. Darum bin ich gesund, ich bin heiter, weil ich ein Bild bin, und ich würde krank sein, wie ganze Jahrhunderte krank waren, wenn ich auseinanderfiele in Geist und Leib, in Diesseits und Jenseits! Gott im Himmel könnte mir nicht helfen, denn ich habe mich aus der Bewegungslinie des Werdens herausgehoben, sobald ich mich abtrenne von der Verbundenheit, in die mich Gott selbst gefügt. Ich kann nicht mehr *werden*, weil ich auch aus Gott herausgetreten bin, wenn ich heraustrete aus mir selbst. Die Trennung von Fleisch und Geist ist der unsühnbare Selbstmord des menschlichen Bewußtseins.

## Marions Erzählung

**Marion.** Nein, laß mich! So zu deinen Füßen. Ich will dir erzählen.

**Danton.** Du könntest deine Lippen besser gebrauchen.

**Marion.** Nein, laß mich einmal so. – Meine Mutter war eine kluge Frau; sie sagte mir immer, die Keuschheit sei eine schöne Tugend. Wenn Leute ins Haus kamen und von manchen Dingen zu sprechen anfingen, hieß sie mich aus dem Zimmer gehn; frug ich, was die Leute gewollt hätten, so sagte sie mir, ich solle mich schämen; gab sie mir ein Buch zu lesen, so mußt' ich fast immer einige Seiten überschlagen. Aber die Bibel las ich nach Belieben, da war alles heilig; aber es war etwas darin, was ich nicht begriff. Ich mochte auch niemand fragen, ich brütete über mir selbst. Da kam der Frühling; es ging überall etwas um mich vor, woran ich keinen Teil hatte. Ich geriet in eine eigne Atmosphäre, sie erstickte mich fast. Ich betrachtete meine Glieder; es war mir manchmal, als wäre ich doppelt und verschmölze dann wieder in eins. Ein junger Mensch kam zu der Zeit ins Haus; er war hübsch und sprach oft tolles Zeug; ich wußte nicht recht, was er wollte, aber ich mußte lachen. Meine Mutter hieß ihn öfters kommen, das war uns beiden recht. Endlich sahen wir nicht ein, warum wir nicht ebensogut zwischen zwei Betttüchern beieinander liegen, als auf zwei Stühlen nebeneinander sitzen durften. Ich fand dabei mehr Vergnügen als bei seiner Unterhaltung und sah nicht ab, warum man mir das geringere gewähren und das größere entziehen wollte. Wir taten's heimlich. Das ging so fort. Aber ich wurde wie ein Meer, was alles verschlang und sich tiefer und tiefer wühlte. Es war für mich nur ein Gegensatz da, alle Männer verschmolzen in *einen* Leib. Meine Natur war einmal so, wer kann da drüber hinaus? Endlich merkt' er's. Er kam eines Morgens und küßte mich, als wollte er mich ersticken; seine Arme schnürten sich um meinen Hals, ich war in unsäglicher Angst. Da ließ er mich los und lachte und sagte: er hätte fast einen dummen Streich gemacht; ich solle mein Kleid nur behalten und es brauchen, es würde sich schon von selbst abtragen, er wolle mir den Spaß nicht vor der Zeit verderben, es wäre doch das einzige, was ich hätte. Dann ging er; ich wußte wieder nicht, was er wollte. Den Abend saß ich am Fenster; ich bin sehr reizbar und hänge mit allem um mich nur durch die Empfindung zusammen; ich versank in die Wellen der Abendröte. Da kam ein Haufe die Straße herab, die Kinder liefen voraus, die Weiber sahen aus den Fenstern. Ich sah hinunter: sie trugen ihn in einem Korb vorbei, der Mond schien auf seine bleiche Stirn, seine Locken waren feucht, er hatte sich ersäuft. Ich mußte weinen. – Das war der einzige Bruch in meinem Wesen. Die andern Leute haben Sonn- und Werktage, sie arbeiten sechs Tage und beten am siebenten, sie sind jedes Jahr auf ihren Geburtstag einmal gerührt und denken jedes Jahr auf Neujahr einmal nach. Ich begreife nichts davon: ich kenne keinen Absatz, keine Veränderung. Ich bin immer nur eins; ein ununterbrochenes Sehnen und Fassen, eine Glut, ein Strom. Meine Mutter ist vor Gram gestorben; die Leute weisen mit Fingern auf mich. Das ist dumm. Es läuft auf eins hinaus, an was man seine Freude hat, an Leibern, Christusbildern, Blumen oder Kinderspielsachen; es ist das nämliche Gefühl; wer am meisten genießt, betet am meisten.

Danton. Warum kann ich deine Schönheit nicht ganz in mich fassen, sie nicht ganz umschließen?

Marion. Danton, deine Lippen haben Augen.
Danton. Ich möchte ein Teil des Äthers sein, um dich in meiner Flut zu baden, um mich auf jeder Welle deines schönen Leibes zu brechen.

HEINRICH LAUBE

## Die Fürstin

Die Fürstin stand vor dem Spiegel und rollte eine Locke an den Fingern auf. Ich habe nie etwas Schöneres gesehen als dies Weib in jenem Augenblicke an jenem Abende. Sie trug einen leicht seidenen, weißen Rock, hoch geschürzt mit einem Florüberwurf, nach Art der sarmatischen Überkleider geschnitten. Beide waren natürlich vorn offen und schlugen sich, wenn sie ging, zurück, so daß man das weiße Unterkleid und die sich rund hervordrängenden Umrisse des Schenkels und Beines sah. Schultern, Hals und Arme waren frei, die kurzen herunterhängenden polnischen Florärmel fielen zurück, wenn sie den Arm hob. Tizian hat nie ein schöneres Fleisch gemalt. Sie war ungeschnürt, und der volle Busen drängte die schwache Seide wie ein volles Herz die kleinen gesellschaftlichen Rücksichten. Ihr reiches blondes Haar fiel in reichen Locken um das Haupt. Der gewöhnliche scharfe Ernst ihrer Züge war gemildert, und sie ging anfänglich in launigen Gesprächen wohl eine Viertelstunde lang im Zimmer auf und ab. Es mochte wohl Eitelkeit sein, ihre in Schönheitslinien sich schaukelnde Figur zu zeigen. Aber ich liebe diese Eitelkeit, und die stets sitzenden Frauen kommen mir wie fette Türkinnen vor, die mich nie reizen könnten. Das freieste Wort, die freieste Sprache des Körpers ist der Gang. Diese vornehme Keckheit, mit der sie ihre Reize offenen Auges, offener Stirn auftreten läßt, erfreut und

190

stärkt meine Sinne. Es ist eine kühne Gesundheit darin. Jenes verdeckte, versteckte Kokettieren mit nackten Eckchen und Zipfelchen ist der bare Gegensatz davon und mir in der Seele zuwider. Parallel damit geht auch die krankhafte Beschreibung solcher hysterischen Schönheiten, wie sie in den sogenannten schlüpferigen Romanen zu finden. Beides schwächt die Sinne. Die Natur in ihrer ungeschminkten Schönheit, in ihrer Nacktheit ist immer edel und schön, ihre Verkünstelung ist krankhaft. Weil der Novellist nicht den Mut hat, die unverhüllte Form zu zeigen, so hat er auch nicht den Mut, sie zu bewundern, und er gibt Dekokte für die bare Schönheit. Darin besteht ja die Fülle von Vollkommenheit in der Poesie, daß ihr alle Künste zu Gebote stehen, und wer die plastische verdirbt und einen löcherigen Mantel über die nackte Statue wirft, bestiehlt den Roman. Was gäbe ich darum, schrieben unsere Bildhauer Novellen, das könnte eine stärkende Kur werden; was gäbe ich darum, lebten noch zwei Heinse, die einfachen Homöopathen der Beschreibung. Das ist es, worin ich ganz mit Valer übereinstimme, nur daß er mit größerer Vorliebe den weichen Formen des Praxiteles nachgeht, ich die dreisten Linien des Phidias vorziehe. William hat gar kein Verständnis dafür, und ich fürchte, der kleine Provenzale nimmt mehr das Lüsterne heraus, was ich ganz verwerfe, weil es entnervt.

Die Fürstin sprach von den Männern; ich mußte ihr von Weibern erzählen. Sie hatte viele von unseren einbalsamierten Herren kennengelernt, deren Gestalt nur hier herumläuft und deren Geist in Erziehung, Liederlichkeit oder Furcht verflüchtigt ist. Wenn das Gegenteilige ihr begegnet war, so hatte es aus jener materiellen, rohen, ich möchte sagen, bestialischen Soldatenkraft bestanden, die schon seit vielen Jahrhunderten unsere höher gestellten Stände für ein Axiom der Bildung ansehen. Es ist diese Barbarei ein Kindlein des Mittelalters und eigentlich ein diplomatischer Streich des Adels. Als das Rittertum verschwand, pachteten sie die vornehme Soldaterei und Jagd; sie ahnten etwas vom Kriegerstande der Ägyptier und Inder und wollten die herrschende Partei, welche mit des Schwertes Kraft das Land erobert hat, fortspielen. Unterdes ist die Welt mit ihrer Zivilisation weit über jene behelmten Häupter hinausgewachsen, darum sehen wir jetzt unter den sogenannten höheren Ständen eine solche Menge barbarischer Fratzen mit lächerlichen Schnurrbärten von einem Ohr bis zum andern, die noch immer der ernstlichen Meinung sind, sie hätten das Privilegium der Courage. Gemütern, die alle zivilisierten Anlagen zum Herrschen besitzen, also ein Wort aus Erfahrung darüber reden können, muß dieser Vandalismus greulich sein. Das klagte die Fürstin, und es beschlich sie, nachdem die Schärfe des Wortes lange genug gemäht hatte, eine leise Wehmut, die ihr sonst gar nicht eigen, darum aber doppelt verführerisch an ihr war. Männersehnsucht, Männertrauer, Tränen nach Männern sind die schärfsten Waffen eines stolzen Weibes. Sie erobert, indem sie um Gnade bittet. Ich fühlte die reiche Armut des einsamen, hochgestellten Weibes, ich fühlte meine Kraft, sie zu halten und zu beglücken. „Arme reiche Frau" – sprach ich, blieb vor ihr stehen, faßte ihre beiden Hände, führte sie an meine Lippen und sah ihr drängend tief in die Augen hinein. Sie legte ihre Arme auf meine Schultern und gab mir die Blicke feucht und redlich zurück. Aber es war, als kämen sie aus einer weiten, fernen Dämmerung, als wären sie Träume von reizenden Sternbildern; sie schauten wie aus den Wogen tiefer Gedanken, sie sahen träumerisch, aber unendlich glücklich aus, diese Blicke. Es war, als bückte sich die Seele des hohen Weibes tief vor ihnen. Die starren Kräfte des kalten, schönen Gesichts waren gebrochen, die Züge sanken in die Knie zu zauberhafter Milde, wehmütiger Freundlichkeit. Venus stieg aus dem Meeresschaum, und die schäumenden Wellen fielen plätschernd von ihr, und sie ward ganz das warme Weib. Lange sahen wir uns so in die Augen, näher und näher sie aneinanderdrängend. Keines sprach. Wenn sich die Seele unter Schmerz und Lust und Tränen nackt an den Tag drängt, da staucht und hemmt sie erst das vorlaute Wort, die dreiste Kehle, wie man ein Wehr hemmt, wenn man die Tiefe des Wassers trocken und nackt sehen will. Endlich lispelte die Fürstin leise, so leise, daß es nur mit Mühe mein innerster Mensch erlauschte: „Du bist ein Mann", und ich fühlte einen brennend heißen Kuß auf meinem Munde. Sie schlug die schönen Arme um mich, ich hob sie dicht zu mir und hielt sie, die halb schwebende, die ihre brennende Wange an mein Auge drückte und so eine Minute in meiner Umarmung verweilte. Dann hob sie den Kopf, drückte mein Gesicht in ihre Hände und küßte mich einige Male heftig, machte sich halb los von mir, warf Haupt und Locken in den Nacken zurück, und mich mit halbgeschlossenen Augen betrachtend, lächelte sie und nickte leise mit dem Kopfe. „Komm, Mann", sprach sie, legte den Arm auf meine Schultern und ging mit mir einige Male im Zimmer auf und ab, hie und da blieben wir stehen und küßten uns inbrünstig, und meine passive, mir so ungewohnte Rolle von mir werfend, drückte ich die vollen, straffen Glieder des schönen Weibes an mich und schleuderte die lodernden Funken der Sinnlichkeit verschwenderisch um uns herum, umschlang sie wie ein Löwe sein Weib, überließ mich ganz der heiteren Kraft meines Wesens und küßte sie, bis sie weich und erschöpft in meinen Armen zusammenbrach, da hob ich sie, einen Arm um ihren Leib schlagend, die Hand an ihren Busen drängend, an meine Seite und ging, sie halb tragend, mit ihr durchs Zimmer. Vor dem Spiegel blieb ich stehen und zeigte ihr unser Bild. Sie wollte den Stolz ihres Wesens aufrichten, aber es gelang ihr nicht, sie ließ das Haupt nach vornhin gebeugt sinken und sah mit einem lächelnd naiven Ausdrucke, dessen ich sie gar nicht fähig gehalten hätte, auf unsere Gruppe im Spiegel. – –

Die Stunden waren geflogen, wir saßen auf dem Diwan, und ich mußte ihr Liebesgeschichten erzählen. Sie meinte, eifersüchtig sei sie nicht auf die Vergangenheit. Dennoch konnte ich keine Geschichte zu Ende bringen, ohne daß sie mich da, wo sie anfing interessant zu werden, auf den Mund schlug, stillschweigen hieß, aufstand, einen Gang durchs Zimmer machte, dann vor mir stehenblieb, zausend in meine Haare griff und halb zornig, halb lachend sagte: „Du hättest wohl auf mich warten können mit deinem Lieben, dreister Mensch." Ich lachte und zog sie an meine Brust und drückte die Hand in ihren Busen, um den Pulsschlag ihres Herzens zu fühlen, und als ich ihr sagte, sie hätte ja kein Herz, da schlug sie mich ins Gesicht und ging hinweg. Ich sprang ihr nach – „still", sagte sie – „du mußt jetzt fort, es wird zu spät, meine Dienerschaft kümmert mich zwar nicht; aber es reizt mich, nichts vor dem besorgten Bürgerweibe vorauszuhaben – man soll dich fortgehen sehen. Dieser Schlüssel" – sie nahm ihn von jenem kleinen Tische am Diwan – „schließt die westliche Gartenpforte, ich habe ihn selbst heut mittag für dich abgezogen, du Schuft; in einer Stunde kannst du zurückkehren. Schwing dich auf den niedrigen Balkon an der Ostseite des Hauses, die mittlere Flügeltüre findest du offen, geh dann durch die nächsten drei Gemächer bis in das Bibliothekzimmer, dort erwarte mich. Adieu, Mann meiner Liebe!" – – –

Das Palais liegt, wie du weißt, halb im Freien; ich wollte in frischer Luft und Nacht die Stunde verbringen und schlenderte auf die Promenade und auf die Wege, die zu den umliegenden Gärten führen. Aus einem etwas seitab liegenden Gartenhause hör ich Musik, eine Singstimme zum Klavier, und zwar Juliens Arie aus der Vestalin, die ich liebe. Ich gehe hinan, und aus einem hohen Parterrezimmer klingt die schöne, volle Frauenstimme. Ein Gartenschemel, der in der Nähe steht, soll mir die Aussicht ins Zimmer gewähren, er wird unters Fenster getragen, ich steige hinauf und sehe eine Dame im schwarzseidenen Überrocke, mir den Rücken zukehrend, am Klavier sitzen. Die Arie ist zu Ende, sie läßt die Hände in den Schoß, den Kopf nach vorn niedersinken. Ich rege mich nicht. Sie hebt eine Hand und fährt leise mit ihr auf den Tasten herum. Dabei bewegt sie den Kopf ein wenig nach der Seite, ich sehe das Profil, es ist – Desdemona. „Guten Abend, Desdemona!" – Sie fährt auf, sieht, erkennt mich, springt ans Fenster, greift nach meiner Hand, bedeckt sie mit Küssen und spricht: „Mein liebster Hippolyt." Sie fragt nach nichts, sie schilt nicht, sie gießt nur ihre Seele aus dem Auge in das meine; wir schwatzen kosend wie zwei Vögel, die auf zwei Ästen sitzen, da schlägt es elf. „Einen Kuß, Desdemona, ich gehe." Und das liebe Weib biegt sich weit heraus und bietet mir ihr Auge hin. „Gut' Nacht, Hippolyt", sagt sie – Gut' Nacht, Desdemona, und die Vöglein flattern voneinander.

In wenig Minuten war ich an der Gartentür, auf dem Balkon, im Bibliothekzimmer, ich suchte mir Heinses Ardinghello, streckte mich aufs Sofa und las beim Schein der Astrallampen, die den weiten Raum erhellten.

Wie amüsieren mich eure langen Gesichter, wenn ihr von dieser Impietät hört, wie man in voller Glut von einem Weibe zum andern laufen, jetzt diese, eine Viertelstunde später jene umarmen könne. O ihr armen Leute! Wie können die Bettler den reichen Mann begreifen, der links und rechts ohne Not Gold spendet? Ich habe Leben für eine Million, komme Million und liebe mich! Wie sollt' ich geizen? Euer gewöhnlicher Don Juan ist ein liederlicher, sinnlicher Wicht. Aber weil ihr einmal wißt, daß den der Teufel holt, so haltet ihr jeden für des Teufels Beute, der nur zufällig ein ähnliches Wams trägt, wie euer Opernheld getragen. Ich wollt' es dem armen Teufel nicht raten, sich an mich zu wagen; der Teufel ist der Tod, ich erdrücke ihn in der Fülle meiner Lebenskraft. – Genug, ich will zu Ende.

Die schöne Fürstin war so leise eingetreten, daß ich sie nicht bemerkt hatte, ich phantasierte über die Formenschönheit mit Ardinghello – wie eine heiße Sonne trat sie plötzlich vor mein Lampenlicht. Eine Million lebte eben in mir, ich riß sie in ihrem weichen Nachtkleide zu mir nieder, ich erwürgte sie fast. „Laß mich einen Augenblick los" – flehte sie. Als sie frei war, sprang sie durch die Tür, ich ihr nach. Sie war verschwunden. Mitten im nächsten Zimmer sah ich mich um, sie schloß eben sorglich die Tür, hinter deren Flügel sie sich einen Augenblick versteckt hatte. „Der Fürst könnte zurückkehren" – sagte sie – „und es fällt ihm zuweilen, meinem Schwager aber oft ein, sich selbst ein Buch suchen zu wollen." Wir gingen in ihr Schlafzimmer, es ist verführerisch wie ein anakreontisches Gedicht. Eine nur angelehnte Tür führte zu einem Badezimmer; ich küßte einen Augenblick Abschied auf Mund und Busen meiner Konstantie, warf die leichten Kleider von mir und tränkte meine durstigen Glieder mit der weichen Welle. Es ist dies etwas, was ihr Deutschen durchaus nicht lernen wollt, daß das viele Baden etwas Reizendes sei. Ihr rauhen Bären Germaniens, die ihr vom Urzustande doch übrigens nichts als das rauhe Fell behalten habt, wo drei Schläge auf einen Fleck fallen müssen, ehe ihr einen fühlt, begreift's nicht. Das deutsche Weib, ja selbst der deutsche Jüngling weint sich windelweich, weint sich aus, wenn er einen neuen Menschen anziehen will, der südliche badet und erfrischt, geschmeidig, geläutert tritt er an die Luft, für deren Balsam er tausend neue Organe geöffnet hat. Das Bad ist ein Hauptakt der körperlichen Zivilisation; schon in Frankreich findest du in jedem einfach eingerichteten Hauswesen ein Badezimmer, in Deutschland keines in dem besteingerichteten. Ich verlange nicht den Reichtum des Südens darin, denn natürlich drängt dort das Klima mehr dazu; ich verlange nur das Aneignen des reinigenden Elements. Die üppigen Thermen der Griechen und Römer bekunden heut noch in ihren Trümmern, welchen Wert man auf diese Sitte gelegt. Geist und Gemüt entfalten sich behaglicher in einem Leibe, der aus dem Bade steigt, eine reinere, frischere Sinnlichkeit hüpft durch die erregten Adern – aus dem Meere hoben die Griechen ihre Liebesgöttin, die strahlende Aphrodite. Das Wasser ist ein geistigeres Element als die Erde, man fühlt sich höher, edler, wenn man die Glieder aus den Fluten hebt. Darum lob ich die mehr und mehr überhandnehmenden Schwimmanstalten in Deutschland. Die Polizei sollte an den Toren darauf sehen, daß die Einpassierenden erst in den Fluß gingen, ehe sie in die Stadt kämen; statt die im Zimmer verkümmernden deutschen Bürger allsonntäglich wie die Herde zum nutzlosen Geschwätz eines Pfaffen zu schikken, würd' ich sie ins Wasser jagen, damit sie die trägen Flügel schütteln lernten wie die Vögel, die sich auch baden, obwohl sie in reinerem Elemente verkehren als wir. Deutschland hat die gründlichste Ästhetik ediert, und die Ästhetiker holen die Regeln aus dem Bücherstaube und schreiben ungewaschen über Schönheit. Es hat mir den Anblick manches zärtlichen Liebespaares verleidet, wenn ich daran dachte, daß beide vom Baden nichts wüßten. Man soll den Körper pflegen wie die Frucht, deren Saft unsere physischen und geistigen Teile stärkt und nährt. Deutschland, geh ins Bad.

## Sara Namor

Ihr Haupt sank auf meine Schulter, ihr wallender Busen bebte auf dem meinigen, und selige Verzückung, namenlose Lust, für die es keine Worte gibt, Lust, die in ihrem Wahnsinn bis an des Schmerzes Grenze streift, umfing uns mit allen Paradieseswonnen, die der irdische Prophet seinen Gläubigen je zu verheißen vermochte.

Viele, viele Jahre sind verflossen seit jener Nacht – doch wäre ich zu Methusalems Alter, ja, wie Ahasverus, zum ewigen Wandern auf dieser Erde verdammt, nie wird das Andenken jener Stunden meinem Gedächtnis entschwinden und der uralte Greis im Silberhaar noch alle seine Pulse erschüttert fühlen, wenn er sich jenes unnennbare Entzücken zurückruft, wo in unerschöpflicher Fülle dem Tode immer wieder ein neues Leben folgte! Könnte dies Sünde sein! Nein, es gibt eine Wollust der Liebe, die Seele und Körper in gleichem Maße teilen, und diese ist *heilig*, wenn die andere nur *tierisch* bleibt – auch wenn sie des Priesters Segen entbehrt hat.

. . .

Die Strengen werden sagen: Dein Gewissen regt sich bei diesem unmoralischen Treiben! Sollte es sich wirklich so verhalten? Aber nein, das ist es wahrhaftig nicht, denn das Gewissen kann sich nur da melden, wo man Unrecht getan zu haben glaubt, und seit die Welt und eigener Schaden mich klug gemacht, folgte ich in der Liebe St. Simonistischen Grundsätzen immer mit voller Überzeugung, und folglich mit Unschuld. Ich hielt es seitdem nie für Unrecht, mich ihr ganz hinzugeben, wo sie mir entgegenkam, und erkenne die dürren, ertötenden Rechte zwängender Konventionen in ihrem Reiche nicht an, will auch als selbst leidender Teil nie einen Anspruch darauf machen – denn Treue ohne Liebe, was ist das? – Welchen Wert, als nur für abgeschmackte Eitelkeit und grausame Tyrannei, kann dieses Scheingut für den Denkenden, für den nur mit einiger Delikatesse Fühlenden haben!

KARL GUTZKOW

## Cäsar und Wally

Wieder saß Cäsar im Grase zu Wallys Füßen, in der Tat ohne Bewußtsein und von einem ganz ungeheuchelten Gefühle übermannt. Aber was warf ihn nieder? Nicht die Liebe, sondern der Gedanke an – eine Humanitätsfrage, die niemanden von euch fremd ist: der Gedanke an jene Augenblicke, wo wir, überdrüssig der konventionellen Formen des Lebens, zu aller Welt herantreten möchten und ihr zurufen: „Warum dies Gehäuse von Manieren, in welches, du Spröde, dich zurückziehst? Warum diese Verhüllung des Menschen in und an dir? Warum Zurückhaltung, du, mein Bruder, du, meine Schwester, da du doch gleichen Wesens mit mir bist, eine Hand wie ich zum Drucke, einen Mund wie ich zum Kusse hast? Ach, wie seh ich rings um mich her eine so reife Ernte von Liebe und Schönheit! Warum zögern, bis auf Jahre, daß ich sie breche? Warum nicht die Freude, daß wir alle Menschen sind, schwach und stark, sterblich und unsterblich! Diese unsichtbaren Barrieren, die uns Menschen trennen, die auch den Jüngling vom Mädchen trennen, müssen und sollen fallen; denn ich kenne dich, dein alles, dein Gehen und Stehen, deine Schwächen und Tugenden: siehe! hier ist meine offene Brust, hier schlägt mein Herz, ich bin nichts, was noch etwas anderes wäre, als es ist, nichts, was du für etwas anderes halten dürftest.

Du bist eine Frucht, überreif zur Liebe; warum brech ich sie nicht? Wir sind die Kinder eines und desselben Planeten, ich Mensch wie du, beide alternd, beide den Tod fürchtend, beide elend. Was weichst du mir aus?"

Wally zerfloß in Tränen. So fast hatte Cäsar zu ihr wirklich gesprochen, und sie fühlte die Freude, statt ein Weib zu sein, zur Menschheit zu gehören. Sie zitterte bei dieser philanthropischen Vorstellung, die allgemeiner geworden, die Welt umgestalten und ihre schwierigen Fragen im Nu lösen müßte. Sie ließ die Umarmung Cäsars zu: nicht, weil sie ihn liebte oder aus Egoismus, aus Stolz, einen Mann überwunden zu haben, sondern weil sie sich als das schwache Glied der großen Wesenkette fühlte, die Gott erschaffen hat, weil sie wußte, daß sie ja vor der Wahrheit und Natur unbekleidet und mitleidswürdig war, weil sie zuletzt glaubte, daß diese heißen Küsse, die Cäsar auf ihre Lippen drückte, allen Millionen gelten, „unterm Sternenzelt".

. . .

Sie hielten ihre Hände ineinander und sprachen recht eifrig über Dinge, auf die gar nichts ankam in ihrer Situation. Sie sprachen von der Erfindung des Schießpulvers, vom Gesetz der Schwere, vom Kompaß und der Magnetnadel, worüber sie jedesmal schnell abbrachen, und nur immer wieder auf Neues zu kommen. So verrann die Zeit, aber die Liebe Cäsars stieg. Wallys Hand nahm er, drückte, küßte sie, ja legte sie sanft auf die Lehne des Sofas, um sie als Kopfkissen zu gebrauchen. Sie warf ihm sich selbst in aller ihrer Anmut in ganzer Person nach. Sie hielt ihn umschlungen, während sie unwillig glaubte, daß er es täte. Ihre nur leis aufgesteckten Locken nestelten sich los und küßten Cäsars brennende Wangen. Die langen Augenwimpern senkten sich majestätisch sanft auf die bläulichen Ultramarinringel, die unter dem Auge so viel Leidenschaft verraten. Dieses Herablassen des Vorhangs, dieser

Fensterladenschluß der Weiblichkeit, diese Verhüllung ist bekanntlich das reizende Gegenteil dessen, was sie scheint, ist allmähliche Entwaffnung, das Sinken des Tages, der aufsteigende Stern, dessen feuchte Strahlen die Kronen der Blumen auflockern und die Kelche erschließen, während die Kelche zu schlafen scheinen. Cäsar umarmte Wally mit glühender Freude und rief aus: „O Wally, ich will nicht grausam sein! Ich eile allem zuvorzukommen, was sich auf deiner Lippe zu Tode ängstigt und gern sprechen möchte. Lebe wohl! Ich dringe nicht auf den Besitz dieses göttlichen Leibes, dessen Seele mich stets umhauchen wird. Du wirst deinem Gecken gehören, dich ihm in ganzer Reinheit übergeben müssen – Aber – o Gott!" – „Was ist? Cäsar! sprich! fordere! alles, alles!" Cäsar sann und sann und war wie von einem unbekannten Dämon ergriffen. Er sollte entsagen. Wollte es auch und konnte doch nicht. Er strich mit der Hand über seine Stirne und sagte dann leise mit sanften und zärtlichen Worten zu Wally: „Sie werden reisen: ich auch. Wir werden uns nicht wiedersehen." – „O mein Cäsar! Nicht wiedersehen? Dann bin ich nur dein!" – „Du gehörst deinem Geschick!" – „Meinem Herzen, Cäsar! Deinem Willen!" – „Wally!" – „Fordere, fordere!" – „Sei mein, wie du es einzig sein kannst! Zeige mir, daß du kein Geheimnis vor mir hast, keines, und wir waren eins, und ich habe die Weihe für mein ganzes Leben!" – „Ich berge dir nichts, Cäsar!" – „So höre meine Bitte! Es gibt ein reizendes Gedicht des deutschen Mittelalters, den Titurel, in welchem eine bezaubernde Sage erzählt wird. Tschionatulander und Sigune beten sich an. Sie sind fast noch Kinder; ihre Liebe besitzt die ganze Naivität ihrer jugendlichen Torheit. Ich spreche nicht von Tschionatulanders Tod, weder von dem treuen Hunde, der aus der Schlacht die tragische Botschaft bringt, noch von Sigunens Klage, wie sie den Leichnam des Geliebten im Arme haltend unterm Baume sitzt, wo Parzifal an ihr vorüberkommt im Walde, nicht von dem Edelstein unserer deutschen mittelalterlichen Dichtkunst. Nur jener Zug ist so schön, wo Tschionatulander, als er in die Welt hinaus muß und sein treues Windspiel klug zu den beiden Liebenden hinaufsieht, Sigunen anfleht um eine letzte, letzte Gunst und gleichsam seine Feinung gegen alle weibliche Anfechtung im Leben."

Cäsar stockte und sagte dann leise, mit fast verhaltenem Atem, daß Sigune, um durch ihre Schönheit ihn gleichsam festzumachen, wie der magische Ausdruck der alten Zeit ist, und um ihm einen Anblick zu hinterlassen, der Wunder wirkte in seiner Tapferkeit und Ausdauer, sich ihm nicht etwa sinnlich, sondern geistig vermähle, vermähle durch den Anblick ihrer ganzen natürlichen Schönheit.

Wally betrachtete Cäsar einen Augenblick. Dann erhob sie sich und verließ, ohne ein Wort zu sprechen, das Zimmer.

. . .

Und an Wallys Hochzeitstage zeichneten die Unsichtbaren ein Gemälde, zart, lieblich wie die sauberen Farbengruppen, die sich auf dem sammetweichen Pergamente goldener Gebetbücher des Mittelalters finden. Rings, wie Rahmen und noch hineinrankend in die Szene, Efeu und Weinlaub. Auf den Ästen sitzen Paradiesvögel in wunderbarem Farbenspiel, auf den breiten Blättern der Arabesken schlummern Schmetterlinge, in den Kelchen der Blumen saugen Bienen. Oben schwebt der Vogel Phönix, der Hüter der Sage; unten blicken die spitzschnäbligen Greifen und hüten das Gold der Fabel. Bezaubernd und märchenhaft ist die Verschlingung aller dieser Figuren. Es ist wie ein Traum in den Tausend Nächten und der einen. Zur Rechten des Bildes aber im Schatten steht Tschionatulander im goldenen, an der Sonne funkelnden Harnisch, Helm, Schild und Bogen ruhen auf der Erde. Der Mantel gleitet von des jungen Helden Schulter, seine Locken wallen üppig, wie von einem Westhauche gehoben. Das Auge staunt; ein Entzücken lähmt die Zunge. Zur Linken aber schwillt aus den Sonnennebeln hervor ein Bild von bezaubernder Schönheit: Sigune, die schamhafter ihren Leib enthüllt, als ihn die Venus der Medicis zu bedecken sucht. Sie steht da, hilflos, geblendet von der Torheit der Liebe, die sie um dies Geschenk bat, nicht mehr Willen, sondern zerflossen in Scham, Unschuld und Hingebung. Sie steht, die hehre Gestalt, mit jungfräulich schwellenden Hüften, mit allen zarten Beugungen und Linien, die von der Brust bis zur Zehe hinuntergleiten. Und zum Zeichen, daß eine fromme Weihe die Situation heilige, blühen nirgends Rosen, sondern eine hohe Lilie sproßt dicht an dem Leibe Sigunens hervor und deckt sie symbolisch, als Blume der Keuschheit. Alles ist ein Hauch an dem Bilde, ein stummer Moment, selbst in dem klugen Auge des Hundes, der die Bewegungen verfolgt, die der Blick seines Herrn macht. Das Ganze ist ein Frevel; aber ein Frevel der Unschuld und ewiger, schmerzlicher Entsagung.

So stand Sigune einen zitternden Augenblick; da umschlang sie rücklings der sardinische Gesandte, der seine junge Frau suchte. Es war ein Tropfen, der in den Dampf einer Phantasmagorie fällt und sie in nichts auflöst. Die Vorhänge fielen zurück, und Tschionatulander wankte nach Hause. Der Gesandte ahnte nichts. Tiefes Geheimnis bedeckte die geistige Vermählung, welche eben die geschlossen hatten, die sich liebten und nicht besitzen durften. War nun Wally nicht doch Cäsars Gattin? Wenigstens war er gefeit gegen Frauenzauber sein Leben lang. Solche Liebe macht treu.

# Probleme des Glaubens

KARL GUTZKOW

## Geständnisse über Religion und Christentum

Ich soll über den Glauben der Völker sprechen. Aus dem melancholischen Schweigen des Schlosses zu Heidelberg, wo ich mich gerade befinde, hole ich mir abendlich die Geheimnisse jener Naturreligion, für die ich glühe. Alles Historische, was ich zu fixieren habe, knüpfe ich an jene kleine Herberge jenseits des Neckar an, wo Luther auf der Reise nach Worms sein Frühstück zu berichten vergessen haben soll, ein Frühstück, das der Protestantismus später dem siegreichen Katholizismus so teuer hat bezahlen müssen.

Religion ist Verzweiflung am Weltzweck. Wüßte die Menschheit, wohin ihre Leiden und Freuden tendieren, wüßte sie ein sichtbares Ziel ihrer Anstrengungen, einen Erklärungsgrund für dies wirre Durcheinander der Interessen, für die Tapezierung des Firmaments, für die wechselnde Natur, Frost, Hitze, Regen, Hagel, Blitz und Donner, sie würde an keinen Gott glauben. In progressiver Entwicklung folgt hieraus dreierlei: der natürliche Ursprung der Religion, der Akkommodation der göttlichen Begriffe an den jedesmaligen Bildungsgrad und zuletzt die Unmöglichkeit historischer Religionen bei zunehmender Aufklärung.

Dem Begriffe Offenbarung läßt sich vielleicht eine philosophische Unterlage geben, pantheistischer Art; aber im herkömmlichen theologischen Sinne ist die Offenbarung eine Verfälschung der Natur und der Geschichte. Eine Insinuation ist es, sich Gott als Priester zu denken, der im königlichen Kleide zu dem ersten Menschenpaare hinzugetreten wäre und ihm Unterricht gegeben hätte in glaublichen und unglaublichen Dingen! Sie machen aus Gott einen Souverän, einen Patriarchen, einen Geistlichen. Sie lassen Gott in unvollkommenen Sprachen reden oder wenigstens zu Zeiten, wo es an stilistischer Vollkommenheit überall noch fehlte. Niemand in diesen anthropomorphistischen Konsequenzen einer supernaturellen Offenbarung ging so weit wie die Apostel Jesu; denn: alle Schrift von Gott eingegeben heißt: in der Lehre von der Inspiration Gott zum Mitschuldigen aller der Solözismen und inkorrekten Konstruktionen machen, die sich im griechischen Texte des Neuen Testamentes finden. Gewisse Kapitel gibt es in den dogmatischen Systemen unserer Theologen, die sich für Grimms Kindermärchen oder Tausendundeine Nacht schicken würden. Dazu gehören die Dogmen von der Offenbarung und Inspiration.

Je naiver die Völker sind, desto sinnlicher und äußerlicher ihre Begriffe vom Weltzweck; je gebildeter jene, desto geheimnisreicher diese. Die Verwechselung endlicher und unendlicher Ursachen der Weltregierung lag nahe, und so kam es, daß das Altertum so viel Historisches in Mystisches, Mystisches wieder in Himmlisches verwandelte. Der Naturmensch versteht die Welt nur so weit, wie sein Auge reicht. Alles, was über den Sehkreis seiner sinnlichen Vorstellungen hinausliegt, scheint ihm die erklärende Veranlassung der Unerklärlichkeiten zu sein, die ihn in nächster Nähe umgeben. Daher die zahllosen Details im Glauben der alten Völker; daher die Übertreibungen der Phantasie, das Ungeheure in Zahlen und Formbildungen. Die alten Religionen sind so ausschweifend wie alles, was man, ich sage nicht, nicht kennt, sondern wie alles, was man noch nicht gesehen hat. In diesen Unförmlichkeiten Entstellungen alter Überlieferungen zu finden, einfache, aber tiefsinnige Keime einer urweltlichen Offenbarung oder auch nur eines heiligen, frommen und simplen Zeitalters, das würde nur heißen: von einer kindischen Ansicht, die wir schon erwähnten, eine ernsthafte Anwendung machen.

Das klassische Altertum hatte den schönsten Ausdruck für das religiöse Prinzip der alten Welt; Religion ist alles, was man entweder selbst nicht ist oder selbst nicht kennt. Die Griechen, mit ihren östlichen Vorfahren und den architektonischen Vorstudien der später vollendeteren heidnischen Idee, die Griechen setzten die Religion in die Kunst, in das, was im Ungewissen immer das Gewisse ist, in das Maß aller Dinge, den Menschen. Man konnte eine einseitige Idee nicht schöner ausdrücken und nicht zu gleicher Zeit – tiefer sinken. Wenn die Menschheit nach dem Ebenbilde Gottes geschaffen ist, so war sie da wieder angekommen, von wo sie ausgegangen. Wir werden uns, solange die Erde kreist, in Zirkeln bewegen.

Wäre das Heidentum ohne Kultus gewesen, warum hätte die Menschheit nicht an ihm Genüge finden sollen? Aber die Priester der Religionen pflegen diejenigen zu sein, die ihre Religionen selbst untergraben. Könnten sich die Religionen von Gebräuchen, Äußerlichkeiten, von der Zudringlichkeit ihrer berufenen und verordneten Diener frei erhalten, vollends von weltlichem Machtbegehr, so würden sie eine längere Dauer in Anspruch nehmen dürfen. Das Heidentum war Poesie und bildende Kunst, Veredlung der Sinnlichkeit, Gestaltung der rohen Materie; Julian, der Apostat, fühlte es wohl, daß die Götter Griechenlands einen Mann von Geschmack befriedigen konnten. Das Heidentum war tolerant. Es war die friedfertigste Religion von der Welt, solange sie nicht nötig hatte, um ihre Existenz zu kämpfen. Das Heidentum wurde erst blutig, verfolgungssüchtig, ich möchte sagen, christlich, als ein sonderbarer Aberglaube zur Aufwiegelung der Völker gepredigt wurde, als sich gleisnerische Frömmler in die Gemächer der Fürstinnen schlichen und eine Gottesherrschaft, eine Religion, die nicht Friede, sondern das Schwert brachte, eine politische Revolution zu verbreiten suchten. Der Ursprung dieses Ereignisses kam auf folgendes zurück.

In Judäa, einem in vielem Betracht einzigen, aber

auch barocken Lande, trat ein junger Mann, namens Jesus, auf, der auf den Glauben kam, er sei schon seinen Vorfahren als Befreier der Nation, der er angehörte, verkündigt worden. Jesus war aus Nazareth gebürtig, unehelichen Ursprungs, Stiefsohn eines braven Zimmermanns, namens Joseph. Jesus beschäftigte sich viel mit den Schriften der jüdischen Literatur, reiste, unterrichtete sich und strebte mit edler Selbstüberwindung nach stoischer Sittenreinheit. Jesus fühlte, daß eine Mission an sein Herz pochte. Es war ihm, als müßte er einen Auftrag erfüllen, über den zur Zeit seines Lebens nicht im klaren war. Er adoptierte den Glauben an einen verheißenen König, der seine eitle Nation zur Herrscherin der Welt machen würde: er erschrak aber selbst vor dieser übermütigen Verheißung, die einer wahren Idee Gottes unwürdig war. Jesus wußte selbst da noch nicht, wohinaus, als er die ersten unbesonnenen Schritte getan, seinen Freund Johannes auf Kundschaft und Prüfung der Menge vorausgesandt hatte; er wurde Rabbi, erlaubter Volkslehrer, nahm Schüler zu sich, predigte Buße und gottseligen Wandel, predigte das reine, das Urjudentum des Moses, nannte sich Messias und stritt nirgends gegen die Begriffe, die man in Judäa mit dem Messias verband. Nicht einmal des römischen Joches erwähnte Jesus; er scheint gefühlt zu haben, daß der Messias nur eine theologische Bedeutung haben konnte, richtete aber seine Invektiven auch gegen die politische Verfassung in Jerusalem, gegen den Hohen Rat, gegen Priester, die er einer zu ihrem Frommen falschen Auslegung der alten Bücher bezichtigte. Inzwischen mehrte sich hierüber die Unruhe, Jesus zog mit Tausenden durch das Land, hielt einen gewaltsamen Einzug in Jerusalem, vergriff sich tätlich am Tempel, dem Nationalheiligtume der Juden, und mußte als ein Opfer falscher Berechnung seiner Kräfte und innerlichen Unklarheit zugrunde gehen. Er hatte dem trägen Volke Energie zugetraut; es verließ ihn wie

Thomas Müntzern, als er keine Wunder tun konnte, wie zahllose Revolutionäre alter und neuer Zeit, wenn sie die Hilfe nicht brachten, die sie versprochen hatten. Jesus wurde gekreuzigt. „Mein Gott, warum hast du mich verlassen?" rief er bedeutungsvoll genug und starb. Jesus war nicht der größte, aber vielleicht der edelste Mensch, dessen Namen die Geschichte aufbewahrt hat.

Dies ist der historische Kern eines Ereignisses, aus welchem spätere Zeiten ein episches Gedicht gemacht haben, mit Wundern und einer fabelhaften Göttermaschinerie. Eine kleine Anekdote wurde dann durch Zufall welthistorisch. Die Französische Revolution hinterließ ebenso eine Menge politischer Wahrheiten, die im Ansehen geblieben sind, selbst wenn jene weniger glücklich vonstatten gegangen wäre. So kam es auch, daß die verunglückte Revolution des Schwärmers Jesu etwas zurückließ, was zuletzt eine Religion wurde. Sollte hier zum ersten Male ein kleines, zufälliges Faktum den Anstoß zu einer großen Bewegung gegeben haben? Nein, die Folgen jener Historie mögen so umfassend gewesen sein, wie sie es waren, so kann davon nichts auf die Naivität der Historie selbst zurückfallen. Jesus war in Rücksicht auf den jüdischen Messiasglauben nicht der rechte Messias, sondern ein falscher, so gut wie Theudas, Judas Galiläus und Bar Kochba. In Rücksicht auf die Weltgeschichte war er desgleichen nicht mehr; nur daß seine Anhänger zufällig von der Zeit, vom unsinnigen Heidenritus, von der Sucht des Geheimnisses Nutzen zogen. Das Ereignis, das allen den folgenden Begebenheiten und Revolutionen zugrunde lag, steht, an und für sich betrachtet, auf keiner höhern Stufe als die Lebensumstände des Pythagoras, Zoroaster oder Sokrates.

Jesus war Jude. Er dachte nicht daran, eine neue Religion zu stiften. Es war bei ihm weder von einer Aufhebung noch von einer Erweiterung des Judentums die

Rede. Er sagte selbst, daß er nicht gekommen sei, das Gesetz aufzulösen, sondern zu erfüllen; ein Ausdruck, der zwar im griechischen Texte mehr sagt als das bloße: Befolgen, aber nicht über den Begriff eines vollkommnen, in allen seinen Bezügen allein verstandenen Judentums hinausgeht. Da war auch nicht eine einzige neue Lehre, die Jesus brachte. Enthüllte er tiefer die Geheimnisse Gottes? Nein, er kennt nur jenen pädagogischen Gott des Judentums, den Gott der Strafe oder der Liebe. Waren seine Andeutungen über die Unsterblichkeit neu? Sie waren es, der dunkeln und zweifelhaften Lehre des Alten Testaments gegenüber; aber seit dreihundert Jahren glaubten die Juden an die Fortdauer nach dem Tode aus eigenem Antriebe: die Pharisäer hatten daraus die Parole ihrer Parteimeinung gemacht. Was blieb demnach im Munde Jesu übrig? Eine Moral, die allerdings veredelnde Kraft hat, aber nie mehr gibt und geben will als das lautere Judentum. Die Moral Jesu hält sich immer dicht bei den Gebräuchen des Zeremonialgesetzes und ist nur darin charakteristisch, daß sie für den äußern Ritus innerlich entsprechende Gesinnungen forderte. Jesus lehrte: Liebe deinen Nächsten wie dich selbst! So lehrte schon Moses. Der Stifter einer neuen Religion mußte sagen: Liebe deinen Nächsten mehr als dich selbst! Daraus schließt man, daß Jesus eine Erscheinung war, die einzig und allein der Geschichte, nicht eigentlich der Religion oder Philosophie hätte angehören sollen.

Törichter Glaube, das Neue Testament für die Grundlage einer Religion anzusehen, ein Buch, das geschrieben worden wäre, um symbolischen Wert zu haben! Der Kanon ist nichts als die erste Erscheinung des Christentums. Das Christentum, als Idee, liegt weit darüber hinaus: das heißt, vage Begriffe über ein gescheitertes historisches Ereignis wurden von Männern weitergetragen, die dabei beteiligt gewesen. Die Apostel hatten die Fähigkeit nicht, eine Begebenheit zu verstehen, die mit sich selbst in Widersprüchen lag; sie konnten sich nicht der Wirkung entschlagen, die eine so bedeutende Persönlichkeit wie die ihres Lehrers auf sie ausübte: sie glaubten seinen Behauptungen, daß er der Messias wäre, und fanden bei der Verbreitung dieser Ansicht eine Unterstützung in dem Umstand, daß Jesus seine baldige Wiederkunft versprochen hatte. So entspann sich ein romantisches Mythengewebe von Wundern, subjektiven, die Jesus verrichtet haben sollte, objektiven, die an ihm selbst geschehen wären. Die Apostel übersahen, wie sehr die Mehrzahl dieser Wunder, die eher auf einen Eskamoteur als auf einen Propheten schließen lassen (ich erinnere nur an die Fabel von dem Stater im Leibe eines Fisches), das göttliche Gepräge ihrer Erzählungen verwischte. Ja, sie wußten nicht einmal, wieviel sie moralisch wagten, alle ihre Behauptungen wechselseitig ohne Prüfung anzunehmen. Denn das Altertum war überall auf das Außerordentliche gerichtet und konnte sich keine große Begebenheit ohne Abweichungen vom natürlichen Laufe der Dinge erklären. Auffallend bleibt es indessen, daß die Apostel selbst im Neuen Testamente so wenig scharf und präzis als Verbreiter der Lehre Jesu auftraten, daß meist erst andere ein Amt übernahmen, das ihnen vor allen zukam. Hätten sie wirklich den Leichnam Jesu geraubt? Dann klänge dies Stillschweigen fast wie ein böses Gewissen. Hierüber mag ich nichts entscheiden: nur dies scheint fest, daß die Apostel Menschen von geringem Verstande waren, daß sie überhaupt viel Ähnlichkeit mit unseren Theologen hatten und daß es nicht ohne typische Vorbedeutung war, wenn neben der Krippe Jesu Ochs und Esel standen.

Diejenigen unter den Anhängern Jesu, welche, ich sage nicht, logische Schlüsse machen, doch wenigstens begreifen konnten, wie z. B. Paulus, der von den Theologen gern zu einem tiefsinnigen Philosophen gestempelt war und wahrlich des Unfaßbaren viel geschrieben hat, befolgten in der Stiftung einer neuen Sekte den Gang, daß sie in Jesu nur die Neuerung anerkannten. Sie rissen seine Erscheinung als etwas Isoliertes vom Gesetze los. Sie machten aus polizeilichen Differenzen ihres Lehrers mit der Synagoge absichtliche, dogmatische, religionsstiftende. Eine übermütige Exegese, die Stellen des Alten Testaments in einem sträflich verkehrten Sinne auf Jesus beziehend, mußte ihre Absichten unterstützen. Jesus wurde ein Wundertäter, und er machte als solcher unter den Heiden ein Glück, das Apollonius von Tyana ebenfalls gehabt hätte, wenn er den Vorrang der Neuheit gehabt hätte. Die geringe Philosophie, die hinzukam, alle diese Märchen zu erklären und in einen dogmatischen Zusammenhalt zu bringen, waren die Unterscheidungen zwischen physischer und psychischer Natur, zwischen Fleisch und Geist, zwischen dem Gesetz und der Freiheit. Wahrlich, eine Religion mußte diese Einfachheit haben, um so um sich zu greifen, wie es das Christentum tat!

Das Christentum ist eine Religion der Persönlichkeit. Moses war doch nur der Sendling Gottes, Mohammed Allahs Prophet, sie ließen sich keine göttliche Ehre erweisen! Sehet hier eine Religion, deren unwillkürlicher Stifter von seinen Anhängern mit Gott selbst verwechselt wurde, eine Religion, die nichts für ihren Gegenstand und alles für ihren ersten Priester tut! Jede allgemeine, jede Weltreligion muß unabhängig von irgendeinem Namen sein, und im Christentum ist man heute noch nicht einig, welche Ehre Gott, welche Jesu gebührt. Welch ein Glaube! Wir sind gewiß nicht ohne Poesie, wir schwärmen gewiß gern, weil wir in jedem Hauche der Natur einen Kuß der Gottheit wähnen und würden recht unglücklich sein, wenn wir nicht zuweilen auf unserm herben Lebenswein ein Rosenblatt der Illusion schwimmen sähen; ein Rosenblatt, das uns in den Mund kommt und zu trinken hindert und das wir doch nicht missen möchten. Aber hier überschreitet eine Zumutung die Linie des Erträglichen. Das Christentum wurzelte nicht in Jesu Lehre, sondern in seinem Leben. Nicht die Liebe sei es, sagen sie, die er im Abendmahl eingesetzt habe, sondern sein Fleisch und Blut, seine eigene Persönlichkeit, die nun immerdar sollte gegessen und getrunken werden. Auf die individuellen Begegnisse eines unglücklichen Menschen wird eine Religion gebaut, eine Dogmatik, die sich nicht um die Worte seines Mundes kümmert, sondern seine Fußtapfen als Paragraphenzeichen nimmt, seine Nägelmale als Kapiteleinschnitte: kurz, das Christentum ist eine Religion, die auf eines Menschen körperliche Verrichtungen und Leiden gegründet ist, eine Religion, die das objektive Evangelium eines Menschen predigt. Armer Rabbi von Nazareth! Statt daß sie weinen sollten über dein wehmütiges Schicksal, freuen sie sich im sogenannten „Erlösungsbedürfnis" deines Todes und haben ihn lachendes Mutes im Munde! Die Kreuzigung Jesu wird kaum noch historisch nachempfunden; sondern da alles in des unglücklichen Mannes Leben typisch und als Notwendigkeit gedeutet wird, so geht die Teilnahme und das Mitleiden bei den Frommen fast gleichgültig an dem Schmerz vorüber und sieht am Karfreitage immer nur Ostern, bei einem Sterbenden gleichsam immer eine Hand, die ihm das Kissen unterm Kopfe wegzieht, damit er schneller sterbe, damit er schneller auferstünde! Das Kruzifix ist eine Zierat geworden, die man im Ohre, nicht im Herzen hängen hat.

Die große, imponierende Gewalt des Christentums liegt in seiner welthistorischen Ausdehnung. Nicht daß ich dieser Lehre die Umgestaltung Europas zuschriebe, nicht daß ich so ungerecht gegen Gott wäre und behauptete, er hätte ohne die Ideen einiger palästinensischen Fischer und Teppichfabrikanten die Welt nicht auf diesen Gipfel der Kultur bringen können, auf dem sie jetzt steht: nein, schon dadurch wird die christliche Idee geschwächt, daß sich die germanischen Völker für sie interessierten und ihre eigene welthistorische Prädestination in jene Lehre legten und das Christuskind als St. Christoph durch das Weltmeer trugen. Das einzige, was mich an das Christentum kettet, ist ein magischer, mit Blut beschriebener Kreis; jene schreckhaften Verfolgungen, denen der neue Glaube ausgesetzt war, jene Hekatomben, die das Christentum dem Heidentum opfern mußte, die Männer, Weiber, Kinder, die zu Tausenden hingemordet wurden – das preßt an die Kammern des Gehirns, da ziehen sich die Fibern des Nachdenkens zitternd in ihren Versteck, das brennt und schmerzt, wenn man Sinn für Historie, für die Leiden der Menschheit hat! Nur um jener Blutströme willen bin ich gewissermaßen Christ, weil meine wahre Religion allerdings ebenfalls die des Schmerzes und mein Kultus der Mut ist. Ich würde nicht raten, eher ein neues Bekenntnis abzulegen, ehe man nicht im Begriff und in der Lage ist, dafür dasselbe auszustehen, was das alte Bekenntnis gekostet hat.

Bis hieher konnte noch von einem Christentum die Rede sein. Als der Begriff Kirche erfunden worden war, als Konzilien und Würdenträger eingesetzt wurden, da hatte sich die Lehre Jesu in eine neue Art von Heidentum verwandelt, in Mythologie auf der einen, Aristotelismus auf der andern Seite. Zwischen beiden wucherte die Mystik, keine ursprünglich christliche Pflanze, sondern arabisch-jüdisch-kabbalistisches Gewächs, das in der Philosophie als Platonismus wieder zum Vorschein kam. Das Christentum, insofern es von Priestern und Mönchen repräsentiert wurde, war auch nicht einmal eine Religion mehr, sondern nur noch der Vorwand einer politischen Tendenz des Zeitalters. Die Hierarchie umgürtete sich mit dem Schwerte und fluchte wie ein Landsknecht. Das Christentum war nun ein „Reich von dieser Welt" geworden! Wann gab es eine Religion, die in tausend Jahren mit so disparaten Anomalien sich äußern konnte? Der Islam ist zwölfhundert Jahre alt, und noch weht die grünseidene Fahne des Propheten wie damals, als er aus der Wüste zog. Man hatte Jesus gegen seine Absicht zum Stifter einer Religion machen wollen. Jesu Andenken hatte sich gerächt. Die falsche Auslegung seiner Mission war gescheitert.

Luther versuchte noch einmal das lecke Schiff einer imaginären Möglichkeit zusammenzufügen. Ein Bergmannssohn aus Thüringen stieg in das Bergwerk des Christentums, durchhämmerte die oberen Flözschichten der Tradition und holte aus den tieferen Erzgängen hervor, was er für reines, silbernes und goldenes Christentum hielt. Es war eine kühne Neuerung, die sich aus dem Wittenberger Flachlande, aus der Gegend von Kroppstädt und Treuenbrietzen, die ganz so aussieht wie der gesunde Menschenverstand, entwickelte. Tausende sagten sich vom römischen Heidentume los, das mit der Seelen Seligkeit einen Aktienhandel durch Europa etabliert hatte. Die Wittenberger Reformation war ein großer Fortschritt der Menschheit, wenn es groß ist, wie Herr Tholuck in Halle getan haben soll, in Rom von den antiken Götterstatuen zu sagen: Es sind schöne Götzen! Darum handelte es sich: die Menschheit von einem religiösen Mechanismus zu befreien, zu gleicher Zeit aber auch auf dreihundert Jahre der Kunst, die Literatur, die Schönheit aller vergangenen Zeiten und die Schönheit der Ewigkeit außer Kurs zu setzen. Das wäre an sich kein Unglück gewesen, wenn es von einem großen Glück ersetzt worden wäre. Für das Christentum geschah in der Reformation alles, für die Wahrheit und den gesunden Menschenverstand und die Naturreligion nichts.

An zwei Begriffen siechte gleich anfangs die Reformation: an einem, den sie nicht abschaffte, an der Kirche; und an einem, den sie neu erfand, am Evangelium.

Biblisches Christentum! Was heißt das? Ein Christentum erfinden, das sich gründete auf falscher Exegese, nicht ausreichenden kritischen Hilfsmitteln, Interpolationen, „frommen Erfindungen", einer ganz ungestörten und sorglosen Verbindung des Alten und Neuen Testamentes, endlich aber auf jener Verwechselung zwischen dem Kanon als einer Richtschnur des Christentums, statt daß der Kanon, wie wir zeigten, nur erste Erscheinung, die ganz prekäre und überall subjektiv zu beanstandende Erscheinung des Christentums war. Der Protestantismus bekam seine symbolischen Bücher, die von den Lehrern beschworen werden mußten, seine Katechismen, den großen und den kleinen, nach welchen die Unmündigen an einen Glauben geschmiedet wurden, dem sie sich schon als Säuglinge durch die Taufe willenlos hingeben mußten. Was muß ich glauben? Ich muß glauben, daß Gott die Welt erschaffen hat – als wenn ein Gott, der sich in so endlichen Werken, wie die Erde ist, ausspricht, ein Gott, der zugibt, daß etwas außer ihm ist, ohne daß er es selbst wäre, als wenn ein Gott, der Raum und Zeit erschaffen hat, um aus Laune irgendeinen kleinlichen Weltzweck zu erfüllen, um durch die Dauer zu tun, was ihm ja im Nu gelingen könnte, um unglückliche, von Zweifeln zerfleischte, halb tierische, halb „menschliche" Menschen auf einem gewissen Erdballe, in einem gewissen Deutschland, hier in dieser ganzen Misere herumkriechen zu lassen, als wenn ein solcher Gott je meinem philosophischen Bewußtsein entsprechen könnte! Aber was Philosophie? Wir reden nicht von Philosophie: ich vergaß, daß wir über einige Ammenmärchen und poetische Grillen sprechen. Ich muß glauben, daß Christus sei ein eingeborner Sohn Gottes, von einer Jungfrau geboren, niedergefahren zur Hölle und wieder auferstanden. – Nein, auch dies ist nicht ganz der Kern des Christentums. Was soll ich glauben? Daß Christus ist unser Mittler, daß er im Abendmahl persönlich assistiert als Fleisch und Blut im Brot und Wein, daß er uns rechtfertigt durch die Gnade, daß die Erbsünde, an die ich, als Psycholog, faktisch glaube, theologisch zu erklären sei, zum großen Teile aber eine Dogmatik, die auf jedes einzelne Glied im Körper Jesu gegründet ist. Der Katholizismus war sinnlicher Götzendienst mit polytheistischer Färbung. Der Protestantismus wurde mystischer Götzendienst mit einer Beschränkung auf einen Gott, der drei Hypostasen hatte. Wittenberg und der Sand waren schuld, daß sich diese Lehre immer flacher, äußerlicher und zänkischer ausbildete. Aus dem Evangelium, der Bibelmanie und den symbolischen Büchern setzte sich zuletzt das knöcherne Skelett der Orthodoxie zusammen, eine Gestalt, die statt des Herzens einen ledernen Beutel, statt des Gehirns eine Anhäufung schwammartiger Stoffe zu tragen hat.

Das zweite Unglück des Protestantismus war die Beibehaltung des Begriffes der Kirche und die unterlassene Ausgleichung desselben mit dem Begriffe: Gemeine. Hier trat früh ein Schwanken ein, das auf der einen Seite das Extrem der englischen Hochkirche und auf der andern das quäkerische Extrem der allgemeinen Priesterschaft erzeugte. Das Luthertum an und für sich selbst nahm früh eine servile Richtung. Es stritt für das göttliche Recht der Fürsten ebensosehr, wie es seine eigenen Satzungen in ein legitimes, unantastbares Gewand zu kleiden suchte. Thomas Müntzer schalt mit Recht auf Luther, den Papst von Wittenberg. Das Territorialsystem war die Folge der Schmeichelei. Die Kirche blieb etwas Ganzes, der Glaube wurde nicht an die stille Kammer des Herzens als seinen Tempel verwiesen, sondern die Kirche repräsentierte wie ehemals. Die Geistlichen regierten untereinander. Sie scheinen eine Monarchie für sich zu bilden und fügen sich der politischen Souveränität, so daß es noch heutigentags nicht entschieden ist, wie weit sich die kirchliche Autorität als Landeshoheit erstreckt, wie weit man wagen darf, Agenden zu verfassen und sie mit militärischer Gewalt, wie in den schlesischen Dragonaden geschehen ist, in Wirksamkeit zu setzen. Hier ist alles vag, hoffärtig, augendienerisch, despotisch und erfüllt das Herz des Biedermannes mit den schmerzlichsten Gefühlen.

Die deistische Philosophie des achtzehnten Jahrhunderts konnte deshalb dem Christentum keinen merklichen Abbruch tun, weil sie bald zu frivol, bald nur zu spielend witzig war. Der unsittliche Reformator macht nirgends Glück. Der bloße Witz ist denn doch einer so großartigen Institution, wie das Christentum allmählich wurde, unangemessen. Die naive Einfachheit kindlicher und glaubensfreudiger Seelen pariert alle Nadelstiche Voltaires, eines Mannes, den man oft für einen Schneider hätte halten mögen, so furchtsam und eitel war er. Das Christentum fordert andere Waffen heraus, überhaupt keine Waffen, die nur für den Krieg taugen, sondern solche, die sich an einen Stiel stecken lassen, positiv und schaffend werden und die Erde zu neuer Saat auflockern. Das achtzehnte Jahrhundert, der mephistophelische Geist der abstrakten Verneinung hauchte mit dem ersten Seufzer aus, der auf der Revolutionsguillotine ausgestoßen wurde. Schon die Negation der Revolution war eine schöpferische.

Die Flügel meiner Seele schlagen freudiger, weil ich die Morgenröte (ach! die blutige Morgenröte) der neuen Schöpfung sich am Himmel malen sehe. Aber noch halte mich zurück, stürmischer Genius des Jahrhunderts; noch einmal wurde in Deutschland der Versuch gemacht, zu einem trostreichen Resultate über die wunderbaren Begebenheiten in Palästina zu gelangen. Die Welt seufzt in ihrer Achse ob der stürmischen Bewegung. Wie glücklich wären wir alle, wenn wir in den Träumen unsrer Jugend uns ewig wiegen dürften und uns keine Unruhe der Seele von den Spielen der Unschuld verscheuchte!

Die Kantische Philosophie schien unsern Vätern nach langem Schlafe ein wunderbares Erwachen. Noch nie ist eine Entdeckung mit so reinem Enthusiasmus aufgenommen worden. Die Kantische Philosophie war

Kritizismus; sie war ohne Geheimnisse; aber sie schien den Schlüssel der Geheimnisse zu besitzen. Früher wurde sie auf die Offenbarung und das Christentum angewendet; aber die Konsequenzen, die sich durch sie hier ergaben, waren von der entgegengesetztesten Art. Der Rationalismus hielt sich an die Unmöglichkeit, das Ding an sich zu erkennen; der Supernaturalismus an die Vermutungen, die hinter dem „Ding an sich" liegen konnten, „Das Ding an sich" war ebensosehr negativ wie mystisch positiv; das weite Chaos der Zweifel lag in ihm ebensogut wie das Chaos der Gefühle. Diese beiden Prinzipien über Christentum machten fünfzehn Jahre in Deutschland die Tagesordnung aus. Es war ein Streit um den Anfang eines Zirkels. Der Rationalismus, der von Gott behauptete, daß man vieles von seinem Wesen wisse, manches aber noch unerörtert zu lassen habe, begann mit dem Bestimmten und hörte mit dem Unbestimmten auf. Der Supernaturalismus, der aus seinen Ahnungen ein System, aus seinen Ungewißheiten eine Dogmatik schuf, fing mit dem Unbestimmten an und hörte mit dem Gegenteil auf. So war der Streit ohne die Möglichkeit eines Endes. Niemand trat aus dem Zirkel heraus. Sie walzten ihre Debatten herum und erschöpften sich in Konzessionen praktischer und theoretischer Art. Mischgattungen drängten sich zwischen die Extreme; Damenprediger, die das Christentum mit Gemälden verglichen, wo die Konturen dem Rationalismus, die Farben dem Supernaturalismus angehören müßten; Professoren der Theologie, die das Urchristentum wollten; Generalsuperintendenten, die eine Perfektibilität des Christentums lehrten. Andere, wie Schleiermacher, adoptierten die Dogmatik, wenn sich ihre Lehrsätze gemütlich als Seelenzustände betätigten. Mit einem Worte, sie mochten so freidenkerisch verfahren wie immer, so riß doch niemand den Vorhang der Lüge weg. Auf der Kanzel gaben sie niemals jenen Glauben preis, den sie auf dem Katheder anatomisch zergliederten. Überall trifft man auf Diakone und Konsistorialräte dieser Art, die sich wie jesuitische Aale theoretisch winden und hin und her sträuben, praktisch sich aber immer wieder in ihren eigenen homiletischen Schleim verstecken.

Schelling und Hegel, jener von katholischer, dieser von protestantischer Seite, stellten den letzten Versuch an, die Philosophie mit der Offenbarung in Einklang zu bringen. Schelling übertrug Analogien des Naturprozesses auf die Geheimnislehren des Christentums; er wußte Opfer, Menschwerdung und so fort durch witzige Bilder von seiten der Phantasie annehmlich zu machen. Hegel stützte sich auf den Geschichtsprozeß, die innerlichen Ruhemomente seiner metaphysischen Logik, deren ganzes Schema allein schon den Begriff der Trinität ausdrückte. Hegels Philosophie scheint mir in der Tat die einzige, die imstande ist, das Christentum zu beurteilen. Ihr Standpunkt ist der historische. Sie bringt einen Schematismus in die Begebenheiten, der den inneren und äußeren Sinnen wohltut. Wodurch ist das Christentum eine so imposante Erscheinung? Durch seine historische Stellung. Hegel hat die Verschiedenheit der Zeiten vortrefflich charakterisiert und das Eigentümliche des Christentums darin gefunden, daß sich logische und historische Begriffe daran akkommodieren lassen. Aber mehr gelang ihm auch nicht. Seine Philosophie des Christentums konnte nur da erst anfangen, als die Entwicklung der christlichen Lehre zu Ende war. Hegels Maßstab ist überall die Vergangenheit. Seine Erklärungen sind typischer Art, seine Philosophie ist eine Auslegung. Schelling und Hegel stehen an der Spitze des christlichen Dilettantismus, der sich aus künstlerischem Interesse mit verstopftem Ohr in eine grundlose Flut versenkt. Dabei muß das Christentum selbst seinen Kredit verlieren, wenn nur noch Dichter, Grübler, Künstler, verzweifelte Menschen sich für die Erklärung seiner Satzungen interessieren. Der gesunde

Teil der Menschheit wird mit der Zeit in eine andre Strömung des stürmenden Weltgeistes gerissen werden.

Unser Zeitalter ist politisch, aber nicht gottlos. Wie gern verbände es die Freiheit der Völker mit dem Glauben an die Ewigkeit! Aber gewiß, unchristlich ist unser Zeitalter, das Christentum scheint sich überall der politischen Emanzipation in den Weg zu stellen, und diese will ihr Recht behaupten. Daher jene merkwürdigen Erscheinungen, welche die neuere Zeit auf dem Gebiete, man weiß nicht, soll man sagen, der Politik oder der Religion hervorgebracht hat. Überall Sektengeist, Religionsstifter, Religionen auf Aktien, Religionen auf Subskription, jede Religion, nur kein Christentum. Man spricht von Priestern, Theokratie, von Gottesdienst, ich sehe nichts wahrhaft Christliches. Es ist erstaunenswert, daß diese Dinge zuerst in Frankreich auftauchten, in einem Lande, das für Europa die Mission der Freiheit hat, in einem Lande, das in der neuern Geschichte für die Fragen der Kultur die Initiative übernommen zu haben scheint. Wir reden hier vom St. Simonismus und den Worten eines Gläubigen.

In diese beiden Bekenntnisse ist zuerst die Anerkennung der politischen Tendenz des Jahrhunderts niedergelegt. Man hat hier die absolutistische Unverschämtheit vermieden, die hungernden Arbeiter auf das himmlische Brot des ewigen Lebens zu verweisen. Die Religion der Entsagung mag für Jahre passen, wo die Ernte nicht geraten ist: aber wo rings Fülle und Verschwendung Feste feiert, murrt die Menschheit über eine Religion, die ständig an ein Sichschicken, an die Demut, an den Ratschluß Gottes appelliert. Von dieser Seite des Christentums überhaupt, die sich dem Zeitgeiste entgegenstellt, kann nicht mehr die Rede sein. Der Unterschied zwischen den beiden Bekenntnissen ist der, daß der St. Simonismus das Christentum antiquiert und durch einige materielle Philosopheme, nebst kirchlichen, freilich dem alten Glauben entnommenen

Institutionen zu ersetzen sucht, die Worte eines Gläubigen dagegen auf den demokratischen Ursprung des Christentums zurückgehen und eine republikanische Tendenz desselben aussprechen. Der St. Simonismus will den Staat von der Kirche, die Worte eines Gläubigen wollen die Kirche vom Staate befreien. Jener weist auf die Zukunft, diese auf die Vergangenheit. Beide aber kränkeln an ähnlichen Gebrechen: der St. Simonismus an der Philosophasterei: La Mennais am Katholizismus. Wie soll man in der Kürze über beide Tendenzen urteilen? Beide sind keine Revolutionen, sie sind Symptome. Der St. Simonismus verrät ein Bedürfnis der Menschheit: die Worte eines Gläubigen suchen es zu befriedigen; doch sie befriedigen es nur zur Hälfte.

Ich habe die Tatsachen der Vergangenheit verfolgt und breche da ab, wo alles, was jetzt kommen sollte, nicht so von mir vorgezeichnet werden kann, sondern in die Hand der Zeitgenossen gegeben ist. Ich will an einem Orte innehalten, den wir selber auszufüllen haben, bei jenen weißen Blättern der Geschichte, die hinfort von uns zu beschreiben sind!

Ich höre draußen ein simultanes Glockengeläute: katholische und protestantische Töne von zweierlei Kirchen. Es ist Pfingsten, ein Fest, wo man zwar nicht mehr plötzlich wie einst in Jerusalem, Englisch, Spanisch und Sanskrit zugleich lernt, was mir eine sehr liebe Errungenschaft wäre: wo aber der Heilige Geist auf alle Welt ausgegossen wurde. Wir leben in der Zeit des Heiligen Geistes, von welchem Christus selbst sagt, daß er uns in alle Wahrheit führen und frei machen würde. So scheint es auch Christus gewußt zu haben, daß die Geschichte immerdar ihre eigene Autorität bleibt, daß der Weltgeist rastlos wirkt und in uns schafft und die Wahrheit zuletzt nur der Gottesdienst im Tempel der Freiheit ist. Wir werden keinen neuen Himmel und keine neue Erde haben; aber die Brücke zwischen beiden, scheint es, muß von neuem gebaut werden.

## Das Gift der Metaphysik

„Nichts Elenderes gibt es als den Glauben, wir könnten etwas Großes leisten, etwas Edles und Erhabenes darstellen. Wir wollen Bürger des Himmels sein und sind Sklaven des bewegten Nervs, der jede Minute anders erzittert. Eine reichlichere, schmackhaftere Tafel verrückt die Ansicht der Dinge um ein Ungeheures, und der Kuß eines schönen Mädchens hilft den Himmel anders bauen. Wenn es uns der Körper nicht sagte, daß das Verbrennen schmerze, so hätten Millionen Menschen nie eine Hölle gefürchtet, und die Dichter hätten den Gegensatz derselben, den Himmel, nicht erdichten können. Das Grundübel der Welt liegt im Dasein streitender Gegensätze; gelingt es uns, diesen Streit zu lösen, so sind wir geheilt, denn nur da herrscht Ordnung, Ruhe, Gesundheit, wo kein Widerspruch sich zeigt, je höher der Widerspruch wächst, desto kränker ist der Mensch, desto kränker ein ganzes Volk. Tritt der Mensch freiwillig in seine Schranken zurück, ist er im vollen Begriff des Worts gesundsinnlich, so hört augenblicklich der schreiende Mißton in ihm auf, und er ist weder Betrüger noch Betrogener mehr, und alle jene Weltverbesserungs-Anstalten fallen von selbst weg."

„Mich schwindelt vor einer solchen Ansicht", rief Eduard.

„Weil Sie noch nicht zur Gesundheit sich durchgerungen haben", versetzte der Graf; „ich habe es und befinde mich ganz wohl. Ehe man von einem Thron herabsteigt, dessen Flitter uns blendeten, kostet es manchen Kampf. Die Geschichte aller Religionen ist eine Geschichte der Krankheiten des menschlichen Geistes. Besuchen Sie die Lehrsäle der Philosophen, saugen Sie an dem Marke alter und neuer Weisheit, lassen Sie sich in dunkeln gotischen Hallen, in griechischen Tempeln,

in jüdischen Synagogen, in türkischen Moscheen das
unverständliche Etwas predigen, das die Menschen-
köpfe verrückt macht, welches das menschliche Fleisch
vergiftet hat von Anbeginn an, das den Wahnsinn auf
die Erde gerufen und alle Kammern des Elends und
Greuels geöffnet hat."

HERMANN FÜRST VON PÜCKLER-MUSKAU

## Kinder der Welt

Ich kann alle religiösen Ansichten nicht leiden, die uns
einbilden wollen, wir wären hier bloß da für eine andre
Welt. In eine andre Welt und Existenz werden wir gewiß kommen, und gut für uns ohne Zweifel, wenn wir
jede Station möglichst nutzen; aber hier ins Leben ge-
treten, ist unsre Heimat jetzt auch *hier* und nirgends
anders. Die Natur ertappt man nie auf einer Lüge, sie
spricht sich überall wahr und deutlich aus, und nur der
Verschrobene versteht sie nicht mehr. Schlimm für das
Kind, wenn es nur daran denkt, als Jüngling zu leben;
es wird dann als Jüngling Mann, als Mann Greis sein
und die Blume *aller* Lebensalter verloren haben. Man
sei nur recht, im vollen und besten Sinne des Wortes,
Mensch dieser Erde, körperlich und geistig, und wird
dann ganz gewiß sich für jeden andern Zustand, der
folgen kann, dadurch am besten qualifizieren, wenn
man auch wirklich hier nie daran *gedacht* hätte. Mir
scheint selbst Christus dies letztere, bis auf den Inhalt
einiger Parabeln, ziemlich unterlassen, wenigstens nicht
viel Wert darauf gelegt zu haben, und so ist Christus
auch recht für alle Zeiten der Lehrer des Menschengeschlechts *auf Erden* geworden, wo das Himmelreich
eben am nötigsten tut, weil wir die Hölle hier leider
auch in unsrer Gewalt haben.

Ein ganzes, ausreichendes Leben ist immer und überall vollständig *da,* wo wir uns dessen bewußt werden,
und wir sollten endlich das alberne Bild der irdischen
Schule und des Schulmeisters über den Wolken droben,
der nur auf die Ankunft der armen Seele daselbst paßt,
um ihr Kuchen oder die Rute zu geben, zu dem übrigen
Plunder kindischer Zeiten werfen.

Alle Frische schwindet aus der Welt bei solchem
krankhaften Schmachten und Fürchten, und es ist sehr
die Frage: ob nicht selbst die grobsinnliche Beimischung
in der katholischen Religion in der Zeit ihrer Blüte
mehr Gutes in dieser Hinsicht als Böses gewirkt hat.
Aber schlimm und drückend ist immer *die* Zeit, wo
man weder mehr kindlich abergläubisch noch wahrhaft
gescheit sein kann. Ich dringe übrigens niemand meine
Meinung auf; jeder muß in solchen Dingen und in solchen Zeiten sich selbst am besten zu helfen wissen.


KARL GUTZKOW


## Die Kammerdiener Gottes

Ja, ihr Pfaffen, es ist nicht alles Theologie, was in der
Welt ist: Es gibt einige Dinge, welche euch gänzlich
fremd geblieben sind. Ihr, die ihr die Natur einsargen
möchtet und das Leben begraben, wenn es kaum die
Augen aufschlug; übermütige und bestechliche Kastel-
lane des Himmels, Kammerdiener Gottes, die auch darin dem gewöhnlichen Lakai gleichen, daß er von der
Größe immer nur das Kleine sieht: nicht alles, was geschehen ist, sind Löschersche und Kalixtinische Streitigkeiten gewesen. Sondern man will auch wissen, daß
man es bereits erfahren hat, der Weg zum Himmel
durch die Kirche sei nur ein zeitraubender, ermüdlicher
Umweg, und daß es Geschichte, Streben nach Wahrheit,

227

Enthusiasmus der Schönheit gegeben hat. Laßt einen Augenblick eure Katechismen: hebt diese scheinheiligen Augenwimpern auf: werft eure Talare und Vorhemdchen weg, diese geistliche Koketterie: vergeßt einmal die Beweisstellen für die Gottheit eines von euch noch immer gekreuzigten Menschen: und hört, was in andern Gebieten, im Reiche der Freiheit, Jugend und Phantasie sich vor Jahren begeben hat. Diese Worte haben etwas an sich, das euch zwingt, euch bald auf sie zu besinnen. Seht nur in den Sakristeien die Contrefeis eurer beleibten und beliebten Vorgänger: ihr Mund sprützt ja noch ganz über von den zelotischen Predigten, die sie gegen Idealismus, Genie und neue Schule hielten. Es sind ja dieselben Kanzeln, auf welche die Götze und Woltersdorf mit ihren verketzernden Fäusten schlugen und welche ihr jetzt ziert: es kann euch nicht so fremd klingen, was ich in herzlicher Verachtung eurer himmlischen Handlangerdienste, im Ignorieren eurer dogmatischen Grimasse und in der Hoffnung, daß doch endlich einmal der Tag kommen wird, an welchem eure Altäre, Bilder und Systeme zusammenstürzen, jetzt sagen will von den Ahnungen jenes neuen Glaubens, welchem sich die von eurer Offenbarung gemißhandelte Menschheit hinzugeben sehnt.

Es will sich eine falsche Prophezeiung einnisten. Man lügt, die Zukunft werde die Herrschaft des Elends sein. Und sollte diese Drohung etwas für sich haben, so ziemt es uns, gegen die Notwendigkeit zu kämpfen. Ein blasser Tod müßte ja plötzlich all unser Leben tilgen, unsern Geist entnerven, gäben wir uns der Meinung hin, die Zukunft ringe nur um die Existenz. Die Materie wird nicht müde sein; das wissen wir; sie hat zu keiner Zeit Ruhe gehalten; aber in der Begegnung der Geister herrsche nur Friede und Lächeln und alles, was sich rosig am Horizonte malt. Ist doch der Traum unsres Jahrhunderts auch nur aus Schmerz geboren; aber dem idealen Schmerze, daß unsre Geister so satt sind vom Wissen und vom Ideal, daß unser Gedächtnis so überladen ist von den Begriffen des Schönen und Wahren und daß dies unsterbliche Kapital aber tot zu sein scheint und wir nichts von ihm genießen. Soll das Große und Schöne nur vorhanden sein, um unsern Scharfsinn zu beschäftigen? Sollen wir nicht in ihm leben und es uns zurechtmachen zu eignem Genuß? Ach, diese Zeit, so reich an Ahnungen, so voll Licht, voll Idee und Geschichte, will und wird sich erwärmen an der Größe und ein breites, positives, genußspendendes Leben etablieren, das endlich einmal unsres Geistes würdig ist. Fluch jener Meinung, welche glaubt, daß je klüger wir werden, desto elender!

ANASTASIUS GRÜN

### Die Dicken und die Dünnen

Fünfzig Jahre sind's, da riefen unsre Eltern zu den
                                    Waffen:
Krieg und Kampf den dicken, plumpen, kugelrunden,
                                    feisten Pfaffen!
Auch in Waffen stehn wir Enkel; jetzt doch muß
                                    die Losung sein:
Krieg und Kampf den dünnen, magern, spindel-
                                    hagern Pfäffelein!

Aber wo gab's größre Arbeit, welcher Kampf bot
                                    mehr Gefahren?
Wo galt's fester auszudauern, wo galt's klüger sich
                                    zu wahren?
Lauthin schnaubt die plumpe Wildsau, wenn sie durch
                                    das Dickicht keucht,
Aber leise kriecht die Viper, die nach deinen Fersen
                                    schleicht!

Einst verschnarchten dicke Pfaffen ganze Tag' in
süßem Schläflein,
Jetzt doch liegen auf der Lauer immer wach die
dünnen Pfäfflein;
Jene brüllten ihre Inbrunst heulend in die Welt
hinein,
Diese winseln ihren Jammer, Katern gleich im März,
so fein.


Mächt'gen, schweren Folianten glichen einstens jene
Dicken,
„Allgemeines großes Kochbuch" stand als Inschrift
auf dem Rücken;
Einem schmalen, kleinen Büchlein sind die Dünnen
gleich, fürwahr,
„Kurzgefaßte Gaunerstücklein" beut das Titelblatt
euch dar.


Mit der Grobheit und der Dummheit hattet einst den
Kampf ihr Alten,
Doch der Artigkeit und Schlauheit müssen wir die
Stange halten!
Einstens rannten euch die Dicken mit dem Wanst die
Türen ein,
Doch es kriechen jetzt die Dünnen uns durchs
Schlüsselloch herein.


Längst schon hat ein tapfrer Ritter kühn der Dicken
Heer gebändigt
Und als goldner Stern des Tages jene finstre Nacht
geendigt,
Josef hieß der Stern und Ritter! Wien, du kannst sein
Denkmal sehn,
Ach, und will denn gen die Dünnen nimmer solch ein
Held erstehn?

O so steigt ihr Dicken wieder lebend aus der
Todesurne!
Doch mit altem guten Magen! Werdet christliche
Saturne!
Und verschlingt den magern Nachwuchs, o dann sind
wir beider los,
Denn nicht lange mehr kann leben, wer solch gift'ge
Kost genoß!


HEINRICH HEINE

*Deutscher und französischer Katholizismus*

Was ich in betreff des Mittelalters im allgemeinen angedeutet, findet auf die Religion desselben eine ganz besondere Anwendung. Loyalität erfordert, daß ich eine
Partei, die man hierzulande die katholische nennt, aufs
allerbestimmteste von jenen deplorablen Gesellen, die
in Deutschland diesen Namen führen, unterscheide.
Nur von letzteren habe ich in diesen Blättern gesprochen, und zwar mit Ausdrücken, die mir immer
noch viel zu gelinde dünken. Es sind die Feinde meines
Vaterlandes, ein kriechendes Gesindel, heuchlerisch, ver-
logen und von unüberwindlicher Feigheit. Das zischelt
in Berlin, das zischelt in München, und während du auf
dem Boulevard Montmartre wandelst, fühlst du plötzlich den Stich in der Ferse. Aber wir zertreten ihr das
Haupt, der alten Schlange. Es ist die Partei der Lüge,
es sind die Schergen des Despotismus und die Restauratoren aller Misere, aller Greul und Narretei der Vergangenheit. Wie himmelweit davon verschieden ist jene
Partei, die man hier die katholische nennt und deren
Häupter zu den talentreichsten Schriftstellern Frankreichs gehören. Wenn sie auch nicht eben unsere Waf-
fenbrüder sind, so kämpfen wir doch für dieselben In-

teressen, nämlich für die Interessen der Menschheit. In der Liebe für dieselbe sind wir einig; wir unterscheiden uns nur in der Ansicht dessen, was der Menschheit frommt. Jene glauben, die Menschheit bedürfe nur des geistlichen Trostes, wir hingegen sind der Meinung, daß sie vielmehr des körperlichen Glückes bedarf. Wenn jene, die katholische Partei in Frankreich, ihre eigne Bedeutung verkennend, sich als die Partei der Vergangenheit, als die Restauratoren des Glaubens derselben, ankündigt, müssen wir sie gegen ihre eigne Aussage in Schutz nehmen. Das achtzehnte Jahrhundert hat den Katholizismus in Frankreich so gründlich ekrasiert, daß fast gar keine lebende Spur davon übriggeblieben und daß derjenige, welcher den Katholizismus in Frankreich wiederherstellen will, gleichsam eine ganz neue Religion predigt. Unter Frankreich verstehe ich Paris, nicht die Provinz; denn was die Provinz denkt, ist eine ebenso gleichgültige Sache, als was unsere Beine denken; der Kopf ist der Sitz unserer Gedanken. Man sagte mir, die Franzosen in der Provinz seien gute Katholiken; ich kann es weder bejahen noch verneinen; die Menschen, welche ich in der Provinz fand, sahen alle aus wie Meilenzeiger, welche ihre mehr oder minder große Entfernung von der Hauptstadt auf der Stirne geschrieben trugen. Die Frauen dort suchen vielleicht Trost im Christentum, weil sie nicht in Paris leben können. In Paris selbst hat das Christentum seit der Revolution nicht mehr existiert, und schon früher hatte es hier alle reelle Bedeutung verloren. In einem abgelegenen Kirchwinkel lag es lauernd, das Christentum, wie eine Spinne, und sprang dann und wann hastig hervor, wenn es ein Kind in der Wiege oder einen Greis am Sarge erhaschen konnte. Ja, nur zu zwei Perioden, wenn er eben zur Welt kam oder wenn er eben die Welt wieder verließ, geriet der Franzose in die Gewalt des katholischen Priesters; während der ganzen Zwischenzeit war er bei Vernunft und lachte über

Weihwasser und Ölung. Aber heißt das eine Herrschaft des Katholizismus? Eben weil dieser in Frankreich ganz erloschen war, konnte er unter Ludwig XVIII. und Karl X., durch den Reiz der Neuheit, auch einige uneigennützige Geister für sich gewinnen. Der Katholizismus war damals so etwas Unerhörtes, so etwas Frisches, so etwas Überraschendes! Die Religion, die kurz vor jener Zeit in Frankreich herrschte, war die klassische Mythologie, und diese schöne Religion war dem französischen Volke von seinen Schriftstellern, Dichtern und Künstlern mit solchem Erfolge gepredigt worden, daß die Franzosen zu Ende des vorigen Jahrhunderts, im Handeln wie im Gedanken, ganz heidnisch kostümiert waren. Während der Revolution blühte die klassische Religion in ihrer gewaltigsten Herrlichkeit; es war nicht ein alexandrinisches Nachäffen, Paris war eine natürliche Fortsetzung von Athen und Rom. Unter dem Kaiserreich erlosch wieder dieser antike Geist, die griechischen Götter herrschten nur noch im Theater, und die römische Tugend besaß nur noch das Schlachtfeld; ein neuer Glaube war aufgekommen, und dieser resümierte sich in dem heiligen Namen: Napoleon! Dieser Glaube herrscht noch immer unter der Masse. Wer daher sagt, das französische Volk sei irreligiös, weil es nicht mehr an Christus und seine Heiligen glaubt, hat unrecht. Man muß vielmehr sagen: die Irreligiosität der Franzosen besteht darin, daß sie jetzt an einen Menschen glauben, statt an die unsterblichen Götter. Man muß sagen: die Irreligiosität der Franzosen besteht darin, daß sie nicht mehr an den Jupiter glauben, nicht mehr an Diana, nicht mehr an Minerva, nicht mehr an Venus. Dieser letztere Punkt ist zweifelhaft; so viel weiß ich, in betreff der Grazien sind die Französinnen noch immer orthodox geblieben.

## Unter Mönchen

Sobald wir uns dem Eingang näherten, hörten wir das lang fortgesetzte Läuten einer Glocke, deren heiserer, ungastlicher Klang nicht viel Gutes prophezeite. Gleich darauf drangen aus dem gotischen Spitzbogen des Tores, trotz des noch immer heftigen Schneewetters, die Mönche in Prozession hervor, um uns zu empfangen. Sie glichen vollkommen einer Anzahl Warschauer Juden, als sie sich, in zerrissenen Kleidern und von Schmutz strotzend, neugierig um uns drängten und uns die Hand auf dem Pferde reichten, wo wir, wie Schneemänner, halb eingefroren saßen. Das Innere des Klosters übertraf leider noch alle Erwartungen, welche das Aussehen der Mönche erregt hatte, und der Schmutz und Gestank, welcher allerwärts darin herrschte, war so gräßlich, daß mir die ganze Begebenheit als kaum in der Realität möglich und nur ein böser Traum zu sein dünkte.

Schwarze, halbvermoderte Holztreppen hinan, auf denen ein Mönch mit trübe brennender, gelber Wachskerze voranleuchtete, führte man mich bis in den obersten Stock des Turmes in die Stube des abwesenden Prälaten, eine eingeräucherte Kammer mit Kalkwänden, die auf der einen Seite einen Kamin mit einer Kalotte von haarigem Zeuge hatte, wo nasses Holz nicht brennen wollte; die andere verdeckten unangestrichene Holzschränke; auf der dritten waren vier Fenster eng nebeneinander angebracht, deren zerbrochene Glasscheiben durch hundert Papierstreifen geflickt waren; auf der vierten stand eine Ottomane, halb mit zerrissenem Kattun, halb mit einer Flanelldecke überzogen, beides durch Flecken und Staub im höchsten Grade ekelhaft gemacht. Im zweiten Drittel der Stubenhöhe waren an den Wänden Repositorien ringsumher befestigt, die man mit dem degoutantesten Gerümpel bedeckt hatte, das sich die Einbildungskraft erdenken kann, alte Lappen, stinkende Pantoffeln, Medizinen, eine Klistierspritze und unter andern auch vier große Flaschen mit Blutegeln gefüllt. Die erdfarbenen Dielen verbarg kein Teppich, und der mannigfache Parfüm, den die wie Ameisen hereindringenden Mäuse um sich verbreiteten, vollendete die Desolation dieser Wohnung.

Ich tröstete mich noch damit, bei Ankunft meiner Sachen jeden Winkel mit Teppichen und Tüchern belegen und verhängen zu können, vorher aber von unsern Leuten eine totale Reinigung vornehmen zu lassen, geriet jedoch in eine zweite Verlegenheit, als der Küchenmeister, dessen Aussehen ich nicht beschreiben mag, mir in seiner fettigen Hand eine Schale mit von Staub grauen Konfitüren nebst einem gleich unreinen Glase Wasser offerierte und sich durchaus damit nicht abweisen lassen wollte. Die darauf folgende Tasse mit Kaffee war von einem noch gefährlicheren Ansehen, und der Ekel, der sich meiner immer mehr zu bemächtigen anfing, wurde bald größer, als ich ihn je in Afrika in dem elendesten Araberzelte empfunden habe. Indes verging Stunde auf Stunde, der Schnee fiel immer dichter nieder, und keiner unserer Leute erschien! Wer mich zwischen einem Dutzend dieser unappetitlichen Mönche, die überdies in ihren Manieren die größte Dreistigkeit und Familiarität an den Tag legten, eingezwängt gesehen hätte, ohne daß ich sie weder loswerden noch mit ihnen anders als durch Zeichen mich unterhalten konnte, würde sich an mir und meiner kläglichen Miene gewiß nicht wenig belustigt haben, vorausgesetzt, daß er nicht genötigt gewesen wäre, meine traurige Lage zu teilen.

Diese Leute sind so in allem zurück, daß sie z. B. kein anderes Mittel kennen, das Feuer anzufachen, als nach der Reihe durch ein Flintenrohr darauf zu blasen, und andere Meubles der größten Notwendigkeit auf eine

Weise entbehren, wovon man sich kaum eine Vorstellung machen kann. So hatte das ganze Kloster, wie es schien, nur *ein* großes Waschbecken; dasselbe Handtuch diente dabei allen, wahrscheinlich solange es zusammenhält; andere Tücher wurden abwechselnd zur Deckung des Bettes wie des Eßschemels (ein Tisch ist es nicht zu nennen) gebraucht – kurz, es übersteigt solche mehr als tierische Schweinerei allen Glauben wie alle menschliche Erlaubnis.

...

Ich verwandte einen Teil des Tages darauf, das Innere des Klosters und die Kirche in der Höhle zu besehen. Das erste zeigt überall nur Unrat und Elend, die zweite aber ist voller Reichtümer und alter Bilder, die zum Teil nicht ohne Interesse, obgleich alle ohne Kunstwert sind. Einige in Konstantinopel auf rotem Atlas in Gold, Silber und bunter Seide gestickte Darstellungen würden die Damen entzücken, denn vortrefflichere Stickerei sah ich nie; auch mehrere in vergoldetem Silber getriebene Türen sind bemerkenswert sowie höchst kunstreiches Schnitzwerk in Holz, namentlich ein Bischofsstab, das Geschenk einer griechischen Kaisertochter, von bewundernswürdig feiner und geschmackvoller Arbeit. Der Boden der Kirche ist mit Marmor belegt und mit Sonne, Mond und Sternen sowie allerhand mystischen Figuren geziert. Die wirkliche Sonne leuchtet dagegen dieser Kirche nie, es brennen aber stets Lampen oder Wachslichter darin, und das ganze Geschäft der Mönche, welche die größten Faulenzer im Lande sind, besteht nur in den albernsten Zeremonien, denen sie hier, jeder in seiner Tour, obliegen müssen. Zu ihrer Bedienung haben sie fast ebensoviel junge Knaben zwischen 11 und 16 Jahren, als Mönche im Kloster sind. Mehrere unter diesen waren außerordentlich schön, sowie sich auch unter den Mönchen selbst viel schöne Männer mit herrlichen Köpfen à la Tizian und Rembrandt befanden; aber die allgemeine Unreinlichkeit gestattet keinen Genuß, selbst an der vollendetsten Schönheit, und nach kurzer Betrachtung mußte man sich immer mit Widerwillen von diesen in Schmutz getauchten Gestalten abwenden. So viel ist gewiß, daß mir nie etwas Ähnliches vorgekommen ist, und Lieutenant Tünnermann, der doch das Land schon lange kennt, versicherte gleichfalls, daß er hier alles übertroffen finde, was er bisher im griechischen Reiche von Salopperie zu beobachten Gelegenheit gehabt. Demungeachtet rechnet man die Einkünfte des Klosters wenigstens auf 50 000 Colonaten jährlich, so daß jede anständige Annehmlichkeit eines zivilisierten Lebens in der Mönche Bereich stünde und auch noch genug für ihre Privatfamilien in absteigender und aufsteigender Linie außer dem Kloster übrigbliebe. Da man die kleinen Klöster aufgehoben hat, welche ebenso populär beim Volke waren als die großen und vielleicht mehr Nutzen als diese stifteten, so sehe ich wirklich nicht ein, warum man die letzteren verschont. Es wäre eine wahre Wohltat, wenn ein solcher Düngerhaufen zur Befruchtung für das allgemeine Beste verwendet werden könnte. Doch die Zeit dazu ist freilich noch nicht für Griechenland gekommen, für welches die Klöster ohne Ausnahme annoch, wenn auch in nichts anderm, doch in Hinsicht auf Landnutzung, die besten und wahrscheinlich einzigen Musterwirtschaften abgeben, soweit Routine reicht.

Die krasse Unwissenheit der hiesigen Mönche entspricht der Natur ihrer Umgebung. Die meisten derselben können weder lesen noch schreiben, und keinen fanden wir, der nur in der Geschichte seines Vaterlandes, geschweige denn in Dingen, die andere Länder oder irgendeine Wissenschaft betreffen, die geringste Kenntnis hatte. Der Aberglaube ihrer Religion, nebst allen abgeschmackten Legenden derselben, war das einzige, was ihnen bekannt zu sein schien.

## Eine Wallfahrt

Gestern habe ich mit gewallfahret. Ich habe den Namen des Heiligen wieder vergessen; aber der Mensch verdiente nicht, ein Heiliger zu sein, wenn ihn nicht die vielen hübschen, frommen Mädchen rührten, wie sie mit niedergeschlagenen Augenlidern, Paar um Paar, die Hände am Rosenkranz, so sittsam die Treppe hinaufschlüpften, nun sich mit Weihwasser sprengten, nun auf die Knie sanken und auf dem glatten Boden rutschten. Wär' ich doch der glatte Boden gewesen. Kappe an Kappe, Goldhäubchen an Goldhäubchen, Ellbogen an Ellbogen, und die Priester schwenkten den Weihrauchkessel dazwischen, daß ihnen die Tränen aus den schwarzen Augen quollen. Ich rutschte mit, zwischen Theresen und der Base, und bat den Heiligen meinerseits, daß er doch ein sichtbares Wunder tun möchte, damit ich auch, des Mädchens wegen, bekehrt würde. Da öffnete er die Lippen und sprach: „Meine andächtigen Lämmer! Es ist sehr zweifelhaft, ob ich jemals existiert habe; gesetzt aber, daß ich gelebt, so will ich euch vertrauen, daß ich bei meinen Lebzeiten kein Schaf war, sondern ein Wolf. Aber weil ich ein Schaffell über meinen Pelz gezogen, kamen die Lämmer zu mir, und die zu mir kamen, wurden frei von allen Leiden dieser Erde, von der Stäupe und vom Hundebiß, und kein Schlächter hat sie geschlachtet. Und darum haben sie mich kanonisiert, daß die Welt lernen soll, wie man ein Heiliger wird. – Aber ich selbst muß dafür brennen im tiefsten Schwefelpfuhl, und nachdem mir die Erkenntnis geworden vom Guten und vom Bösen, werde ich von der Qual geröstet, daß sie das Böse anbeten, nämlich mich; und die Wallfahrtstage, wo ihr unschuldigen Dinger vor mir rutscht und räuchert, sind die Sabbatstage meiner Höllenpein; und so lange muß ich leiden, bis euch die Erkenntnis kommt, daß ich ein Wolf war und kein Schaf. Darum, während ihr betet, daß mir die Augen aufgehen sollen für eure törigen Wünsche, bete ich, daß sie euch aufgehen über eure Dummheit."

„Mein verehrter Heiliger", sprach ich, „ich bin zwar nur ein Protestant; aber dir wird bekannt sein, daß uns Protestanten jetzt mehr daran gelegen ist, die alte Ordnung aufrechtzuerhalten, als euch Katholischen und daß wir uns bemühen, mit Philosophie und anderm Vernunftkleister die Risse im Vatikan zu stopfen und den wankenden Thron des Papstes festzukleben, weil wir meinen, daß alles, was ist, gewiß, und was kommen kann, ungewiß ist. Darum vergönne mir, mit Ernst dich zurechtzuweisen zu deiner bürgerlichen Pflicht. Wenn du auch im Leben nichts getaugt hast, so bist du doch einmal als ein Heiliger angenommen, und es ist höchst unrecht von dir, indem du auch uns aufklärst, eine loyale Autorität zu verunglimpfen. Du bist nicht mehr du, sondern derjenige, den gläubige Jahrhunderte aus dir gemacht haben. Bist du erst aus dem Kalender gestrichen, so ist die Bresche da, und ein nächster fällt auch, und das ganze Gebäude wird wackelig, und unsere Zeit ist nicht so reich an Heiligen, um ein neues aufzurichten. Oder meinst du vielleicht, daß wir Heilige schnitzen können aus Rothschild, Jarke, Börne, Krug, Talleyrand, Rotteck, Cobbet oder dem seligen Jahn und dem noch seligern Geheimerat Schmalz? Der neue Goldschaum hält nicht. Wahrlich, ich sage dir, es ist leichter, den verewigten Kotzebue in die Reihe der katholischen Heiligen zu bringen, als dich draus auszustreichen."

Dem Heiligen kam eine Träne ins Auge, als er antwortete: „Also habe ich gar kein Recht mehr auf mein Ich; und meine ganze Individualität, meine Gegenwärtigkeit und meine Zukunft soll nur als ein Ziegelstein zum großen Weltgebäude dienen?"

„Ein Heiliger", entgegnete ich, „hat nichts voraus vor einem andern Menschen, und während wir unser

Liebstes opfern müssen, unsere Hoffnung und unsere Träume, selbst unsere Eitelkeit, und uns schlafen legen mit keiner andern Beruhigung, als daß unsere Atome fortleben zum Besten des Universums, sollte doch ein Heiliger, der sein ganzes Leben darauf studiert, *sich* zu ertöten, um für den Gott zu leben, mit noch einmal soviel Bereitwilligkeit seine Individualität abschütteln."

„Ach Gott!" rief der Heilige, „wer ist denn euer Gott?"

„Unser Gott, blinder Mann", entgegnete ich, „läßt sich nicht nennen und nicht abbilden, weil der Begriff sich mit jedem Jahre erweitert; im Grunde genommen sind wir es aber selbst."

„Davon habe ich wohl gehört", sagte der Heilige, noch kläglicher weinend, „und ich sehe schon, du bist so ein halber St. Simonist. Aber da lobe ich mir doch meinen Gott, als ich noch ein Wolf war und ins Fegfeuer kam. Denn selbst durch die Granitmauern der Hölle blitzt zuweilen ein Strahl vom himmlischen Lichte, und wenn wir auf unserm Kohlenbette röstend liegen, haucht durch die Ritzen ein kühlender Luftzug, und der Engel Stimmen schaukeln sich darauf und singen etwas von Gnade, wenn auch das Wort äonenweit fern liegt in der Ewigkeit."

„Guter, altmodischer Heiliger", sagte ich, „wer ein recht echter Sünder war, sucht seine Erlösung in seiner Sünde selbst und nicht außer sich. An der Äußerung eben sehe ich recht, was meine Augen mir auf den ersten Blick hätten sagen können, daß dich kein Künstler schuf, daß dich nur ein Stuben- und Gurkenmaler gepinselt hat. Wer ein Wolf geboren ist, der sollte doch ein Wolf bleiben. Sieh dich, wenn du wieder auf dem Roste liegst, nach meinem Pflegevater um, der nicht besser wie du gebettet sein wird, und laß dir von ihm erklären, wie ein Mann nur in der Konsequenz seines Willens und seiner Kraft Beruhigung findet; und sollte er sich dabei gelegentlich meiner entsinnen, so bestelle ihm von mir einen Gruß und sage ihm, ich hätte es wohl ebensoweit gebracht als er, wenn nicht das Wasser wäre und die Sterne und der Mond. Alle diese Potenzen üben noch einen so unerlaubten Einfluß auf uns aus, daß wir mit der besten Absicht, gottlos zu sein, es doch nicht weit brächten. Hätte er mir nie erlaubt, in die Sterne zu sehen und ins Wasser, und hätte er keine Rosen gehabt, so wäre ich doch noch vielleicht ein Mann geworden; aber so läge es an seiner Erziehung, daß noch was vom Ammenglauben mich in meiner Karriere hinderte. Apropos, wenn du den Teufel siehst, lieber Heiliger, frage ihn doch gelegentlich, wenn es wirklich wahr ist nach Immermanns Merlin, daß die Natur von ihm herrührt und nicht von Gott, warum er sie so schön gemacht hat. Das scheint mir in diesem konsequenten Manne ein Klugheitsfehler, sintemal nun der Apostel von den Heiden sagen kann: sie haben keine Entschuldigung, daß sie Gott nicht anbeten, da er sich ihnen in seinen Werken offenbart hat. Ja, stände es überall von Polizei wegen angeschrieben an den Wasserfällen und Matten und Alpen: ‚Dieses ist des Teufels Werk!‘, aber nun, da wir glauben können, daß die Natur auch von Gott ist, wird es ganz unmöglich sein, uns alle des Teufel zu machen, und was auch die Demagogen und Potentaten, die Freigeister und Ketzerrichter tun, es wird immer etwas Gottesfurcht auf der Erde bleiben.“

„Du Gotteslästerer“ – wollte der Heilige anheben; aber ich fiel ihm ins Wort.

„Keine Rolle mir vorgespielt. Meines Pflegevaters Kind weiß solchen Spielern durch die Karte zu sehen. Du bist ein Lokalheiliger und hast nicht Fremde zu bekehren, sondern nichts zu tun als Wunder unter diesen eingepfarrten Lämmern. Danke Gott, daß sie hier noch nicht protestantisch geworden wie in Nürnberg, sonst wär's mit deiner Heiligkeit aus wie mit der des heiligen Sebald, und du würdest mir nichts dir nichts aus dem

Kalender gestrichen und in deine Nische geschrieben: ‚Aufgehobene Festtage der Katholiken!'"

„Ach, das will ich ja eben" – seufzte der Heilige.

„Du hast kein Recht mehr zu wollen", sagte ich, „du bleibst im Kalender stehen, bis die Welt aus ist."

Der Heilige stöhnte so fürchterlich, daß er wieder zum Bilde wurde; die Orgel heulte, um mich kreuzten sie sich und neigten sich und wimmerten, und ein Tropfen Weihwasser, der mir auf die Stirn fiel, brannte wie höllisches Feuer. Mir war's lieb, daß es nun vorbei war, und Therese und die Base hört' ich nachher im Busche streiten, ob ich bekehrt sei oder nicht. Ich kaufte ihnen Bilderchen vom Heiligen, mit dem Goldschein auf Sammetpapier, und geweihte Rosenkränze, und dann tranken wir Kaffee und Wein und aßen Kuchen und Würste, und unten auf der Wiese wurde getanzt, gelacht, geküßt, Freundschaft gestiftet und sich geprügelt. Und die sternenhelle Nacht schien auf den Jubel, auf die, die noch beteten, und auf die, die fluchten, auf die Trunkenen und auf die Liebenden, und so zog's in die Stadt zurück, Pärchen und Haufen. Hier fiel einer hin; dort setzte sich einer hin; aber nie einer allein.

Therese wollte mich katechisieren, als wir dort unterm Hagedorn ausruhten, die Stadt mit ihren tausend Lichtern zu Füßen und die Millionen Lichter über uns: „Bist du auch gut?" fragte sie an meinem Halse. – „Hast du den Faust gelesen?" fragte ich. Sie hat nichts gelesen als ihr Gebetbuch. Aber traue ihnen einer! – Ich habe einen Schurken gekannt, der hat ein schönes Gedicht gemacht: da tut die blonde Unschuld an ihn dieselbe Frage, und er antwortet in das blaue Auge: „Ja, ich bin gut." Darauf habe ich ihm hundert Taler geliehen, und der Schurke ging tags drauf mit durch. Ich hörte meinen Pflegevater in der Hölle lachen.

Was ich denn tun wollte? fragte sie. – Da meinst du nun, das hieße: ob ich sie heiraten will? – Daran denkt das Mädchen nicht; sie meint, ob ich ein Christ sei? –

Ich sagte ihr, ich sei ein Zerrissener. – „Das sind doch nicht Ketzer?" fragte sie.

„Viel was Schlimmeres", antwortete ich.

„Sind's Juden, Eberhard?" schreckte sie auf.

„Freilich, Kind, die Juden sind Zerrissene; aber nur die, die sich den Bart scheren ließen und Schweinfleisch essen."

Sie beschwor mich mit Küssen, ich solle doch ein ordentlich katholischer Christ werden.

„Lieber ein Heiliger", antwortete ich.

Sie machte große Augen.

„Ein Christ zu werden, Therese, ist schwer, und ein Heiliger leicht. Um ein Christ zu werden, muß man glauben; aber einem Heiligen wird alles geglaubt. Ein Christ muß beten; zu einem Heiligen wird gebetet. Ein Christ muß immer geben; ein Heiliger nimmt nur. Glaub mir, es ist die beste Anstellung in dieser Welt."

Sie wollte erst absolut wissen, was ein Zerrissener ist.

„Eine neue Religion, Kind, die sich aber mit unglaublicher Schnelligkeit über die Welt ausgebreitet hat."

Als ich ihr versicherte, daß die Zerrissenen nichts mit dem Luthertum zu tun hätten, gab sie sich und meinte: dann könnte ein Zerrissener auch wohl noch ein Heiliger werden.

„Gewiß, Liebe, erst sind wir katholisch, dann werden wir protestantisch und dann zerrissen, und die dann wieder katholisch werden, sind schon auf halbem Wege zum Heiligen. Es ist die große Straße; man kann nicht fehlen."

Sie ist nun beruhigt, daß sie einen Zerrissenen zum Liebsten hat.

## Drei Klöster

Der Kahn glitt sanft an den Bergen hin, die den Stein-
wein liefern, und binnen einer halben Stunde kamen
wir bei drei Klöstern vorbei, die sämtlich in Fabriken
verwandelt worden sind, gewissermaßen schon ein
stiller Sieg des St. Simonismus über den Katholizismus.
Dem ersten Kloster, Himmelpforte, gegenüber zeigte
mir das Schiffermädchen – ein junges Blut, die meinen
Kahn regierte und fast im Hemde, mit einem breiten
Strohhute bedeckt, rüstig in der drückenden Hitze
ruderte – ein rotes Kreuz an einer der Weinbergsmauern
und in der Ferne einen verfallnen Turm. „Sehen Sie",
sagte sie, „da unter dem roten Kreuz liegt eine Nonne,
die lebendig begraben wurde, weil sie von dem Ritter,
dem die zerstörte Burg dort gehörte, zwei Kinder bekommen hatte. Sie entwischte aus ihrem Gefängnis im
Kloster und schwamm durch den Main, aber drüben
fing man sie wieder auf und scharrte sie sogleich lebendig an der Mauer ein."

„Du lieber Himmel", sagte ich, „da kannst du doch
Gott danken, daß du ein Fischermädchen bist, passierte
dir so ein kleines Unglück . . ."

„Nun, das wäre eine schöne Geschichte!" unterbrach
sie mich entrüstet, „lassen Sie mich mit Ihren Späßen
in Frieden, oder ich sage kein Wort mehr."

„Ich bin mäuschenstill, erzähle weiter."

„Nun also, kurz darauf ward auch eine Nonne verbrannt."

„Das ist ja abscheulich, was hatte denn die ver-
brochen?"

„Ja, das war 'ne Hex."

„Eine Hexe! glaubst du denn auch noch an solch
dummes Zeug?"

„Ich sage nicht, daß es jetzt noch welche gibt, aber

damals hat's doch ihrer gegeben, denn sonst hätte man sie nicht verbrannt. Die war's halt gewiß, und das halbe Kloster hatte sie schon angesteckt, als man erst dahinterkam. Und als man sie verbrannte, wollte sie der Teufel gar nicht sterben lassen. Nach einer halben Stunde hat sie noch so aus dem Scheiterhaufen herausgeschrien, daß man es bis in der Stadt hat hören können."

Gräßliche Zeit! dachte ich, da ist es doch besser, daß jetzt nur das Feuer aus der langen Esse raucht und nur Kohlen statt Menschen darin verbrannt werden.

Politisches

# DAS NEUE FREIHEITSVERLANGEN

HEINRICH LAUBE

Oh, über euch schlimmen Menschen! Weil ihr nun einen Käfig zusammengesetzt, in dem ihr euch wohlbefindet, verlangt ihr denn nun ungezogen tyrannisch, es solle alle Welt in diesen Käfig kriechen. Ihr habt euerm innern und äußern Menschen ein Kleid zugeschnitten, und alle Welt soll nun hineinkriechen, es mag ihr zu eng oder zu weit sein. Erinnere dich, Freund, daß ich dich nie deines Systems halber getadelt habe, wenn auch das System nicht das meine ist – ich bin ein Mann der Freiheit und sitze zur Seite ihres holden Töchterleins mit den lieben, klaren Augen, der Toleranz. Du sprichst aber despotische Worte und klagst doch wunderlich genug uns Leute der leichteren Moral des Despotismus an.

Du berufst dich zuerst auf die demokratische Tendenz unserer Zeit, der wir huldigen, und verlangst Zurückdrängen des einzelnen, damit die Allgemeinheit gedeihe. Das hat seine vollkommene Richtigkeit, und es ist niemand so sehr dafür als ich – ich hasse wie du den Egoismus des Staates in Bevorzugung einzelner. Aber, Freund, du siehst die Sache schielend an, und das Endziel aller Bestrebungen – die Freiheit – entgeht dir. Die einzelnen sollen nicht bevorzugt, aber jeder einzelne soll frei werden. Damit dies nun aber auf eine der Allgemeinheit ersprießliche Weise geschehe, predigen wir als höchste Blüte der Bildung: Abstreifen jeder Art von Egoismus, Humanität. Das sind nicht Gegensätze, wie du zeichnest, sondern Stufen.

Die Freiheit widerspricht aber jede Art von Formel, sie betreffe Moral oder sonst etwas – erreichten wir selbst durch solche Formeln das allgemeine Wohl, so bezahlten wir dies doch mit dem allgemeinen Wohl,

d. h. mit dem Wohle der einzelnen, die von außen her nur gezwungen lebten und nur in trostloser Gleichgewichtstheorie den allgemeinen Fall vermieden. So werden die Menschen beklagenswerte Negationen, und die Haupttugend wird wie in manchem melancholischen Christentume die Unterlassung, die Demut. Es ist aber ein größeres Ziel unserer Richtung, die Menschen selbständig zu veredeln und die Veredelten Selbstherrscher werden zu lassen. – Die Millionen Selbstherrscher sind das äußerste Ziel der Zivilisation. Dieses Ende verschließt deine Autoritätstheorie für immer, dein Schluß muß eine starre Monarchie sein, der meine ist die fröhlichste, ungebundenste Allherrschaft, wo jede Individualität gilt, weil jede in sich gesetzmäßig ist und in ihrer Veredlung das neben ihr wandelnde Gesetz nicht stört. Zu diesem Ziele ist das Zurückdrängen des Individuums *Weg* – bei dir aber leider Endpunkt. Darum tadle auch ich es, wenn Konstantin jetzt, wo die große Epoche des Demokratismus erst beginnt, ihre Vollendung für sich antizipiert und, nur sein persönliches Wohlsein im Auge habend, Unheil anrichtet. Er betrügt seine Umgebungen, die noch auf einer tiefern Stufe der Entwicklung stehen und in anderer Münze Zahlung erwarten, als er gewähren will.

Unsere Ansichten verhalten sich zueinander wie zur Vereinigung zusammenlaufende und in endlose Weite auseinandergehende Linien. Du willst die Menschheit zu einer willenlosen Masse, zu einem Punkte zusammendrängen, *ich* will sie aus dem engen Raume der Formel ausbreiten in das unendliche Gebiet des unermessenen inneren Menschen. Darum bist du Monarchist, ich Republikaner und mehr denn dies.

Ich weiß, daß tausend solche Opfer, wie Konstantin eins vorbereitet, fallen müssen, eh' der Tag siegreich alles erhellt; in der unsichern Beleuchtung des dämmernden Morgens stolpern die meisten – aber ich weiß auch, daß dieser einleitende Nachteil eurer großen

Sklaverei vorzuziehen ist, welche den Menschen der Menschheit opfert. Mir ist der Staat des einzelnen wegen da, dir der einzelne des Staates wegen. Darin ruht der große Unterschied. Ich opfere einzelne für den künftigen allgemeinen Gewinn, du opferst alle für eine regelmäßige Maschine. Das Individuum soll allerdings mit seiner Persönlichkeit zurücktreten, um die Allgemeinheit zu fördern, aber dies soll das Ergebnis der Bildung, der überzeugten Resignation sein, ein Akt der Freiheit, und so rettet das Individuum seine Freiheit durch seine Opfer. Das Opfer wird aber von Tage zu Tage geringer, da die Zahl der selbständigen Individuen größer wird und am Ende keines dem andern mehr in den Weg tritt – so wird endlich der einzelne und die Allgemeinheit frei: dein einzelner bleibt aber ewig Sklave.

ERNST WILLKOMM

Es wird aber nur zu bald eine Zeit kommen, in der viele, wo nicht alles Volk erkennen werden, daß es noch sehr jämmerlich aussieht in unsern wohlgeordneten Staaten, daß unsere Gesetze häufig nur die Stützen der Willkür sind und daß, wie ehedem die rohe Gewalt, jetzt das kalte Metall die Alleinherrschaft in der Welt ausübt! Die Sklaverei hebt man auf, und die Engländer, hab ich in den Blättern gelesen, wollen alles Ernstes den verruchten Menschenhandel abschaffen, aber niemand denkt daran, den immer härter werdenden Sklavendienst inmitten unserer christlichen Gesellschaft aufzuheben! Man kennt und sieht ihn nicht oder will ihn nicht sehen und kennen!

Sie, mein lieber, tieffühlender Seeliger, sollten mir entgangen sein? Nein, nein, ich weiß, Sie sind ein wahrhaft Liberaler! Es liegt in Ihnen ausgesäet, Sie wollen nur die eigene Blüte in sich noch nicht begreifen! Sie leiden an der Mutlosigkeit aller Deutschen, das zu sein, was Sie sein könnten. Eine kranke Unentschlossenheit zehrt an den schönsten Kräften Ihres Lebens. Treten Sie aus sich heraus, und gestehen Sie es sich: Sie sind *liberal*! Dies Selbstgeständnis, in dem Sie sich endlich zusammenfassen, wird Sie kräftigen, Ihnen eine entschiedene Richtung geben, Sie zur Tatlust begeistern. Es wird Sie von dem Zeitpips, mit dem Sie jetzt wie betäubt umherlaufen, erretten! –

Denke dir, Esperance, er nannte es Zeitpips. Ich aber dachte an meinen Zeitpolyp. Nun gab ich ihm vollkommen recht.

Sehen Sie das junge, sich regende Völkerleben unserer Tage an! fuhr er fort. Betrachten Sie dies Drängen und Bewegen, dies Kämpfen und Bluten, dies Keimen und Hoffen, das die Herzen der Nationen allerorten erfüllt! Noch einmal will das ganze Geschlecht sich auf die Füße machen, um Arkadien zu suchen, diesmal aber das Arkadien der politischen Glückseligkeit. „Auch ich bin zur Konstitution geboren!" so hat sich jetzt der Wahlspruch der Völker umgewandelt, und während man sich sonst bei uns, in der sentimentalen Periode, nur in idyllische Hirtenzustände und nach freier Flur und Natur zurücksehnte, so sind es jetzt – wie bescheiden klingt es! – nur zwei Kammern und eine verantwortliche Ministerbank, die alle Hoffnungen in sich schließen! Durch den Nationalcharakter der Deutschen geht jetzt das unruhige Ziehen und Schmerzen eines neuen Wachstums, und man spotte nicht, wenn er sich lächerlich dabei gebärdet wie ein alter Jüngling, der noch in späten Jahren den Weisheitszahn bekommt. Da entsteht ein ironisches Gratulieren, Glückwünschen und Lachen um den guten Jüngling, daß er noch auf seine alten Tage klug werden will, und die besorglichen Frau Basen treten ratschlagend zusammen und halten es am Ende für das beste, dem guten Jüngling den Weisheitszahn, sei es auch durch Gewalt, wieder auszuziehen zu lassen, denn weil seine Vorfahren alle ohne Weisheitszahn gekaut hatten, so soll auch er fernerhin ohne diesen seinen Kälberbraten in Ruhe speisen. Servile Zahnärzte lassen sich immer finden; sie fallen über den Weisheitszahn des guten Jünglings her, und dieser wird in der Notwehr gegen die Zahnbrecher unvermeidlich zum Revolutionär. Dies ist die innere Entstehungsgeschichte aller Revolutionen. Auch Ihnen, Herr Seeliger, ist der Zahn gewachsen, und ich möchte Sie bei allem beschwören, was Ihnen heilig ist: beißen Sie zu! Erklären Sie sich für die Sache Ihrer Zeit!

Ich biß mir auf die Lippe und stand in tiefstes Nachdenken versunken da. Es war mir, als wenn der Versucher zu mir gesprochen hätte.

Werden Sie liberal! begann er mit seiner heisern Wohlredenheit wieder. Schon aus Langerweile müßte ein Geist wie Sie, in einem solchen Nest wie Kleinweltwinkel, liberal werden! Herrlich ist es, liberal zu sein! Die liberalen Bestrebungen sind die wahren Flegeljahre der Völker, köstlich, frisch, übermütig, jugendkeck, hoffnungsreich und in den Himmel hineinwachsend wie Jean Paulsche, die Sie gewiß mehr als einmal gelesen haben werden. Eine Nation muß auch ihre liberalen Flegeljahre gehabt haben, wie ein großer Mann einmal Universitätsstreiche gemacht und im Karzer gesessen haben muß; und so schadet es denn der Idee gar nicht, wenn man auch diese Liberalen heutzutage von den Regierungen überall ins Hundeloch stecken sieht. Dies ist erst die wahre Größe und ist gewissermaßen nur als eine Neckerei zwischen Volk und Regierung anzusehen, denn was sich liebt, neckt sich bekanntlich. Hahaha! Darum, Herr Salzschreiber, werden Sie liberal!

HEINRICH HEINE

Eine gewaltige Lust ergreift mich! Während ich sitze und schreibe, erklingt Musik unter meinem Fenster, und an dem elegischen Grimm der langgezogenen Melodie erkenne ich jene Marseiller Hymne, womit der schöne Barbaroux und seine Gefährten die Stadt Paris begrüßten, jener Kuhreigen der Freiheit, bei dessen Tönen die Schweizer in den Tuilerien das Heimweh bekamen, jener triumphierende Todesgesang der Gironde, das alte, süße Wiegenlied –

Welch ein Lied! Es durchschauert mich mit Feuer und Freude und entzündet in mir die glühenden Sterne der Begeisterung und die Raketen des Spottes. Ja, diese sollen nicht fehlen bei dem großen Feuerwerk der Zeit. Klingende Flammenströme des Gesanges sollen sich ergießen von der Höhe der Freiheitslust, in kühnen Kaskaden, wie sich der Ganges herabstürzt vom Himalaya! Und du, holde Satyra, Tochter der gerechten Themis und des bocksfüßigen Pan, leih mir deine Hülfe, du bist ja mütterlicherseite dem Titanengeschlechte entsprossen und hassest gleich mir die Feinde deiner Sippschaft, die schwächlichen Usurpatoren des Olymps. Leih mir das Schwert deiner Mutter, damit ich sie richte, die verhaßte Brut, und gib mir die Pickelflöte deines Vaters, damit ich sie zu Tode pfeife –

Schon hören sie das tödliche Pfeifen, und es ergreift sie der panische Schrecken, und sie entfliehen wieder, in Tiergestalten, wie damals, als wir den Pelion stülpten auf den Ossa –

Aux armes citoyens!

Man tut uns armen Titanen sehr unrecht, als man die düstre Wildheit tadelte, womit wir, bei jenem Himmelssturm, herauftobten – ach, da unten im Tartaros, da war es grauenhaft und dunkel, und da hörten wir nur Zerberusgeheul und Kettengeklirr, und es ist verzeihlich, wenn wir etwas ungeschlacht erschienen, in Vergleichung mit jenen Göttern comme il faut, die fein und gesittet, in den heiteren Salons des Olymps, so viel lieblichen Nektar und süße Musenkonzerte genossen.

Ich kann nicht weiterschreiben, denn die Musik unter meinem Fenster berauscht mir den Kopf, und immer gewaltiger greift herauf der Refrain:

Aux armes citoyens!

# PROTESTE GEGEN ZENSUR
## UND BÜCHERVERBOTE

ADOLF GLASSBRENNER

*Vorrede zu einem Buch über Wien*

Ich habe Feder, Papier und Dinte, warum sollte ich
kein Buch über Wien schreiben?

Zu meinen früheren Arbeiten nahm ich auch mein
bißchen Geist zur Hand; diese unruhige Eigenschaft ist
aber jetzt in Deutschland verpönt, und ein verständiger
Autor muß ihn soviel wie möglich zu verstecken suchen,
damit man ihn selber nicht versteckt. Die deutsche
Zensur läßt die besten Gedanken zwischen den Zeilen
liegen, und die edelsten Geister gehen unter, weil sie
ihre glühende und zündende Wahrheit nicht mit schmutzigen, servilen Lumpen bedecken wollen; weil der Geist
des Jahrhunderts ihre Feder leitet und die Zensur die
Werke jenes Geistes zerstückelt und vernichtet.

Auf diese Weise wird es immer schwerer, den guten
vom schlechten Schriftsteller zu unterscheiden, und deshalb bin ich mit Liebe und Vertrauen an das vorliegende Werk gegangen, habe für die herrlichsten Gedanken Striche gemacht, dem Zensor Mühe zu sparen; habe
in jeder Charakteristik und Darstellung Lücken gelassen und bin nun fest überzeugt, daß meine Leser dies
Buch unendlich geistreich finden werden, weil sie ihren
eigenen Geist hineinlegen müssen. Wie es die Kunst der
Konversation ist, weniger selbst zu sprechen, als andere
sprechen zu machen, ist es in Deutschland die Aufgabe
des Autors, weniger selbst zu denken, als andere denken zu machen; man darf der Lesewelt nur Skizzen
hinwerfen, und sie selbst muß tausend Bücher daraus
schreiben.

Wer aber könnte über den Mittelpunkt des schönen, gesegneten Österreichs schreiben, ohne die Interessen der Gegenwart zu berücksichtigen? wer, dessen Herz für das Wohl seiner Mitmenschen schlägt und höher schlägt, betrachtet er das Emporblühen der geistigen Freiheit, wer könnte die Träne ungeschildert lassen, die ihm Österreich entlockte? Ein blühendes Land voll liebevoller, geistig-kräftiger Menschen und eine Regierung, die sich mächtig dem Gottesgeiste entgegenstemmt, der über die Völker gekommen, und sich selbst durch die drohendsten Beispiele der Geschichte nicht bewegen läßt, einen Schritt vorwärts zu gehen!

LUDWIG BÖRNE

## Ein Brief aus Paris

Cotta will hier in Paris eine Zeitung herausgeben, wie mir eben D. erzählte, an den er sich vorläufig deswegen gewendet. Wenn es nur zur Ausführung kömmt – es wäre himmlisch. Hundert deutsche Minister würden darüber verrückt werden. Was könnte dieser Mann mit seinem Reichtume, seiner Tätigkeit, seinem Geschäftskreise und seinen Verbindungen nicht alles wirken, wenn er wollte! Er allein versteht es, wie man die furchtsamen Federn beherzt macht und die verborgensten Schubladen der Geheimniskrämer öffnet. Wenn ich an die Zensur denke, möchte ich mit dem Kopfe an die Wand rennen. Es ist zum Verzweifeln. Die Preßfreiheit ist noch nicht der Sieg, noch nicht einmal der Kampf, sie ist erst die Bewaffnung; wie kann man aber siegen ohne Kampf, wie kämpfen ohne Waffen? Das ist der Zirkel, der einen toll macht. Wir müssen uns mit nackten Fäusten wie wilde Tiere mit den Zähnen wehren. Freiwillig gibt man uns nie die Preßfreiheit. Ich möchte unsern Fürsten und ihren Ratgebern nicht Unrecht tun, ich möchte nicht behaupten, daß bei allen und überall der böse Wille, alle Mißbräuche, welche durch die Presse offenkundig würden, fortzusetzen, schuld an der hartnäckigen Verweigerung der Preßfreiheit sei; das nicht. Wenn sie regierten wie die Engel im Himmel und auch der anspruchsvollste Bürger nichts zu klagen fände: sie würden doch Preßfreiheit versagen. Ich weiß nicht – sie haben eine Eulen-Natur, sie können das Tageslicht nicht ertragen; sie sind wie Gespenster, die zerfließen, sobald der Hahn kräht.

HEINRICH LAUBE

### Gespräch über Schillers „Räuber"

Herzog. Hast du das Buch von Schiller gelesen –?
Gräfin. Ja.
Herzog. Ganz?
Gräfin. Ganz.
Herzog. So rasch?
Gräfin. Es fesselt wie mit glühenden Ketten.
Herzog. Wie mit glühenden Ketten, die den Gefangenen bis aufs Mark verbrennen – was sagst du zu dem Buche?
Gräfin. Mir stürmt und tobt es durch Haupt und Adern – mein Verstand hat noch kein Urteil darüber.
Herzog. Kein Urteil?
Gräfin. Ich bin auch parteiisch befangen – noch gestern war ich schwach genug, mich auf Versen dieses Dichters zu wiegen, welche ich an mich gerichtet glaubte.
Herzog. Du bist – aufrichtig.
Gräfin. Das bin ich.

Herzog. Kennst also auch die andern Verse? *(Das „Magazin" hervorziehend.)*

Gräfin. Ich kenne sie.

Herzog. Kennst den Abgrund, für welchen sie die Brücke gebildet?

Gräfin. Nein.

Herzog. Solch ein Räuberpoet ist nicht blöde. *(Wieder übergehend zu tieferem Stimmentone.)* Wie lautet dein Urteil über das Buch?

Gräfin. Ich wag es nicht, eins zu fällen!

Herzog. Du wagst es nicht? Du findest das Buch nicht – entsetzlich?

Gräfin. Entsetzlich – ja.

Herzog. Nun also! *(Pause – halblaut.)* Was ist mir alles begegnet, seit ich das Land regiere, was hab ich zu leiden, zu kämpfen, zu zürnen, zu strafen gehabt mit dieser Landschaft, und nichts, nichts hat mich so furchtbar betroffen als dieses Buch. – Gleichsam in meinem Schoße ist es entstanden, ein Hohn meines ganzen Lebens; – – – – *(halblaut)* ebenso furchtbar muß die Strafe sein an Buch und Autor!

Gräfin. Karl –!

Herzog *(fortwährend mit nur halblauter Stimme).* Wenn ich meinem eigenen Leben, meiner Stellung, der ganzen Welt des gesetzlichen Bestandes gerecht sein will.

Gräfin. Karl –!!

Herzog. Dem Henker muß Buch und Autor verfallen! –

Gräfin. Karl, das wirst du nicht –!!

Herzog *(sieht sie an, mit unveränderter Stimme).* Wenn hieran nicht ein Exempel statuiert wird, so bricht die Sintflut über uns herein und verschlingt die bestehende Herrschaft, und wir verdienen unsern Untergang, da wir unsern Erbfeind erkannt und nicht erschlagen haben.

Gräfin. Mir schwindelt. Du hast unrecht, Karl.

Herzog *(kaum hinhörend)*. So?

Gräfin. Du mußt die Spreu von dem Weizen sondern. Das Buch hat neben den entsetzlichsten Dingen Züge von Größe, welche nur den auserwählten Menschen eigentümlich sind, ja das Geschmacklose, das Entsetzliche selbst darin ist von verwegener Größe.

Herzog. Wenn man die Frechheit hat, jeder Sitte, jedem Gesetze, jedem Glauben Hohn zu bieten, dann ist es keine Kunst, einen Augenblick groß zu erscheinen; denn man ist wie das Raubtier den edelsten Wesen auf Hals und Haupt gesprungen und erscheint groß, weil die erkorene Beute hoch gewachsen ist. Gelingt der Biß, dann stürzt das Raubtier mit der niedergeworfenen Größe in den Staub, und es wälzt sich Hoch und Niedrig in gleichmäßiger schmutziger Niedrigkeit umher.

*(Kurze Pause.)*

Gräfin. Ich kann deinen politischen Ideen nicht folgen, ich bin eine Frau. Als solche empfinde ich aber, daß mitten unter allem Entsetzen eine Seele in diesem Buche waltet, welche voll edler Wallungen ist. Deshalb wiederhole ich: Du tust unrecht, Karl, wenn du auf strenge oder gar gemeine Strafe sinnst gegen den Autor.

Herzog *(heftig)*. Unrecht? – *(Milder.)* Du hast Verstand genug, die politische Lage der Welt zu würdigen, du hast mir's seit Jahren in täglicher Unterredung bewiesen. Verstocke dich nicht hierbei aus persönlicher Sentimentalität für dies unglückselige Menschenkind, welches eine alltägliche Weiberseele durch schimmernde Phrasen bestechen mag. Es ist kein Schülerspaß mehr, der verscharrt und vergessen werden kann: das Buch ist hinausgeworfen in die Welt, es wird sein lautes Echo finden wie jeder wilde Schrei; denn das Publikum ist ein gedankenloser Berg, der jedem heftigen Anprall antwortet; um so lauter und stärker antwortet, je wilder der Schrei.

Freilich ist Talent in dem Patrone! Was du als be-
fangenes Weib die Seele nennst, das ist sein Talent.
Hätte er dies nicht, was würde ich mich bekümmern
und betrüben um die Fratze!? Dies Talent eben wird
die Menschen verführen, daß sie das Verbrecherische
ebenso beifällig aufnehmen wie das Harmlose, und
darum ist es meine Pflicht, an Autor und Buch ein
warnendes Beispiel aufzustellen. Dies schreckende
Beispiel allein kann die Menschen belehren, daß hier
ein Verbrechen vorliege, welchem man aus dem Wege
gehn solle –

Gräfin. Schiller ist kein Verbrecher!

Herzog. Aber sein Buch ist ein Verbrechen! – Du
kennst die drohende Lage der Welt so gut als ich,
kennst das schreckliche Gewitter, welches jenseit des
Ozeans donnert und blitzt und hagelt und alles das
verwüstet, was unsere Vorfahren seit Jahrhunderten
mühsam aufgebaut in Europa. Alles das wird von
Grund aus zerstört in jenem Nordamerika, und jener
Washington sichert der Neuerung eine für uns ver-
derbliche Dauer. Die wildesten Gedanken der Neuerung sind bereits nach Europa ausgestreut worden
durch Franzosen und Polen und durch unsre eignen
Hilfstruppen –

Gräfin. Die ihr verkauft habt –!

Herzog. Und diese wilden Gedanken haben in diesem Augenblicke vollständig gesiegt! Europäische
Fürsten haben sie sanktioniert: vor einer Stunde ist
mir die offizielle Nachricht zugegangen, daß Frankreich am Dritten dieses Monats Friede mit England
geschlossen und die sogenannte Freiheit Nordameri-
kas, will sagen: die Republik! garantiert hat. Der
zerstörende Vulkan ist jetzt gesetzlich gesichert, und
wo ist die Hilfe für das alte Recht und für uns Fürsten? Wo ist sie? Sieh dich um! In England etwa?
Das ist erschöpft und ist von lange her unsrer fürstlichen Macht eine gefräßige Stiefmutter. Oder in

Frankreich? Das alte, schöne Frankreich ist verdorben. Da wirtschaften jetzt die überspannten Lafayettes, die frechen Beaumarchais', welche den Boden untergraben; da gärt es in allen Winkeln, und der König ist ein gutmütig schwacher Mann. Oder ist etwa bei uns dahier im Deutschen Reiche Hilfe zu erwarten? Wie? Handelt nicht unser Kaiser Joseph, als ob er bei diesem Washington in die Schule gegangen wäre, und ist der große Friedrich etwa noch eine Stütze? Wahrhaftig nicht! Hat er mich nicht verleugnet im Kampfe gegen meine Landschaft? Ist er nicht bei aller seiner königlichen Macht durch und durch angesteckt von Neuerungen, und sei er, wie er's sein kann, ein wirklicher König und Herr, steht er nicht schon mit einem Fuße in seiner Gruft zu Potsdam? Laß ihn verschwinden in dieser Gruft, wer wird den krachenden Sturz unsers alten Reichs und Rechtes aufhalten? Wer? Und *(mit steigender Heftigkeit)* in solcher Lage soll aus meinem Württemberg ein Schauspiel hervorgehen, welches die frechste Empörung verherrlicht. Und ich, der gefürchtete Herzog Karl, soll dies ruhig geschehen lassen? Der Kinder Spott zu werden verdient' ich, wenn ich die Bedeutung und die Gefahr nicht einsähe und ihr nicht einen Denk- und Grenzstein errichtete, so hoch wie der Galgen! *(Geht umher.)*
*(Pause.)*

Gräfin *(macht bei den letzten Worten eine Bewegung des Entsetzens und der Abwehr, nach der Pause leise anhebend und langsam).* Ich weiß nicht, ob solch ein Zusammenhang mit dem Schauspiele eines jungen Poeten zu suchen und zu behaupten ist; ich weiß nicht, um wieviel dein Zorn die Erscheinungen und die Verhältnisse vergrößert; aber ich weiß, daß keine Macht der Erde stark genug wäre, durch Verbot und Strafe solchen Zusammenhang zu zerreißen, wenn er besteht, und ich weiß, daß es meinem Innersten widerstrebt, einen begabten jungen Mann wie eine *(entrüstet)* Beute des Henkers behandelt zu sehen! – Für mich ist hier kein menschlicher Zusammenhang! Was hat er getan? Eine wilde Phantasie hat er niedergeschrieben und sie dem Urteile der Welt vorgelegt. Das ist alles. Beurteilt sie, *verurteilt* sie. Das Buch ist euer, der Verfasser nicht. Vergreift ihr euch an ihm, so vergreift ihr euch an demselben alten Rechte, dessen Untergang ihr verhüten wollt. Gott gab jeder Kreatur das Recht, seine Welt anzusehn mit eigenen Augen, seine Welt innerlich nachzuschaffen mit eigenen Kräften. Gebet dem Kaiser, was des Kaisers ist, und lasset Gott, was Gottes ist. Die Tat des Poeten mag euer sein, ich will's nicht bestreiten, obwohl auch dies mir widerstrebt, der Poet aber ist Gottes. Du vergreifst dich an Gottes vorbehaltenem Eigentume, wenn du den Dichter, Gottes ewigen Quell von unerhörten Dingen, vor dein beschränktes weltliches Tribunal schleppst!

Herzog *(höhnisch)*. Du phantasierst!

# POLITISCHE SATIREN

HERMANN FÜRST VON PÜCKLER-MUSKAU

## Die Preußische Staatszeitung

Ich liebe die Preußische Staatszeitung und ihr Literaturblatt ganz ungemein, ja ich kann es mit einem körperlichen Eide bekräftigen, daß ich gar keine andre politische Zeitung in meinem kleinen Hause halte und mir es sogar zu einer Art Gesetz gemacht habe, abends nach des Tages Last und Hitze nie ohne dieselbe einzuschlafen. Wieviel Belehrung danke ich ihr aber noch außerdem. So las ich neulich in ihrem besagten Appendix, dem Literaturblatt, einen Artikel: *Nächtliche Blindheit* betitelt, worin diese dem Einfluß des Mondes auf die Augen zugeschrieben wird – denn, setzt der Verfasser hinzu: „Viele Menschen schlafen *bekanntlich* mit offnen Augen." Ich schämte mich meiner Unwissenheit, da ich gestehen muß, diesen Umstand bisher gänzlich ignoriert zu haben, vielmehr glaubte ich nur die Hasen dieses Kunststückes fähig. Es fällt aber nun wie Schuppen von meinen eignen Augen, und so manche politische Rätsel werden mir plötzlich gelöst! Kann man z. B. die Motive einer Regierung, eines Ministers nicht mehr begreifen, sieht man selbst ein ganzes Kollegium wie Blinde handeln – Was ist der Grund? Der so einfache *bekannte*: Sie schlafen mit offnen Augen.

## Onkel Marcus

Doch, da wir einmal beim Spaße sind, darf ich ein Gegenstück nicht unerwähnt lassen. Auch Polkwitzers Oheim, der reiche Marcus, vor dem die Börsenmänner rechts und links weichen, hat mich neulich seiner Aufmerksamkeit gewürdigt. Ob es der echte Marcus und der echte Oheim war, ist gleichgültig; ich teile sie ein in Oheime, welche die Hände in den Taschen und blanke Taler darin, und in Neffen, welche die Taschen leer und Löcher darin haben. Diese sind liberal, jene in demselben Maße loyal. Ein solcher Oheim Marcus also mit den Händen in den Taschen voll harter Taler faßte mich neulich, als ich über den Börsenplatz ging, und hielt mich eine Stunde durch sein Geschwätz auf. Er versicherte mich, wie außerordentlich ihm mein Buch gefallen hätte; wie er sich glücklich schätze, die Bekanntschaft von einem Manne gemacht zu haben, der es der Jugend so derb und witzig gegeben mit ihrem Schwindel, und daß sie mehr wissen wollten als Leute, die sich in der Welt versucht hätten.

„Sagen Sie selbst, mein Herr Baron, wohin führt das? Zur puren Verführung, zum Ungehorsam, zur Widersetzlichkeit gegen die Obrigkeit. Der Handel leidet darunter, die Gewerbe kommen zurück, der Respekt hört auf. Sagt mir neulich ein blutjunger Bursche, den ich aus Gottesbarmherzigkeit angenommen – und ich versichere Sie, bei Gott, er hat mir noch nicht verdient so viel – sagt mir: ich habe kein Recht, ihm hinter die Ohren zu schlagen. Bei Gott, das hat er gesagt. Das sind die Grundsätze, worin jetzt die jungen Leute erzogen werden, das kommt von den Herren Professoren, von den Universitäten, von der Preßfreiheit! Ich hab's gleich der Polizei angezeigt. Alles will Freiheit sein. Ja, was ist die Freiheit? Die Freiheit, anständige

Leute um ihr sauer Erworbenes zu bringen? Ich bitte Sie, Herr Baron, was soll daraus werden? Es müßte ihnen gesagt werden, diesen Aufrührern, diesen Rädelsführern, was sie verdienen; diesen jungen Leuten, die gar nichts wissen und gar nichts haben; und das läßt man gehen! Eine Republik wollen sie. Fragen Sie mal, ob sie Zinsen zahlen, die Republiken, fragen Sie in Peru, Mexiko, Chili. Haben die Römer Zinsen gezahlt oder die Griechen? Fragen Sie mal jetzt, wieviel sie Zinsen geben heut? – Haben Sie die Gefälligkeit, Herr Baron, schreiben Sie ein Buch für die Legitimität, recht scharf, sagen Sie's ihnen deutlich, was die Legitimität ist und was die Rebellion zustande bringt. Was bringt sie zustande? Daß Handel und Wandel stockt, daß wir unsere Comptoire schließen, daß wir kein Geld 'raus geben, daß die Herren sehen können, wo sie fertig werden. Herr Baron, ich sage Ihnen, das ist eine schlechte Zeit, wo die Schulkinder wollen klüger sein als die Leute, die Geld haben. Ich bitte Sie, was hat der Staat von den Schriftstellern, von den Professoren und Zeitungschreibern. Kann er eine Anleihe schließen, werden sie ihm sagen, wenn er in Not ist: Hier hast du Geld. Sagen Sie selbst, Herr Baron, wer hat die Legitimität erhalten bei uns nach der Revolution? Haben's die Gelehrten, haben's der Adel, haben's die Soldaten gemacht? Warum haben wir keine Republik? – Weil *wir* nicht haben gemacht eine Republik, weil bei einer Republik nichts herauskommt als Unruhe, Plünderungen, keine Garantien, kein Kredit, keine Zinsen, weil der Rothschild hat gesagt „Nein!", und wir haben alle auch gesagt „Nein!" Wenn der Rothschild nicht hätte lassen fallen die Bourbons, wären die Quartiere in Prag auch noch wohlfeiler. – Ich gebe jeden Geburtstag von meinem Fürsten ein Diner von hundert Couverts, und auf dem Flur speis ich die geschossenen und gehauenen Invaliden – Alles umsonst, es braucht keiner einen Pfennig zu zahlen, sie kriegen Wein, soviel sie trinken wollen, jeder eine halbe Flasche; dann sprech ich ein paar patriotische Worte und frage, wie sie zufrieden sind, und bringe selbst die Gesundheit aus von dem allergnädigsten Fürsten und dann auf die Vaterlandsverteidiger, und dann schreib ich einen Brief an meinen Fürsten und zeig's ihm an und kriege jedesmal einen Brief wieder, einen höflichen, schönen Brief, und darunter steht: ‚Ihr wohlaffektionierter Herzog.' Sehen Sie, alles das tue ich aus freien Stücken – es befehlt's mir kein Mensch, und es bringt mir keinen Groschen ein, bei Gott, keinen Groschen, bloß tu ich's wegen der Legitimität!"

Er will auf zehn Exemplare subskribieren, sie in Halbfranz binden lassen und gratis verteilen, wenn ich für die Legitimität schreibe. Ich will mich besinnen.

KARL GUTZKOW

*Das Jüngste Gericht*

Jetzt endlich soll das siebente Siegel geöffnet werden. Ehe dies noch geschieht, tritt eine kleine Stille ein. Sie verstehen mich, das ist die Restauration. Eine apokalyptische Stunde ist ein Menschenalter, eine halbe also 15 Jahre. So lange hat die kleine Stille und die Restauration gedauert.

Wie wichtig muß das siebente Siegel sein! Noch immer bedarf es zu seiner Lösung ungewöhnlicher Vorkehrungen. Mit Posaunen wurd' es nach und nach geöffnet. Wie sich von selbst versteht, sind diese Posaunen die sogenannten Schreier des Tags, die Journalisten, die Männer sans loi et foi.

Es muß Ihnen bekannt sein, daß es in Deutschland beinahe das Ansehen gewann, als wären die Bestrebungen der Restaurierenden durchgedrungen. Oh! in den Jahren 20–30 waren wir seelenvergnügt. Wir trugen unsere Ketten aus Ironie, mit Vergnügen, lachten drüber. Wir glaubten Tage in Aranjuez zu leben, solche Richtung nahm die Literatur. Süß war sie, überzuckert, wie Honig. Wer sie aber verdauen wollte, bekam Bauchgrimmen. Darum nun verschlingt Johannes während der sechsten und siebten Posaune ein Buch. Hören Sie darüber ihn selbst:

> „Ich nahm das Büchlein von der Hand des Engels und verschlang es. Und es war süß in meinem Munde wie Honig: und da ich es gegessen hatte, grimmte mich's im Bauche."

Da nun der Engel die siebente Posaune blies, wurden die Erscheinungen so mannigfach, daß wir wohl daran tun, alles gehörig zu unterscheiden. Es beginnt nämlich ein Kampf zwischen den Vorboten des Himmels und der Hölle. Die Zeichen sind so ausdrücklich, daß ich keinen Anstand nehme, die himmlische Erscheinung für die Hoffnung der Völker, die höllische für die Legitimität, heilige Allianz usw. zu nehmen.

> „Und es erschien ein großes Zeichen am Himmel: ein Weib mit der Sonne bekleidet und der Mond unter ihren Füßen und auf ihrem Haupt eine Krone von zwölf Sternen."

Das ist die Volkssouveränität! Ja, das ist sie!

> „Und sie war schwanger und schrie und war in Kindesnöten und hatte große Qual zur Geburt."

Gott, daß ich ihr helfen könnte! Fräulein, Sie werden rot, aber in der Tat, jetzt ist nicht Zeit zum Rotwerden! Die Sache ist bedenklich, sehr bedenklich! Hören Sie nur:

> „Und siehe, ein großer, roter Drache, der hatte sieben Häupter und zehn Hörner und auf seinen Häuptern sieben Kronen. Und sein Schwanz zog den drit-

ten Teil der Sterne und warf sie auf die Erde. Und der Drache trat vor das Weib, die gebären sollte, auf daß, wenn sie geboren hätte, er ihr Kind fräße."

Oh, fallen Sie noch nicht in Ohnmacht! Gott nimmt ja das Kind auf seinen Stuhl und schickt die Mutter so lange an einen sichern Ort, bis die Herrschaft ihres Kindes beginnt.

Jenen großen, roten Drachen muß ein jeder für das Königtum im allgemeinen und die Heilige Allianz im besondern halten. Die Dreizahl ist deutlich hervorgehoben. Sieben Häupter und zehn Hörner und nur sieben Kronen! Ziehen Sie gefälligst 7 von 10 ab, so bleiben 3. Diese Drei haben keine Kronen, ein Zeichen ab eventu: denn gerade diesen wird der kommende Sturz die Krone abstoßen.

Im folgenden sind zwei Tiere merkwürdig und die große –

Allmächtiger Gott, hätt' ich das gewußt! Fräulein, was fang ich nun an? das hab ich nicht ahnen können. Verzeihen Sie mir! Nur dies eine Mal noch! Verzeihen Sie mir! Hab ich denn die Bibel geschrieben? hab ich sie denn übersetzt? Es steht doch nun einmal da. O dem Reinen ist alles rein – also die zweite Merkwürdigkeit ist die große Hure. Alle drei sind nähere Modifikationen des Königtums.

Das siebenköpfige Tier der Lästerung ist die Wissenschaft (sieben freie Künste), wenn sie sich dem Dienste des Staates ergibt. Darum trägt auch sie 10 Kronen auf 7 Häuptern und 10 Hörnern, und es ist ausdrücklich gesagt, daß ihr der Drache des Königtums seine Kraft, seinen Stuhl und große Macht gegeben hat. Die königliche Wissenschaft gleicht einem Pardel; denn sie ist geschmeidig, ihr Mund dem Mund eines Löwen; denn sie ist Autorität. Ihre Füße sind Bärenfüße; denn sie ist grob. Zwar kann sie große Dinge reden und hat Macht über alle Sprachen, sie überwindet auch die Heiligen Gottes, aber die Zeit der Ernte reift auch für sie heran.

Das zweiköpfige Tier der Verführung ist die Religion in ihrer falschen Verbindung mit dem Königtum. Sie tut große Wunder, läßt Feuer vom Himmel regnen, ist überhaupt falscher Prophet und Herold des Aberglaubens, und die Menge gehorcht dem, der ihr solche Macht gegeben. Alles, was dies zweiköpfige Tier tut, tut es des siebenköpfigen und mittelbar des roten Drachen wegen.

Aus allen diesen höllischen Ingredienzien mischt sich nun das Bild der großen Hure, diese ewige Antichristin, die dabei noch immer den Schein des Christentums annimmt. Da haben wir die *heilige* Inquisition, die *heilige* Ligue, – – – – – das *göttliche* Recht.

„Ich sahe das Weib sitzen auf einem rosinfarbenen Tier, das war voll Namen der Lästerung und hatte sieben Häupter und zehn Hörner. Und das Weib war bekleidet mit Scharlach und rosinfarb und übergoldet mit Golde und Edelgesteinen und Perlen; und hatte einen goldnen Becher in der Hand, voll Greuel und Unsauberkeit. Mit ihr haben gehuret die Könige auf Erden und sind trunken worden von ihrem Weine."

Pfui! diese Wirtschaft wird 1836 aufhören! Dann wird der Sitz dieses Weibes, Babylon, zerstört werden. Babylon? Sie denken vielleicht an Rom wie die meisten Ausleger. Ein verzeihlicher Irrtum! Nein, es ist Frankfurt am Main.

LUDOLF WIENBARG

## Mathilde F. an Laura H.

Du hast recht, ich bin nicht glücklich; aber ich war es, und nichts hat sich verändert als ich selber und meine Ansicht der Dinge.

Ja, ich war glücklich, wenn ich zu Ball fuhr, und glücklich, wenn ich heimliche Almosen austeilte; glücklich, wenn ich eine neue Perlenschnur umhing, und glücklich, wenn ich durch den Verkauf der alten eine Tränenperle im Auge des Unglücks trocknete. Ich sonnte mich im Reichtum meines Vaters, weil er jeden meiner Schritte mit behaglichem Schimmer umgab, alle meine Launen und Wünsche befriedigte, mich in Theater und Gesellschaften glänzen ließ, aber nicht weniger, weil er mir erlaubte, den schöneren und reineren Empfindungen meines Herzens nachzuhängen, weil er mich zur Wohltäterin und im Auge manches Bedrängten zum rettenden Schutzengel erhob.

Die Zeit ist hin. Eigenes Nachdenken und eine furchtbar liebe Hand lösten mir die Binde eitler Täuschungen, die meine Stirn umflatterte. Ich sah den Abgrund des menschlichen Elends zu meinen Füßen, und aus bodenloser, schwarzer Tiefe stieg ein ununterbrochener Weheruf zu mir empor. Dahinab, rief mein zürnender Engel, dahinab fallen deine Almosen, dahinab jene übermütigen Spenden des Reichtums, die euer Herz kitzeln mit der grausamen Wollust eines Gefühls, welches eure Priester Lust am Wohltun nennen und bis zum Himmel erheben und welches dem Herrn ein Abscheu und ein Greuel ist. Ja, eure Almosen sind dem Herrn ein Greuel gleichwie euer Reichtum. Liebtet ihr

Gott, so liebtet ihr eure Brüder; liebtet ihr eure Brüder, so würdet ihr nicht an goldner Tafel prassen und euren Brüdern die abgenagten Knochen vor die Füße werfen. Gott und eure Brüder liebt ihr nicht, und vergebens ist der letzte Prophet der Liebe auf die Welt gekommen. Mögt ihr dann Gott fürchten, wenn er am Tage des Gerichts in Donnerwettern herniederfährt.

Laura, meine geliebte Laura! Der Hall jener Worte pflanzt sich immer tiefer in mein Inneres fort, es ist ein plötzlicher schriller Ruf nach Feuer in der Nacht, er schreckt mein verzärteltes Dasein aus dem seidnen Ruhekissen auf und füllt meine Brust mit einem dunkeln, heftigen, schmerzlichen Gefühl der Mitleidenschaft für alles wirkliche und mögliche Unglück, das Ehrgeiz und Habsucht in der Welt anrichten.

Wo ich geh und stehe, höre ich den Schrei des nackten Elends. Ich verdopple meine Wohltaten, oder was ich so nannte, ich kämpfe mit meiner Eitelkeit, meiner Vergnügungssucht, die ich früher so wohl in Einklang brachte mit den Anforderungen meines mildtätigen Sinnes, ich bringe so manche Opfer, die mir wirklich als Opfer erscheinen, ich verzichte auf so manche kostspielige Kleinigkeiten der Mode, die ich wirklich ungern entbehre, ich habe sogar die diesjährige Badreise aufgegeben; aber mit allen beschwichtige ich nicht die Stimme meines Gewissens, die so unaufhörlich fortmahnt und hindringt auf ein Größeres, daß ich mich – Laura, beklage mich – ich sehe mich ängstlich nach dem Punkte um, wo ich mir ein Herz fassen und den Mut, den Trotz, die kalte Vernunft haben werde, bis hierher und nicht weiter! zu rufen.

Selbst im Schlafe werde ich verfolgt. Träume lassen mir keine Ruhe, ich sehe bittend aufgehobene Hände, blasse, düsterschauende Familienväter, Mütter, die mir ihre vertrockneten Brüste zeigen – ich teile Geld, Speisen, Trostsprüche aus, ich werfe meine Ringe, Uhren, Diamanten in den Haufen, ich reiße mir den letzten

Rubin aus den Haaren, und wenn ich alles Meinige verschenkt und ausgeteilt habe und sehe mich dann umringt, umseufzt wie vorher, so ergreift mich die Angst der Verzweiflung, und ich schreie ihnen mit wilder Stimme zu, geht mit Gott, ich bin nicht Gott, wendet euch an den Schöpfer eures Daseins, Christus ist auch da, Gottes Sohn ist für euch gestorben, für die Armen ist er gestorben –

Ich wage nicht auszuschreiben, aber die Worte stehen mit feurigen Buchstaben an der Wand, und du könntest sehen, wie meine Lippen sie trostlos nachlispeln.

Ich fange an, den Reichtum für ein großes Unglück, ja in Augenblicken für ein Verbrechen zu halten. Ich verwünsche ihn, und dennoch – meine Phantasie kann sich nicht losreißen von den glänzenden Bildern, die in seinem Gefolge gehen. Ich fühle es wohl, er hat meines Vaters Herz verödet, das meinige verblendet und mit den Goldfäden der Eitelkeit und der Torheit umsponnen. Ich zittre für mich und meinen Vater, ich verwünsche den Reichtum – aber das ist alles. Er hat mir nicht die Kraft zu einem ganzen großen Entschlusse übriggelassen. Zwischen mir und dem Himmel gestellt, liegt er auf seiner goldenen Tatze zwischen mir und dem, der unter allen Wesen allein mir Glück und Seelenruhe wiederschenken könnte.

Meine Gedanken kehren auf die ungeschriebenen Worte zurück. Eine unsichtbare Hand scheint mir die Feder zu führen. Nein, Laura, Christus ist nicht für die Reichen gestorben, nur den Armen ist sein Blut am Kreuze herabgeträufelt, nur den Armen hat er die Pforten des Himmelreiches erschlossen – den Reichen nicht.

ERNST WILLKOMM

### Ein „Kapitalist"

Mit übergeschlagenen Beinen in einem weichgepolster-
ten Lehnstuhl von massivem Mahagoniholze nachlässig
ruhend und eine aromatisch duftende Zigarre von ech-
testem Havanna rauchend, deren tief dunkelblaues
Gedüft er mit wohlgefälligem Lächeln verfolgte, ließ
sich Adrian von dem Buchhalter Bericht erstatten über
die Ausgaben der letzten Woche an Arbeitslohn. Der
Buchhalter las:

„Hundertundzwanzig Feinspinnern, jedem einzelnen einen Taler fünf Silbergroschen."

„Streichen Sie für nächste Woche diese fünf Silbergroschen, Herr Vollbrecht", unterbrach Adrian den
Vortragenden. „Die letzten Briefe meiner Korrespon-
denten in Leipzig, Hamburg, Wien und andern Plät-
zen berichten, daß uns ein großer Gewinn sicher ist,
wenn wir auf den nächsten Messen alle Konkurrenten
durch Billigkeit unserer Wolle aus dem Felde schlagen
können. Dies läßt sich leicht durch eine Herabsetzung
des Arbeitslohnes erreichen, der ohnehin zu hoch
war."

„Aber Herr Graf –"

„Herr am Stein, lieber Vollbrecht, wenn's beliebt!"

„Nun denn, Herr am Stein, die Arbeiter klagen
schon seit langer Zeit, daß sie mit dem jetzigen Lohne
kaum mehr ihre Familien unterhalten können! Der
harte Winter von 29 auf 30 ist sehr vielen dieser Armen
gefährlich geworden und hat ihre geringen Ersparnisse
gänzlich erschöpft."

„Desto besser, so haben wir sie in unserer Gewalt!
Es ist nicht gut, wenn der Arbeiter wohlhabend wird.
Das macht ihn nur stolz, brutal, aufsätzig, wie wir's
vor einigen Jahren schon einmal erleben mußten. Damals hätte es not getan, wir hätten diese Elenden mit

274

Bitten bestürmt und sie vom Kopf zur Zehe übergoldet, nur um ein paar Hände zu bekommen. Ich habe mir diese Lehre gemerkt und mich fest entschlossen, es nie wieder dahin kommen zu lassen. Noch einige Jahre und die im Wohlleben schwelgenden Arbeiter wären unsere Gebieter geworden! Gottlob, mein und einiger Kollegen System hat bereits angefangen, Früchte zu tragen! Das unmerkliche Schmälern des Lohnes, durch die große Konkurrenz leicht zu rechtfertigen, hat diese Übermütigen uns wieder untertänig gemacht. Sorglos verpraßten sie inzwischen ihre Ersparnisse, der schwere Winter half auch mit zehren, und jetzt haben sie nichts mehr als ihr gutes Auskommen von einem Tage zum andern. Was wollen sie mehr? Ihr Verdienst wird ihnen pünktlich zur Stunde ausgezahlt, während wir armen Spekulanten die Gefahr des Wagens stets mit in Anschlag bringen und sie häufig genug mit Gleichmut überwinden müssen."

„Sie sprechen von einem guten Auskommen Ihrer Arbeiter, Herr am Stein, und müssen doch wissen, daß schon seit Jahr und Tag die Kartoffeln der meisten alleinige Nahrung ist!"

„Kartoffeln sind eine sehr nahrhafte Kost und geben Kraft. Man merkt's an den vielen Kindern dieser Spinner und Weber! Und überdies gibt es noch Hunderttausende, für die ein Menschenfreund auch sorgen muß. Der Arme will sich kleiden, will sich billig kleiden, mithin dürfen baumwollene Stoffe nicht teuer sein. Streichen Sie also ganz ruhig die fünf Silbergroschen!"

Kopfschüttelnd gehorchte der Buchhalter und fuhr fort:

„Sechzig Wollzupfern, einem jeden 17$^{1}/_{2}$ Silbergroschen."

„Sind das nicht Mädchen von vierzehn bis siebzehn Jahren aus den Gemeindehäusern?"

„Allerdings, Herr am Stein."

„Und diese bekommen wöchentlich einen so hohen Lohn? Das geht nicht, das muß geändert werden! Machen Sie 15 Silbergroschen bis nach Beendigung der Leipziger Michaelismesse! Das Wollezupfen ist eine bloße Tändelei, keine Arbeit. Man muß unnötige Ausgaben ersparen, um so mehr, als ich nächstens eine dritte Dampfmaschine zu stellen genötigt bin, um den Anforderungen der Zeit zu genügen."

„Es sind Waisen, Herr am Stein!" sagte Vollbrecht bedeutungsvoll. „Keines dieser armen Mädchen besitzt mehr als einen Anzug, nicht einmal an Sonn- und Feiertagen können sie sich, wie ihre glücklicheren Schwestern, das Haar mit einem bunten Tuche umwinden. Sie müssen von ihrem Verdienste all ihre Bedürfnisse bestreiten, und eine oder die andere teilt wohl auch noch einer kränkelnden, hinfälligen Mutter etwas davon mit!"

„Lieber Vollbrecht", versetzte Adrian ruhig, „wenn ich mich um den häuslichen Kummer meiner mehr als tausend Arbeiter kümmern und ihn heilen wollte, so müßte ich die Schätze des Krösus besitzen. Ich bin selbst nicht reich, wie Sie wissen, ich suche nur die mir verliehenen Mittel auf eine unserer Zeit angemessene Weise anzulegen und zum Besten der Menschheit zu vermehren. Wem mein Lohn nicht behagt, den will ich nicht halten. Er mag gehen und woanders sein Unterkommen suchen. Was ich zahlen kann, das gebe ich, und junge Mädchen gedeihen am besten, wenn sie frugal leben. Das macht sie nicht üppig."

Der Buchhalter las seufzend weiter:

„Achtzig Spindelknaben, jedem einzelnen zehn Silbergroschen."

„Eigentlich sollte ich diesen Lohn ebenfalls verringern, indes mag er für die nächsten Wochen noch fortbestehen, da in letzter Zeit mehrere Unglücksfälle vorgekommen sind. Ich will nicht unbillig sein und die Gefahr der Beschäftigung so gut wie die Beschäftigung selbst bezahlen. Fahren Sie fort, Vollbrecht."

„Den Käutchenschlingern, jedem einzelnen zwanzig Silbergroschen."

„Setzen Sie 15 für die Zukunft! Diese Arbeit wird vom nächsten Montage an eine bloße spaßhafte Unterhaltung sein, sobald die Käutchenmaschinen aufgestellt sind!"

„Ich erlaube mir, Ihnen zu widersprechen, Herr am Stein. Die Arbeit wird durch die Maschine erschwert, da der Arbeiter beinahe noch einmal soviel Käutchen liefern muß als früher, wo er bloß mit seinen eigenen Händen arbeitete! Legen Sie den armen Menschen, die ohnehin meistenteils in Ihrer Fabrik Verunglückte sind, lieber einige Groschen zu, da Sie einen bedeutenden Vorteil durch die Maschinen gewinnen."

„Vom Gewinn lebt der Kaufmann, für den Gewinn spekuliert er. Die Maschinen kosten Geld, viel Geld, und ehe die Arbeiter das Käuteln auf denselben lernen, werden sie mir manches Schock Garn verderben. Schreiben Sie 15 statt 20, und halten Sie mich nicht länger durch Ihre humanistischen und kosmopolitischen Einwürfe auf."

ERNST WILLKOMM

### Eine Fabrikbesichtigung

Hundert und mehr Mädchen und Knaben, in einem Alter von vierzehn bis sechzehn Jahren, schlecht gekleidet und von bleichem Ansehen, liefen ruhelos geschäftig hin und her, um die mit furchtbarer Schnelligkeit arbeitenden Maschinen zu bedienen. Der ganze weite Saal war mit einem trüben, öligen Nebeldunst erfüllt, der aus den staubfeinen, fast unsichtbaren Wollenteilchen gebildet ward, die immerwährend von den Maschinen abflogen. Häufiges abgebrochenes Husten der Arbeitenden fiel jedem Fremden auf und ward auch sogleich von Sloboda und Heinrich bemerkt. Es machte einen fast unheimlichen Eindruck, die vielen schlanken Gestalten stumm und traurig unter den rasselnden Maschinen in dieser brühwarmen, feuchten und fettigen Atmosphäre ewig hüstelnd umherwandern zu sehen, Hände, Gesicht, Kleider und Haare mit feinen Wollenflöckchen bedeckt, die nicht selten an den reizbaren Stellen der Haut ein heftiges Jucken verursachten.

„Diese Arbeit muß anstrengen", sagte Sloboda, „und scheint mir nicht ganz unschädlich zu sein. Arme Kinder, wie sie husten!"

Adrian lächelte. „Glauben Sie diesen intriganten Geschöpfen nicht", sprach er, „sie verstellen sich und heucheln einen krampfhaften Kitzel in der Kehle, der in Wahrheit nicht vorhanden ist. Ich will Ihnen erklären, woher dies kommt. Früher arbeiteten die Maschinen nur zehn Stunden täglich, in welcher Zeit sie abwechselnd von zwei sich ablösenden Parteien bedient wurden. Später, als das Maschinengarn mehr in Aufnahme kam und die Bestellungen sich häuften, ward die Arbeitszeit verlängert und der Lohn natürlich auch erhöht, während im übrigen die Verhältnisse ganz dieselben blieben. Bald aber reichte auch dies nicht mehr hin, und ich sah mich genötigt, die Maschinen Tag und Nacht, mit Ausnahme der Stunden von eilf bis ein Uhr nachts, ununterbrochen gehn zu lassen. Natürlich muß ich nun auch die Arbeitszeit meiner Leute verlängern, wofür sie angemessen bezahlt werden. Allein diese Menschen, die anfangs froh waren, daß sie Arbeit fanden, und die ein schönes Geld verdienten und durchbrachten, können jetzt nicht mehr genug Lohn erhalten. In der Meinung, daß unser Gewinn in gleichem Verhältnis stehe mit dem Mehrertrage, verlangen sie doppelten, ja wohl gar dreifachen Lohn, behauptend, es litte ihre Gesundheit bei den Maschinen, und weil ich auf so törichte und völlig unsinnige Forderungen bei den äußerst gesunkenen Preisen der baumwollenen Waren nicht eingehen kann und will, verstellen sie sich und husten, als ob sie all die Schwindsucht hätten! Doch ich lache zu solchen Maskeraden!"

„Eilf Stunden täglichen Aufenthalts in diesem Öldunst ist kein Genuß, Herr am Stein", sagte der Maulwurffänger. „Könnten Sie nicht, um die Maschinen zum Segen der Menschheit wirken zu lassen, die Arbeitszeit vierteilen und vier Parteien beschäftigen?"

Adrian sah den Alten mit großen Augen an, verwundert über einen solchen Gedanken. „Das wäre der erste Schritt zum sichern Bankerott", versetzte er verächtlich. „Ich müßte dann wenigstens zweimal mehr Lohn geben als jetzt und hätte überdies noch mit der Widerspenstigkeit dieser nie zufriedenen Menschen unablässig zu ringen. Nein, es ist so besser, und ich rate Ihnen, mein lieber alter Herr, wenn Sie etwa in Rußland das Maschinenspinnen einführen sollten, nie auf die Klagen Ihrer Arbeiter zu achten. Nachgiebigkeit macht sie stets unzufrieden. Sie haben so wenig bei den Maschinen zu tun, daß man das bißchen Hin- und Herlaufen eigentlich gar nicht Arbeit nennen kann. Es ist eine bloße müßiggängerische Spielerei, für die ein Trinkgeld hinlänglicher Lohn wäre. Doch bei Ihnen wird solche Aufsätzlichkeit wie hier nicht vorkommen. Sie besitzen zum Glück Leibeigene, die Sie für jede Klage mit Knutenhieben belohnen können, eine Einrichtung, die sehr vernünftig und praktisch ist und die auch bei uns bestehen sollte! Glauben Sie mir, man hat unsäglichen Ärger mit diesem widerhaarigen Arbeitervolk!"

Sie hatten die verschiedenen Säle durchschritten, stiegen in das zweite Stockwerk hinauf und traten in die Räume der Grobspinnmaschinen. Auch hier flutete dieselbe schwere, ölige, das freie Atmen hemmende Atmosphäre durch alle Säle, und die Luft war ebenfalls, wenn auch nicht in so hohem Grade, mit Millionen feiner

Wollenteilchen geschwängert, die als weißgrauer Nie-
derschlag an den Kleidern sich anlegten und bei vielen
Arbeitern Augenentzündungen verursacht hatten. Die
Heftigkeit, mit welcher der feine Wollstaub von den
schwirrenden Würteln und Spillen abflog und die darüber Gebeugten traf, mochte viel dazu beitragen. Sloboda und Heinrich bemerkten dasselbe trockene Hü-
steln, das freilich aus dem schmetternden Lärm der Räder
und Spindeln nur ein achtsames Ohr heraushörte.

LUDWIG BÖRNE

## Arm und reich

Der fürchterliche Krieg der Armen gegen die Reichen,
der mir so klar vor den Augen steht, als lebten wir
schon mitten darin, könnte vermieden, die Ruhe der
Welt könnte gesichert werden; aber alle Regierungen
sind vereint bemüht, das Verderben herbeizuführen.
Wenn die Staatsmänner zittern vor einem Übel, meinen
sie, sie hätten das Ihrige getan. Die armen Leute in
Frankreich haben in der Kammer keine Stellvertreter.
Die neueste französische Konstitution hat die alte Torheit, die alte Ungerechtigkeit, die alte, erbärmliche Phi-
lister-Politik beibehalten, das Wahlrecht an den Besitz
gebunden und die Besitzlosen auch ehrlos gemacht. Die
Reformbill in England hat nur den Zustand der Mittel-
klassen verbessert und das Heloten-Verhältnis des niedern Volks von neuem befestigt. Im Parlament wie in
der Deputiertenkammer sitzen nur die reichen Guts-
besitzer, die Rentiers und Fabrikanten, die nur ihren
eigenen Vorteil verstehen, welcher dem der Arbeitsleute
gerade entgegensteht. Die graubärtige Staatsweisheit,
vor Alter kindisch geworden, geifert gegen den Wunsch
der Besseren und Einsichtsvolleren: daß man auch die

niedern Stände an der Volksrepräsentation möge teilnehmen lassen. Sie sagen: Menschen, die nichts zu verlieren haben, könnten an dem allgemeinen Wohle des Landes nie aufrichtigen Anteil nehmen; jeder Intrigant könne ihre Stimme erschleichen oder erkaufen. So *sprechen* sie, um das Gegenteil von dem zu sagen, was sie *denken*. Weil es unter den armen Leuten mehr Ehrliche gibt als unter den Reichen, weil sie seltener als die andern sich bestechen lassen, wollen die Minister sie nicht unter den Volksvertretern sehen. Sie mögen uns ihre geheimen Register öffnen, sie mögen uns die Namen ihrer Anhänger, ihrer Angeber, ihrer politischen Kuppler, ihrer Spione lesen lassen – und dann wird sich's zeigen, ob mehr Reiche, um ihren Ehrgeiz und ihre schnöden Lüste zu befriedigen, oder mehr Arme, um ihren Hunger zu stillen, das Gewissen verkauft haben. Die reichen Leute machen allein die Gesetze, sie allein verteilen die Auflagen, davon sie den größten und schwersten Teil den Armen aufbürden. Das Herz empört sich, wenn man sieht, mit welcher Ungerechtigkeit alle Staatslasten verteilt sind. Hat man denn je einen reichen Städter über zu starke Auflagen klagen hören? Wer trägt denn nun alle die Lasten, unter welchen die europäischen Völker halb zerquetscht jammern? Der arme Taglöhner, das Land. Aber was ist dem Städter das Land? Gott hat es nur zu Spazierfahrten und Kirchweihfesten geschaffen! Der Bauer muß seinen einzigen Sohn hergeben, den frechen Überfluß der Reichen gegen seine eigene Not zu schützen, und unterliegt er der Verzweiflung und murret, schickt man ihm den eigenen Sohn zurück, der für fünf Kreuzer täglich bereit sein muß, ein Vatermörder zu werden. Alle Abgaben ruhen auf den notwendigsten Lebensbedürfnissen, und der Luxus der Reichen wird nur so viel besteuert, als es ihre Eitelkeit gern sieht; denn ein wohlfeiler Genuß würde sie nicht auszeichnen vor dem niedrigen Volke. Die fluchwürdigen Staatsanleihen, von denen erfunden,

welchen nicht genügt, das lebende Menschengeschlecht
unglücklich zu wissen, sondern die, um ruhig zu sterben, die Zuversicht mit in das Grab nehmen wollen,
daß auch die kommenden Geschlechter zugrunde gehen
werden – entziehen dem Handel und den Gewerben
fast alle Kapitalien, und nachdem sie dieses Verderben
gestiftet, bleiben sie, zu noch größerem Verderben, un-
besteuert, und was dadurch der Staat an Einkommen
verliert, wird von dem armen Rest der Gewerbe verlangt. Der reiche Fabrikant hält sich für zugrunde gerichtet, wenn nicht jede seiner Töchter einen türkischen
Shawl tragen kann, und um sich und seiner Familie
nichts zu entziehen, wirft er seinen Verlust auf die Arbeiter und setzt ihren Tagelohn herab. Die Stadt Paris
braucht jährlich vierzig Millionen, von welchen ein
schöner Teil in den räuberischen Händen der begünstig-
ten Lieferanten und Unternehmer zurückbleibt. Jetzt
brauchen sie noch mehr Geld, und sie besinnen sich seit
einiger Zeit, ob sie die neuen Auflagen auf den Wein,
die Butter oder die Kohlen legen sollen. Der Reiche soll
nicht darunter leiden, der Arme soll bezahlen wie
immer. Eine Flasche Wein zahlt der Stadt fünf Sous;
ob es aber der geringe Wein ist, den der Arme trinkt,
oder ein kostbarer, den der Reiche genießt, das macht
keinen Unterschied. Die Flasche Wein, die zwanzig
Franken kostet, zahlt nicht mehr Abgaben als eine zu
acht Sous. Eine Sängerin, die jährlich vierzigtausend
Franken Einkommen hat, zahlt nichts, und ein armer
Leiermann muß von dem Ertrage seiner Straßen-Bette-
lei der Polizei einen großen Teil abgeben. Das fluch-
würdige Lotto ist eine Abgabe, die ganz allein auf der
ärmsten Volksklasse liegt. Dreißig Millionen stiehlt
jährlich der Staat aus den Beuteln der Tagelöhner, und
eine Regierung, die dies tut, hat noch das Herz, einen
Dieb an den Pranger zu stellen und einen Räuber am

Leben zu bestrafen! Und nach allen diesen Abscheulich-
keiten kommen sie und lästern über die Unglücklichen,
die nichts zu verlieren haben, und fordern die reichen
Leute auf, gegen das wilde Tier, Volk, auf seiner Hut
zu sein! Geschieht das alles sogar in Frankreich, wo die
freie Presse manche Gewalttätigkeit verhindert, manche
wiedergutmacht – was mag nicht erst in jenen Ländern
geschehen, wo alles stumm ist, wo keiner klagen darf
und wo jeder nur den Schmerz erfährt, den er selber
fühlt! Wie man dort das arme Volk betrachtet, wie
man es dort behandelt, wie man es dort verachtet, das
hat ja die Cholera, diese unerhörte *Preßfrechheit* des
Himmels, uns sehr nahe vor die Augen gestellt. Wie
haben sie in Rußland, Österreich und Preußen ge-
lächelt, gespottet und geschulmeistert – und ihr Lächeln
war ein blinkendes Schwert, ihre Belehrung kam aus
dem Munde einer Kanone, und ihr Spott war der Tod
– über die wahnsinnige Verblendung des Volks, welches
glaubte, die Vornehmen und Reichen wollten sie ver-
giften und die Cholera sei ein Mischmasch des Hasses!
Aber die Wahrheit, die mitten in diesem Wahne verborgen, der dunkle Trieb, der das Volk lehrt, es sei nur
ein schlechtes Handwerkszeug, zum Dienste der Reichen geschaffen, das man wegwirft, wenn man es nicht
braucht, und zerbricht, sobald es unbrauchbar geworden
– diese Wahrheit ist den Spöttern und Schulmeistern
entgangen. Geschah es denn aus Zärtlichkeit für das
Volk, daß man sie mit Kolbenstößen gezwungen, sich
in die Spitäler bringen zu lassen, ihre Wohnung und
ihre Familie zu meiden? Es geschah, um der Ängstlichkeit der Reichen zu frönen. Haben sie sich denn nicht
in allen Zeitungen den Trost zugerufen, haben sie nicht
gejubelt darüber: die Krankheit treffe nur die Armen
und Niedrigen, die Reichen und Vornehmen hätten
nichts von ihr zu fürchten? Hört, liest denn das Volk

solche Reden nicht, wird es nicht darüber nachdenken? Ja freilich, das beruhigt sie, daß das Volk nicht denkt. Aber ihm ist der Gedanke Frucht, die Tat Wurzel, und wenn das Volk einmal zu denken anfängt, ist für euch die Zeit des Bedenkens vorüber, und ihr ruft sie nie zurück. – Genug mich geärgert. In Rußland lebt ein Schäfer, der ist hundertachtundsechzig Jahre alt; aber ein Russe ärgert sich nicht. Er gibt oder bekommt die Knute, überzeugt oder wird überzeugt. So wohl ist uns zivilisierten Deutschen nicht. Doch kann es noch kommen.

# AUX ARMES CITOYENS!

HEINRICH HEINE

### *Verschiedenartige Geschichtsauffassung*

Das Buch der Geschichte findet mannigfaltige Aus-
legungen. Zwei ganz entgegengesetzte Ansichten treten
hier besonders hervor. – Die einen sehen in allen irdischen Dingen nur einen trostlosen Kreislauf; im Leben
der Völker wie im Leben der Individuen, in diesem,
wie in der organischen Natur überhaupt, sehen sie ein
Wachsen, Blühen, Welken und Sterben: Frühling, Sommer, Herbst und Winter. „Es ist nichts Neues unter der
Sonne!" ist ihr Wahlspruch; und selbst dieser ist nichts
Neues, da schon vor zwei Jahrtausenden der König des
Morgenlandes ihn hervorgeseufzt. Sie zucken die Achsel über unsere Zivilisation, die doch endlich wieder der
Barbarei weichen werde; sie schütteln den Kopf über
unsere Freiheitskämpfe, die nur dem Aufkommen neuer
Tyrannen förderlich seien; sie lächeln über alle Bestre-
bungen eines politischen Enthusiasmus, der die Welt
besser und glücklicher machen will und der doch am
Ende erkühle und nichts gefruchtet; – in der kleinen
Chronik von Hoffnungen, Nöten, Mißgeschicken,
Schmerzen und Freuden, Irrtümern und Enttäuschun-
gen, womit der einzelne Mensch sein Leben verbringt,
in dieser Menschengeschichte sehen sie auch die Geschichte der Menschheit. In Deutschland sind die Welt-
weisen der historischen Schule und die Poeten aus der
Wolfgang-Goetheschen Kunstperiode ganz eigentlich
dieser Ansicht zugetan, und letztere pflegen damit einen
sentimentalen Indifferentismus gegen alle politischen
Angelegenheiten des Vaterlandes allersüßlichst zu beschönigen. Eine zur Genüge wohlbekannte Regierung

in Norddeutschland weiß ganz besonders diese Ansicht zu schätzen, sie läßt ordentlich Menschen darauf reisen, die unter den elegischen Ruinen Italiens die gemütlich beschwichtigenden Fatalitätsgedanken in sich ausbilden sollen, um nachher, in Gemeinschaft mit vermittelnden Predigern christlicher Unterwürfigkeit, durch kühle Journalaufschläge das dreitägige Freiheitsfieber des Volkes zu dämpfen. Immerhin, wer nicht durch freie Geisteskraft emporsprießen kann, der mag am Boden ranken; jener Regierung aber wird die Zukunft lehren, wie weit man kommt mit Ranken und Ränken.

Der oben besprochenen, gar fatalen fatalistischen Ansicht steht eine lichtere entgegen, die mehr mit der Idee einer Vorsehung verwandt ist und wonach alle irdischen Dinge einer schönen Vervollkommenheit entgegenreifen und die großen Helden und Heldenzeiten nur Staffeln sind zu einem höheren, gottähnlichen Zustande des Menschengeschlechtes, dessen sittliche und politische Kämpfe endlich den heiligsten Frieden, die reinste Verbrüderung und die ewigste Glückseligkeit zur Folge haben. Das goldne Zeitalter, heißt es, liege nicht hinter uns, sondern vor uns; wir seien nicht aus dem Paradiese vertrieben mit einem flammenden Schwerte, sondern wir müßten es erobern durch ein flammendes Herz, durch die Liebe; die Frucht der Erkenntnis gebe uns nicht den Tod, sondern das ewige Leben. – „Zivilisation" war lange Zeit der Wahlspruch bei den Jüngern solcher Ansicht. In Deutschland huldigte ihr vornehmlich die Humanitätsschule. Wie bestimmt die sogenannte philosophische Schule dahinzielt, ist männiglich bekannt. Sie war den Untersuchungen politischer Fragen ganz besonders förderlich, und als höchste Blüte dieser Ansicht predigt man eine idealische Staatsform, die, ganz basiert auf Vernunftgründen, die Menschheit in letzter Instanz veredeln und beglücken soll. – Ich brauche wohl die begeisterten Kämpen dieser Ansicht nicht zu nennen. Ihr Hochstreben ist jedenfalls erfreulicher als die kleinen Windungen niedriger Ranken; wenn wir sie einst bekämpfen, so geschehe es mit dem kostbarsten Ehrenschwerte, während wir einen rankenden Knecht nur mit der wahlverwandten Knute abfertigen werden.

Beide Ansichten, wie ich sie angedeutet, wollen nicht recht mit unseren lebendigsten Lebensgefühlen übereinklingen; wir wollen auf der einen Seite nicht umsonst begeistert sein und das Höchste setzen an das unnütz Vergängliche; auf der anderen Seite wollen wir auch, daß die Gegenwart ihren Wert behalte und daß sie nicht bloß als Mittel gelte und die Zukunft ihr Zweck sei. Und in der Tat, wir fühlen uns wichtiger gestimmt, als daß wir uns nur als Mittel zu einem Zweck betrachten möchten; es will uns überhaupt bedünken, als seien Zweck und Mittel nur konventionelle Begriffe, die der Mensch in die Natur und in die Geschichte hineingegrübelt, von denen aber der Schöpfer nichts wußte, indem jedes Erschaffnis sich selbst bezweckt und jedes Ereignis sich selbst bedingt und alles, wie die Welt selbst, seiner selbst willen da ist und geschieht. – Das Leben ist weder Zweck noch Mittel; das Leben ist ein Recht. Das Leben will dieses Recht geltend machen gegen den erstarrenden Tod, gegen die Vergangenheit, und dieses Geltendmachen ist die Revolution. Der elegische Indifferentismus der Historiker und Poeten soll unsere Energie nicht lähmen bei diesem Geschäfte; und die Schwärmerei der Zukunftbeglücker soll uns nicht verleiten, die Interessen der Gegenwart und das zunächst zu verfechtende Menschenrecht, das Recht zu leben, aufs Spiel zu setzen. – Le pain est le droit du peuple, sagte Saint-Just, und das ist das größte Wort, das in der ganzen Revolution gesprochen worden.

ROBERT PRUTZ

## Die Französische Revolution

An ihren Früchten sollt ihr sie erkennen: nun und da ist sie ja, die goldige, die blutrote, die Frucht, welcher das gesamte achtzehnte Jahrhundert entgegenschwillt, wie die Knospe der Frucht, die vom Ausgang des Jahrhunderts uns entgegenwinkt, sein Abschluß, seine Vollendung, wie die Frucht vom Baum: die Französische Revolution! .

Die Französische Revolution, wie trivial es in der Tat auch ist, so muß es doch immer aufs neue ausgesprochen werden, weil es noch immer unter uns Leute gibt – und nicht bloß Leute, nicht bloß Polizeimänner, nicht bloß alleruntertänigste Zensur- und Sicherheitsbeamte: sondern auch Männer, auch Gelehrte, auch Geschichtforscher, auch Staatsmänner gibt es, welche noch immer der Meinung sind und uns beweisen und dartun aus Tabellen und Briefen und Memoiren, daß die Französische Revolution bloß entstanden sei –

Nun woher?

Weil die Franzosen von Haus aus ein unruhiges Volk, weil die Steuern zu hoch gewesen, das Korn schlecht geraten, weil der oder jener Minister oder nicht Minister gewesen, und wenn Ludwig der Sechzehnte nur dies getan oder jenes gelassen und wenn es in dem und dem Falle statt so vielmehr so gekommen wäre – mit einem Worte, wenn die Franzosen damals nur einen wackern deutschen Professor, einen feinnasigen, schlauköpfigen deutschen Diplomaten zur Seite gehabt hätten, so wäre die ganze Geschichte anders geworden und Ludwig der Sechzehnte regierte noch heute oder wenigstens seine Enkel, Napoleon aber – der wäre jetzt vielleicht ein pensionierter Major, alles kraft der Weisheit und Vorsicht eines deutschen Professors . . .

Die Französische Revolution, sage ich, so trivial es klingt, so muß es doch immer wiederholt werden, daß sie keineswegs bloß die Französische Revolution, daß sie nicht die Revolution der Franzosen allein: vielmehr sie gehört der Welt, sie ist die Revolution der Geschichte, sie ist der Anfang eines neuen Zeitalters überhaupt!

Auch wir, wir sehr loyalen, sehr friedfertigen Deutschen, sosehr auch unser an Demut und Gehorsam gewöhntes Herz sich bei diesem Gedanken entsetzen mag – es hilft alles nicht, es kann uns nicht erspart werden: auch wir, sowenig vielleicht auch von den Früchten der Revolution, das heißt von jenem neuen, freien und glücklichen Zeitalter, jenem Zeitalter der Gerechtigkeit und erneuter, höherer Menschlichkeit, welches die Revolution gleich einem blutigen Morgenstern über die Welt heraufführen sollte – sowenig vielleicht auch von diesen Früchten uns bisher zuteil geworden: an ihrer Entstehung, an ihrem Werden haben wir dennoch Anteil. Es sind dieselben Ideen der Freiheit und der Bildung, es ist dieselbe Herrschaft des Geistes in seiner ewigen Berechtigung, es ist dasselbe große Wort, daß alle Menschen gleich und frei geboren und daß wir alle gleichmäßig berufen sind zu dem gleichen göttlichen Menschentum, was durch den ganzen Lauf des achtzehnten Jahrhunderts unsere Dichter, unsere Denker beschäftigt, was uns entgegentönt aus ihren Liedern, was, wie eine allgemeine Zauberformel, ein Bannspruch Salomonis, gesucht wird und ausgesprochen in allen Formen der Denker, in allen Systemen der Philosophen – lallend zum Teil, bewußtlos, gleich einem Kinde, das nach Worten sucht und selbst noch die Laute nicht versteht, welche seine kleine Zunge stammelt: aber genug, es wird doch gesucht, es wird doch ausgesprochen –! und was nun am Ende des Jahrhunderts sich verwirklicht in Frankreich, was widerhallt in den stolzen, todesfreudigen Rhythmen der Marseillaise, was uns entgegentropft, schwere, sühnende Blutstropfen von den Stufen der Guillotine! –

Daß die Entwicklung diese furchtbare Gestalt annahm, daß der Engel der Freiheit, statt segnend, beglückend durch die Welt zu schreiten, sein reines Gewand mit Blut besudeln mußte, daß er, statt mit leiser, linder Hand alle Ketten zu lösen und abzustreifen, sie vielmehr zerbrechen mußte mit der schweren Wucht des Beiles – es war nicht seine Schuld! Es ist nicht der Begriff der Freiheit, in Blut zu waten, sie köpft und hängt nicht immer, sowenig wie etwa die Tyrannei uns immer auf seidene Betten legt und streichelt uns und gibt uns zu essen und zu trinken. Vielmehr es war die Schuld derjenigen, welche in dem Genius einen Dämon, in dem Aufgang einen Untergang, in der Morgenröte nur die Flamme einer Feuersbrunst erblickten. Wenn ein Dampfkessel springt, meine Herrschaften, so ist daran sowenig der Dampf schuld wie der Kessel: sondern derjenige trägt die Schuld, der den Kessel überheizt, der den Dampf so zusammengepreßt hat, daß er explodieren mußte, der vergessen hat, beizeiten das Sicherheitsventil aufzuziehen und dem freien Elemente Freiheit zu geben.

Darum nicht entsetzen wollen wir uns vor dem blutigen Bilde der Revolution, wir wollen nicht in jüngferlichem Wohlbehagen unsere reinen Hände erheben und Wehe schreien über die Franzosen, weil die Freiheit mit Blut getauft, noch über das verderbte achtzehnte Jahrhundert, das zu dieser entsetzlichen Höhe, diesem wahrhaften tarpejischen Felsen emporgestiegen ist: Ehrfurcht, meine Herrschaften, Ehrfurcht wollen wir haben vor den entsetzlichen Notwendigkeiten der Geschichte, lernen wollen wir von ihr – und wenn es auch nichts weiter wäre, als daß man die Kessel nicht überheizen darf.

So also stellt die Französische Revolution sich dar: es ist die Verwirklichung jener lebendigen, freiheitatmenden Ideen, jener Ideen der Aufklärung und der Befreiung, welche das gesamte achtzehnte Jahrhundert durchzucken, es ist die Theorie, die zur Praxis, die Literatur, die zur Politik, die Bildung, die zur Tat wird; es ist Pallas Athene, die gerüstet, in Waffen klirrend, aus dem Haupt ihres göttlichen Erzeugers springt.

GEORG BÜCHNER

*Rede des St. Just zu den Deputierten*
*des Nationalkonvents*

Es scheint in dieser Versammlung einige empfindliche Ohren zu geben, die das Wort „Blut" nicht wohl vertragen können. Einige allgemeine Betrachtungen mögen sie überzeugen, daß wir nicht grausamer sind als die Natur und als die Zeit. Die Natur folgt ruhig und unwiderstehlich ihren Gesetzen; der Mensch wird vernichtet, wo er mit ihnen in Konflikt kommt. Eine Änderung in den Bestandteilen der Luft, ein Auflodern des tellurischen Feuers, ein Schwanken in dem Gleichgewicht einer Wassermasse und eine Seuche, ein vulkanischer Ausbruch, eine Überschwemmung begraben Tausende. Was ist das Resultat? Eine unbedeutende, im großen Ganzen kaum bemerkbare Veränderung der physischen Natur, die fast spurlos vorübergegangen sein würde, wenn nicht Leichen auf ihrem Wege lägen.

Ich frage nun: soll die geistige Natur in ihren Revolutionen mehr Rücksicht nehmen als die physische? Soll eine Idee nicht ebensogut wie ein Gesetz der Physik vernichten dürfen, was sich ihr widersetzt? Soll überhaupt ein Ereignis, was die ganze Gestaltung der moralischen Natur, das heißt der Menschheit, umändert, nicht durch Blut gehen dürfen? Der Weltgeist bedient sich in der geistigen Sphäre unserer Arme ebenso, wie er in der physischen Vulkane und Wasserfluten gebraucht. Was liegt daran, ob sie an einer Seuche oder an der Revolution sterben?

Die Schritte der Menschheit sind langsam, man kann sie nur nach Jahrhunderten zählen; hinter jedem erheben sich die Gräber von Generationen. Das Gelangen zu den einfachsten Erfindungen und Grundsätzen hat Millionen das Leben gekostet, die auf dem Wege starben. Ist es denn nicht einfach, daß zu einer Zeit, wo der Gang der Geschichte rascher ist, auch mehr Menschen außer Atem kommen?

Wir schließen schnell und einfach: Da alle unter gleichen Verhältnissen geschaffen werden, so sind alle gleich, die Unterschiede abgerechnet, welche die Natur selbst gemacht hat; es darf daher jeder Vorzüge und darf daher keiner Vorrechte haben, weder ein einzelner noch eine geringere oder größere Klasse von Individuen. – Jedes Glied dieses in der Wirklichkeit angewandten Satzes hat seine Menschen getötet. Der 14. Juli, der 10. August, der 31. Mai sind seine Interpunktionszeichen. Er hatte vier Jahre Zeit nötig, um in der Körperwelt durchgeführt zu werden, und unter gewöhnlichen Umständen hätte er ein Jahrhundert dazu gebraucht und wäre mit Generationen interpunktiert worden. Ist es da so zu verwundern, daß der Strom der Revolution bei jedem Absatz, bei jeder neuen Krümmung seine Leichen ausstößt?

Wir werden unserm Satze noch einige Schlüsse hinzuzufügen haben; sollen einige hundert Leichen uns verhindern, sie zu machen? – Moses führte sein Volk durch das Rote Meer und in die Wüste, bis die alte verdorbne Generation sich aufgerieben hatte, eh er den neuen Staat gründete. Gesetzgeber! Wir haben weder das Rote Meer noch die Wüste, aber wir haben den Krieg und die Guillotine.

Die Revolution ist wie die Töchter des Pelias: sie zerstückt die Menschheit, um sie zu verjüngen. Die

Menschheit wird aus dem Blutkessel wie die Erde aus den Wellen der Sündflut mit urkräftigen Gliedern sich erheben, als wäre sie zum ersten Male geschaffen. *(Langer, anhaltender Beifall. Einige Mitglieder erheben sich im Enthusiasmus.)*

Alle geheimen Feinde der Tyrannei, welche in Europa und auf dem ganzen Erdkreise den Dolch des Brutus unter ihren Gewändern tragen, fordern wir auf, diesen erhabnen Augenblick mit uns zu teilen. *(Die Zuhörer und die Deputierten stimmen die Marseillaise an.)*


HEINRICH HEINE

## Der Adel und die Revolution

Seit dem Beginn der Französischen Revolution steht solcherweise der Adel auf Kriegsfuß gegen die Völker und kämpfte öffentlich oder geheim gegen das Prinzip der Freiheit und Gleichheit und dessen Vertreter, die Franzosen. Der englische Adel, der durch Rechte und Besitztümer der mächtigste war, wurde Bannerführer der europäischen Aristokratie, und John Bull bezahlte dieses Ehrenamt mit seinen besten Guineen und siegte sich bankrott. Während des Friedens, der nach jenem kläglichen Sieg erfolgte, führte Östreich das noble Banner und besorgte die Adelsinteressen, und auf jedem feigen Verträglein, das gegen den Liberalismus geschlossen wurde, prangt obenan das wohlbekannte Siegellack, und wie ihr unglücklicher Anführer wurden auch die Völker selber in strengem Gewahrsam gehalten, ganz Europa wurde ein Sankt Helena, und Metternich war dessen Hudson Lowe. Aber nur an dem sterblichen Leib der Revolution konnte man sich rächen, nur jene menschgewordene Revolution, die mit Stiefel und Sporen und bespritzt mit Schlachtfeldblut zu einer kaiserlichen Blondine ins Bett gestiegen und die weißen Laken von Habsburg befleckt hatte, nur jene Revolution konnte man an einem Magenkrebse sterben lassen; der Geist der Revolution ist jedoch unsterblich und liegt nicht unter den Trauerweiden von Longwood, und in dem großen Wochenbette des Ende Juli wurde die Revolution wiedergeboren, nicht als einzelner Mensch, sondern als ganzes Volk, und in dieser Volkwerdung spottet sie des Kerkermeisters, der vor Schrecken das Schlüsselbund aus Händen fallen läßt. Welche Verlegenheit für den Adel! Er hat sich freilich in der langen Friedenszeit etwas erholt von den früheren Anstrengungen, und er hat seitdem als stärkende Kur täglich Eselsmilch getrunken, und zwar von der Eselin des Papstes; doch fehlt es ihm immer noch an hinlänglichen Kräften zu einem neuen Kampfe. Der englische Bull kann jetzt am wenigsten den Feinden die Spitze bieten wie früherhin; denn der ist am meisten erschöpft, und durch das beständige Ministerwechselfieber fühlt er sich matt in allen Gliedern, und es ist ihm eine Radikalkur, wo nicht gar die Hungerkur verordnet, und das infizierte Irland soll ihm noch obendrein amputiert werden. Östreich fühlt sich ebenfalls nicht heroisch aufgelegt, den Agamemnon des Adels gegen Frankreich zu spielen; Staberle zieht nicht gern die Kriegsuniform an und weiß sehr gut, daß seine Parapluies nicht gegen Kugelregen schützen, und dabei schrecken ihn auch jetzt die Ungarn mit ihren grimmigen Schnurrbärten, und in Italien muß er vor jedem enthusiastischen Zitronenbaum eine Schildwache stellen, und zu Hause muß er Erzherzöginnen zeugen, um, im Notfall, das Ungetüm der Revolution damit abzuspeisen.

Aber in Frankreich flammt immer mächtiger die Sonne der Freiheit und überleuchtet die ganze Welt mit ihren Strahlen – Aber sie dringt täglich weiter, die Idee eines Bürgerkönigs ohne Hofetikette, ohne Edelknechte, ohne Kurtisanen, ohne Kuppler, ohne diamantne Trinkgelder und sonstige Herrlichkeit – Aber die Pairskammer betrachtet man schon als ein Lazarett für die Inkurablen des alten Regimes, die man nur noch aus Mitleiden toleriert und mit der Zeit ebenfalls fortschafft – Seltsame Umwandlung! in dieser Not wendet sich der Adel an denjenigen Staat, den er in der letzten Zeit als den ärgsten Feind seiner Interessen betrachtet und gehaßt, er wendet sich an Rußland. Der große Zar, der noch jüngst der Gonfaloniere der Liberalen war, indem er der feudalistischen Aristokratie feindseligst gegenüberstand und gezwungen schien, sie nächstens zu befehden, eben dieser Zar wird jetzt von eben jener Aristokratie zum Bannerführer erwählt, und er ist genötigt, ihr Vorkämpfer zu werden. Denn auch ruht auf der russische Staat auf das antifeudalistische Prinzip einer Gleichheit aller Staatsbürger, denen nicht die Geburt, sondern das erworbene Staatsamt einen Rang erteilt, so ist doch auf der anderen Seite das absolute Zarentum unverträglich mit den Ideen einer konstitutionellen Freiheit, die den geringsten Untertan selbst gegen eine wohltätige fürstliche Willkür schützen kann: – und wenn Kaiser Nikolas I. wegen jenes Prinzip der bürgerlichen Gleichheit von den Feudalisten gehaßt wurde und obendrein als offner Feind Englands und heimlicher Feind Östreichs mit all seiner Macht der faktische Vertreter der Liberalen war, so wurde doch er seit dem Ende Juli der größte Gegner derselben, nachdem deren siegende Ideen von konstitutioneller Freiheit seinen Absolutismus bedrohen, und eben in seiner Eigenschaft als Autokrat weiß ihn die europäische Aristokratie zum Kampfe gegen das frank und freie Frankreich aufzureizen. Der englische Bull hat sich in einem solchen Kampfe die Hörner abgelaufen, und nun soll der russische Wolf seine Rolle übernehmen. Die hohe Noblesse von Europa weiß schlau genug das Schrecken der moskowitischen Wälder für ihre Zwecke zu benutzen und gehörig abzurichten; und den rauhen

Gast schmeichelt es nicht wenig, daß er die Würde des alten, von Gottes Genade eingesetzten Königtums verfechten soll gegen Fürstenlästrer und Adelsleugner, mit Wohlgefallen läßt er sich den mottigen Purpurmantel mit allem Goldflitterkram aus der byzantinischen Verlassenschaft um die Schulter hängen, und er läßt sich vom ehmaligen deutschen Kaiser die abgetragenen heiligen römischen Reichshosen verehren, und er setzt sich aufs Haupt die altfränkische Diamantenmütze Caroli Magni –

Ach! der Wolf hat die Garderobe der alten Großmutter angezogen und zerreißt euch armen Rotkäppchen der Freiheit!

Ist es mir doch, während ich dieses schreibe, als spritzte das Blut von Warschau bis auf mein Papier und als hörte ich den Freudejubel der Berliner Offiziere und Diplomaten. Jubeln sie etwa zu früh? Ich weiß nicht; aber mir und uns allen ist so bang vor dem russischen Wolf, und ich fürchte, auch wir deutschen Rotköpfchen fühlen bald Großmutters närrisch lange Hände und großes Maul. Dabei sollen wir uns noch obendrein marschfertig halten, um gegen Frankreich zu fechten. Heiliger Gott! Gegen Frankreich? Ja, hurra! es geht gegen die Franzosen, und die Berliner Ukasuisten und Knutologen behaupten, daß wir noch dieselben Gott-, König- und Vaterlandsretter sind wie Anno 1813, und Körners Leier und Schwert soll wieder neu aufgelegt werden, Fouqué will noch einige Schlachtlieder hinzudichten, der Görres wird den Jesuiten wieder abgekauft, um den Rheinischen Merkur fortzusetzen, und wer freiwillig den heiligen Kampf mitmacht, kriegt Eichenlaub auf die Mütze und wird Sie tituliert und erhält nachher frei Theater oder soll wenigstens als Kind betrachtet werden und nur die Hälfte bezahlen – und für patriotische Extrabemühungen soll dem ganzen Volke noch extra eine Konstitution versprochen werden.

Frei Theater ist immerhin eine schöne Sache, aber

eine Konstitution wäre auch so übel nicht. Ja, wir könnten zuzeiten ordentlich ein Gelüste danach bekommen. Nicht als ob wir der absoluten Güte oder dem guten Absolutismus unserer Monarchen mißtrauten; im Gegenteil, wir wissen, es sind lauter scharmante Leute, und ist auch mal einer unter ihnen, der dem Stande Unehre macht, wie z. B. Se. Majestät der König Don Miguel, so bildet der doch nur eine Ausnahme, und wenn die allerhöchsten Kollegen nicht seinem blutigen Skandal ein Ende machen, wie sie doch leicht könnten, so geschieht es nur, um, durch den Kontrast mit solchem gekrönten Wichte, noch menschenfreundlich edler dazustehen und von ihren Untertanen noch mehr geliebt zu werden. Aber eine gute Konstitution hat doch ihr Gutes, und es ist den Völkern gar nicht zu verdenken, wenn sie sogar von den besten Monarchen sich etwas Schriftliches ausbitten, wegen Leben und Sterben. Auch handelt ein vernünftiger Vater sehr vernünftig, wenn er einige heilsame Schranken baut vor den Abgründen der souveränen Macht, damit seinen Kindern nicht einst ein Unglück begegne, wenn sie, auf dem hohen Pferde des Stolzes und mit prahlendem Junkergefolge, allzu keck galoppieren. Ich weiß ein Königskind, das in einer schlechten adligen Reitschule schon im voraus die größten Sprünge zu wagen lernt. Für solche Königskinder muß man doppelt hohe Schranken errichten, und man muß ihnen die goldnen Sporen umwickeln, und es muß ihnen ein zahmeres Roß und eine bürgerlich bescheidnere Genossenschaft zugeteilt werden. Ich weiß eine Jagdgeschichte – bei Sankt Hubert! und ich weiß auch jemand, der tausend Taler Preußisch Courant darum gäbe, wenn sie gelogen wäre.

Ach! die ganze Zeitgeschichte ist jetzt nur eine Jagdgeschichte. Es ist jetzt die Zeit der hohen Jagd gegen die liberalen Ideen, und die hohen Herrschaften sind eifriger als je, und ihre uniformierten Jäger schießen auf jedes ehrliche Herz, worin sich die liberalen Ideen geflüchtet, und es fehlt nicht an gelehrten Hunden, die das blutende Wort als gute Beute heranschleppen. Berlin füttert die beste Koppel, und ich höre schon, wie die Meute losbellt gegen dieses Buch.

HEINRICH HEINE

## Die Freiheitsgöttin

Ich wende mich zu Delacroix, der ein Bild geliefert, vor welchem ich immer einen großen Volkshaufen stehen sah und das ich also zu denjenigen Gemälden zähle, denen die meiste Aufmerksamkeit zuteil worden. Die Heiligkeit des Sujets erlaubt keine strenge Kritik des Kolorits, welche vielleicht mißlich ausfallen könnte. Aber trotz etwaniger Kunstmängel atmet in dem Bilde ein großer Gedanke, der uns wunderbar entgegenweht. Eine Volksgruppe während den Juliustagen ist dargestellt, und in der Mitte, beinahe wie eine allegorische Figur, ragt hervor ein jugendliches Weib, mit einer roten phrygischen Mütze auf dem Haupte, eine Flinte in der einen Hand und in der andern eine dreifarbige Fahne. Sie schreitet dahin über Leichen, zum Kampfe auffordernd, entblößt bis zur Hüfte, ein schöner, ungestümer Leib, das Gesicht ein kühnes Profil, frecher Schmerz in den Zügen, eine seltsame Mischung von Phryne, Poissarde und Freiheitsgöttin. Daß sie eigentlich letztere bedeuten solle, ist nicht ganz bestimmt ausgedrückt, diese Figur scheint vielmehr die wilde Volkskraft, die eine fatale Bürde abwirft, darzustellen. Ich kann nicht umhin, zu gestehen, diese Figur erinnert mich an jene peripatetischen Philosophinnen, an jene Schnelläuferinnen der Liebe oder Schnellliebende, die des Abends auf den Boulevards umherschwärmen;

ich gestehe, daß der kleine Schornsteinkupido, der, mit einer Pistole in jeder Hand, neben dieser Gassenvenus steht, vielleicht nicht allein von Ruß beschmutzt ist; daß der Pantheonskandidat, der tot auf dem Boden liegt, vielleicht den Abend vorher mit Kontremarken des Theaters gehandelt; daß der Held, der mit seinem Schießgewehr hinstürmt, in seinem Gesichte die Galeere und in seinem häßlichen Rock gewiß noch den Duft des Assisenhofes trägt; – aber das ist es eben, ein großer Gedanke hat diese gemeinen Leute, diese Krapüle, geadelt und geheiligt und die entschlafene Würde in ihrer Seele wieder aufgeweckt.

Heilige Julitage von Paris! ihr werdet ewig Zeugnis geben von dem Uradel der Menschen, der nie ganz zerstört werden kann. Wer euch erlebt hat, der jammert nicht mehr auf den alten Gräbern, sondern freudig glaubt er jetzt an die Auferstehung der Völker. Heilige Julitage! wie schön war die Sonne und wie groß war das Volk von Paris! Die Götter im Himmel, die dem großen Kampfe zusahen, jauchzten vor Bewunderung, und sie wären gerne aufgestanden von ihren goldenen Stühlen und wären gerne zur Erde herabgestiegen, um Bürger zu werden von Paris! Aber neidisch, ängstlich, wie sie sind, fürchteten sie am Ende, daß die Menschen zu hoch und zu herrlich emporblühen möchten, und durch ihre willigen Priester suchten sie „das Glänzende zu schwärzen und das Erhabene in den Staub zu ziehn", und sie stifteten die belgische Rebellion, das de Pottersche Viehstück. Es ist dafür gesorgt, daß die Freiheitsbäume nicht in den Himmel hineinwachsen.

Auf keinem von allen Gemälden des Salons ist so sehr die Farbe eingeschlagen wie auf Delacroix' Julirevolution. Indessen, eben diese Abwesenheit von Firnis und Schimmer, dabei der Pulverdampf und Staub, der die Figuren wie graues Spinnweb bedeckt, das sonnengetrocknete Kolorit, das gleichsam nach einem Wassertropfen lechzt, alles dieses gibt dem Bilde eine Wahrheit, eine Ursprünglichkeit, und man ahnt darin die wirkliche Physiognomie der Julitage.

Unter den Beschauern waren so manche, die damals entweder mitgestritten oder doch wenigstens zugesehen hatten, und diese konnten das Bild nicht genug rühmen. „Mâtin", rief ein Epicier, „diese Gamins haben sich wie Riesen geschlagen!" Eine junge Dame meinte, auf dem Bilde fehle der polytechnische Schüler, wie man ihn sehe auf allen andern Darstellungen der Julirevolution, deren sehr viele, über vierzig Gemälde, ausgestellt waren.

„Papa!" rief eine kleine Karlistin, „wer ist die schmutzige Frau mit der roten Mütze?" – „Nun freilich", spöttelte der noble Papa mit einem süßlich zerquetschten Lächeln, „nun freilich, liebes Kind, mit der Reinheit der Lilien hat sie nichts zu schaffen. Es ist die Freiheitsgöttin." – „Papa, sie hat auch nicht einmal ein Hemd an." – „Eine wahre Freiheitsgöttin, liebes Kind, hat gewöhnlich kein Hemd und ist daher sehr erbittert auf alle Leute, die weiße Wäsche tragen."


LUDWIG BÖRNE

### Die gescheiterte Revolution in Polen

Die armen Polen werden wohl jetzt gestorben sein. Sie sind glücklicher als ich. Dem entsetzlichen Schauplatz näher, wissen Sie schon das Schlimmste. Seit vorgestern habe ich keine Kraft, eine Feder zu führen, ich konnte nicht lesen, nicht denken, ich konnte nicht einmal weinen und beten; nur fluchen konnte ich. Gesiegt haben die Polen schon vier Tage lang, aber entschieden ist noch nichts, und gestern sind gar keine Nachrichten gekommen. Man sprach von einem Kuriere, den der russische Gesandte erhalten; die Russen wären in Warschau eingerückt. Aber wenn das wahr wäre, hätte man schon den Jubel der besoffenen Knechte gehört, an den Festtagen ihrer Herren, und die deutschen Blätter von gestern erzählen nichts. Nicht wie Menschen, wie Kriegsgötter selbst haben die Polen gekämpft. Sie jagten singend den Feind, wie Knaben nach Schmetterlinge jagen; sie stürzten sich auf die Kanonen und nahmen sie, wie man Blumen bricht. Männer, Kinder, Greise, drei Geschlechter, drei Zeiten waren in der Schlacht, und die Russen, wie feige Meuchelmörder, schossen aus dem Dickicht der Wälder heraus. Was wird es helfen? Jeder Sieg bringt die Polen ihrem Untergange näher. Sie sind zu schwach, zu arm an Menschen. Der reiche Kaiser Nikolaus haut immer neue Soldaten heraus, wie Steine aus Brüchen, und das gehet so immer unerschöpflich fort, was sind einem Despoten die Menschen? Seine Wälder schont er mehr. Nicht Gottes Weisheit, nur die Dummheit des Teufels allein kann noch die Polen retten. Ach! gibt es denn einen Gott? Mein Herz zweifelt noch nicht, aber der Kopf darf einem wohl davon schwach werden, und wenn – was nützt dem vergänglichen Menschen ein ewiger Gott? Wenn Gott sterblich wäre wie der Mensch, dann wäre ihm ein Tag ein Tag, ein Jahr ein Jahr und der Tod das Ende aller Dinge. Dann würde er rechnen mit der Zeit und mit dem Leben, würde nicht so späte Gerechtigkeit üben und erst den entferntesten Enkeln bezahlen, was ihre Ahnen zu fordern hatten. Die Freiheit kann, sie wird siegen, früher oder später; warum siegt sie nicht gleich? Sie kann siegen, einen Tag nach dem Untergange der Polen; soll einem das Herz nicht darüber brechen? Die Polen im Grabe, fühlen sie es denn, haben sie Freude davon, wenn ihre Kinder glücklich sind? Die Tyrannei wird untergehen, die Kinder der Tyrannei werden gezüchtigt werden für die Verbrechen ihrer Väter; aber die Knochen der begrabenen Könige, haben sie Schmerzen davon? Gibt es einen Gott? heißt das Gerechtigkeit

üben? Wir verabscheuen die Menschenfresser, dumme
Wilde, die doch nur das Fleisch ihrer Feinde verzehren;
aber wenn die ganze Gegenwart, mit Leib und Seele,
mit Freude und Glück, mit allen ihren Wünschen und
Hoffnungen, gemartert, geschlachtet und zerfetzt wird,
um damit die Zukunft zu mästen – diese Menschen-
fresserei ertragen wir! Was ist Hoffnung, was Glaube?
Durch die Augen wird kein Hunger gestillt, gemalte
Früchte haben noch keinen satt gemacht ... Ich las
etwas in den englischen Blättern – es ist sich tot darüber zu schämen, wenn man ein Deutscher ist; es ist
sich die Hände im Dunkeln vor die Augen zu halten.
Der Londoner Kurier sagte: „Wenn Polen wird besiegt sein, wenn, was die Schlacht verschont, auf dem
Schafotte bluten wird, dann werden die *deutschen Zeitungen* die weise Gerechtigkeit des russischen Kaisers
rühmen, und wenn der Tyrann nur einem einzigen Be-
siegten das armselige Leben schenkt, werden die *deutschen Blätter* die Milde des hochherzigen Nikolaus bis
in die Wolken erheben." Unter allen Völkern der Erde
erwartet man solche feige, hündische Kriecherei nur von
*uns*! Ja, es schwebt schon vor meinen Augen, ich lese es
und höre es, wie das viehische Federvieh in Berlin von
jedem Misthaufen, von jedem Dache herab den großen,
erhabenen Nikolaus ankräht. Wie hat dieser Despot in
seinen Proklamationen gesprochen! Vielleicht glaubt es
die Nachwelt, was die Despoten unserer Tage getan;
aber was sie geredet, das kann sie nicht glauben. Vielleicht glaubt die Nachwelt, was die alten Völker ge-
duldet, aber was sie angehört und dazu geschwiegen,
das kann sie nicht glauben. Das Schwert zerstört bloß
den Besitz und mordet den Leib; aber das Wort zerstört das Recht und mordet die Seele. Zu solchen Reden
solches Schweigen! Und wenn die Polen vertilgt sind,
dann voran die deutschen Hunde, gegen den Sitz der
Freiheit, gegen Frankreich! dann stellt man sie zwischen
das Schwert der Franzosen und die Peitsche der Rus-

sen, zwischen Tod und Schande! . . . Ist es nicht schmach-
voll für uns, daß der Kaiser von Rußland, Herr über
sechzig Millionen Sklaven, keinen derselben knechtisch
genug gefunden hat, die Freiheit der Polen zu ermor-
den, als den Diebitsch allein, einen Deutschen?


HEINRICH LAUBE

### Noch ist Polen nicht verloren

Wie der alte Römer Sabinus hat der edle Pole durch
sein Vaterland fliehen müssen, seine Güter fallen dem
sogenannten rechtmäßigen Landesherrn anheim, das
nackte Leben hat er gerettet und den unsterblichen
Ruhm des edelsten Patrioten. Es wird eine Zeit kommen, wo man die Fußtapfen dieser Edlen auf der Kra-
kauer Brücke suchen und verehren wird, wie ein christliches Götzentum manchem tatenlosen Heiligen getan,
aber die Zeit ruht noch hinter schwarzen Wolken.

Rußland, „der Verbündete Preußens", hat noch einmal die polnischen Helden unterdrückt, aber das blutige
Rechtspaktum ist seinen gierigen Händen entrissen
worden. Die rechtmäßige Behörde Polens, der Reichs-
tag, hatte sich in der Nähe von Plock zu Zakroczyn
im Kapuzinerkloster von neuem konstituiert, und nach
der Auswanderung bildet er an jedem Orte der Welt
die polnische Regentschaft, und der Zepter Polonias
hatte wie unter Dombrowski von neuem seine Wande-
rung angetreten, und der Regierung de facto nur das
Recht der Usurpation gelassen.

Die Polen sind wieder eine heimatlose Nomaden-
nation geworden, ohne ihr Vaterland aufgegeben zu
haben; jubelnd hat sie das zivilisierte Europa empfangen, ihre Tränen getrocknet, ihre Wunden verhüllt, ihr
krankes Herz getröstet, die öffentliche Meinung, die

große Jury der Weltgeschichte, hat durch Akklamation entschieden. Die kleinen Staaten Deutschlands hatten durch ihre Bewohner ihre herzlichsten Worte und rührende Taten, ihre Sympathie für die Unglücklichen bekundet.

Tief im unglücklichen Polenlande sollen die alten Krönungsgeräte vergraben sein, und wenig Auserwählte sind's, die den Ort kennen. Sowenig aber die Russen in ihrer böotischen Nacht den Ort auffinden werden, wo die Symbole der alten polnischen Herrlichkeit ruhen, so gewiß kommt der Tag, wo man sie ans Licht bringen wird mit einem Jauchzen, als sei die ergiebigste Goldader gefunden. – Man kann den polnischen Glanz wohl vergraben, aber nicht vernichten.

GEORG BÜCHNER

*Der Hessische Landbote*
*Erste Botschaft*

Darmstadt, im Juli 1834

VORBERICHT

Dieses Blatt soll dem hessischen Lande die Wahrheit melden, aber wer die Wahrheit sagt, wird gehenkt; ja sogar der, welcher die Wahrheit liest, wird durch meineidige Richter vielleicht gestraft. Darum haben die, welchen dies Blatt zukommt, folgendes zu beobachten:

1. Sie müssen das Blatt sorgfältig außerhalb ihres Hauses vor der Polizei verwahren;
2. sie dürfen es nur an treue Freunde mitteilen;
3. denen, welchen sie nicht trauen wie sich selbst, dürfen sie es nur heimlich hinlegen;
4. würde das Blatt dennoch bei einem gefunden, der es

gelesen hat, so muß er gestehen, daß er es eben dem Kreisrat habe bringen wollen;

5. wer das Blatt nicht gelesen hat, wenn man es bei ihm findet, der ist natürlich ohne Schuld.

### FRIEDE DEN HÜTTEN! KRIEG DEN PALÄSTEN!

*Im Jahre 1834 siehet es aus, als würde die Bibel Lügen gestraft. Es sieht aus, als hätte Gott die Bauern und Handwerker am fünften Tage und die Fürsten und Vornehmen am sechsten gemacht und als hätte der Herr zu diesen gesagt: ‚Herrschet über alles Getier, das auf Erden kriecht‘, und hätte die Bauern und Bürger zum Gewürm gezählt.* Das Leben der *Vornehmen* ist ein langer Sonntag: sie wohnen in schönen Häusern, sie tragen zierliche Kleider, sie haben feiste Gesichter und reden eine eigne Sprache; das Volk aber liegt vor ihnen wie Dünger auf dem Acker. Der Bauer geht hinter dem Pflug, der *Vornehme* aber geht hinter ihm und dem Pflug und treibt ihn mit den Ochsen am Pflug, er nimmt das Korn und läßt ihm die Stoppeln. Das Leben des Bauern ist ein langer Werktag; Fremde verzehren seine Äcker vor seinen Augen, sein Leib ist eine Schwiele, sein Schweiß ist das Salz auf dem Tische des *Vornehmen*.

Im Großherzogtum Hessen sind 718 373 Einwohner, die geben an den Staat jährlich an 6 363 436 Gulden, als

| | | | |
|---|---|---|---|
| 1. | Direkte Steuern | 2 128 131 | Fl. |
| 2. | Indirekte Steuern | 2 478 264 | „ |
| 3. | Domänen | 1 547 394 | „ |
| 4. | Regalien | 46 938 | „ |
| 5. | Geldstrafen | 98 511 | „ |
| 6. | Verschiedene Quellen | 64 198 | „ |
| | | 6 363 436 | Fl. |

Dies Geld ist der Blutzehnte, der vom Leib des Volkes genommen wird. An 700 000 Menschen schwitzen, stöhnen und hungern dafür. Im Namen des Staates wird es erpreßt, die Presser berufen sich auf die Regierung, und die Regierung sagt, das sei nötig, die Ordnung im Staat zu erhalten. Was ist denn nun das für gewaltiges Ding: der Staat? Wohnt eine Anzahl Menschen in einem Land und es sind Verordnungen oder Gesetze vorhanden, nach denen jeder sich richten muß, so sagt man, sie bilden einen Staat. Der Staat also sind *alle*; die Ordner im Staate sind die Gesetze, durch welche das Wohl *aller* gesichert wird und die aus dem Wohl *aller* hervorgehen sollen. – Seht nun, was man in dem Großherzogtum aus dem Staat gemacht hat; seht, was es heißt: die Ordnung im Staate erhalten! 700 000 Menschen bezahlen dafür 6 Millionen, d. h. sie werden zu Ackergäulen und Pflugstieren gemacht, damit sie in Ordnung leben. In Ordnung leben heißt hungern und geschunden werden.

Wer sind denn die, welche diese Ordnung gemacht haben und die wachen, diese Ordnung zu erhalten? Das ist die Großherzogliche Regierung. Die Regierung wird gebildet von dem Großherzog und seinen obersten Beamten. Die andern Beamten sind Männer, die von der Regierung berufen werden, um jene Ordnung in Kraft zu erhalten. Ihre Anzahl ist Legion: Staatsräte und Regierungsräte, Landräte und Kreisräte, geistliche Räte und Schulräte, Finanzräte und Forsträte usw. mit allem ihrem Heer von Sekretären usw. Das Volk ist ihre Herde, sie sind seine Hirten, Melker und Schinder; sie haben die Häute der Bauern an, der Raub der Armen ist in ihrem Hause; die Tränen der Witwen und Waisen sind das Schmalz auf ihren Gesichtern; sie herrschen frei und ermahnen das Volk zur Knechtschaft. Ihnen gebt ihr 6 000 000 Fl. Abgaben; sie haben dafür die Mühe, euch zu regieren; d. h. sich von euch füttern zu lassen und euch eure Menschen- und Bürgerrechte zu rauben. Sehet, was die Ernte eures Schweißes ist!

Für das Ministerium des Innern und der Gerechtigkeitspflege werden bezahlt 1 110 607 Gulden.

Dafür habt ihr einen Wust von Gesetzen, zusammengehäuft aus willkürlichen Verordnungen aller Jahrhunderte, meist geschrieben in einer fremden Sprache. Der Unsinn aller vorigen Geschlechter hat sich darin auf euch vererbt, der Druck, unter dem sie erlagen, sich auf euch fortgewälzt. Das Gesetz ist das Eigentum einer unbedeutenden Klasse von *Vornehmen* und Gelehrten, die sich durch ihr eignes Machwerk die Herrschaft zuspricht. Diese Gerechtigkeit ist nur ein Mittel, euch in Ordnung zu halten, damit man euch bequemer schinde; sie spricht nach Gesetzen, die ihr nicht versteht, nach Grundsätzen, von denen ihr nichts wißt, Urteile, von denen ihr nichts begreift. Unbestechlich ist sie, weil sie sich gerade teuer genug bezahlen läßt, um keine Bestechung zu brauchen. Aber die meisten ihrer Diener sind der Regierung mit Haut und Haar verkauft. Ihre Ruhestühle stehen auf einem Geldhaufen von 461 373 Gulden (so viel betragen die Ausgaben für die Gerichtshöfe und die Kriminalkosten). Die Fräcke, Stöcke und Säbel ihrer unverletzlichen Diener sind mit dem Silber von 197 502 Gulden beschlagen (so viel kostet die Polizei überhaupt, die Gendarmerie usw.). Die Justiz ist in Deutschland seit Jahrhunderten die Hure der deutschen Fürsten. Jeden Schritt zu ihr müßt ihr mit Silber pflastern, und mit Armut und Erniedrigung erkauft ihr ihre Sprüche. Denkt an das Stempelpapier, denkt an euer Bücken in den Amtsstuben und euer Wachestehen vor denselben. Denkt an die Sporteln für Schreiber und Gerichtsdiener. Ihr dürft euern Nachbar verklagen, der euch eine Kartoffel stiehlt; aber klagt einmal über den Diebstahl, der von Staats wegen unter dem Namen von Abgabe und Steuern jeden Tag an eurem Eigentum begangen wird; damit eine Legion unnützer Beamten sich von eurem Schweiße mästen; klagt einmal, daß ihr der Willkür einiger Fettwänste überlassen seid und daß diese Willkür Gesetz heißt, klagt, daß ihr die Ackergäule des Staates seid, klagt über eure verlorne Menschenrechte: wo sind die Gerichtshöfe, die eure Klage annehmen, wo die Richter, die Recht sprächen? – Die Ketten eurer Vogelsberger Mitbürger, die man nach Rockenburg schleppte, werden euch Antwort geben.

*Und will endlich ein Richter oder ein andrer Beamte von den wenigen, welchen das Recht und das gemeine Wohl lieber ist als ihr Bauch und der Mammon, ein Volksrat und kein Volksschinder sein, so wird er von den obersten Räten des Fürsten selber geschunden.*

Für das Ministerium der Finanzen 1 551 502 Fl.

Damit werden die Finanzräte, Obereinnehmer, Steuerboten, die Untererheber besoldet. Dafür wird der Ertrag eurer Äcker berechnet und eure Köpfe gezählt. Der Boden unter euren Füßen, der Bissen zwischen euren Zähnen ist besteuert. Dafür sitzen die Herren in Fräcken beisammen, und das Volk steht nackt und gebückt vor ihnen; sie legen die Hände an seine Lenden und Schultern und rechnen aus, wieviel es noch tragen kann, und wenn sie barmherzig sind, so geschieht es nur, wie man ein Vieh schont, das man nicht so sehr angreifen will.

Für das Militär wird bezahlt 914 820 Gulden.

Dafür kriegen eure Söhne einen bunten Rock auf den Leib, ein Gewehr oder eine Trommel auf die Schulter und dürfen jeden Herbst einmal blind schießen und erzählen, wie die Herren vom Hof und die ungeratenen Buben vom Adel allen Kindern ehrlicher Leute vorgehen und mit ihnen in den breiten Straßen der Städte herumziehen mit Trommeln und Trompeten. Für jene 900 000 Gulden müssen eure Söhne den Tyrannen schwören und Wache halten an ihren Palästen. Mit ihren Trommeln übertäuben sie eure Seufzer, mit ihren Kolben zerschmettern sie euch den Schädel, wenn ihr zu denken wagt, daß ihr freie Menschen seid. Sie sind die gesetzlichen Mörder, welche die gesetzlichen Räuber schützen; denkt an Södel! Eure Brüder, eure Kinder waren dort Bruder- und Vatermörder.

Für die Pensionen 480 000 Gulden.

Dafür werden die Beamten aufs Polster gelegt, wenn sie eine gewisse Zeit dem Staate treu gedient haben, d. h. wenn sie eifrige Handlanger bei der regelmäßig eingerichteten Schinderei gewesen, die man Ordnung und Gesetz heißt.

Für das Staatsministerium und den Staatsrat 174 600 Gulden.

Die größten Schurken stehen wohl jetzt allerwärts in Deutschland den Fürsten am nächsten, wenigstens im Großherzogtum. Kommt ja ein ehrlicher Mann in einen Staatsrat, so wird er ausgestoßen. Könnte aber auch ein ehrlicher Mann jetzo Minister sein oder bleiben, so wäre er, wie die Sachen stehn in Deutschland, nur eine Drahtpuppe, an der die fürstliche Puppe zieht; und an dem fürstlichen Popanz zieht wieder ein Kammerdiener oder ein Kutscher oder seine Frau und ihr Günstling oder sein Halbbruder – oder alle zusammen.

*In Deutschland stehet es jetzt, wie der Prophet Micha schreibt, Kap. 7, V. 3 und 4: ‚Die Gewaltigen raten nach ihrem Mutwillen, Schaden zu tun, und drehen es, wie sie es wollen. Der Beste unter ihnen ist wie ein Dorn und der Redlichste wie eine Hecke.‘ Ihr müßt die Dörner und Hecken teuer bezahlen!* denn ihr müßt ferner für das großherzogliche Haus und den Hofstaat 827 772 Gulden bezahlen.

Die Anstalten, die Leute, von denen ich bis jetzt gesprochen, sind nur Werkzeuge, sind nur Diener. Sie tun nichts in ihrem Namen, unter der Ernennung zu ihrem Amt steht ein L., das bedeutet *Ludwig* von Gottes Gnaden, und sie sprechen mit Ehrfurcht: ‚Im Namen des Großherzogs.‘ Dies ist ihr Feldgeschrei, wenn sie euer Gerät versteigern, euer Vieh wegtreiben, euch in den Kerker werfen. Im Namen des Großherzogs, sagen sie, und der Mensch, den sie so nennen, heißt: unverletzlich, heilig, souverän, königliche Hoheit. Aber tretet zu dem Menschenkinde und blickt durch seinen Fürsten-

mantel. Es ißt, wenn es hungert, und schläft, wenn sein
Auge dunkel wird. Sehet, es kroch so nackt und weich
in die Welt wie ihr und wird so hart und steif hinaus-
getragen wie ihr, und doch hat es seinen Fuß auf eurem
Nacken, hat 700 000 Menschen an seinem Pflug, hat
Minister, die verantwortlich sind für das, was es tut,
hat Gewalt über euer Eigentum durch die Steuern, die
es ausschreibt, über euer Leben durch die Gesetze, die
es macht, es hat adliche Herrn und Damen um sich, die
man Hofstaat heißt, und seine göttliche Gewalt vererbt sich auf seine Kinder mit Weibern, welche aus
ebenso übermenschlichen Geschlechtern sind.

*Wehe über euch Götzendiener! – Ihr seid wie die
Heiden, die das Krokodil anbeten, von dem sie zerrissen werden. Ihr setzt ihm eine Krone auf, aber es ist
eine Dornenkrone, die ihr euch selbst in den Kopf
drückt; ihr gebt ihm ein Zepter in die Hand, aber es ist
eine Rute, womit ihr gezüchtigt werdet; ihr setzt ihn
auf euern Thron, aber es ist ein Marterstuhl für euch
und eure Kinder.* Der Fürst ist der Kopf des Blutigels,
der über euch hinkriecht, die Minister sind seine Zähne
und die Beamten sein Schwanz. Die hungrigen Mägen
aller vornehmen Herren, denen er die hohen Stellen
verteilt, sind Schröpfköpfe, die er dem Lande setzt.
Das L., was unter seinen Verordnungen steht, ist das
Malzeichen des Tieres, das die Götzendiener unserer
Zeit anbeten. Der Fürstenmantel ist der Teppich, auf
dem sich die Herren und Damen vom Adel und Hofe
in ihrer Geilheit übereinander wälzen – mit Orden und
Bändern decken sie ihre Geschwüre, und mit kostbaren
Gewändern bekleiden sie ihre aussätzigen Leiber. Die
Töchter des Volks sind ihre Mägde und Huren, die
Söhne des Volks ihre Lakaien und Soldaten. Geht ein-
mal nach Darmstadt und seht, wie die Herren sich für
euer Geld dort lustig machen, und erzählt dann euern
hungernden Weibern und Kindern, daß ihr Brot an

fremden Bäuchen herrlich angeschlagen sei, erzählt ihnen von den schönen Kleidern, die in ihrem Schweiß gefärbt, und von den zierlichen Bändern, die aus den Schwielen ihrer Hände geschnitten sind, erzählt von den stattlichen Häusern, die aus den Knochen des Volks gebaut sind; und dann kriecht in eure rauchigen Hütten und bückt euch auf euren steinichten Äckern, damit eure Kinder auch einmal hingehen können, wenn ein Erbprinz mit einer Erbprinzessin für einen andern Erbprinzen Rat schaffen will, und durch die geöffneten Glastüren das Tischtuch sehen, wovon die Herren speisen, und die Lampen riechen, aus denen man mit dem Fett der Bauern illuminiert.

*Das alles duldet ihr, weil euch Schurken sagen: diese Regierung sei von Gott. Diese Regierung ist nicht von Gott, sondern vom Vater der Lügen. Diese deutschen Fürsten sind keine rechtmäßige Obrigkeit, sondern die rechtmäßige Obrigkeit, den deutschen Kaiser, der vormals vom Volke frei gewählt wurde, haben sie seit Jahrhunderten verachtet und endlich gar verraten. Aus Verrat und Meineid, und nicht aus der Wahl des Volkes, ist die Gewalt der deutschen Fürsten hervorgegangen, und darum ist ihr Wesen und Tun von Gott verflucht! ihre Weisheit ist Trug, ihre Gerechtigkeit ist Schinderei. Sie zertreten das Land und zerschlagen die Person des Elenden. Ihr lästert Gott, wenn ihr einen dieser Fürsten einen Gesalbten des Herrn nennt, d. h. Gott habe die Teufel gesalbt und zu Fürsten über die deutsche Erde gesetzt. Deutschland, unser liebes Vaterland, haben diese Fürsten zerrissen, den Kaiser, den unsere freien Voreltern wählten, haben diese Fürsten verraten, und nun fordern diese Verräter und Menschenquäler Treue von euch! – Doch das Reich der Finsternis neigt sich zum Ende. Über ein kleines, und Deutschland, das jetzt die Fürsten schinden, wird als ein Freistaat mit einer vom Volk gewählten Obrigkeit wieder auferstehn. Die Heilige Schrift sagt: ,Gebet dem Kaiser, was des Kaisers ist.' Was ist aber dieser Fürsten, der Verräter? – Das Teil von Judas!*

Für die Landstände 16 000 Gulden.

Im Jahr 1789 war das Volk in Frankreich müde, länger die Schindmähre seines Königs zu sein. Es erhob sich und berief Männer, denen es vertraute, und die Männer traten zusammen und sagten, ein König sei ein Mensch wie ein anderer auch, er sei nur der erste Diener im Staat, er müsse sich vor dem Volk verantworten, und wenn er sein Amt schlecht verwalte, könne er zur Strafe gezogen werden. Dann erklärten sie die Rechte des Menschen: ,Keiner erbt vor dem andern mit der Geburt ein Recht oder einen Titel, keiner erwirbt mit dem Eigentum ein Recht vor dem andern. Die höchste Gewalt ist in dem Willen aller oder der Mehrzahl. Dieser Wille ist das Gesetz, er tut sich kund durch die Landstände oder die Vertreter des Volks, sie werden von allen gewählt, und jeder kann gewählt werden; diese Gewählten sprechen den Willen ihrer Wähler aus, und so entspricht der Wille der Mehrzahl unter ihnen dem Willen der Mehrzahl unter dem Volke; der König hat nur für die Ausübung der von ihnen erlassenen Gesetze zu sorgen.' Der König schwur, dieser Verfassung treu zu sein; er wurde aber meineidig an dem Volke, und das Volk richtete ihn, wie es einem Verräter geziemt. Dann schafften die Franzosen die erbliche Königswürde ab und wählten frei eine neue Obrigkeit, wozu jedes Volk nach der Vernunft und der Heiligen Schrift das Recht hat. Die Männer, die über die Vollziehung der Gesetze wachen sollten, wurden von der Versammlung der Volksvertreter ernannt, sie bildeten die neue Obrigkeit. Sie waren Regierung und Gesetzgeber, vom Volk gewählt, und Frankreich war ein Freistaat.

Die übrigen Könige aber entsetzten sich vor der Gewalt des französischen Volkes; sie dachten, sie könnten alle über der ersten Königsleiche den Hals brechen und ihre mißhandelten Untertanen möchten bei dem Freiheitsruf der Franken erwachen. Mit gewaltigem Kriegsgerät und reisigem Zeug stürzten sie von allen Seiten auf Frankreich, und ein großer Teil der Adligen und *Vornehmen* im Lande stand auf und schlug sich zu dem Feind. Da ergrimmte das Volk und erhob sich in seiner Kraft. Es erdrückte die Verräter und zerschmetterte die Söldner der Könige. Die junge Freiheit wuchs im Blut der Tyrannen, und vor ihrer Stimme bebten die Throne und jauchzten die Völker. Aber die Franzosen verkauften selbst ihre junge Freiheit für den Ruhm, den ihnen Napoleon darbot, und erhoben ihn auf den Kaiserthron. – Da ließ der Allmächtige das Heer des Kaisers in Rußland erfrieren und züchtigte Frankreich durch die Knute der Kosaken und gab den Franzosen die dickwanstigen Bourbonen wieder zu Königen, damit Frankreich sich bekehre vom Götzendienst der erblichen Königsherrschaft und dem Gotte diene, der die Menschen frei und gleich geschaffen. Aber als die Zeit seiner Strafe verflossen war und tapfere Männer im Julius 1830 den meineidigen König Karl den Zehnten aus dem Lande jagten, da wendete dennoch das befreite Frankreich sich abermals zur halberblichen Königsherrschaft und band sich in dem Heuchler Louis Philipp eine neue Zuchtrute auf. In Deutschland und ganz Europa aber war große Freude, als der zehnte Karl vom Thron gestürzt ward, und die unterdrückten deutschen Länder rüsteten sich zum Kampf für die Freiheit. Da ratschlagten die Fürsten, wie sie dem Grimm des Volkes entgehen sollten, und die listigen unter ihnen sagten: Laßt uns einen Teil unserer Gewalt abgeben, daß wir das übrige behalten. Und sie traten vor das Volk und sprachen: Wir wollen euch die Freiheit schenken, um die ihr kämpfen wollt. Und zitternd vor Furcht warfen sie einige Brocken hin und sprachen von ihrer Gnade. Das Volk traute ihnen leider und legte sich zur

Ruhe. – Und so ward Deutschland betrogen wie Frankreich.

Denn was sind diese Verfassungen in Deutschland? Nichts als leeres Stroh, woraus die Fürsten die Körner für sich herausgeklopft haben. Was sind unsere Landtage? Nichts als langsame Fuhrwerke, die man einmal oder zweimal wohl der Raubgier der Fürsten und ihrer Minister in den Weg schieben, woraus man aber nimmermehr eine feste Burg für deutsche Freiheit bauen kann. Was sind unsere Wahlgesetze? Nichts als Verletzungen der Bürger- und Menschenrechte der meisten Deutschen. Denkt an das Wahlgesetz im Großherzogtum, wornach keiner gewählt werden kann, der nicht hochbegütert ist, wie rechtschaffen und gutgesinnt er auch sei, wohl aber der *Grolmann*, der euch um die zwei Millionen bestehlen wollte. *Denkt an die Verfassung des Großherzogtums. – Nach den Artikeln derselben ist der Großherzog unverletzlich, heilig und unverantwortlich. Seine Würde ist erblich in seiner Familie, er hat das Recht, Krieg zu führen, und ausschließliche Verfügung über das Militär. Er beruft die Landstände, vertagt sie oder löst sie auf. Die Stände dürfen keinen Gesetzesvorschlag machen, sondern sie müssen um das Gesetz bitten, und dem Gutdünken des Fürsten bleibt es unbedingt überlassen, es zu geben oder zu verweigern. Er bleibt im Besitz einer fast unumschränkten Gewalt, nur darf er keine neuen Gesetze machen und keine neuen Steuern ausschreiben ohne Zustimmung der Stände. Aber teils kehrt er sich nicht an diese Zustimmung, teils genügen ihm die alten Gesetze, die das Werk der Fürstengewalt sind, und er bedarf darum keiner neuen Gesetze. Eine solche Verfassung ist ein elend jämmerlich Ding. Was ist von Ständen zu erwarten, die an eine solche Verfassung gebunden sind? Wenn unter den Gewählten auch keine Volksverräter und feige Memmen wären, wenn sie aus lauter entschlossenen Volksfreunden bestünden?! Was ist von Ständen* zu erwarten, die kaum die elenden Fetzen einer armseligen Verfassung zu verteidigen vermögen! – Der einzige Widerstand, den sie zu leisten vermochten, war die Verweigerung der zwei Millionen Gulden, die sich der Großherzog von dem überschuldeten Volke wollte schenken lassen zur Bezahlung seiner Schulden. – Hätten aber auch die Landstände des Großherzogtums genügende Rechte und hätte das Großherzogtum, aber nur das Großherzogtum allein, eine wahrhafte Verfassung, so würde die Herrlichkeit doch bald zu Ende sein. Die Raubgeier in Wien und Berlin würden ihre Henkerskrallen ausstrecken und die kleine Freiheit mit Rumpf und Stumpf ausrotten. Das ganze deutsche Volk muß sich die Freiheit erringen. Und diese Zeit, geliebte Mitbürger, ist nicht ferne. – Der Herr hat das schöne deutsche Land, das viele Jahrhunderte das herrlichste Reich der Erde war, in die Hände der fremden und einheimischen Schinder gegeben, weil das Herz des deutschen Volkes von der Freiheit und Gleichheit seiner Voreltern und von der Furcht des Herrn abgefallen war, weil ihr dem Götzendienste der vielen Herrlein, Kleinherzoge und Däumlings-Könige euch ergeben hattet.

Der Herr, der den Stecken des fremden Treibers Napoleon zerbrochen hat, wird auch die Götzenbilder unserer einheimischen Tyrannen zerbrechen durch die Hände des Volks. Wohl glänzen diese Götzenbilder von Gold und Edelsteinen, von Orden und Ehrenzeichen, aber in ihrem Innern stirbt der Wurm nicht, und ihre Füße sind von Lehm. – Gott wird euch Kraft geben, ihre Füße zu zerschmeißen, sobald ihr euch bekehret von dem Irrtum eures Wandels und die Wahrheit erkennet: daß nur ein Gott ist und keine Götter neben ihm, die sich Hoheiten und Allerhöchste, heilig und unverantwortlich nennen lassen, daß Gott alle Menschen frei und gleich in ihren Rechten schuf und daß keine Obrigkeit von Gott zum Segen verordnet ist als die, welche auf das Vertrauen des Volkes sich gründet und vom Volke ausdrücklich oder stillschweigend erwählt ist! daß dagegen die Obrigkeit, die Gewalt, aber kein Recht über ein Volk hat, nur also von Gott ist, wie der Teufel auch von Gott ist, und daß der Gehorsam gegen eine solche Teufelsobrigkeit nur so lange gilt, bis ihre Teufelsgewalt gebrochen werden kann! – daß der Gott, der ein Volk durch eine Sprache zu einem Leibe vereinigte, die Gewaltigen, die es zerfleischen und vierteilen oder gar in dreißig Stücke zerreißen, als Volksmörder und Tyrannen hier zeitlich und dort ewiglich strafen wird, denn die Schrift sagt: was Gott vereinigt hat, soll der Mensch nicht trennen! und daß der Allmächtige, der aus der Einöde ein Paradies schaffen kann, auch ein Land des Jammers und des Elends wieder in ein Paradies umschaffen kann, wie unser teuerwertes Deutschland war, bis seine Fürsten es zerfleischten und schunden.

Weil das deutsche Reich morsch und faul war und die Deutschen von Gott und von der Freiheit abgefallen waren, hat Gott das Reich zu Trümmern gehen lassen, um es zu einem Freistaat zu verjüngen. Er hat eine Zeitlang den Satansengeln Gewalt gegeben, daß sie Deutschland mit Fäusten schlügen, er hat den Gewaltigen und Fürsten, die in der Finsternis herrschen, den bösen Geistern unter dem Himmel (Ephes. 6), Gewalt gegeben, daß sie Bürger und Bauern peinigten und ihr Blut aussaugten und ihren Mutwillen trieben mit allen, die Recht und Freiheit mehr lieben als Unrecht und Knechtschaft. – Aber ihr Maß ist voll!

Sehet an das von Gott gezeichnete Scheusal, den König Ludwig von Bayern, den Gotteslästerer, der redliche Männer vor seinem Bilde niederzuknien zwingt und die, welche die Wahrheit bezeugen, durch meineidige Richter zum Kerker verurteilen läßt! das Schwein, das sich in allen Lasterpfützen von Italien wälzte, den Wolf, der sich für seinen Baals-Hofstaat für immer

*jährlich fünf Millionen durch meineidige Landstände*
*verwilligen läßt, und fragt dann: ‚Ist das eine Obrig-*
*keit von Gott, zum Segen verordnet?'*

> *Ha! du wärst Obrigkeit von Gott?*
> *Gott spendet Segen aus;*
> *Du raubst, du schindest, kerkerst ein,*
> *Du nicht von Gott, Tyrann!*

*Ich sage euch: sein und seiner Mitfürsten Maß ist voll.*
*Gott, der Deutschland um seiner Sünden willen ge-*
*schlagen hat durch diese Fürsten, wird es wieder heilen.*
*‚Er wird die Hecken und Dörner niederreißen und auf*
*einem Haufen verbrennen.' Jesaias 27, 4. Sowenig der*
*Höcker noch wächset, womit Gott diesen König Ludwig*
*gezeichnet hat, so wenig werden die Schandtaten dieser*
*Fürsten noch wachsen können. Ihr Maß ist voll. Der*
*Herr wird ihre Körper zerschmeißen, und in Deutsch-*
*land wird dann Leben und Kraft als Segen der Freiheit*
*wieder erblühen. Zu einem großen Leichenfelde haben*
*die Fürsten die deutsche Erde gemacht, wie Ezechiel im*
*37. Kapitel beschreibt: ‚Der Herr führte mich auf ein*
*weites Feld, das voller Gebeine lag, und siehe, sie wa-*
*ren sehr verdorrt.' Aber wie lautet des Herrn Wort zu*
*den verdorrten Gebeinen: ‚Siehe, ich will euch Adern*
*geben und Fleisch lassen über euch wachsen und euch*
*mit Haut überziehen und will euch Odem geben, daß*
*ihr wieder lebendig werdet, und sollt erfahren, daß*
*Ich der Herr bin.' Und des Herrn Wort wird auch an*
*Deutschland sich wahrhaftig beweisen, wie der Prophet*
*spricht: ‚Siehe, es rauschte und regte sich, und die Ge-*
*beine kamen wieder zusammen, ein jegliches zu seinem*
*Gebein. – Da kam Odem in sie, und sie wurden wieder*
*lebendig und richteten sich auf ihre Füße, und ihrer war*
*ein sehr groß Heer.' Wie der Prophet schreibet, also*
*stand es bisher in Deutschland: eure Gebeine sind ver-*
*dorrt, denn die Ordnung, in der ihr lebt, ist eitel Schin-*
*derei. Sechs Millionen bezahlt ihr im Großherzogtum*

einer Handvoll Leute, deren Willkür euer Leben und Eigentum überlassen ist, und die anderen in dem zerrissenen Deutschland gleich also. Ihr seid nichts, ihr habt nichts! Ihr seid rechtlos. Ihr müsset geben, was eure unersättlichen Presser fordern, und tragen, was sie euch aufbürden. *So weit ein Tyrann blicket – und Deutschland hat deren wohl dreißig –, verdorret Land und Volk. Aber wie der Prophet schreibet, so wird es bald stehen in Deutschland: der Tag der Auferstehung wird nicht säumen. In dem Leichenfelde wird sich's regen und wird rauschen, und der Neubelebten wird ein großes Heer sein.*

Hebt die Augen auf und zählt das Häuflein eurer Presser, die nur stark sind durch das Blut, das sie euch aussaugen, und durch eure Arme, die ihr ihnen willenlos leihet. Ihrer sind vielleicht 10 000 im Großherzogtum, und eurer sind es 700 000, und also verhält sich die Zahl des Volkes zu seinen Pressern auch im übrigen Deutschland. Wohl drohen sie mit dem Rüstzeug und den Reisigen der Könige, aber ich sage euch: Wer das Schwert erhebt gegen das Volk, der wird durch das Schwert des Volkes umkommen. Deutschland ist jetzt ein Leichenfeld, bald wird es ein Paradies sein. Das deutsche Volk ist *ein* Leib, ihr seid ein Glied dieses Leibes. Es ist einerlei, wo die Scheinleiche zu zucken anfängt. Wann der Herr euch seine Zeichen gibt durch die Männer, durch welche er die Völker aus der Dienstbarkeit zur Freiheit führt, dann erhebet euch, und der ganze Leib wird mit euch aufstehen.

*Ihr bücktet euch lange Jahre in den Dornäckern der Knechtschaft, dann schwitzt ihr einen Sommer im Weinberge der Freiheit und werdet frei sein bis ins tausendste Glied.*

*Ihr wühltet ein langes Leben die Erde auf, dann wühlt ihr euren Tyrannen ein Grab. Ihr bautet die Zwingburgen, dann stürzt ihr sie und bauet der Freiheit Haus. Dann könnt ihr eure Kinder frei taufen mit* dem Wasser des Lebens. Und bis der Herr euch ruft durch seine Boten und Zeichen, wachet und rüstet euch im Geiste und betet ihr selbst und lehrt eure Kinder beten: ‚Herr, zerbrich den Stecken unserer Treiber und laß dein Reich zu uns kommen – das Reich der Gerechtigkeit. Amen.‘

# DER DEUTSCHE MICHEL

KARL GUTZKOW

Ha! ich grüße euch, Brutus und Cassius, Robespierre und St. Just! des heiligen Dreikönigstages Abend dämmert heran. Die Throne wanken, und der Boden, auf dem sie stehen, zittert zusammen. Schon neulich bebte im Preußischen die Erde bei Aachen zusammen.

Aber dessen kannst du gewiß sein, mögen auch Berge sich türmen und drohen uns zu vergraben, mögen Wolken und schwarze Wetter heraufziehen und alle Stürme des Lebens es auf uns anlegen, dennoch werden wir –

Ach! ich kann nicht ausreden, weil ich mir vor Wut die Zähne verbissen habe.

HEINRICH HEINE

Was ich einst begehrte, ist mir jetzt unbequem, ich möchte Ruhe haben und wünschte, daß kein Mensch von mir spräche, wenigstens in Deutschland. Und stille Lieder wollte ich dichten und nur für mich oder allenfalls um sie irgendeiner verborgenen Nachtigall vorzulesen. Es ging auch im Anfang, mein Gemüt ward wieder umfriedet von dem Geiste der Dichtkunst, wohlbekannte, edle Gestalten und goldne Bilder dämmerten wieder empor in meinem Gedächtnisse, ich ward wieder so traumselig, so märchentrunken, so verzaubert wie ehemals, und ich brauchte nur mit ruhiger Feder alles aufzuschreiben, was ich eben fühlte und dachte – ich begann.

Nun aber weiß jeder, daß man bei solcher Stimmung nicht immer im Zimmer sitzen bleibt und manchmal mit begeistertem Herzen und glühenden Wangen ins freie Feld läuft, ohne auf Weg und Steg zu achten. So erging's auch mir, und ohne zu wissen wie, befand ich mich plötzlich auf der Landstraße von Havre, und vor mir her zogen, hoch und langsam, mehrere große Bauerwagen, bepackt mit allerlei ärmlichen Kisten und Kasten, altfränkischem Hausgeräte, Weibern und Kindern. Nebenher gingen die Männer, und nicht gering war meine Überraschung, als ich sie sprechen hörte – sie sprachen Deutsch, in schwäbischer Mundart. Leicht begriff ich, daß diese Leute Auswanderer waren, und als ich sie näher betrachtete, durchzuckte mich ein jähes Gefühl, wie ich es noch nie in meinem Leben empfunden, alles Blut stieg mir plötzlich in die Herzkammern und klopfte gegen die Rippen, als müsse es heraus aus der Brust, als müsse es so schnell als möglich heraus, und der Atem stockte mir in der Kehle. Ja, es war das Vaterland selbst, das mir begegnete, auf jenen Wagen saß das blonde Deutschland, mit seinen ernstblauen Augen, seinen traulichen, allzu bedächtigen Gesichtern, in den Mundwinkeln noch jene kümmerliche Beschränktheit, über die ich mich einst so sehr gelangweilt und geärgert, die mich aber jetzt gar wehmütig rührte – denn hatte ich einst in der blühenden Lust der Jugend gar oft die heimatlichen Verkehrtheiten und Philistereien verdrießlich durchgehechelt, hatte ich einst mit dem glücklichen, bürgermeisterlich gehäbigen, schneckenhaft trägen Vaterlande manchmal einen kleinen Haushader zu bestehen, wie er in großen Familien wohl vorfallen kann: so war doch all dergleichen Erinnerung in meiner Seele erloschen, als ich das Vaterland in Elend erblickte, in der Fremde, im Elend; selbst seine Gebrechen wurden mir plötzlich teuer und wert, selbst mit seinen Krähwinkeleien war ich ausgesöhnt, und ich drückte ihm die Hand, ich drückte die Hand jener deutschen Auswanderer, als gäbe ich dem Vaterland selber den Handschlag eines erneuten Bündnisses der Liebe, und wir sprachen Deutsch. Die Menschen waren ebenfalls sehr froh, auf einer fremden Landstraße diese Laute zu vernehmen; die besorglichen Schatten schwanden von ihren Gesichtern, und sie lächelten beinahe. Auch die Frauen, worunter manche recht hübsch, riefen mir ihr gemütliches „Griesch di Gott!" vom Wagen herab, und die jungen Bübli grüßten errötend höflich, und die ganz kleinen Kinder jauchzten mich an mit ihren zahnlosen, lieben Mündchen. „Und warum habt ihr denn Deutschland verlassen?" fragte ich diese armen Leute. „Das Land ist gut und wären gern dageblieben", antworteten sie, „aber wir konnten's nicht länger aushalten –"

Nein, ich gehöre nicht zu den Demagogen, die nur die Leidenschaften aufregen wollen, und ich will nicht alles wiedererzählen, was ich auf jener Landstraße, bei Havre, unter freiem Himmel, gehört habe über den Unfug der hochnobelen und allerhöchst nobelen Sippschaften in der Heimat – auch lag die größere Klage nicht im Wort selbst, sondern im Ton, womit es schlicht und grad gesprochen oder vielmehr geseufzt wurde. Auch jene armen Leute waren keine Demagogen; die Schlußrede ihrer Klage war immer: „Was sollten wir tun? Sollten wir eine Revolution anfangen?"

Ich schwöre es bei allen Göttern des Himmels und der Erde, der zehnte Teil von dem, was jene Leute in Deutschland erduldet haben, hätte in Frankreich sechsunddreißig Revolutionen hervorgebracht und sechsunddreißig Königen die Krone mitsamt dem Kopf gekostet.

„Und wir hätten es doch noch ausgehalten und wären nicht fortgegangen", bemerkte ein achtzigjähriger, also doppeltvernünftiger Schwabe, „aber wir taten es wegen der Kinder. Die sind noch nicht so stark wie wir an Deutschland gewöhnt und können vielleicht in der Fremde glücklich werden; freilich, in Afrika werden sie auch manches ausstehen müssen."

Diese Leute gingen nämlich nach Algier, wo man ihnen, unter günstigen Bedingungen, eine Strecke Landes zur Kolonisierung versprochen hatte. „Das Land soll gut sein", sagten sie, „aber wie wir hören, gibt es dort viel giftige Schlangen, die sehr gefährlich, und man hat dort viel auszustehen von den Affen, die die Früchte vom Felde naschen oder gar die Kinder stehlen und mit sich in die Wälder schleppen. Das ist grausam. Aber zu Hause ist der Amtmann auch giftig, wenn man die Steuer nicht bezahlt, und das Feld wird einem von Wildschaden und Jagd noch weit mehr ruiniert, und unsere Kinder wurden unter die Soldaten gesteckt – was sollten wir tun? Sollten wir eine Revolution anfangen?"

LUDWIG BÖRNE

Haben Sie es gelesen, daß die Stände in Kassel gleich damit angefangen, den Kurfürsten um seine allergnädigste Erlaubnis zu bitten, daß ihm sein getreues Volk eine Statue errichten dürfe? Haben Sie es denn wirklich auch gelesen, und hat mir das nicht ein neckischer Geist auf einem Zeitungsblatte vorgegaukelt? Nein, daß sich die Freiheit in Deutschland so schnell entwickeln würde, das hätte ich nie gedacht! Ich hatte den guten Leuten doch unrecht getan. Wenn das so rasch fortgehet, werden wir in drei Wochen den Vereinigten Staaten nichts mehr zu beneiden haben. In Hannover haben sie sich auch erhoben. Das wird dem armen Lande wieder sechs Schimmel, einen schönen Wagen und eine Statue kosten. Hätten sie nicht gleich damit anfangen können, dem Herzog von Cambridge die Pferde auszuspannen und als Vize-Schimmel seinen Wagen zu ziehen? Was brauchen sie erst vorher eine Revolution zu machen? Ist aber ein treuer Gimpel, der

Deutsche! Man kann ohne Sorge den Käfig offen lassen, der Vogel fliegt nicht fort ... Haben Sie auch gelesen, daß der König von Bayern seinen Soldaten, welche in seine Bürger eingehauen, einen dreitägigen Sold geschenkt? Ich verstehe nicht mehr. Sie schüren das Feuer, und ihr eigenes Haus brennt; sie gießen Öl in die Wunde, und es ist ihr eigener Schmerz! Ich verliere mich darin.


LUDOLF WIENBARG

Damals, ich meine im Jahr 1813, ließen Metternich und Hardenberg die deutsche Freiheit los gegen die Franzosen. Der alte Leu, er hatte bis dahin jahrhundertelang in verschiedenen deutschen Staatsgefängnissen, nämlich deutschen Staaten, ruhig an der Kette gelegen und geschlummert. Er fühlte sich sehr abgespannt nach der dreißigjährigen Selbstzerfleischung. Da brannte ihm die Französische Revolution eine Rakete unter der Nase ab. Er erwachte von ihrem feurigen Geprassel, um sogleich mißmutig wieder einzuschlafen. Da trat Napoleon ihm höhnisch auf den Schweif und spie ihm verächtlich ins Gesicht. Und das war ihm zuviel. Er erhob sich. Deutschlands Fürsten traten hinan an das königliche Tier, streichelten ihm herablassend gnädig die zorngesträubte, teutonischgelbe Mähne und drückten ihn in ihrer Herzensangst unter den schönsten Versprechungen die grobe, treue Pfote. Und der alte Löwe erhob seinen Schweif, wie Ziska seinen mit eisernem Morgenstern gegürteten Dreschflegel, und sprang brüllend über den frohlockenden Rhein und schlug dem korsischen Adler beide Flügel ab. Darauf wurde der Adler zu Schiff nach einem einsam fernen Felsen gebracht und auf dem kahlen Gipfel niedergesetzt und von Sir Hudson Lowe zu Tode gefüttert.

Gleich nach des Löwen Heimkunft nahm Metternich

die Fürsten beiseite und flüsterte ihnen zu, schauen's, wie erhitzt unser alter Löwe aussieht, wie unerlaubt jugendlich er an den Stangen der Turnplätze hinanklettert, wie hartnäckig, ja drohend er seine kaum wiedergewonnene Stimme erhebt, um uns an die Erfüllung unserer Versprechungen zu mahnen. Ich beschwöre eure Majestäten, auf diese ehemals so gesetzlich schläfrige und gutmütige, nun aber gefährlich alterierte Bestie ein wachsames Auge zu halten und dero geheiligte Personen nicht durch unvorsichtiges Annähern in Gefahr zu setzen. Inzwischen werde ich die zweckdienlichsten Maßregeln ergreifen, um das arme Tier aus seiner fieberhaften Muskelspannung in den verscheuchten wohltätigen Schlaf zurückzuführen.

Und die deutsche Freiheit, Dank sei es jenen Maßregeln, schlief wieder ein.

Freilich nach den Julitagen hat der alte Leu ein paar kurze Sätze gemacht und hin und wieder ein paar abgebrochene eherne Paukenklänge aus seiner gewölbten Brust verloren; aber sein österreichischer Wächter lächelte dazu. Er kennt genau die Widerstandskraft der Kette, die in den Stückgießereien von Wien und Berlin zustande gekommen. Er selbst hält ihren letzten Ring spielend in der Hand, und sollte einmal seine reizende, jugendlich schöne Gemahlin ein Gelüste bekommen, auf einem Löwen zu reiten, wie Danneckers Ariadne auf einem Panther, so läßt der beglückte Fürst sie ruhig aufsteigen, und Thorwaldsen verewigt die anmutige Gruppe in carrarischem Marmor.


ADOLF GLASSBRENNER


Es war Nacht, finstere Nacht. Ich sah eine ungeheure Wiege, rings von Bergen eingeschlossen, darinnen lag ein gutes, kräftiges Volk. Und auf einem dieser Berge saß der hohe Beamte und wiegte und sang eine Hymne, damit das Volk schlafe. Und wann dort oben ein Stern hervorblitzte, so stieg er hinauf und löschte ihn aus, auf daß die funkelnden, lieblichen Strahlen nicht in die Augen der Kinder fielen, und er löschte alle Sterne aus, bis es finster war und ruhig wie im Grabe.

Aber von ferne her kamen Wolken gezogen, Wolken mit rosigen Träumen, und drinnen erklangen süße Lieder von Freiheit und Weltliebe; und es war, als ob die Kinder horchten, denn sie bewegten sich und lächelten; und die Lieder klangen immer süßer und wonniger, bis die Kinder erwachten und mit den Händen hinauflangten nach den rosigen Träumen.

Da ward der hohe Beamte zornig und band sie alle fest in der Wiege und rief viele Männer herbei, die hatten finstere, grauenhafte Gesichter und trugen lange, schwarze Kleider.

Und die finsteren Männer stellten sich rings um die Wiege, jagten die Wolken mit den rosigen Träumen fort und sagten den Kindern, sie sollten beten und schlafen und schlafen und beten, denn solches sei der Wille des Herrn, der sie gesendet.

Und die Kinder fürchteten sich vor den schwarzen Gestalten und machten ihre Augen zu.

Da erhoben die Männer ihre Stimmen und sangen in dumpfer, geisterhafter Weise:

> Wir verfluchen die Wissenschaft
> Und des Menschen Geisteskraft,
>   Wir verfluchen das Licht!
> Schlafe und bete du Erdensohn,
> Bete für deines Herrschers Thron,
>   Fluch! wer die Ketten bricht.
>
> Die Gedanken kommen von Gott,
> Aber nicht die voll Hohn und Spott
>   Über die Tyrannei!

Ein Gedanke nur ist erlaubt,
Der für des Regenten Haupt,
    Nur der eine ist frei!

Droben über den schwarzen Höhn
Erwartet die ewige Rache den,
    Der hier fröhlich und frei!
Selig, die nicht denken und tun,
Die, wie wir, nur beten und ruhn
    Und preisen die Tyrannei!

Und die Kinder fürchteten sich immer mehr vor den gespenstigen Männern, drückten ihre Augen fester zu, schliefen wieder ein und träumten von den süßen und wonnigen Liedern. Und als die Männer sahen, daß das Volk schlief, grinsten und lachten sie höhnisch und verspotteten es, und der hohe Beamte wiegte wieder und sang die Hymne.

# Zeitgenössische Urteile über das Junge Deutschland

Nachdem sich in Deutschland in neuerer Zeit, und zuletzt unter der Benennung „das junge Deutschland" oder „die junge Literatur", eine literarische Schule gebildet hat, deren Bemühungen unverhohlen dahin gehen, in belletristischen, für alle Klassen von Lesern zugänglichen Schriften die christliche Religion auf die frechste Weise anzugreifen, die bestehenden sozialen Verhältnisse herabzuwürdigen und alle Zucht und Sittlichkeit zu zerstören: so hat die deutsche Bundesversammlung – in Erwägung, daß es dringend notwendig sei, diesen verderblichen, die Grundpfeiler aller gesetzlichen Ordnung untergrabenden Bestrebungen durch Zusammenwirken aller Bundesregierungen sofort Einhalt zu tun, und unbeschadet weiterer, vom Bunde oder von den einzelnen Regierungen zur Erreichung des Zweckes nach Umständen zu ergreifenden Maßregeln – sich zu nachstehenden Bestimmungen vereinigt:

1. Sämtliche deutschen Regierungen übernehmen die Verpflichtung, gegen die Verfasser, Verleger, Drucker und Verbreiter der Schriften aus der unter der Bezeichnung „das junge Deutschland" oder „die junge Literatur" bekannten literarischen Schule, zu welcher namentlich Heinr. Heine, Karl Gutzkow, Heinr. Laube, Ludolf Wienbarg und Theodor Mundt gehören, die Straf- und Polizei-Gesetze ihres Landes, sowie die gegen den Mißbrauch der Presse bestehenden Vorschriften, nach ihrer vollen Strenge in Anwendung zu bringen, auch die Verbreitung dieser Schriften, sei es durch den Buchhandel, durch Leihbibliotheken oder auf sonstige Weise, mit allen ihnen gesetzlich zu Gebot stehenden Mitteln zu verhindern.

2. Die Buchhändler werden hinsichtlich des Verlags und Vertriebs der oben erwähnten Schriften durch die Regierungen in angemessener Weise verwarnt,

und es wird ihnen gegenwärtig gehalten werden, wie sehr es in ihrem wohlverstandenen eigenen Interesse liege, die Maßregeln der Regierungen gegen die zerstörende Tendenz jener literarischen Erzeugnisse auch ihrerseits, mit Rücksicht auf den von ihnen in Anspruch genommenen Schutz des Bundes, wirksam zu unterstützen.

3. Die Regierung der freien Stadt Hamburg wird aufgefordert, in dieser Beziehung insbesondere der Hoffmann und Campeschen Buchhandlung zu Hamburg, welche vorzugsweise Schriften obiger Art in Verlag und Vertrieb hat, die geeignete Verwarnung zugehen zu lassen.

*Gutachten des preußischen Oberzensurkollegiums*

*Über Heines „Salon"*

Die Schmähungen gegen die Religion, welche versteckt oder offen das stets variierte Thema ihrer Arbeiten bilden, sind keineswegs neu und originell. Neu dagegen, wenigstens in Deutschland, ist das Herunterziehen dieser Materien auf das belletristische Gebiet, wo das, was früher höchstens einem engeren Kreis wissenschaftlicher Leser bekannt war, jetzt vor das Forum jener unermeßlichen Menge gebracht wird, die in Deutschland zur Unterhaltung liest; neu ist daran die halb witzige, halb poetische Einkleidung und die gewählte verführerische Form des Romans, des Gedichts, der Novelle und der politischen Briefe; neu ist besonders die von Heine zur Anwendung gebrachte, eigens auf die Verführung der Jugend berechnete, innige Verbindung der Blasphemie mit der Aufregung der Sinnlichkeit sowie die eigentümliche Verflechtung St. Simonistischer und phantastischer Ideen und die besonders von dem letztgenannten Schriftsteller ausgehende eigentümliche Verarbeitung aller dieser Elemente zu einem vollständigen System der Gottesleugnung und Unsittlichkeit, welches Heine im zweiten Bande seines „Salon" sich nicht scheut, als neue Weltreligion zu proklamieren.

### Über Gutzkows „Wally"

Dieses Buch, übrigens in jeder Beziehung eine wertlose Hervorbringung, sucht sich durch die frechste Verunglimpfung des Christentums, durch die verabscheuungswürdigsten Schmähungen gegen den göttlichen Stifter des Christentums und überhaupt durch die zügellosesten Verhöhnungen jedes religiösen Glaubens bemerklich zu machen. Wir sehen uns um so mehr veranlaßt, auf das Verbot der gedachten, höchst verwerflichen Schrift und die Entfernung derselben aus dem Buchhandel sowie aus den Leihbibliotheken und Lesegesellschaften anzutragen, als die Popularität des Vortrags und manche dem großen Haufen der Leser zusagende witzige Wendungen, welche dem schon längst übelberüchtigten Verfasser zu Gebote stehen, die schädlichsten Wirkungen von der ferneren Verbreitung des ruchlosen Machwerks besorgen lassen.

### Über Mundts „Madonna"

Das Buch nimmt eine sehr bedeutende Stelle in einer Klasse von Schriften ein, die sich in den letzten Jahren so wie noch in keiner früheren Zeit der deutschen Literatur hervorgetan hat und die in hohem Grade sittenverderblich und also mittelbar auch politisch gefährlich zu wirken droht. Es sind dies die Schriften, deren Grundgedanke auf Geltendmachung der zügellosesten sinnlichen Lust – nicht in der nackten Weise der fran-

zösischen Materialisten und mancher deutschen Roman-
schreiber vom gewöhnlichen Schlage – sondern in eng-
ster Verbindung mit scheinbar tiefgeistigen, selbst reli-
giösen Lehren und Gefühlen gerichtet ist und dergleichen mehrere, namentlich von dem berüchtigten Heine,
von Heinrich Laube, von Wienbrack [sic!] bereits zu
dringend motivierten Verboten Anlaß gegeben haben.
*Wiedereinsetzung des Fleisches* in seine unverjährbaren
Rechte; die es besonders durch das Christentum (oder,
wie es in dem in Rede stehenden Roman angedeutet
wird, durch Mißverstand des Christentums, der Lehre
von dem fleisch- oder weltgewordenen Gott) eingebüßt
habe, ist von den Schriftstellern dieser Schule des Jungen Deutschland selbst konsekrierten Ausdruck für den
wesentlichen Zeitpunkt [sic!] ihres Strebens.

## Über Laubes „Das junge Europa“

Sie ist bis auf einzelne, allerdings höchst anstößige
Stellen nicht direkt politischen Inhalts, dagegen eines
der unzüchtigsten und dabei durch eine geistreiche, von
vielem Talent zeugende Form für viele in ihren Empfindungen noch unbefestigte Gemüter leicht verfüh-
rerischsten Bücher, welche der deutschen Literatur zur
Schande gereichen und den berüchtigtsten und ruch-
losesten Produktionen der französischen Literatur in
dieser Art der Schriftstellerei mindestens gleichzu-
stellen. Das Gefährliche wird in diesem Buche noch
besonders verstärkt durch die enge Verbindung der
rohesten sinnlichen Lust mit den feineren und geistigen
Motiven und Tendenzen. Auch wird vielfach die Religion, insbesondere des Christentum, auf die lächerlich-
ste Weise mißbraucht oder auch angefeindet.

## Die tiefste Korruption der deutschen Dichtung

Die katholische Kirche hatte sich von den furchtbaren
Zerrüttungen des Josephinismus und Napoleonismus
noch nicht erholt und befand sich unter dem Druck der
Staatsgewalt, welche lange dafür sorgte, daß kein Geist
in ihr aufkam. Die protestantische Kirche war im Rationalismus und offenen Unglauben beinah aufgelöst.
Hegel verkündete der preußischen Jugend, der Mensch
selbst sei Gott. Aus der Gottesfurcht konnte man keinen
sittlichen Halt mehr schöpfen. Auch der Patriotismus,
der Träger sittlichen Adels, war offiziell verboten. Daher in der Presse eine Entsittlichung und Niedertracht
aufkam wie nie vorher.

Daß bei dieser allgemeinen Vernachlässigung und
Verachtung der Kirche die ältesten Feinde Christi, die
Juden, eine ihnen so günstige Zeit benutzten, war nicht
zu verwundern. Aus allen dunkeln Ecken kamen sie
hervor, um mit affenartigem Zähneblecken, Grinsen
und Zungenherausstrecken, was bisher dem Christen
heilig war, zu verhöhnen, höllische Kerkopen, die, jahrhundertelang unter dem schweren Gebälk der gotischen
Kirche halberdrückt und ins Finstre verkrochen, nur
scheu hervorgelugt, jetzt aber mit frechem Salto mor-
tale mitten in die verwilderte Gemeinde hinüber-
sprangen und sie zur Anbetung des goldenen Kalbes
und Vergötterung der Fleischeslust verführten.

Heinrich Heine, aus Düsseldorf, unterstützt von
einem reichen Onkel aus Hamburg, begann 1822 mit
noch harmlosen lyrischen Gedichten und 1823 mit ein
paar ganz unbedeutenden Tragödien (William Rat-
cliffe und Almansor), stimmte aber 1826 in seinen
„Reisebildern" und 1827 im „Buch der Lieder" einen
ganz neuen Ton an. Von kleinem schwachem Körper und
ungewöhnlicher Häßlichkeit, wollte er doch immer den

Don Juan spielen und mußte daher die Folgen in einer Rückenmarksdarre auf dem Schmerzenslager jahrzehntelang bis an seinen Tod erdulden. Da es ihm mißlang, den romantischen Ritter zu spielen, wornach ihn früher gar sehr jückte, fand er in seiner Bosheit ausreichende Mittel, um sich an der Natur und Gesellschaft zu rächen, und diese giftige Stimmung wuchs natürlich mit seinen Körperleiden. Sein Geist und Witz, an sich schätzenswerte und eines bessern Gebrauchs würdige Dinge, mußten ihm nur dienen, alles Heilige und Hohe, Edle und Unschuldige in der Welt zu lästern. Seine Feder wurde buchstäblich eine Kotschleuder. Im Buch der Lieder stimmt er noch zuweilen einen romantischen Minneton an, aber im Bewußtsein, daß es ihm nicht stehe, zerreißt er gewöhnlich die Saite mit einem grellen Mißton. Schon vor ihm hatte Chamisso die unglückliche Manier der sarkastischen Romanze aufgebracht, welche rührend und tragisch beginnt, um mit einem Hohnlachen zu endigen. Das war nun ganz der Heineschen Natur gemäß. Auch in den Reisebildern sucht er den Hauptreiz im Herabziehen des Heiligen und Ernsten ins Gemeine. Wir sehen da den Judenjungen, mit der Hand in den Hosen, frech vor den italienischen Madonnenbildern stehen. Zugleich spottete er mit vielem Witz über die politischen und sozialen Zustände, was den liberalen Philistern überaus wohlgefiel. Nun ging er in seiner Frechheit noch weiter, schrieb eine Schandschrift zur Verhöhnung der romantischen Poesie und wagte in seinem „Salon" und in seinen „Neuen Gedichten" geradezu das Christentum als ein der Menschheit nicht mehr würdiges Institut zu verwerfen und die „Rehabilitation des Fleisches" in seine alten, durch das Christentum ihm entrissenen Rechte zu verlangen.

Die künftige Menschheit, sagt er im Salon, wird den künstlichen Hader, den das Christentum zwischen Leib und Seele erregt hat, kaum begreifen können.

Das Christentum galt ihm lediglich als eine Störung der ursprünglichen Harmonie zwischen Leib und Seele, welche nach glücklicher Überwindung des Christentums sofort zurückkehren werde. Christus erscheint ihm also als der Störefried, der böse Feind.

Heine durfte um so kecker auftreten, als er von König Ludwig Philipp einen ansehnlichen Jahrgehalt empfing, um von dem sichern Paris aus unaufhörlich die Mißstimmung in Deutschland zu nähren. Durch seine Krankheit vollends verbittert, schrieb er nun immer tollere und rücksichtslosere Sachen, unter denen Atta Troll, Deutschland ein Wintermärchen, Dr. Faust und der Romanzero nur literarischen Abtritten gleichen. Es kam Heine gar nicht darauf an, bekannte Ehrenmänner in Deutschland öffentlich als Päderasten zu bezeichnen, und um seinen Haß gegen sie auszulassen, schöne und starke Männer, bloß weil *er* so verkommen war, zu häßlichen Karikaturen auszumalen usw. Wie ein wütender Affe den eignen Kot als Wurfgeschoß braucht, das ist die beste Vignette zu Heines spätern Gedichten. Sogar mit Börne überwarf er sich, dem er doch so viel verdankte, weil die Achtung, welche Börne genoß, ihm als dem stets mit ihm Genannten zugute kam. Schließlich gestand Heine selbst, seine ganze Poesie sei vergiftet, und wie eine verbissene Natter schlug er den letzten abgebrochnen Zahn in den eignen Leib.

Trotz seiner augenfälligen, absichtlich zur Schau getragenen Nichtswürdigkeit wurde Heine in Deutschland fast vergöttert und sammelte sich unter seiner schmutzigen Fahne eine ganze Schar von Nachahmern. Diese Leute nannten sich „das junge Deutschland". Denkt man zurück an das Urbild deutscher Jugend, wie wir es im Sifrit erkannt, so hat man hier das ekelerregende Gegenbild. Die Physiognomie des jungen Deutschland war die eines aus Paris kommenden, nach der neusten Mode gekleideten, aber gänzlich blasierten, durch Lüderlichkeit entnervten Judenjünglings mit spezifischem Moschus- und Knoblauchgeruch. Die Hauptlehre der Jungdeutschen war „Rehabilitation des Fleisches". Dafür schrieb zunächst Karl Gutzkow aus Berlin (1835) den Roman „Wally, die Zweiflerin".

> Darin wird nicht nur Unzucht gelehrt, geübt und gepriesen, sondern auch Christus mit affektierter Geringschätzung „ein junger Mann, unehelichen Ursprungs, Stiefsohn eines braven Zimmermanns" genannt, der durch eine bedenkliche Verwirrung seiner Ideen auf den Glauben kam, er müsse ein Befreier der Nation werden.

Mehr Geist hatten seine Jugendarbeiten „Briefe eines Narren an eine Närrin" und „Mahaguru", eine tibetanische Geschichte. Im „Blasedow und seine Söhne" zeichnete Gutzkow das Unglück eines Mannes, der (in seiner Einbildung) über dem Jahrhundert steht und doch in und mit ihm leben muß. Die „Seraphine" war ein kläglicher Versuch des Dichters, weibliche Seelenschönheit zeichnen zu wollen, von der er nie eine Ahnung hatte. In seinem Buch „Aus der Knabenzeit" (1852) ahmte er das Buch der Kindheit von Goltz nach, aber schlecht. Im folgenden Jahr begann er einen neunbändigen Roman „Die Ritter vom Geiste", womit er gleichsam Sturm lief auf das Publikum.

> Das Buch ist noch langweiliger als lang. Die sog. Ritter vom Geiste bilden einen Orden, um, unabhängig von Religion, Sitte, Staat, das, was sie Geist nennen, in der Menschheit fortzupflanzen. Also der längst abgeschmackte Illuminatismus. Die Ritter tun überdies nichts, sondern schwatzen bloß, essen und trinken, lieben und verheiraten sich wie andre gemeine Leute.

Das Lebensbild „Die Diakonissin" (1855)

> beschreibt, wie eine gewisse Constanze Diakonissin wird, sich aber in diesem Dienste immer beschämt

und geniert fühlt und am Ende Gott dankt, einen Mann zu bekommen, der sie von der leidigen Pietisterei befreit.

Man kann den Dienst der frommen Schwestern nicht unwürdiger, unpoetischer und philisterhafter auffassen. – Charakteristisch erscheint, daß Gutzkow noch so spät die Windigkeit, Charakterlosigkeit und Lüderlichkeit des kotzebueschen Berlin an Ludwig Tieck rächte. Ein Berliner, wie Tieck selbst, suchte er aus Leibeskräften die Poesie aus Tiecks romantischer Höhe wieder herunterzureißen in die alte Gemeinheit. Indem Gutzkow Schlegels „Lucinde" neu herausgab, suchte er die Meinung zu verbreiten, die Romantiker seien ebenso unsittlich gewesen wie das junge Deutschland.

Heinrich Laube, später Vorstand des Wiener Burgtheaters, wetteiferte mit Gutzkow in Anmaßung und war ebenso arm an Geist und Erfindungsgabe. Seine Reisenovellen, eine matte Nachahmung der Heineschen Reisebilder, (seit 1834), sein „Junges Europa" strotzten von Insolenz. Auch gab er die obszönen Schriften Heinses neu heraus. Sein Roman „Die Schauspielerin" von 1836 und „Das Glück" von 1837 sind schwache Gemälde aus der modernen Gesellschaft, charakterlos, nichtssagend. Etwas mehr Farbe haben seine Darstellungen altfranzösischer Lüderlichkeit, ein Element, in dem er sich behaglich fühlte. So in seinem Roman „Die Gräfin Chateaubriand" von 1843.

Der König buhlt mit ihr; als die Katastrophe ihrer Treulosigkeit herannaht und sie nach bretonischem Recht als Ehebrecherin sterben soll, tritt der König unter den bretagneschen Adel und hält ihm eine Vorlesung über die notwendige Emanzipation des Weibes, das Recht der Unzucht, das Unrecht der Ehe. Inzwischen emanzipiert sich die Gräfin mit Gift. Man weiß nicht, ob hier die Frechheit oder die Abgeschmacktheit größer ist.

In diesem Geist schrieb Laube auch die „Französischen Lustschlösser". Nicht viel besser ist „Der belgische Graf", eine Pariser Kriminalgeschichte aus der schlechtesten Zeit des Regenten. In dem Lustspiel „Rokoko" verspottet Laube „die alten Herren" und läßt einen Alten am Schlusse sagen: „Wenn uns die Jugend vergibt, so sind wir begnadet, denn der Jugend gehört die Zukunft." Das ist ganz kotzebuesch. Aber die bubenhaften Spötter werden selber zu wackligen Greisen.

Ein eifriger Parteigenosse des jungen Deutschland war ferner Ludolf Wienbarg, weniger produktiv, aber geistreicher als die andern, wie seine satirischen „Wanderungen durch den Tierkreis" dartun. Auch seine Schilderung Hollands hat viel Anziehendes. Seine ästhetischen Feldzüge und was er „zur neuesten Literatur" schrieb, war wohl nur Verirrung des Augenblicks und mißverstandene Kameraderei.

Auch Theodor Mundt schloß sich dem jungen Deutschland an und schrieb Romane und Erzählungen in demselben arroganten und leichtfertigen Ton wie die andern. In seiner „Madonna oder Unterhaltungen mit einer Heiligen" von 1835

> macht er dieselbe Affengebärde vor dem Bilde der allerseligsten Jungfrau wie Heine. Indem er die Rehabilitation des Fleisches den schönen Mädchen Prags verkündet, reizt ihn das spezifisch Katholische derselben nur zu tierischer Wollust, deren er sich mit blasierter Vornehmtuerei rühmt.

In „Mutter und Tochter" triumphiert gleichfalls das emanzipierte Weib. Mundt schrieb auch ein Buch über Charlotte Stieglitz.

> Diese war die Gattin seines Freundes, des höchst mittelmäßigen, aber eiteln Berliner Dichters Stieglitz. Weil Stieglitz ihr immer vorlamentierte, die Heirat mit ihr hindere ihn an einem großartigen Emporkommen, gab sie sich freiwillig den Tod, und

Stieglitz war so seelenlos, mit dem Dolche, mit dem sie sich erstochen, hinterdrein zu kokettieren und in einem lebenden Tableau zu München öffentlich damit aufzutreten. Mundt aber machte ein Buch daraus.

Das Talent dieser Jungdeutschen würde samt der Lobassekuranz, welche sie untereinander etabliert hatten, nicht ausgereicht haben, ihnen einigen Ruhm zu erwerben, wenn nicht die Zeitstimmung und Mode für sie gewesen wäre. Der deutsche Büchermarkt wurde damals überschwemmt mit Übersetzungen der destruktivsten, irreligiösesten und unsittlichsten Werke der französischen Dichter (Victor Hugo, George Sand, Eugen Sue, Balzac, Paul de Kock usw.). Zugleich gingen die Saaten auf, welche die alten Rationalisten und die neuen Hegelianer auf den Universitäten gesäet hatten. Der Unglaube warf alle Scham von sich. Im Jahr 1835 erschien das berüchtigte „Leben Jesu" von David Strauß, der die Evangelien für Mythen und Fischeranekdoten erklärte. Bald darauf taten sich die Lichtfreunde in Sachsen, die Deutschkatholiken in Schlesien auf unter fast allgemeinem Zujauchzen der deutschen Presse, und in der Schweiz erhob der Kommunismus sein Haupt und warf seine Brandschriften nach Deutschland hinüber. Im Grunde ging diese ganze fieberhafte Wut, womit man die Religion und Sitte verfolgte, von Frankreich aus, welches in der Periode zwischen der Juli- und Februarrevolution vor Ungeduld und Gier nach einer neuen Revolution sich bis zum Wahnsinn echauffierte. Deutschland ließ sich nur anstecken.

## Literarische assa foetida

Deutsches Publikum! Herr Ludolf Wienbarg, ein Norddeutscher – der durch ein gutes Werk über Holland einst schöne Hoffnungen von sich rege gemacht hat –, gab bei Hoffmann und Campe in Hamburg im vorigen Jahre eine Schrift heraus, die er unter dem Titel: „Ästhetische Feldzüge" dem „jungen Deutschland" zueignete und in der er nichts Geringeres als das Herannahen eines neuen Weltalters, eines neuen, unsere gegenwärtigen religiösen, sittlichen und politischen Zustände ganz anders gestaltenden Gottes verkündigt.

Den Charakter dieses neuen Weltalters aber faßt Herr Wienbarg unter dem *Gesichtspunkte der Schönheit* auf, indem er behauptet: alle Schönheit sei zunächst und ursprünglich *Schönheit der Tat*; von der Tat gehe sie ins *Leben* und die *Kunst* über; uns aber in unsern gegenwärtigen bürgerlichen und politischen Verhältnissen sei jede Schönheit der Tat unmöglich gemacht; darum sei unser Leben dem Tode gleichzuachten, unsere Kunst und Poesie aber tauge nichts, denn sie stehe isoliert von Leben und Tat, sie habe sich in eine ideale Welt eingesponnen, die nur immer weiter von Leben und Tat abführe. Nur insofern sei sie allenfalls der Beachtung wert, als sich in ihr hin und wieder bereits die Zukunft rege und zum voraus ankündige; dies sei der Fall in Goethe, in Byron und Heine.

Dann behauptet Hr. Wienbarg weiter, daß die Menschheit nur durch *völliges Abbrechen* von dem, was bereits geschichtlich da ist, ihre schöne Zukunft erreichen könne, und verteidigt als einer der ersten Wortführer der „jungen Literatur" deren Lieblingssatz: daß in dem neuen Weltalter, an dessen Pforten wir ständen – jener einseitige Kultus des Geistes (so nennt nämlich die „junge Literatur" das Christentum) aufhören, das

*Fleisch in seine Rechte eingesetzt* – und eine *heitere sinnliche* Religion, *ähnlich dem schönen Götterdienste des klassischen Altertum,* das finstere stoische Christentum verdrängen müsse.

Solchem aus Frankreich zu uns herübergeschmuggelten Prinzipe huldigend, erklären die Koryphäen der „jungen Literatur" aller Sittlichkeit in unserm Vaterland in ihren Büchern den Krieg, indem sie die Grundlage derselben – die Ehe – abgeschafft und an die Stelle jeder Kirche ein halbes Dutzend Altäre der zyprischen Göttin aufgepflanzt wissen wollen. Und dies nennen sie dann „die Schönheit der Tat"!

„Denn weg mit jener Moral" – sagt Hr. Wienbarg im Namen der „jungen Literatur" –, „welche nur in Gestalt des harten, knöchernen Gesetzes, des kalten Gebietens und Verbietens auftritt; sie spricht nur zu *Knechten* und *Weichlingen,* sie hat kein Wort, keinen Antrieb zur Tat der freien Liebe und der Begeisterung; aber *weg auch mit dem Christentume,* welches die Knechte zu Freien gemacht und an die Stelle des Gesetzes die Begeisterung des Glaubens und der Liebe gesetzt hat! Es gibt keine allgemeine Moral, kein für alle Zeiten und Völker gültiges Gesetz der Sittlichkeit, sondern Sittengesetze nur für besondere Völker; es gibt überhaupt keine von der Schönheit, von der Poesie unterschiedene Sittlichkeit, die Moral wird mitten in der Ästhetik ihren Platz finden."

Die Moral wird mitten in der Ästhetik ihren Platz finden! –

Du würdest erröten, deutsches Publikum, wenn einer der Herolde der „jungen Literatur" diese abgeschmackte renommistische Phrase exegetisieren müßte; du müßtest erröten, trotz der – je nach der Beschaffenheit deiner Individuen – doch so verschiedenartigen Gestaltung deines innern Seins!

Aber dies sind – in Kürze aufgeführt – die heillosen Grundsätze der jungen Literatur, die sie sukzessive im

Leben geltend zu machen so energisch bemüht ist. Ihre Bücher sind die Spiegel dieser Grundsätze – die unkeuschen Formen eines noch unkeuscheren, durch und durch verderbten innern Gehalts.

Du kennst, deutsches Publikum! die „Reisebilder" und den „Salon" von Herrn Heinrich Heine, diesem lockern Düsseldorfer Zeisig, dessen französisches, teils noch hier abgesetztes, teils über den klaren Rhein zu uns herübergesendetes Gift den Embryo bildete zu dem aussätzigen Körper unserer „jungen Literatur".

Du kennst das „junge Europa" und die „Reisenovellen" von Herrn Heinrich Laube, diesem erotischen raffinierten Demagogen, für dessen schönen Geist es ewig schade ist, daß er sich in die Labyrinthe verlor der gallischen Sitten und des gallischen Zynismus.

Soeben lerntest du auch die bestimmt sehr unästhetischen „Feldzüge" des Herrn Wienbarg kennen, und ein bißchen kennst du auch Gutzkows „Wally" – – doch nein! du kennst sie noch gar nicht – sonst hättest du dein verdammendes Urteil schon ausgesprochen! – Du sollst sie erst kennenlernen – jetzt – durch mich.

Und wenn dies geschehen sein wird, schönes Deutschland, so wird dein Urteil erfolgen, urplötzlich – ein reiner Ausfluß deines reinen Gefühles – und unter dessen Zorne wird der krankhafte Körper der „jungen Literatur" – wie er sich gegenwärtig geriert – zusammensinken, und derjenige deiner Söhne, der einst die Geschichte der inhaltsschweren Tage schreiben wird, in denen wir leben – – er wird nicht erröten müssen ob eines sittlichen Zerfalles, ob eines babylonischen Hurendienstes seiner Nation – dem gegenwärtigen Kultus der jungen Literatur!

Solch eine Schmach wird nicht über dich kommen, deutsche Nation!

### Ein jungdeutscher Schwärmer

Florheim. Wenn ich denn meine ganz aufrichtige Meinung sagen soll, so behaupte ich folgendes: man sollte nie ein Konzert geben, in dem man nicht zu Anfang oder zu Ende die Marseillaise mit voller Instrumentalmusik und vielstimmigem Gesang aufführte, damit die Menschen daran erinnert würden, was denn eigentlich die Hauptsache sei. So wie man ehemals die Buchdruckerstöcke über oder unter die Kapitel setzte oder in manchen französischen Büchern die Vignetten, so müßte kein Buch gedruckt werden, in welchem man nicht die Köpfe und Bildnisse der vorzüglichsten Freiheitshelden anträfe: kein Kochbuch, kein mathematisches, geographisches, philosophisches, oder wie sie nur immer Namen haben mögen, dürfte existieren, wo nicht die Bildnisse von Mirabeau, Washington, Franklin, Kosciusko, aber auch von dem verkannten Danton und Robespierre uns hie und da, unten, oben, entgegen leuchteten: damit der Mensch in allem Treiben und Tun erinnert würde, was ihm obliegt. Die Volkskalender für die Bürger und Bauersleute müßten den ganzen Monat Julius mit rotgedruckten Lettern aufweisen, damit auch der gemeine Mann immerdar inne würde, daß von der glorreichen Julirevolution das Heil der Menschheit ausgegangen sei, daß mit dieser Epoche eigentlich die wahre Geschichte beginne. Denn alles frühere ist entweder Fabel oder uninteressant. Und was soll uns die Kenntnis des nichtswürdigen Feudalismus und des blinden Pfaffentums? Beide sind gestürzt, gleichviel auf welche Weise. Dann sollte man alle Bücher mit lateinischen Lettern drucken, damit kein Auge mehr die mißgestalte gotische Schrift der Deutschen wahrnehme. Ist aber Vorurteil und Eigensinn zu stark gegen diese Verbesserung, nun so müssen sich wenigstens alle Edlen vereinigen, daß man jene Substantive, wie „Fürst, Herr, König, Herzog, Graf, Junker" usw., nicht mehr mit einem großen Anfangsbuchstaben, sondern mit kleinen Lettern drucke, damit schon das Kind, indem es buchstabieren lernt, die Geringschätzung gegen diese Namen einatme. Und was kann man noch heutzutage gegen die Juden haben? Sind sie nicht wiederum das auserwählte Volk? Sind sie nicht unsre wahren Freiheitshelden, die echten Makkabäer, die echtesten Deutschen? Wer kämpft so in den vordersten Reihen?

Alle sahen den Sprechenden an, der Professor, der etwas von der Arznei zu verstehen glaubte, nahm die Hand des jungen Mannes, um seinen Puls zu fühlen.

Florheim. Sie denken wohl gar, daß ich im hitzigen Fieber spreche?

Mutter. Ach nein, nur die vielen Journale sind Ihnen zu Kopfe gestiegen.

LEVIN SCHÜCKING

*Rückblicke auf die schöne Literatur seit 1830*

Nun aber gebührt unsrer schönen Literatur seit 1830 der Ruhm, erkannt zu haben, wie der höhere und eigentliche Beruf der Kunst sei, wohltätig wirkend auch in das Leben selbst einzugreifen, die Revolution der Wahrheit gegen das Vorurteil, der Vernunft gegen lang geheiligte Unvernunft in dem großen Geistesstaate der gebildeten Welt zu bewerkstelligen – die politische, unzulässige Revolution vermittelst des Terrorismus der Empörung, durch die Revolution des nur milde und ruhige Übergänge veranlassenden Kunstreizes zu ersetzen. Diese Erkenntnis wies der Literatur eine ganz neue Richtung an. Von 1830 datiert sich der Untergang der Romantik als herrschender Potenz, jenes Streben, die alleinseligmachende Kirche des Schönen in einer Region zu suchen, woraus die praktische Wahrheit als bindendes, sichtbares Oberhaupt verbannt ist, eine Kirche, welche nicht auf Felsen gebaut ist, sondern auf Nebelschichten und Wolkenzügen, die von der untergehenden Sonne oft schön, ja unendlich prachtvoll verklärt sein können, aber keine Dauer haben und uns unnahbar fern liegen mit all ihrem Glanze und Himmelsschmelz, die zu wenig wesenhaft und erfaßbar sind, wenn wir uns auch noch zu ihnen aufschwingen konnten, für unsre durch Fabrikarbeit vergröberten Hände. Deshalb aber war auch das Einschlagen der neuen Richtung durchaus nicht ein willkürliches oder aus der Überzeugung allein geflossen, daß die Hirngespinste der Phantasie, welche so lange gegen die Klassizität reagiert hatten, nach deren Untergang jetzt unnütz seien und uns nicht weiter zu fördern vermöchten. Man fühlte auch, wie die ganze Zeit eine praktische Richtung genommen habe, wie materielle Tendenzen zur alleinigen Herrschaft gekommen seien, man fühlte die Notwendigkeit, dieser Richtung zu folgen, ihr Zugeständnisse zu machen und, um nicht in die Gefahr gänzlichen Verdrängtwerdens zu geraten, das Unpraktischeste von allem, die Poesie, praktisch machen zu müssen. So ist die jetzt herrschende Literatur pragmatisch geworden und hat durch diesen Schritt der Bürgschaft eines fortwährenden Einflusses, den die industriellen Bestrebungen ihr gefährdeten, aufs neue sich versichert. Was sie dadurch an Poesie verloren hat, ersetzt ihr der Einfluß auf die sozialen Verhältnisse, der ja, wenn er von der wahren Kunst ausgeht, nur ein wohltätiger sein kann – ersetzt ihr die Hoffnung, durch ein solches Herablassen von den sonnenglanzumhauchten Höhen der Menschheit, in deren eisig reiner Atmosphäre doch eigentlich nur Engel es aushalten können, zu den Tälern, wo gewöhnliche Sterbliche wohnen, einst eine spiritualistische Reaktion gegen das Umsichgreifen der Materie ausüben zu können. Denn wenn man die junge Literatur selbst eine ganz und gar materielle nennt, so zieht sie sich diesen Tadel großenteils nur durch eine gewisse Heuchelei zu, die ihr abgezwungen wurde, um bei der Materie, dem herrschenden Element der Zeit, sich akkreditieren zu können. Vielleicht ist ihr selbst diese Heuchelei unbewußt; jedenfalls wird sie, wenn sie überhaupt fortexistieren will, sich bald genug wieder vergeistigen; sie würde sonst ohne Einfluß bleiben, denn Materie zur Materie getan läutert diese nicht, sondern verdickt sie.

Daß die neueingeschlagene Richtung der neuesten Literatur nicht eine willkürliche war, erhellt auch aus der auffallenden, sonst unerklärlichen Erscheinung, daß sie zu gleicher Zeit von einer Menge geistreicher Stimmführer betreten wurde, da doch sonst jede neue Bahn von irgendeinem Genius allein gebrochen wird, der durch den Zauber der Originalität die Zeitgenossen sich nachreißt zu dem, was sie sonst nicht so bald errungen hätten, obwohl es so oft nur das Ei des Kolumbus ist.

Man ist nun in jugendlichem Übermute, berauscht von dem stolzen Bewußtsein des: Heureka! auf mehr als einer Seite zu weit gegangen, hat die Besonnenheit verloren bei dem angestrengten Betrachten der Gegenwart, deren toller Wirbelschwung und rastloses Räderkreisen schwindlig machte, so daß man mit dem Wahren einen Kampf begann, statt zu suchen, es mit dem Schönen in Harmonie zu bringen; man hat die Zeit überflügeln wollen, statt ihr gemessenen Schrittes nachzufolgen; aber das Extrem ist nun einmal der Fluch jedes menschlichen Beginnens, und die Rückkehr aus diesem ist uns deutlich und schnell bezeichnet worden. – Man wird nicht allein erkennen, daß es keine eigentlich didaktische Poesie gibt, keine mit ausgesprochenen

Tendenzen, als einzigen, überall sich verschiebenden Trägern des Ganzen, und daß das Schöne sich selbst zum Hauptzweck habe; sondern auch, daß die Poesie wohl Kränze flicht, aber keine Waffen schmiedet, daß sie nur tröstend die Kerkermauern, welche uns von dem ersehnten, aber nie dem Menschen hienieden schon verliehenen Ziele der Freiheit ohne Schranken trennen, ausschmücken und mit Illusionen verhüllen kann, aber nicht sie zu durchbrechen oder zu sprengen vermag. Deshalb hätte man über den sinnlichen Jakobinismus der neuesten Schule nicht jenen Lärm zu erheben gebraucht und Werke mit einer ganz anderen, nicht verstandenen Tendenz als Agenden des Orgiasmus ausschreien sollen. Das Unhaltbare, Unnatürliche zerfällt in sich selbst.

JOHANNES SCHERR

## Jung-Deutsche

Du weißt, meine Teure, wir Deutsche haben kein anderes öffentliches Leben als das der Literatur, wir produzieren keine andern Taten als literarische; während andere Völker leben, denken wir, während andere Völker handeln, schreiben wir, während andere Völker genießen, lassen wir uns drucken, während sich das Bewußtsein anderer Nationen immer mehr weitet und lichtet, während sie ihrem Handel und ihrer politischen Tatkraft in den fernsten Ländern und Meeren von Tag zu Tag neue Bahnen zu suchen und zu brechen streben, rudern wir in friedseliger Michelei unser Gedankenschifflein durch den literarischen Binnensee. Die einzigen Schlachten, die wir liefern, sind Dintenschlachten, bei welchen sich gewöhnlich beide Teile gleich häßlich beschmutzen.

So konnte denn auch der revolutionäre Wellenschlag des Jahres 1830 nur einige lächerlich platzende Schaumblasen nach Deutschland herüberwerfen. Wir durften etwas weniges den berühmten Julihund Medor ob seiner wahrhaft klassisch deutschen Treue bewundern, etwas weniges mit unserm sentimentalen Tränentüchlein den exilierten Streitern von Ostrolenka und Grochow die Augen auswischen, im übrigen aber hatten wir – – – eine literarische Hetzjagd. Die liebe, gute deutsche Literatur mußte ins Mittel treten, damit jene epochemachende Zeit für uns nicht gar zu windstill vorübergehe. Plötzlich ging ein mächtiges literarisches Hallo und Hussa los. Der edele Eckart deutscher Sittlichkeit und Ästhetik, dem der Rothschild des deutschen Buchhandels statt des Renommistenschlägers, womit er früher kritisch geflunkert, die literarische Nachtwächterklapper in die Hand gegeben, tat sich auf als Schildhalter des germanisch-christlichen Prinzips und klapperte vor allen Regierungskollegien und Polizeihäusern von Gefährdung Gottes und der Menschheit, von Verrat an Vaterland und Tugend, an Gesetz und Sitte, kurz er verführte den nachtwächterlichsten Rumor, der je in einem Literaturblatt ausgekrakeelt worden ist. Es war aber bloß die altersschwache Angst, von der kühnen Jugend tüchtig aufs anmaßliche Fell geschlagen zu werden, was aus der kritischen „Lärmtrommel" tremulierte, welches Tremulieren indessen seinen Zweck, die Sbirren polizeilicher Macht gegen geistige Neuerungen zu alarmieren, vollkommen erreichte. Man zog aus mit Spießen und Stangen, das „junge Deutschland" zu fangen, und die erwähnte literarische Hetzjagd begann, bei welcher der deutsche Philister den anfangs erstaunten, am Ende applaudierenden Zuschauer spielte und die damit endigte, daß ein paar Dutzend Bücher verboten und einige ihrer Verfasser polizeilich verfolgt und gefangengesetzt wurden.

Du wirst dir unter dem „junges Deutschland" etwa eine Verbindung wie die „jeune France", die „giovina Italia", die „junge Schweiz" vorstellen. Weit gefehlt. Das „junge Deutschland" war nicht einmal eine literarische, geschweige eine politische Verbindung. Die Autoren, welche man unter dieser Kollektivbezeichnung begriff, kamen zu ihren Parteinamen, sie wußten nicht wie, und es möchte schwierig sein, zu bestimmen, wem es zuerst eingefallen sein mag, aus den Einleitungsworten der Zueignungsepistel eines Buches von Wienbarg, aus den Worten: „Dir, junges Deutschland, widme ich diese Schrift –", welche an die gesamte deutsche Jugend gerichtet waren, die unsinnige Folgerung zu ziehen, daß, Heinrich Heine an der Spitze, vornehmlich die vier Autoren Laube, Gutzkow, Wienbarg, Mundt, zu welchen denn auch noch Kühne gerechnet wurde, eine revolutionäre, literarische Propaganda bildeten, deren Titel: „Junges Deutschland". Allerdings waren zwischen den genannten Männern ursprünglich der Sympathien genug vorhanden, ihr Auftreten gemahnte an unsere literarische Sturm-und-Drang-Periode des vorigen Jahrhunderts, und das gleichzeitige Aussprechen ihrer Antipathien, die ebenfalls meist gemeinschaftliche, konnte wohl für einige Zeit dem Geschrei der Obskuranten von einer rebellierenden literarischen Verbrüderung Wahrscheinlichkeit verleihen. Aber der deutsche Separationsgeist zeigte, indem er die Jung-Deutschen nicht nur in divergierende Bahnen hineintrieb, sondern manche derselben geradezu in das Verhältnis der Feindseligkeit brachte, bald genug, daß eine derartige absichtliche Verbrüderung nur in dem Gehirn ihres Denunzianten bestanden. Jetzt ist jene Parteibezeichnung beinahe gänzlich verschollen, obwohl die damit Bezeichneten seither einflußreiche Koryphäen der jungen Literatur geblieben sind, welche sich seit den dreißiger Jahren in Deutschland entwickelte.

Die Politik tritt in dieser Literatur, zu welcher sich

die noch jüngere Freiheitslyrik völlig unabhängig verhält, meistens nur als ein zufälliges, durch die Julirevolution und die Schilderhebung Polens gegebenes Element auf oder insofern Börnes Einfluß hereinspielte. Die Hauptsache war die Diskussion sozialer Fragen, die in ästhetischem Gewande abgehandelt wurden. Die sozialistischen Systeme, welche jenseits des Rheines die geistige Welt bewegten, mußten auch in Deutschland lebhaftesten Nachhall finden, wo Heines Feder die faulen Schäden der gesellschaftlichen Verhältnisse bereits bloßgelegt und Börne mit seinem scharfen politischen Seziermesser in sie hineinzuschneiden begonnen hatte. Dazu kam ein hoffnungsvolles, bald aber wieder eingedämmtes Flüssigwerden der während der Restaurationszeit stockig gewordenen politischen Ideen, dazu kam das immer bedeutender werdende Auftreten der philosophischen Lehre Hegels, deren kühn angewandte Begriffe auf dem Feld der Theologie so mächtige Kämpfe hervorzurufen anfingen, und in alle diese Bewegungen warfen sich die Jung-Deutschen hinein, mit keckem, teilweise genialem Griff die Zeiterscheinungen erfassend und dem Drang nach Freiheit rücksichtslos Wort und Stimme verleihend.


ROBERT PRUTZ

*Das Junge Deutschland von ehedem und jetzt*

Die Absicht des Jungen Deutschland war ohne Zweifel die beste. Es hatte die Aufgabe der Zeit richtig begriffen, es war nicht umsonst bei Hegel in die Schule gegangen, hatte nicht umsonst das Ereignis der Julitage erlebt. Wie sich in der Hegelschen Philosophie Idee und Wirklichkeit versöhnt hatten, so suchten diese Schriftsteller jetzt das Leben mit der Literatur, die Literatur mit dem Leben zu vermitteln. Die Literatur verließ im Jungen Deutschland ihre romantische Selbstgenügsamkeit, sie hörte auf Selbstzweck zu sein, sie wollte den großen, bewegenden Mächten des Lebens, der Geschichte, der Politik, der praktischen Entwicklung des Völkerlebens sich dienend anschließen.

Und wie hierin die Konsequenzen der Philosophie, so suchte es andererseits auch die Konsequenzen der Julirevolution zu ziehen und ihre Resultate, oder doch, was damals ihr Resultat zu sein schien, nach Deutschland zu übertragen; die pittoreske Schilderung, die ein hervorragendes Mitglied des Jungen Deutschland in einer seiner frühesten Schriften von dem Augenblick macht, da er in der Berliner Aula, eben den akademischen Preis für eine theologische Konkurrenzarbeit empfangend, zuerst die Nachricht vom Ausbruch der Julirevolution erhält, sowie von dem tiefen und alles bewältigenden Eindruck, den diese Meldung auf ihn hervorbringt, ist, wenn auch vielleicht mit etwas poetischen Farben ausgeschmückt, doch der Sache nach vollständig wahr und bezeichnend. Auch für die Angehörigen des Jungen Deutschland war jenes „Vive la liberté!", das in den Julitagen durch die Gassen von Paris schallte und das uns noch zehn Jahre später aus den Herweghschen Versen entgegentönt – auch für das Junge Deutschland, sage ich, war Freiheit das Losungswort; auch sie fühlten, daß die Zeit der bevorzugten Individualitäten vorüber und daß die wahre Souveränität nur der Totalität des Volkes gebühre; auch sie waren Revolutionäre.

Aber, Kinder einer romantischen Zeit, aufgewachsen unter ihrem Einfluß, angesteckt von ihrem Siechtum, entbehrten sie der Kraft, die richtig verstandene Aufgabe auch richtig durchzuführen. Es fehlte ihnen vielleicht weniger das Talent – denn das, wie die Folge gelehrt hat, war versatil genug – als die Begeisterung, der Glaube, die sittliche Energie; im Gegensatz zu dem perpetuierlichen Rausch der Romantiker waren sie nur zu nüchtern, und diese Nüchternheit tat nicht nur ihren poetischen Leistungen, sondern auch ihrem sittlichen Verhalten Abbruch; sie waren zu klug, zu überlegt, zu praktisch, um sich dem Prinzip, das sie im übrigen bekannten, völlig rückhaltlos und bis zur Aufopferung ihrer selbst hinzugeben.

Im Gegenteil, dieses Selbst spielt bei ihnen eine sehr große Rolle; es ist die Achillesferse dieser übrigens so tapfern und kriegslustigen Jugend. Jedes geschichtliche Prinzip setzt sich nur auf die Art durch und wird nur dadurch zur wirklichen geschichtlichen Macht, daß es sich in bestimmten Persönlichkeiten verkörpert; es wird nicht eher wahrhaft allgemein, bevor es nicht individuell wird – genau derselbe Hergang wie in der Kunst, in der das Allgemeine und Ewige auch nur insoweit wirkt, als es in sinnlich bestimmter und individueller Gestalt ausgeprägt wird. Aber in dieser Beimischung des Individuellen und Vergänglichen in das Allgemeine und Ewige liegt auch eine große Gefahr; – es kommt zuweilen, ja wohl sehr häufig vor, daß das Vergängliche dem Ewigen über den Kopf wächst und daß die Persönlichkeit erntet, was das Prinzip gesäet hat.

Dieser Gefahr ist auch das Junge Deutschland unterlegen, und zwar in um so höherem Maße, je ungeübter und unausgeprägter das individuelle Vermögen jener Zeit überhaupt noch war. Wie im Jungen Deutschland, dem vorhin gebrauchten Ausdruck nach, die politische Partei sich zur literarischen Koterie verdummt, so wird ihm auch die Freiheit zur Willkür, das philosophische System zur einseitigen und exklusiven Schule. Es sind die wahren Louis Philipps unserer literarischen Revolution: unter dem Titel des Bürgerkönigs, des Volksfreundes ist es nur die eigene Persönlichkeit, das eigene vergängliche Ich, dem sie schmeicheln und für das sie arbeiten.

Dies erklärt auch das Verhalten, das sie sowohl zur Philosophie wie zur Politik beobachtet haben und das sich in beiden Fällen durch Konsequenz eben nicht auszeichnet. Kaum trat die Philosophie aus den Banden der Schule heraus, kaum wurde mit Anwendung ihrer Prinzipien auf Kunst und Leben Ernst gemacht, so fanden dieselben Schriftsteller, die sich kurz zuvor noch mit so lautem Jubel unter dem Banner der Philosophie versammelt hatten, eben diese Philosophie auf einmal sehr unbequem und langweilig. Es war ihnen ganz genehm gewesen, vor den Augen der Welt in philosophischer Rüstung einherzustolzieren und sich als tiefe Denker anstaunen zu lassen: sowie die Philosophie aber Miene machte, die eigenen Produkte eben dieser Schriftsteller nach ihrem strengen Maßstab zu messen, da erhoben sie auf einmal laute Klage über philosophische Barbarei und Geschmacklosigkeit. – Ebenso in der Politik. Kaum hört die Freiheit auf ein Privilegium zu sein, kaum fängt das politische Interesse an überzugehen in die Massen, so finden sie die Freiheit auf einmal sehr unästhetisch, so klagen sie lebhaft über diesen Rigorismus der Zeit, der gar keine reine Kunst, keine reine Schönheit mehr aufkommen lasse, so tun sie vornehm und heucheln Verachtung einer Popularität, um die sie sich vor kurzem noch so eifrig bemühten, die ihnen aber freilich jene exklusiven Kreise, jene Kreise der literarischen Kenner und Feinschmecker, für welche sie nach Art der Romantiker hauptsächlich tätig waren, nicht wohl hatten geben können.

Das Junge Deutschland ist der letzte Ausläufer der Genieperiode. Wie ehemals die Stürmer und Dränger, wie zu Ende des Jahrhunderts die romantische Genossenschaft des Athenäums usw., so traten auch sie gewaltsam lärmend in die Literatur, so begannen auch sie damit, die Vergangenheit über Bord zu werfen und die Forderung einer neuen Literatur, einer neuen Dichtung aufzustellen. Bei der außerordentlichen Erschlaffung, in welche unsere Literatur während der zwanziger Jahre geraten war, bei der Zahmheit der Phrasendreherei,

der hohlen Ableierung des altromantischen Kunst-
katechismus, zu welcher die Kritik herabgesunken, war
auch in dieser Turbulenz, mit welcher das Junge Deutschland auftrat, dieser Rücksichtslosigkeit seiner Kritik,
dieser Impietät, diesem Terrorismus, mit dem es der
gesamten frühern Literatur das Leben absprach, während es mit studentischer Keckheit sich selbst in den
Mittelpunkt der Bewegung stellte – es war in alledem
ohne Zweifel ein Fortschritt, es diente auch dies zu
einem Heilmittel, einem Zugpflaster gleichsam, welches der Schwäche der Zeit aufgelegt ward.

Aber über diese Anregung sind die Schriftsteller des
Jungen Deutschland auch nicht hinausgekommen,
wenigstens so lange nicht, als sie selbst sich noch dazu-
zählten und als ein Junges Deutschland noch anders
als in den Repertorien der Literaturgeschichte bestand;
die Frucht, deren Süßigkeit man die herbe Knospe verzeiht, ist entweder ganz ausgeblieben oder zeigt doch
ein ganz anderes Aussehen und gehört einer ganz andern Gattung an, als man nach dem ersten Auftreten
dieser Richtung hätte vermuten sollen.


FRIEDRICH ENGELS

## Alexander Jung und das junge Deutschland

Es gibt bei jeder Bewegung, bei jedem Ideenkampfe
eine gewisse Art verworrner Köpfe, die sich nur im
Trüben ganz wohl befinden. Solange die Prinzipien
mit sich selbst noch nicht im reinen sind, läßt man
solche Subjekte mitlaufen; solange jeder nach Klarheit
ringt, ist es nicht leicht, ihre prädestinierte Unklarheit
zu erkennen. Wenn aber die Elemente sich scheiden,
Prinzip gegen Prinzip steht, dann ist es an der Zeit,
jenen Unbrauchbaren den Abschied zu geben und sich

definitiv mit ihnen ins reine zu setzen; denn dann zeigt sich ihre Hohlheit auf eine erschreckende Weise.

Zu diesen Leuten gehört auch Herr Alexander Jung. Sein obiges Buch [Vorlesungen über die moderne Literatur der Deutschen, Danzig 1842] bliebe am besten ignoriert; da er aber außerdem ein „Königsberger Literaturblatt" herausgibt und seinen langweiligen Positivismus auch hier allwöchentlich vors Publikum bringt, so mögen die Leser der Jahrbücher es mir verzeihen, wenn ich ihn einmal aufs Korn fasse und etwas ausführlicher charakterisiere.

Zur Zeit des weiland jungen Deutschlands trat er mit Briefen über die neueste Literatur auf. Er hatte sich der jüngern Richtung angeschlossen und geriet nun mit ihr in die Opposition, ohne daß er es wollte. Welche Stellung für unsren Vermittler! Herr Alexander Jung auf der äußersten Linken! Man kann sich die Unbehaglichkeit, in der er sich befand, den Schwall von Beschwichtigungen, von dem er sprudelte, leicht denken. Nun hatte er eine besondere Passion für Gutzkow, der damals für den Erzketzer galt. Er wollte seinem gepreßten Herzen Luft machen, aber er fürchtete sich, er wollte nicht anstoßen. Wie sollte er sich helfen? Er fand ein Mittelchen, das seiner würdig war. Er schrieb eine Apotheose Gutzkows und vermied es, seinen Namen darin zu nennen; dann setzte er darüber: Fragmente über den Ungenannten. Wenn Sie erlauben, Herr Alexander Jung, das war feig!

Seitdem trat Jung wieder mit einem vermittelnden und verworrenen Buche auf: Königsberg in Preußen und die Extreme des dortigen Pietismus. Welch ein Titel schon! Den Pietismus selbst läßt er gelten, aber seine Extreme müssen bekämpft werden, ebensogut wie jetzt im Königsberger Literaturblatt die Extreme der junghegelschen Richtung bekämpft werden, wie alle Extreme überhaupt vom Übel sind und nur die liebe Vermittlung und Mäßigung etwas taugt. Als wenn nicht die Extreme die bloßen Konsequenzen wären! Übrigens ist das Buch seinerzeit in den Hallischen Jahrbüchern besprochen worden.

Jetzt kommt er mit dem obigen Buch heran und gießt einen reichlichen Eimer voll vager, kritikloser Behauptungen, verworrner Urteile, hohler Phrasen und lächerlich beschränkter Anschauungen vor uns aus. Es ist, als wenn er seit seinen „Briefen" geschlafen hätte. Rien appris, rien oublié! Das junge Deutschland ist vorübergegangen, die junghegelsche Schule ist gekommen, Strauß, Feuerbach, Bauer, die Jahrbücher haben die allgemeine Aufmerksamkeit auf sich gelenkt, der Kampf der Prinzipien ist in der schönsten Blüte, es handelt sich um Leben oder Tod, das Christentum steht auf dem Spiele, die politische Bewegung erfüllt alles, und der gute Jung ist noch immer des naiven Glaubens, „die Nation" habe nichts andres zu tun, als auf ein neues Stück von Gutzkow, einen versprochnen Roman von Mundt, eine zu erwartende Bizarrerie von Laube gespannt zu sein. Während ganz Deutschland widerhallt vom Kampfgeschrei, während die neuen Prinzipien zu seinen eignen Füßen debattiert werden, sitzt Herr Jung in seinem Kämmerlein, kaut an der Feder und grübelt nach über den Begriff des „Modernen". Er hört nichts, er sieht nichts, denn er steckt bis über die Ohren in Bücherballen, für deren Inhalt sich jetzt kein Mensch mehr interessiert, und müht sich ab, die einzelnen Stücke recht ordentlich und nett unter Hegelsche Kategorien zu rangieren.

Ans Tor seiner Vorlesungen stellt er als Wache den Popanz des „Modernen" auf. Was ist das „Moderne"? Herr Jung sagt, als Ausgangspunkte dafür setze er Byron und George Sand voraus, die nächsten prinzipiellen Elemente der neuen Weltzeit seien für Deutschland: Hegel und die Schriftsteller der sogenannten jungen Literatur. – Was dem armen Hegel nicht alles zugeschoben wird! Atheismus, Alleinherrschaft des Selbstbewußtseins, revolutionäre Staatslehre und jetzt noch das junge Deutschland. Es ist aber geradezu lächerlich, Hegel mit einer Koterie in Verbindung zu bringen. Weiß denn Herr Jung nicht, daß Gutzkow von jeher gegen die Hegelsche Philosophie polemisiert hat, daß Mundt und Kühne so gut wie gar nichts von der Sache verstehen, daß namentlich Mundt in der Madonna und sonst das verrückteste Zeug, die größten Mißverständnisse in bezug auf Hegel ausgesprochen hat und jetzt erklärter Gegner seiner Lehre ist? Weiß er nicht, daß Wienbarg sich ebenfalls gegen Hegel aussprach und Laube in seiner Literaturgeschichte Hegelsche Kategorien fortwährend falsch gebrauchte?

Jetzt geht Herr Jung an den Begriff des „Modernen" und quält sich auf sechs Seiten damit herum, ohne ihn zu bewältigen. Natürlich! Als ob das „Moderne" jemals „in den Begriff erhoben werden" könne! Als ob eine so vage, gehaltlose, unbestimmte Phrase, die von oberflächlichen Köpfen in gewisser geheimnisvoller Weise überall vorgeschoben wurde, jemals eine philosophische Kategorie werden könne! Welcher Abstand von dem „Modernen" Heinrich Laubes, das nach aristokratischen Salons riecht und sich nur in Gestalt eines Dandy verkörpert, bis zu der „modernen Wissenschaft" auf dem Titel der Straußschen Glaubenslehre! Das hilft aber alles nicht, Herr Jung sieht diesen Titel als einen Beweis an, daß Strauß das Moderne, das speziell jungdeutsche Moderne als eine Macht über sich anerkenne, und bringt ihn flugs mit der jungen Literatur unter *einen* Hut. Endlich bestimmt er den Begriff des Modernen als die Unabhängigkeit des Subjekts von jeder bloß äußerlichen Autorität. Daß das Streben danach ein Hauptmoment der Zeitbewegung sei, haben wir längst gewußt, und daß die „Modernen" damit zusammenhängen, leugnet *keiner*; aber es zeigt sich hier recht glänzend die Verkehrtheit, mit der Herr Jung platterdings einen Teil zum Ganzen, eine überlebte

Durchgangsepoche zur Blütezeit erheben will. Das junge Deutschland soll nun einmal, es mag biegen oder brechen, zum Träger des ganzen Zeitinhalts gemacht werden, und nebenbei soll Hegel auch noch sein Stückchen abbekommen. Man sieht, wie Herr Jung bisher in zwei Teile geteilt war; in der einen Herzkammer trug er Hegel, in der andern das junge Deutschland. Jetzt, als er diese Vorlesungen schrieb, mußte er diese beiden notwendig in Zusammenhang bringen. Welche Verlegenheit! Die linke Hand karessierte die Philosophie, die rechte die oberflächliche, schillernde Unphilosophie, und auf gut christlich wußte die rechte Hand nicht, was die linke tat. Wie sollte er sich helfen? Statt ehrlich zu sein und von den beiden unvereinbaren Liebhabereien die eine fallenzulassen, machte er eine kühne Wendung und leitete die Unphilosophie aus der Philosophie ab.

Zu diesem Zwecke wird der arme Hegel auf dreißig Seiten beleuchtet. Eine schwülstige, phrasenstrotzende Apotheose ergießt ihre trübe Flut auf das Grab des großen Mannes; sodann plagt sich Herr Jung zu beweisen, daß der Grundzug des Hegelschen Systems die Behauptung des freien Subjekts gegen die Heteronomie der starren Objektivität sei. Man braucht aber nicht eben bewandert im Hegel zu sein, um zu wissen, daß er einen weit höheren Standpunkt in Anspruch nimmt, den der Versöhnung des Subjekts mit den objektiven Gewalten, daß er einen ungeheuren Respekt vor der Objektivität hatte, die Wirklichkeit, das Bestehende weit höher stellte als die subjektive Vernunft des einzelnen, und gerade von diesem verlangte, die objektive Wirklichkeit als vernünftig anzuerkennen. Hegel ist nicht der Prophet der subjektiven Autonomie, wie Herr Jung meint und wie sie als Willkür im jungen Deutschland zutage kommt, Hegels Prinzip ist auch Heteronomie, Unterwerfung des Subjekts unter die allgemeine Vernunft. Zuweilen sogar, z. B. in der Religionsphilosophie, unter die allgemeine Unvernunft. Das, was

Hegel am meisten verachtete, war der Verstand, und was ist dieser *andres* als die in ihrer Subjektivität und Vereinzelung fixierte Vernunft? Nun wird mir aber Herr Jung antworten, so habe er das nicht gemeint, er rede nur von *bloß äußerlicher* Autorität, er wolle im Hegel auch nichts andres sehen als die Vermittlung beider Seiten, und das „moderne" Individuum wolle seiner Ansicht nach weiter nichts, als eben sich bedingt sehen nur „durch eigne Einsicht in die Vernünftigkeit eines Objektiven" – dann bitte ich mir aber auch aus, daß er mir Hegel nicht mit den Jungdeutschen zusammenbringt, deren Wesen eben die subjektive Willkür, die Marotte, das Kuriosum ist; dann ist „das moderne Individuum" nur ein andrer Ausdruck für einen Hegelianer. Bei einer so grenzenlosen Verwirrung muß Herr Jung denn auch das „Moderne" innerhalb der Hegelschen Schule aufsuchen, und richtig ist die linke Seite dazu vorzugsweise berufen, mit den Jungdeutschen zu fraternisieren.

Endlich kommt er zur „modernen" Literatur, und es geht jetzt eine allgemeine Anerkennung und Loberei los. Da ist *keiner*, der nicht irgend etwas Gutes getan hätte, *keiner*, der nicht etwas Bemerkenswertes repräsentierte, *keiner*, dem die Literatur nicht irgendeinen Fortschritt verdankte. Dieses ewige Bekomplimentieren, dieses Vermittlungsstreben, diese Wut, den literarischen Kuppler und Unterhändler zu spielen, ist unerträglich. Was geht das die Literatur an, ob dieser oder jener ein bißchen Talent hat, hier und da eine Kleinigkeit leistet, wenn er sonst nichts taugt, wenn seine ganze Richtung, sein literarischer Charakter, seine Leistungen im Großen nichts wert sind? In der Literatur gilt *jeder* nicht für sich, sondern nur in seiner Stellung zum Ganzen. Wenn ich mich zu einer solchen Art Kritik hergeben wollte, so müßte ich auch mit Herrn Jung selbst glimpflicher verfahren, weil vielleicht fünf Seiten in diesem Buche nicht übel geschrieben sind und einiges Talent verraten. – Eine Masse komischer Aussprüche fließen Herrn Jung mit einer großen Leichtigkeit und einer gewissen Grandezza aus der Feder. So, von den scharfen Abfertigungen Pücklers durch die Kritik sprechend, freut er sich, daß diese „ohne Ansehen der Person und des Ranges ihr Urteil fälle. Es zeugt dieses in Wahrheit von einem hohen, in sich selbst unabhängigen Standpunkt deutscher Kritik." Welch eine schlechte Meinung muß Herr Jung von der deutschen Nation haben, daß er ihr dergleichen so hoch anrechnet! Als ob wunders welche Courage dazu gehörte, die Werke eines Fürsten zu tadeln!

Ich übergehe dies Geschwätz, das den Anspruch macht, Literaturgeschichte zu sein und außer seiner innern Hohlheit und Zusammenhangslosigkeit auch noch grenzenlos lückenhaft ist; so fehlen die Lyriker Grün, Lenau, Freiligrath, Herwegh, so die Dramatiker Rosen [sic!] und Klein usw. Endlich kommt er dahin, worauf er von vornherein losgearbeitet hat, auf sein liebes junges Deutschland, das für ihn die Vollendung des „Modernen" ist. Er beginnt mit Börne. In Wahrheit aber ist Börnes Einfluß auf das junge Deutschland so groß nicht, Mundt und Kühne erklärten ihn für verrückt, Lauben war er zu demokratisch, zu entschieden, und nur bei Gutzkow und Wienbarg äußerten sich nachhaltigere Wirkungen. Gutzkow namentlich verdankt Börnen sehr viel. Der größte Einfluß, den Börne gehabt hat, das ist jener stille auf die Nation, die seine Werke als ein Heiligtum bewahrt und sich daran gestärkt und aufrecht erhalten hat in den trüben Zeiten von 1832 bis 40, bis die wahren Söhne des Pariser Briefstellers in den neuen, philosophischen Liberalen erstanden. Ohne die direkte und indirekte Wirkung Börnes wäre es der aus Hegel hervorgehenden freien Richtung weit schwerer geworden, sich zu konstituieren. Es kam jetzt aber bloß darauf an, die verschütteten Gedankenwege zwischen Hegel und Börne auszugraben, und das war so schwer nicht. Diese beiden Männer standen sich näher, als es schien. Die Unmittelbarkeit, die gesunde Anschauung Börnes erwies sich als die praktische Seite dessen, was Hegel theoretisch wenigstens in Aussicht stellte. Herr Jung sieht das natürlich wieder nicht ein. Börne ist ihm gewissermaßen allerdings ein respektabler Mann, der sogar Charakter hatte, was unter Umständen gewiß viel wert ist, er hat unleugbare Verdienste, wie etwa Varnhagen und Pückler auch, und hat namentlich gute Theaterkritiken geschrieben, aber er war ein Fanatiker und Terrorist, und davor behüte uns der liebe Gott! Pfui über so eine schlaffe, mattherzige Auffassung eines Mannes, der allein durch seine Gesinnung ein Träger seiner Zeit wurde! Dieser Jung, der das junge Deutschland und sogar die Persönlichkeit Gutzkows aus dem absoluten Begriff konstruieren will, ist nicht einmal imstande, einen so einfachen Charakter wie Börne zu begreifen; er sieht nicht ein, wie notwendig, wie konsequent auch die extremsten, radikalsten Aussprüche aus Börnes innerstem Wesen hervorgehen, daß Börne seiner Natur nach Republikaner war und für einen solchen die Pariser Briefe wahrlich nicht zu stark geschrieben sind. Oder hat Herr Jung nie einen Schweizer oder Nordamerikaner über monarchische Staaten sprechen hören? Und wer will es Börnen zum Vorwurf machen, daß er „das Leben nur aus dem Gesichtspunkte der Politik betrachtete"? Tut nicht Hegel dasselbe? Ist nicht auch ihm der Staat in seinem Übergange zur Weltgeschichte, also in den Verhältnissen der innern und äußern Politik, die konkrete Realität des absoluten Geistes? Und – es ist lächerlich – bei dieser unmittelbaren, naiven Anschauung Börnes, die in der erweiterten Hegelschen ihre Ergänzung findet und oft aufs überraschendste zu ihr stimmt, meinte Herr Jung dennoch, Börne habe sich „ein System der Politik und des Völkerglücks entworfen", so ein abstraktes Wolkengebilde, aus dem man sich seine Einseitigkeiten und

Verhärtungen erklären müsse! Herr Jung hat keine Ahnung von der Bedeutung Börnes, von seinem eisernen, geschlossenen Charakter, von seiner imponierenden Willensfestigkeit; eben weil er selbst so ein gar kleines, weichherziges, unselbständiges Allerweltsmännchen ist. Er weiß nicht, daß Börne einzig dasteht als Persönlichkeit in der deutschen Geschichte, er weiß nicht, daß Börne der Bannerträger deutscher Freiheit war, der einzige *Mann* in Deutschland zu seiner Zeit; er ahnt nicht, was es heißt, gegen vierzig Millionen Deutsche aufstehen und das Reich der *Idee* proklamieren; er kann es nicht begreifen, daß Börne der Johannes Baptista der neuen Zeit ist, der den selbstzufriedenen Deutschen von der Buße predigt und ihnen zuruft, daß die Axt schon an der Wurzel des Baumes liege und der Stärkere kommen wird, der mit Feuer tauft und die Spreu unbarmherzig von der Tenne fegt. Zu dieser Spreu darf sich auch Herr A. Jung rechnen. Endlich kommt Herr Jung zu seinem lieben jungen Deutschland und beginnt mit einer erträglichen, aber viel zu ausführlichen Kritik Heines. Die übrigen werden sodann nach der Reihe durchgenommen, zuerst Laube, Mundt, Kühne, sodann Wienbarg, dem verdientermaßen gehuldigt wird, und endlich *auf fast fünfzig Seiten* Gutzkow. Die ersten drei verfallen der gewöhnlichen Justemilieu-Huldigung, viel Anerkennung und sehr bescheidener Tadel; Wienbarg wird entschieden hervorgehoben, aber kaum auf vier Seiten, und Gutzkow endlich mit einer unverschämten Unterwürfigkeit zum Träger des „Modernen" gemacht, nach dem Hegelschen Begriffsschema konstruiert und als Persönlichkeit ersten Ranges behandelt.

Wäre es ein junger, sich erst entwickelnder Autor, der mit solchen Urteilen aufträte, man ließe sich das gefallen; es gibt *manchen*, der eine Zeitlang Hoffnungen auf die junge Literatur gesetzt und im Hinblick auf eine erwartete Zukunft ihre Werke nachsichtiger betrachtet hat, als er es sonst vor sich selbst verantworten konnte. Namentlich wer die jüngsten Entwicklungsstufen des deutschen Geistes in seinem eigenen Bewußtsein reproduziert hat, wird irgendeinmal mit Vorliebe auf die Produktionen Mundts, Laubes oder Gutzkows geblickt haben. Aber der Fortschritt über diese Richtung hinaus hat sich seitdem viel zu energisch geltend gemacht, und die Gehaltlosigkeit der meisten Jungdeutschen ist auf eine erschreckende Weise offenbar geworden.

Das junge Deutschland rang sich aus der Unklarheit einer bewegten Zeit empor und blieb selbst noch mit dieser Unklarheit behaftet. Gedanken, die damals noch formlos und unentwickelt in den Köpfen goren, die später erst durch Vermittlung der Philosophie zum Bewußtsein kamen, wurden vom jungen Deutschland zum Spiel der Phantasie benutzt. Daher die Unbestimmtheit, die Verwirrung der Begriffe, die unter den Jungdeutschen selbst herrschte. Gutzkow und Wienbarg wußten noch am meisten, was sie wollten, Laube am wenigsten. Mundt lief sozialen Marotten nach, Kühne, in dem etwas Hegel spukte, schematisierte und klassifizierte. Aber bei der allgemeinen Unklarheit konnte nichts Rechtes zutage kommen. Der Gedanke von der Berechtigung der Sinnlichkeit wurde nach Heines Vorgang roh und flach gefaßt, die politisch-liberalen Prinzipien waren nach den Persönlichkeiten verschieden, und die Stellung des Weibes gab zu den fruchtlosesten und konfusesten Diskussionen Anlaß. Keiner wußte, woran er mit dem andern war. Auf die allgemeine Verwirrung der Zeit müssen auch die Maßregeln der verschiedenen Regierungen gegen diese Leute geschoben werden. Die phantastische Form, in der jene Vorstellungen propagiert wurden, konnte nur dazu beitragen, jenen wirren Zustand zu vermehren. Durch das glänzende Exterieur der jungdeutschen Schriften, die geistreiche, pikante, lebendige Schreibart derselben, die geheimnisvolle Mystik, mit welcher die Hauptschlagwörter umgeben waren, sowie durch die Regeneration der Kritik und die Belebung der belletristischen Zeitschriften, die von ihnen ausging, zogen sie bald jüngere Schriftsteller in Masse an sich, und es dauerte nicht lange, so hatte jeder von ihnen, mit Ausnahme Wienbargs, seinen Hof. Die alte schlaffe Belletristik mußte dem jungen Andrange weichen, und die „junge Literatur" nahm das eroberte Feld in Besitz, teilte sich darein und – zerfiel in sich selbst über der Teilung. Hier kam die Unzulänglichkeit des Prinzips zum Vorschein. Jeder hatte sich im andern getäuscht. Die Prinzipien verschwanden, es handelte sich nur noch um Persönlichkeiten. Gutzkow oder Mundt, das war die Frage. Cliquenwesen, Häkeleien, Streitigkeiten um nichts und wieder nichts begannen die Journale zu füllen.

Der leichte Sieg hatte die jungen Herren übermütig und eitel gemacht. Sie hielten sich für welthistorische Charaktere. Wo ein junger Schriftsteller auftrat, gleich wurde ihm die Pistole auf die Brust gesetzt und unbedingte Unterwerfung gefordert. Jeder machte den Anspruch, exklusiver Literaturgott zu sein. Du sollst keine andern Götter haben neben mir! Der geringste Tadel erregte tödliche Feindschaften. Auf diese Weise verlor die Richtung allen geistigen Inhalt, den sie noch etwa gehabt hatte, und sank in den reinen Skandal herab, der in Heines Buch über Börne kulminierte und in infame Gemeinheit überging. Von den einzelnen Persönlichkeiten ist Wienbarg unbedingt die nobelste; ein ganzer, kräftiger *Mann*, eine Statue von hellglänzendem Erz aus einem Gusse, daran kein Rostfleck ist. Gutzkow ist der Klarste, Verständigste; er hat am meisten produziert und neben Wienbarg auch die entschiedensten Zeugnisse seiner Gesinnung gegeben. Will er auf dem dramatischen Gebiet bleiben, so sorge er indes für bessere, ideenvollere Stoffe, als er sie bisher gewählt hat, und schreibe statt aus dem „modernen" aus dem wirklichen Geist der Gegenwart heraus. Wir verlangen mehr Gedankengehalt als die liberalen Phrasen des Patkul oder die weiche Empfindsamkeit des Werner. Wozu Gutzkow viel Talent hat, ist die Publizistik; er ist ein geborener Journalist, aber er kann sich nur durch *ein* Mittel halten, wenn er sich die neuesten religions- und staatsphilosophischen Entwicklungen aneignet und seinen Telegraphen, den er, wie es heißt, wieder auferstehen lassen will, der großen Zeitbewegung unbedingt widmet. Läßt er aber die entartete Belletristerei seiner Herr werden, so wird er nicht besser werden als die übrigen schönwissenschaftlichen Journale, die nicht Fisch und nicht Fleisch sind, von langweiligen Novellen strotzen, kaum durchblättert werden und überhaupt an Gehalt und in der Achtung des Publikums mehr als je gesunken sind. Ihre Zeit ist vorbei, sie lösen sich allmählich in die politischen Zeitungen auf, die das bißchen Literatur noch ganz gut mit abfertigen können.

Laube ist bei allen seinen schlechten Eigenschaften doch noch gewissermaßen liebenswürdig; aber seine unordentliche, prinziplose Schreiberei, heute Romane, morgen Literaturgeschichte, übermorgen Kritiken, Dramen usw., seine Eitelkeit und Flachheit läßt ihn nicht aufkommen. Den Mut der Freiheit hat er ebensowenig als Kühne. Die „Tendenzen" der weiland „jungen Literatur" sind längst vergessen, das leere, abstrakte Literaturinteresse hat beide ganz in Anspruch genommen. Dagegen ist die Indifferenz bei Heine und Mundt zur offenen Apostasie geworden. Heines Buch über Börne ist das Nichtswürdigste, was jemals in deutscher Sprache geschrieben wurde; Mundts neueste Tätigkeit im Piloten nimmt dem Verfasser der „Madonna" die letzte Spur von Achtung in den Augen der Nation. Man weiß hier in Berlin nur zu gut, was Herr Mundt mit einer solchen Selbstentwürdigung bezweckt, nämlich eine Professur; um so ekelerregender ist diese plötzlich in Herrn Mundt gefahrene Untertänigkeit. Herr

Mundt und sein Waffenträger F. Radewell mögen nur fortfahren, die neuere Philosophie zu verdächtigen, den Notanker der Schellingschen Offenbarung zu ergreifen und sich durch ihre unsinnigen Versuche, selbst zu philosophieren, vor der Nation lächerlich zu machen. Die freie Philosophie kann ihre philosophischen Schülerarbeiten ruhig und unwiderlegt in die Welt gehen lassen; sie zerfallen in sich selbst. Was den Namen des Herrn Mundt an der Stirn trägt, ist, wie die Werke Leos, mit dem Malzeichen der Apostasie gebrandmarkt. Vielleicht bekommt er an Herrn Jung bald einen neuen Hintersassen; er läßt sich bereits gut an, wie wir gesehen haben und noch weiter sehen werden.

# NACHWORT

Necesse est, tempori ad novos
rerum casus inservire.

Das Junge Deutschland hat sich in der öffentlichen Meinung
selten eines guten Leumunds erfreut. Von allen Seiten verfolgt und diffamiert, sank es nach einer kurzen Blütezeit
zwischen 1830 und 1835 im Laufe des 19. Jahrhunderts auf
den Rang einer fragwürdigen Clique herab, die man im
„Tempel der deutschen Literatur" wie einen ungebetenen
Gast behandelte. Vor allem von antiliberal-romantisierender
und rein ästhetischer Seite wurde versucht, die Vertreter dieser Richtung als bloße Literaten, Epigonen oder Tendenzschriftsteller anzuprangern, deren dichterisches Unvermögen
auch durch ihr revolutionäres Gehabe nicht verdeckt werden
könne. Andere bezeichneten sie als Anhänger eines undeut-
schen Libertinismus, als großsprecherische, aber feige Revo-
luzzer, die beim ersten Warnschuß – dem Bundestagsverbot
von 1835 – schnell zu Kreuze gekrochen seien. Als besonders
effektvoll erwies sich dabei der Trick, das Ganze auf die
Namen Börne, Heine, Gutzkow, Laube, Mundt und Wienbarg zu reduzieren und dieser Gruppe den „Denunzianten"
Wolfgang Menzel gegenüberzustellen, der im Herbst 1835
im Stuttgarter *Literaturblatt* mit einer scharfen Artikelserie
gegen die Jungdeutschen aufgetreten war. Das unliebsame
Geschwür des Liberalismus wurde so auf eine geschickte
Weise lokalisiert und zu einer privaten Affäre erklärt. Durch
diesen ideologischen Winkelzug brachte man es fertig, das
Junge Deutschland mit Zeitschriftenklüngel und Literaten-
gezänk gleichzusetzen und damit sowohl ästhetisch als auch
politisch zu disqualifizieren. Selbstverständlich hat dieser
„Rufmord" auch den anderen Vertretern dieser Richtung
– Männern wie Robert Prutz, Ernst Willkomm, Adolf Glass-
brenner, Ferdinand Gustav Kühne, Franz Kottenkamp,
Richard Otto Spazier, Franz August Gathy, Johannes Scherr,
August Lewald, zum Teil sogar Varnhagen von Ense und

Hermann Fürst von Pückler-Muskau – erheblich geschadet, Namen, die selbst literarisch Interessierte kaum noch vom Hörensagen kennen. Walter Muschg ging daher so weit, im Hinblick auf die „freiheitliche Dichtung des kämpfenden Liberalismus" vor 1848 geradezu von einem „weißen Fleck der deutschen Literaturgeschichte" zu sprechen. Wie umfassend diese Verdrängung war, beweist der „Fall Heine", wohl des größten Vertreters dieser Gruppe, dem in Deutschland immer noch der Platz verweigert wird, der ihm eigentlich gebührt und den ihm andere Länder seit langem willig zugestehen.

Um das Junge Deutschland aus dieser Stickluft herauszureißen, muß man es endlich vor einem größeren Hintergrund sehen. Grob gesprochen, ist es der literarische Ausdruck eines nach politischer, religiöser und moralischer Freiheit drängenden „Zeitgeistes", der weit über das bloß Cliquenhafte hinausreicht. Es gehört zu den wenigen hervorstechenden Episoden in der Geschichte der „deutschen Liberalität", die, offen gesagt, keine besonders rühmliche ist. In ihm sammelte sich die steigende Unzufriedenheit mit den reaktionären Maßnahmen des Metternichschen Regimes, das sich aller nur denkbaren Mittel bediente, um jede freiheitliche Regung im Keim zu ersticken. So betrachtet, stellt diese Bewegung eine konsequente „Einübung im öffentlichen Ungehorsam" dar. Selbstverständlich hatte es auch zwischen 1815 und 1830 schon einige politische Proteste gegeben. Man denke an das Wartburgfest (1817) oder die Ermordung Kotzebues (1819), die zu den berüchtigten „Karlsbader Beschlüssen" führten. Doch diese Aktionen wurden meist von Burschenschaftlern oder enttäuschten Befreiungskriegern unternommen, zu denen selbst ein Mann wie Menzel gehörte. Demgegenüber brach nach 1830 ein wesentlich schärferer Liberalismus durch, und zwar ausgelöst durch die Pariser Julirevolution, „welche unsere Zeit gleichsam in zwei Hälften auseinandersprengte", wie sich Heine ausdrückte. Überall begann man zu „politisieren", schwärmte für Freiheitshelden wie Lafayette oder ereiferte sich über den gestürzten Karl X. und seine Minister

Peyronett und Polignac. Besonders im liberalen Südwesten und den ehemaligen Rheinbundgebieten regte sich ein stürmisches Freiheitsverlangen, das 1832 im Hambacher Fest, der ersten politischen Massendemonstration in Deutschland, kulminierte, an der fast 30 000 Menschen teilnahmen. Weiter angefeuert wurden diese Gefühle durch das mutige Auftreten Börnes und Heines, die sich bereits in den zwanziger Jahren gegen die spätromantische Reaktion ausgesprochen hatten und jetzt ihre Stimme von Paris aus weit nach Deutschland hinein erschallen ließen. Man spürt daher ein deutliches Aufatmen vom stagnierenden Druck der Metternichschen Restauration. Eine neue Generation tritt auf den Plan, die sich berufen fühlt, das „Junge Deutschland" zu repräsentieren, und zwar mit einem deutlichen Affront gegenüber allen offenen und versteckten Helfershelfern des „Ancien régime". Selbst der Tod Hegels (1831) und der Tod Goethes (1832) wurden in dieser Perspektive gesehen und trugen zu dem Gefühl des Befreitseins von der Würde des Überkommenen bei. Endlich konnte man wieder den Mund aufmachen, ohne ständig den Druck des großen „Statthalters der Poesie auf Erden" auf sich zu fühlen oder sich nach der höchsten geistigen Autorität dieser Epoche umsehen zu müssen.

An die Stelle der Burschenschaftler, Turner und Philhellenen mit ihrem abstrakten Idealismus schob sich daher eine Gruppe von Intellektuellen, die sich nicht mehr von schönen Worten düpieren ließ. Was man jetzt wollte, war eine „Politisierung der Literatur", bei der Mittel wie Satire und Ironie im Vordergrund stehen. Die scheinbar „ewigen" Traditionen und Gottgegebenheiten wurden plötzlich ebenso in Frage gestellt wie der goethezeitliche Traum von einem Reich des „Allgemein-Menschlichen". Nicht das Poetische, Erhabene, Romantische fand man entscheidend, sondern das Hier und Jetzt, die konkrete Situation der Gegenwart, die jeden Tag zu einer neuen Stellungnahme herausfordert. „Modern" zu sein war das Panier dieser Bewegung. „Das Alte ist gestorben, und wer *wahr* ist, ist modern", heißt es bei Glassbrenner. Die „Zustände der Gegenwart begeistern" uns, der „Augenblick übt seine Rechte", schrieben die anderen. Konsequenterweise verzichtete man deshalb auf jedes „System", um sich nicht von neuem „binden" zu müssen. Aus diesem Grunde wichen die Jungdeutschen manchmal selbst in den wesentlichsten Punkten erheblich voneinander ab. Doch das bekümmerte sie wenig. Schließlich huldigten sie alle dem Prinzip der ungezügelten Liberalität.

Einig waren sie sich jedoch zumeist in dem, was sie ablehnten: nämlich alles Bedrückende, Reaktionäre, das Wachstum-Hemmende, was man als Juste-milieu oder Metternichsches System bezeichnete. Neben den Handlangern des Regimes mußten dabei auch die politischen Indifferentisten einige Haare lassen, die den sogenannten „goldenen Mittelweg" propagierten. Als Hauptvertreter dieser Richtung empfand man den alten Goethe. Es hagelte daher geradezu von Schimpfworten wie „Stabilitätsnarr" oder „Fürstendiener", wenn man seine geistige Haltung diskutierte. Börne nannte ihn den senilen „Hofrat", der sich „angstvoll wie eine Maus" gebärdete und das unglückliche Volk teilnahmslos der Willkür der Fürsten überließ. Andere bezeichneten ihn als sentimentalen „Weiberhelden", egoistischen „Aristokraten" und Verächter einer „republikanischen" Literaturverfassung. Ähnliche Hiebe trafen die politisch rechtsstehende Spätromantik mit ihrer Mittelalterschwärmerei, ihrem frömmelnden Katholizismus und Deutschheitskult, und zwar von Heines *Geschichte der neueren schönen Literatur in Deutschland* (1833) bis zu den *Vorlesungen über die deutsche Literatur der Gegenwart* (1847) von Prutz. „Je unfreier ein Volk, desto romantischer ist seine Poesie", heißt es bei Börne. Daher galt die Romantik bei vielen als eine bewußte Reaktion gegen die Ideen der Französischen Revolution, als ein von oben gesteuerter Obskurantismus, der zu einer Vernebelung der geistigen und politischen Situation beitragen sollte. Heine nannte sie eine Bewegung, die sich mit Gespenstern einläßt, weil sie sich nicht mehr an den „Geist" glaubt. Anstatt frömmelnd die Augen zu verdrehen, müsse man sich wieder im „Protestieren" üben, schrieb Wienbarg. Neben den Romantikern waren es vor allem Gestalten wie der Turnvater Jahn, ein Burschenschaftler wie Menzel, ein orientalisierender Formkünstler wie Platen oder der alternde Tieck, die man entweder mit zynischer Liebenswürdigkeit zu Tode lobte oder mit einem massiven Frontalangriff zur Strecke brachte.

Als vorbildlich empfand man dagegen alles Revolutionierende und Vorwärtsweisende, also Luther und die Reformation, die Aufklärung, Kants *Kritik der reinen Vernunft*, Lessing, Voltaire und Diderot, den politischen Rhetoriker Schiller, wie überhaupt sämtliche Formen einer „Littérature engagée". Unter den eigenen Zeitgenossen wählte man sich vor allem Börne und Heine aus, denen man sich so direkt anschloß, daß sie – gewollt oder ungewollt – in den Sog der „Bewegung" mit hineingezogen wurden. Einen ähnlichen Kult trieb man mit Jean Paul, den man geradezu zum Gegenbild Goethes erhob. Immer wieder bezeichnete man ihn als Volkstribunen, Kosmopoliten oder Armenadvokaten, dessen Werke von einer echten Liebe für das Niedrige und Verschmähte zeugen. Börne hielt anläßlich seines Todes eine enthusiastische Gedenkrede. Heine nannte ihn den „Einzigen", den Stammvater der ganzen jungdeutschen Generation, die sich aus den Fesseln der Goetheschen „Kunstschule" zu befreien versuche.

In Anlehnung an diese Vorbilder wollte man in Zukunft allen Ausflügen ins abstrakt Idealistische sorgfältig aus dem Wege gehen. Anstatt für eine nichtssagende Humanität zu schwärmen, sich romantisch in die Vergangenheit zu versenken oder bloße Kunst zu drechseln, galt es jetzt als die höchste Aufgabe der Literatur, wieder direkt in die gesellschaftliche Realität einzugreifen. Und zwar setzte man den Spieß da an, wo er wirklich trifft: beim Geldbeutel, bei der scheinbar unerschütterlichen Moral und beim „gottgegebenen" Absolutismus. Nur wenn man das im Auge behält, wird man den Jungdeutschen wirklich gerecht. Hier nach „Dichtung" zu suchen, wäre von vornherein verfehlt. Denn die meisten Vertreter dieser Bewegung betrachteten sich voller Stolz als öffentlich wirksame Publizisten und nicht als weltfremde Literaten. Sie schrieben deshalb bewußt populär, um nicht bloß die Schöngeister, sondern auch die Masse der Leser zu erreichen. Welcher literarischen Mittel man sich dabei bediente, hat nur eine untergeordnete Bedeutung. Nicht die alte Regelpoetik, sondern die „Wirkung" galt als das Entscheidende. Alles war erlaubt, nur nicht das „genre ennuyeux". Man mokierte sich daher über die verschlungenen Reimspiele der Orientalisten oder die Bandwurmdramatik der beliebten Hohenstaufen-Zyklen und schrieb statt dessen Essays, Briefe, Feuilletons oder Reisebeschreibungen, die auf der Stelle konsumierbar sind. Darum ist es durchaus möglich, die Werke der Jungdeutschen in kleine Teile und Teilchen zu zerlegen, wie es die vorliegende Anthologie versucht. Denn was alle Autoren dieser Richtung liebten, ist die rhetorisch aufgehöhte Pointe, wodurch sich nur selten ein geschlossener Erzählzusammenhang entwickelt. Es gibt kaum ein vollendetes oder abgerundetes Werk im Bereich dieser Literatur. Dies als romantisches Epigonentum zu bezeichnen wäre eine Fehlinterpretation. Schließlich hat dieser Fragmentarismus keinen „entgrenzenden" Charakter, sondern stellt eher eine Kunst der kleinen Nadelstiche dar. Man wollte ja gar nicht dichterisch sein. Für wen schon? Zur kalten Bewunderung kommender Ästheten? Solchen Äußerungen hätte man mit Entschiedenheit die „Forderung des Tages" entgegengestellt. Paradoxerweise hat dies nichts mit dem Wert oder der überzeitlichen Bedeutung der jungdeutschen Literatur zu tun. Denn sogar die Feuilletons, die Heine für die Augsburger *Allgemeine Zeitung* geschrieben hat, sind heute noch „lebendiger" als die für die Ewigkeit berechneten Sonette eines Platen. Gerade wer für die Unsterblichkeit schreibt, greift oft daneben. Wo man jedoch den Zeitstoff selbst zur Zündung bringt, indem man sich in die komplizierte Emanzipationsspirale der Menschheit einzuschwingen versucht, wird man viel eher vom „Weltgeist" befördert.

Das neue Bild vom Schriftsteller ist daher das vom „Dichter-Prosaisten", wie man es in Börne und Heine vor-

geprägt fand, die sich in witzig-populärer Weise zur fortschreitenden Emanzipation bekannten. Aus diesem Grunde
begegnet man ständig dem Schlagwort von der „Literatur
der Bewegung", das geradezu stilbildend wurde. „Wir, die
Männer der Bewegung", schrieb Heine in der *Romantischen
Schule*. Dazu gehörte als dichterischer Ausdruck selbstverständlich eine springende, tänzerische Sprache. Doch selbst
der leichtfüßige Jambus war den meisten nicht hüpfend genug. Einen solchen Zweck konnte nur die Prosa erfüllen.
Man neigte daher mehr und mehr dazu, die „Verseschreiber"
als Sklaven hinzustellen, die sich einem System unterwerfen,
sei es nun das Metternichsche oder das Daktylische. Überhaupt bemühte man sich mehr um die gesprochene als um
die geschriebene Sprache, was ein Buch wie *Die Kunst der
deutschen Prosa* von Mundt beweist. Die Prosa, die sich inmitten der restaurativen Umwelt einer versepischen Tradition nicht gerade eines besonders hohen Rufes erfreute,
wurde auf diese Weise zu einer gleichrangigen, ja vielleicht
sogar überlegenen künstlerischen Ausdrucksmöglichkeit erhoben. Nur sie galt als ein Instrument, das so scharf und
geschmeidig ist, daß man es auch als Waffe verwenden kann.
Man liebte daher eine Prosa, die federnd, leicht und elastisch
wirkt, nirgends den Eindruck einer falschen Tiefe erweckt,
Witz mit Gefühligkeit verbindet, das heißt eine jeanpauli-
sierende Prosa des Subjektivismus und der Liberalität, in der
alles erlaubt ist, nur nicht das Stirnrunzelnde, Pedantische,
innerlich Unerlöste und Ressentimentgeladene. Im Gegensatz zur romantischen Prosa, die den Leser durch den Wohl-
klang ihrer Worte oft in ein Schlummerland entführt, wo
man getrost die Augen schließen kann, erreichte man damit
eine Intellektualisierung, die auch die schummrigsten Winkel
der Seele dem hellen Licht des Tages aussetzte.

Obendrein erfüllte diese geistreich-witzelnde Prosa noch
einen anderen Zweck, nämlich die Zensur zu umgehen. In
ihren Arabesken konnte man alles verstecken, ohne sich hinter einem lyrisch-musikalischen Wortschwall verbergen zu
müssen. Sie hat also auch die Funktion eines Versteckspiels.

Denn schließlich war man gezwungen, die „Wahrheit mit List zu verbreiten", wie sich Brecht gern ausdrückte. Man machte daher oft ironisch gemeinte Zugeständnisse, nur um im nächsten Abschnitt der Obrigkeit wieder einen neuen Hieb versetzen zu können. Aus diesem Grunde herrscht eine ständige Maskerade, die in manchen Fällen kaum noch zu deuten ist. Besonders beliebt waren die „Briefe an eine Dame", die sich zunächst wie ein Liebesgeplauder lesen, bis man dahinterkommt, daß es sich bei der angebeteten Braut nicht selten um die Esperance, die Freiheit oder einen innigst umworbenen Zukunftsstaat handelt, wie es sich in Mundts *Modernen Lebenswirren* oder Gutzkows *Briefen eines Narren an eine Närrin* beobachten läßt. Auch eine solche Politik in Liebesbriefen sollte man nicht mit der Romantik, sondern eher mit den Schriften Voltaires oder Montesquieus vergleichen. Überhaupt ist das Ganze mit rein ästhetischen Kategorien kaum zu erfassen. Schließlich schrieben die Vertreter dieser Gruppe nicht ins Blaue hinein, sondern sahen sich ständig einem Polizeistaat gegenüber. Gerade in den dreißiger Jahren war die Zensur eine Macht, die sich nicht so leicht umgehen ließ. Die Jungdeutschen wurden daher wie literarische Guerillas behandelt, denn sie kämpften ja gegen ein ganzes System und nicht nur gegen den eifersüchtigen Menzel, wie uns manche Literaturgeschichten weismachen wollen. Laubes *Reisenovellen*, Mundts *Madonna*, Gutzkows *Wally*, Wienbargs *Ästhetische Feldzüge*: sie alle wurden schon vor dem berüchtigten Bundestagsbeschluß verboten – von den Schriften Börnes und Heines ganz zu schweigen.

Ein besonders beliebtes Vehikel, die Zensur durch eine bunte Folge von Eindrücken in die Irre zu führen, war der Reisebericht. Seine ungebundene Form, ja Formlosigkeit, die Möglichkeit, absolut „subjektiv" zu sein, von anderen Ländern zu sprechen und doch das eigene zu meinen: all das entsprach genau dem „Programm der Bewegung". Es gab kaum einen Jungdeutschen, der nicht in dieser Form brillierte. „Seit der reisenden Madame de Staël-Holstein sind fast alle Schriftsteller Reisende der Literatur geworden...

Die Bewegung bekommt jedem wohl, und auch der Literatur ist sie wohlbekommen, denn sie hatte lange gesessen und war grau und hektisch geworden", schrieb Wienbarg triumphierend. Heine, Börne, Laube, Glassbrenner, Pückler-Muskau: sie alle schrieben mit einem Male „Reisebilder" und „Reisenovellen". Es brach geradezu eine Epidemie aus, sich in „Bewegung" zu versetzen, um nicht im zähflüssigen Sirup des Juste-milieu zu versinken. Während Menzel behauptete: „Die jetzige Stille ist der deutschen Art vollkommen angemessen, die Deutschen befinden sich wohl dabei... Wohl dem, der ruhig schläft", pries man auf jungdeutscher Seite lediglich das Erweckende, In-Fahrt-Kommende. Voller Zorn gegen das ewige „Polizei-Eija-Popeija", wie es bei Börne heißt, wollte man heraus aus der Stickluft der Residenzen und der festgezimmerten Untertanengesinnung. Als das Mekka dieser Bewegung galt selbstverständlich Paris. Doch oft war es gar nicht das Ziel, das man im Auge hatte, sondern das Reisen an sich. Schließlich konnte man als Fremder unter Fremden viel ungezwungener auftreten, sich erotische Eskapaden erlauben, vom Hundertsten ins Tausendste abschweifen und damit seine vollkommene „Liberalität" demonstrieren, soweit man sich nicht in den Gasthöfen oder an den Schlagbäumen peinlichen Visitationen ausgeliefert sah.

Überhaupt bekam der ganze Ausblick aufs Leben wieder etwas „Bewegtes". Anstatt in einem trivialbiedermeierlichen Philistertum zu versinken, wollte man sich vom „Strom des Daseins" tragen lassen. Weg mit diesem „Zeitalter einer glückseligen Mittelmäßigkeit", schrieb Mundt. Auf dem Gebiet der Moral verstand man darunter vor allem das Behäbige, Patriarchalische und familienmäßig Eingezwängte, das dem einzelnen jede Möglichkeit einer freien Entfaltung nimmt. Im Gegensatz zu den Entsagungslehren des alten Goethe bemühte man sich, ein völlig „impressionables" Leben zu führen. Während solche „Freiheiten" bisher lediglich dem Adel offenstanden, pochte man jetzt auf eine „Menschlichkeit", die auch dem Bourgeois einen Zugang zu den Genüssen des irdischen Daseins erlaubt. Man hatte es einfach satt, sich mit einem von oben festgesetzten Zuschnitt des Lebens zufriedenzugeben. Die Ansprüche, die man dabei stellte, waren keine schwärmerisch-idealen, sondern ganz konkrete. Statt sich weiterhin mit hohem Pathos über die irdische Misere hinwegzulügen, versuchte man endlich, die Fesseln jener „bürgerlichen Tugend", in der sich lediglich die eigene Unfreiheit widerspiegelte, auseinanderzusprengen. Man erkannte plötzlich, daß der Stolz auf die bürgerliche Moral, mit dem man sich im 18. Jahrhundert gegen den frivolen Libertinismus der höfischen Rokokokultur aufgelehnt hatte, nur eine geschickt gestellte „Falle" war und daß alle Formen der Prüderie und der idealistischen Sublimierung meist Kompensationen für nicht gelebtes Leben sind. Aus diesem Grunde kämpfte man in Fragen der Moral gegen jede Form des Idealisch-Postulierten, dem nicht das Prinzip der persönlichen Freiheit zugrunde liegt. Die Schriften der Jungdeutschen sind deshalb voller Attacken gegen die scheinbar „gottgegebenen" Familienverhältnisse. Überall macht man sich lustig über die moralischen Spießer, sittsamen Familienväter und alten Jungfern. Der höchste Wert des Lebens verschob sich auf diese Weise immer stärker aus den abstrakten Gefilden der Metaphysik, jenen „eisenhaften Begriffsbestimmungen und qualmigen Theorien", wie Kühne schreibt, zu einer Lebensphilosophie, die den rein sinnlichen Genuß glorifiziert.

Man berief sich dabei auf die verschiedensten Vorbilder: auf Heinses ästhetischen Immoralismus, auf Schlegels *Lucinde* oder eine Gestalt wie Lord Byron, deren Beliebtheit sich fast überall belegen läßt. Als ebenso wichtig erwies sich der Einfluß des Saint-Simonismus, und zwar vor allem in der Ausprägung, wie sie ihm Barthélemy-Prosper Enfantin gegeben hatte, von dem die Jungdeutschen folgende Thesen übernahmen: Befreiung der Frau, Kritik an der Familie, Erleichterung der Ehescheidung und größere Freizügigkeit in erotischen Dingen. Allenthalben trifft man auf Enfantins Unterscheidung zwischen mobilen und konstanten Naturen, mit der man die Frage der Treuebindung in ein rein psychologisches Problem zu verwandeln hoffte. So sprach Pückler-Muskau einmal ironisch von den Hennen und den Enten. Die einen wollen glucken und scharren, die anderen schwimmen und im Winter nach Süden fliegen. Es folge daher jeder seiner Natur und halte sich nicht an das, was die Priester sagen. Andere nannten es die „Wiedereinsetzung des Fleisches", um den „Anmaßungen des Spiritualismus" das „Recht des Sinnlichen" entgegenzusetzen, wie sich Wienbarg ausdrückte. Schuld an dieser Verdrängung des Körperlichen gab man sowohl dem Christentum als auch allen romantisch-idealistischen Richtungen oder einer falsch verstandenen Rationalität. „Die Sucht, recht ätherisch und erhaben zu werden, hat die Flachheit geboren; es ist alles kahl, glatt, sogar solid langweilig geworden", behauptete Ernst Willkomm in seinen *Europamüden,* „nur die pulsierende Wärme des Fleisches kann Leben und Seele diesem zu geistigen, idealistisch-toten Wunderbau wieder einhauchen." Andere zogen Goethe als Kronzeugen dieser erotischen Freiheit heran, dem man in diesem Punkte nicht viel vorzuwerfen hatte. So schrieb Ungern-Sternberg in seinen *Zerrissenen* über *Wilhelm Meisters Lehrjahre:* „Dieses und ähnliche Bücher sind mir lebende Zeugnisse, daß eine gesunde sinnliche Entfaltung das Höchste in der Poesie leistet. Den Tumult der Leidenschaften, das rote Pulsieren eines heißen Herzens, das lechzende Verlangen sinnlicher Glut und das höhnende Gespött über die Anmaßungen des Geistes, das ist der heftige Lebensatem, der die Brust der Goetheschen Muse schwillt; nirgends Krankheit, überall Muskelfülle eines Laokoon und süßer Aphroditenreiz." Ja, er fügte sogar noch hinzu: „Es wird eine Zeit kommen, wo alle Religionen, alle Philosophema in den Staub sinken und die Menschen aller Krankheit, allem Elend genesen, wieder nackend in die ewigen Quellen des Paradieses tauchen." Auch das Leitbild eines „neuen europäischen Griechentums", wie es Wienbarg vertrat, gehört in diesen Zusammenhang.

Doch ein solcher Abbau der älteren Moralvorstellungen ließ sich selbstverständlich nicht von heute auf morgen vollziehen. Die meisten litten daher an ihrer Aufklärerrolle, wurden byronistisch oder weltschmerzlerisch, nannten sich die „Zerrissenen" oder die „Europamüden", indem sie entweder an anderen oder an sich selber scheiterten. Eine tausendjährige Fessel läßt sich eben nicht einfach abschütteln, selbst wenn man auf dem Papier noch so mutig ist. Sie blieben daher schwankend oder gaben sich mit Kompromissen zufrieden. Aus diesem Grunde begegnet man ständig Begriffspaaren wie „beseeltes Fleisch" oder „sinnlicher Geist", die zu einer fortschreitenden Synthese zwischen Spiritualismus und Sensualismus beitragen sollten. Zu einem offenen Materialismus der Sinne konnten sich nur die wenigsten entschließen. Letzten Endes blieb man in dieser Frage doch bei dualistischen Konzepten oder höchst idealistischen Einkleidungen des Eros stehen.

Ein guter Beweis dafür ist die schwankende Einstellung gegenüber der Frauenemanzipation. Theoretisch bekannten sich auch hier die meisten zum Saint-Simonismus und huldigten der „femme libre", der man dieselben erotischen Freiheiten zugestehen wollte, wie sie der Mann besitzt. So heißt es in Mundts *Madonna* geradezu emphatisch: „Das freie Weib ist souverän; sie entscheide, sie spreche, denn sie darf reden! Und das Glück der freien Liebe ist süß!" Was man damit ausmerzen wollte, waren die kaltherzigen Salonpuppen oder Claurenschen Mimilis, jene falschen Engel, die beim ersten Kuß sofort an die Ewigkeit denken. Statt dessen träumte man von Frauen mit Energie, Geist, Muskeln und Gefühl, die ihr Schicksal in ihre eigenen Hände nehmen, anstatt bloß darauf zu warten, „genommen" zu werden. Zu den Heldinnen der jungdeutschen Bewegung zählten darum George Sand in Frankreich, Rahel, Bettina und Charlotte Stieglitz in Deutschland. Die Sand feierte man wegen ihrer Liebesaffären und ihrer emanzipationsbestimmten Romane. In Rahel sah man nach ihrem Tod eine Priesterin des Saint-Simonismus. Bettina bewunderte man wegen ihrer persönlichen Extravaganz, und Charlotte Stieglitz wurde nach ihrem Selbstmord geradezu zur Heiligen der Gesamtbewegung, der Mundt ein enthusiastisches Bekenntnisbuch widmete. Doch schon diese Auswahl beweist, daß man auch in diesen Fragen eher zu einer intellektuellen „Freiheit" neigte und es lediglich einem „liberalen" Fürsten wie Pückler-Muskau vorbehalten blieb, sich für die Einführung „türkischer Sitten" einzusetzen. Zwar berief auch er sich auf den Saint-Simonismus, handelte jedoch in Wirklichkeit eher im Sinne der alten Adelsprivilegien.

Ebenso rebellisch und doch ambivalent äußerte man sich zu Fragen der Religion. Während die Romantik noch einmal zur Universalherrschaft der mittelalterlichen Papstkirche zurückkehren wollte oder sich pantheistisch ins All ergoß, hielt man sich in jungdeutschen Kreisen an einen aufgeklärten Deismus, der in seiner kirchenfeindlichen und entmythologisierenden Tendenz an die Schriften von Voltaire, Lessing oder die *Reimarus-Fragmente* erinnert. Auf derselben Linie liegt die Parteinahme für ein Buch wie *Das Leben Jesu* (1835) von David Friedrich Strauß, dessen Hauptkritik sich gegen den mythologischen oder „geoffenbarten" Charakter der verschiedenen Glaubenshaltungen richtet, die eine allzu eilfertige Priesterschaft in Instrumente der ideologischen Bewußtseinsbeeinflussung umgewandelt hätte. Es fehlt daher selten an kleinen Invektiven oder Seitenhieben gegen die kirchlichen Institutionen. Wohl am schärfsten verurteilte man die katholische Kirche, deren Wallfahrten, Priesterzölibat und Klosterleben als Relikte einer längst vergangenen Zeit hingestellt wurden. Dasselbe gilt für die Kritik der Jungdeutschen an der verbreiteten Heuchelei einer „Bruderschaft aller Menschen". Besonders empörend empfand man, die ärmeren Schichten immer wieder mit dem Motto „Die Letzten werden die Ersten sein" abzuspeisen, anstatt ihnen eine wirkliche Gerechtigkeit widerfahren zu lassen. „Schon hier auf Erden möchte ich, durch die Segnungen freier politischer und industrieller Institutionen, jene Seligkeit etablieren, die, nach Meinung der Frommen, erst am Jüngsten Tage, im Himmel, stattfinden soll", schrieb Heine. Die meisten traten daher wie Lamennais für eine strikte Trennung von Staat

und Kirche ein, um so die Kirche endlich aus dem Macht-
bereich des Absolutismus herauszulösen. Derselbe geistige
Bannstrahl traf alle asketisch-weltverneinenden Ideale des
Christentums. Auch hier versuchte man, das Religiöse als
ideologisches Beruhigungsmittel zu entlarven, und zwar im
Hinblick auf die beliebte Heuchelei, die Negierung des Ge-
nießerischen gerade jenen zu predigen, von deren sozialer
Unruhe das meiste zu befürchten war. Daher der ständige
Hohn auf den tröstenden Ausblick ins Elysium, das nur den
Menschen offenstehe, deren Leben auf Erden vorwiegend
„Mühe und Arbeit" gewesen sei. Diese Weltansicht war es,
die Heine in seinem Buch *Zur Geschichte der Religion und
Philosophie in Deutschland* als die „eigentliche Idee des
Christentums" bezeichnete, durch die sich eine allgemeine
„Lazarettluft" verbreitet habe. Überall werde die Mensch-
heit im Zeichen des Kreuzes verkrüppelt und geschwächt. Bei
manchen steigerte sich dieser Groll fast zum offenen Atheismus. So rief Gutzkow im Vorwort seiner Neuausgabe von
Schleiermachers *Vertrauten Briefen über die Lucinde* (1835)
unwillig aus: „Ach! hätte die Welt nie von Gott gewußt, sie
würde glücklicher sein." Drei Jahre später schrieb Willkomm
in seinen *Europamüden* mit ähnlichen Worten: „Ach, diese
Welt wäre schön, betete sie nicht größtenteils nur am nackten, morschen Stamme des Kreuzes." Manche dieser Äußerungen leiten bereits zu den Thesen Ludwig Feuerbachs
über, der 1841 in seinem Buch *Das Wesen des Christentums*
das effektvolle Schlagwort von der „welthistorischen Heuchelei" prägte. Doch zu solchen Konsequenzen drangen in
den dreißiger Jahren nur wenige vor. Die meisten Jungdeutschen blieben weiterhin jenseitsbezogen, wenn auch ihr
Unsterblichkeitsglaube oft etwas Fadenscheiniges hat. Wie
ihre biedermeierlichen Partner kennen sie noch keine reine
Immanenz, sondern betrachten alles unter einer universali-
stischen Perspektive. Grob gesprochen, könnte man ihre
religiösen Anschauungen als aufgeklärten Deismus saint-
simonistischer Provenienz bezeichnen. Denn wie Saint-Simon
in seinem *Nouveau christianisme* (1825) bemühten sie sich

– im Gegensatz zu den folgenden „bürgerlichen Realisten" –
immer wieder um eine Synthese von Geist und Materie, die
man in Begriffspaare wie Idee und Immanenz, Griechentum
und Mittelalter oder Sinnlichkeit und Spiritualismus ein-
kleidete. Das Christentum wurde daher von den meisten
wenigstens als Idee beibehalten, und zwar als eine der vielen Etappen auf dem Wege zu einer fortschreitenden
„Humanisierung" der Menschheit, die man zwar in ihren
inzwischen verhärteten Institutionen aufs schärfste be-
kämpfte, der man jedoch – historisch gesehen – eine gewisse
Funktion zugestand, nämlich die reine Macht-, Heroen- und
Körperkultur der Antike mit den Gefühlen der Nächsten-
liebe, der Sympathie und der ideellen Gleichheit aller Menschen vor Gott bereichert zu haben.

Doch den größten Raum innerhalb der jungdeutschen
Schriften nehmen selbstverständlich die politischen Frage-
stellungen ein. Spezifisch „jungdeutsch" ist dabei das Interesse an der Politik überhaupt, das sich in ähnlicher Schärfe
erst im Naturalismus der späten achtziger und frühen neun-
ziger Jahre wiederfindet. Die Grundposition dieser Einstellung bildete ein Liberalismus, der sich für ein steigendes
Mitspracherecht der bürgerlichen Schichten in Fragen des
öffentlichen Gemeinwohls einzusetzen versuchte. Im Vordergrund steht daher immer wieder die Idee der „Freiheit".
Man will nicht länger bevormundet werden, man will sich
emanzipieren. Aus der Perspektive von Journalisten und
Publizisten gesehen, bedeutete das erst einmal die Freiheit
der Presse, das Recht der freien Meinungsäußerung. Denn
wie sollte man wirklich kämpfen, wenn man ständig mit
unscharfen Waffen auftreten mußte. In die „Kunst" zu
flüchten oder bloß zu „philosophieren" erschien dieser
Generation kein Ausweg mehr. Wie Gervinus stellte man
eine entscheidende „Tat" wesentlich höher als ein noch so
schönes Gedicht. In diesem Punkte gab es kaum Differenzen.
Schwieriger war jedoch die Frage, welchen konkreten Inhalt
man diesem Freiheitsverlangen geben sollte. Was sich relativ
selten findet, ist der Wunsch nach einem deutschen Einheits-

staat. Der Nationalismus war durch das patriotische Gehabe der Spätromantiker, Turner, Burschenschaftler und Christgermanen so kompromittiert, daß man den Begriff „deutsch" weitgehend vermied. Auch in dieser Hinsicht knüpfte man lieber an die Aufklärung an und setzte sich mit kosmopolitischer Emphase für ein Reich der freien Geister ein, das jenseits aller dynastisch regierten Staatenverbände steht. Heine nannte es das „große Völkerbündnis, die heilige Allianz der Nationen". Börne schrieb: „Ich hasse jede Gesellschaft, die kleiner ist als die menschliche." Weniger klar war man sich jedoch über die äußere Form, die man diesem Zukunftsstaat geben sollte. Manche neigten mehr zu einer ausgesprochenen Republik, andere zu einer konstitutionellen Monarchie, in der jedem Bürger die gleichen Rechte und Pflichten zugeteilt werden. In diesem Punkte gingen die Meinungen innerhalb der Jungdeutschen besonders weit auseinander. Einig waren sie sich lediglich in dem Verlangen nach „Freiheit", die als das Allheilmittel aller gesellschaftlichen Mißstände galt. Man lebte noch in dem Glauben an das Wort, an den Sieg der Vernunft, der nur durch die Zensur verhindert werde. Daß auch der Liberalismus zu einer gelenkten „Bewußtseinsindustrie" führen könne, diesen Gedanken hätte man entrüstet von sich gewiesen. Die meisten waren noch fest davon überzeugt, daß eine offene Diskussion alle Schwierigkeiten überwindet und sich totalitäre Regime bloß dann halten können, wenn es keine Freiheit der Presse gibt.

Die Jungdeutschen erlagen in diesem Punkte dem Paradox aller Liberalen, nämlich dem Trugschluß, daß ohne eine relative Gleichberechtigung die Ausübung der Freiheit immer illusorisch bleibt. Die soziale Frage interessierte sie daher viel weniger als das abstrakte Freiheitsverlangen. Diese Einstellung hängt selbstverständlich mit der Rückständigkeit der deutschen Verhältnisse in ökonomischer und sozialer Hinsicht zusammen. Während sich in England und Frankreich ab 1800 eine rasch anwachsende industrielle Produktion ent-

wickelt hatte, war Deutschland durch die herrschende Kleinstaaterei und die restaurativen Maßnahmen Metternichs ein
weitgehend agrarisches Land geblieben. Hier war die Freiheit des Bürgertums noch kein Faktum, sondern immer noch
eine Sehnsucht. Daher faßte man den Saint-Simonismus in
Deutschland hauptsächlich als eine moralisch-religiöse Bewegung auf, während er in Frankreich – unter dem Einfluß
Saint-Amand Bazards – auch auf das Ökonomische übergriff.
Dort unterschied man schon zwischen „industriels" und
„oisifs" und setzte seine politischen Hoffnungen auf die be-
freienden Wirkungen der „industriellen Revolution". Solche
Gedankengänge finden sich in Deutschland bloß bei ver-
streuten Einzelgängern. Man denke an Männer wie Johann
Wirth, Friedrich Seybold, Philipp Jakob Siebenpfeiffer und
Jakob Venedey, die sich nicht nur für die „bürgerliche
Liberalität" interessierten, sondern bereits die Masse des
Volkes ins Auge faßten, der mit der Freiheit der Presse oder
einem allgemeinen Wahlrecht nicht viel geholfen war. Und
zwar kamen diese Stimmen meist aus dem Rheinland, der
Pfalz oder dem Schweizer und Pariser Exil. So sprach
Venedey in Paris schon von einer „Herrschaft des Volkes",
die auf der sozialen Gleichheit aller Arbeitenden beruht. In
der Literatur dieser Jahre, also vor 1840, begegnet man solchen Äußerungen relativ selten. Wohl die berühmteste Ausnahme bildet Büchner, der das Verhältnis zwischen arm und
reich als das „einzige revolutionäre Element in der Welt"
bezeichnete. Ähnliches findet sich bei Börne, wenn auch nicht
in dieser Schärfe. Auch Wienbarg sprach wiederholt von der
„Aristokratie des Reichtums", von jenem „Emporkriecher-
gesindel", dem die „lügenhaften liberalen Institutionen" nur
dazu dienen, das Gold als den neuen Götzen der Zeit zu
etablieren, dessen Macht genauso erdrückend sei wie der
ältere Absolutismus. Noch einen Schritt weiter ging Willkomm, der in den frühen vierziger Jahren bereits einige
Schilderungen aus dem „Arbeiterleben" in seine vielschichti-
gen Romane einzubauen versuchte.

Doch wie gesagt, solche Äußerungen sind relativ selten. Schließlich lebte man noch im Zeitalter des Frühliberalismus, dessen soziales Gewissen sich eben erst zu entwickeln begann. Wenn man überhaupt an eine Umwälzung dachte, dann im Zeichen der Freiheit. Aber selbst für diese Art von „liberté" schien Deutschland noch nicht reif zu sein. Jahrhunderte an Kleinstaaterei, Residenzgeist und Untertanengesinnung hatten das bürgerliche Selbstbewußtsein immer wieder in enge Schranken verwiesen. Sogar der freiheitliche Geist der Aufklärung und der Goethe-Zeit war durch die Metternichsche Restauration wieder erstickt worden. Daher wurden gerade die besonders engagierten Demokraten, die meist im Exil saßen, von einem unablässigen „Leiden an Deutschland" gequält. Der deutsche Staatenbund war in ihren Augen neben dem Zarenreich das rückständigste Land Europas. Überall begann sich der Liberalismus zu regen. In Frankreich, Polen, Belgien stieg man auf die Barrikaden und kämpfte für seine „unveräußerlichen" Rechte, bloß in Deutschland herrschte weiterhin die „Ruhe eines Friedhofs". Börne nannte daher Deutschland das Getto Europas, in dem nicht nur die Juden, sondern alle Staatsbürger rücksichtslosen Zwangsmaßnahmen unterworfen würden. Manchmal verzweifelte er geradezu an Deutschland, nämlich weil Millionen es ertrügen, der „Spott aller erwachsenen Völker" zu sein. „Dieses Unvermögen zu handeln", schrieb Wienbarg in seinen *Wanderungen durch den Tierkreis*, „macht aus dem gegenwärtigen Deutschland eines der verworrendsten, peinlichsten, schläfrigtrübseligsten Länder der Welt. Alles fühlt sich gehemmt, entmutigt, hoffnungslos bei hoffnungslosen Zuständen." Viele fühlten sich daher ihrer Zeit weit voraus und glaubten, den Zusammenhang mit der Allgemeinentwicklung verloren zu haben. Auf Grund dieser Einsicht wurde man nach 1835 wesentlich vorsichtiger in seinen Äußerungen, und zwar nicht nur aus Feigheit, sondern auch aus Erkenntnis der Realität. Man teilte in diesem Punkte jene Resignation, der schon Büchner nach der Verteilung seines *Hessischen Landboten* verfallen war, den viele Bauern pflichtschuldigst ihren

Behörden ausgeliefert hatten. „Was sollten wir tun? Sollten wir eine Revolution anfangen?", läßt Heine eine Gruppe von Auswanderern sagen.

Wie reagierte man nun auf konservativer Seite auf diese „geistige Konterbande"? Nach dem ersten Schock der Julirevolution war man erst einmal verschüchtert. Doch dann wurde ein ganzer Chor von Stimmen laut, der eine planmäßige Gegenoffensive in die Wege leitete. Und zwar bediente man sich dabei des alten Tricks, nicht das Politische, sondern das Moralische und das Religiöse in den Vordergrund zu schieben. Die Jungdeutschen erscheinen deshalb in den Kritiken der Zeit meist als eine zügellose „junge Generation" von Bordelljüngern und Saint-Simonisten mit hitzigem Blut und lüsterner Frivolität, die sich gegen jedes christliche Dogma empören und sogar die Ehe auflösen wollen. Mit solchen Thesen konnte man beim hochmoralischen Biedermeier-Publikum natürlich auf eine gewisse Resonanz rechnen. Beispielhaft dafür sind Novellen wie *Der Wassermensch* (1835) oder *Eigensinn und Laune* (1836) von Tieck. Hier treten die Jungdeutschen als unreife Schwärmer auf, die in anrüchigen Kreisen verkehren und einen so hohen Blutdruck haben, daß man ihnen den Puls fühlen muß. Schon etwas schärfer äußerte sich Hengstenberg in der *Evangelischen Kirchenzeitung* in Berlin, in der ab 8. August 1835 eine Artikelserie unter dem Titel „Über die Rehabilitierung des Fleisches" erschien, die sich gegen die saint-simonistische „Entheiligung der Ehe" wendet. „Man will verführen dürfen ohne Scham, ohne Scheu, ja mit dem Heiligenschein, etwas Gottesdienstliches zu verrichten", heißt es hier. Noch radikaler gebärdeten sich die Turner und Burschenschaftler. So sprach der Turnvater Jahn 1834 brieflich von der „faulen Jauche neuerer Kunstlüderlichkeit" oder von der „Schwefelbande" der Liberalen, als sei das Ganze eine Gruppe „läufiger" Köter. Auch Gustav Bacherer gebrauchte in seinem Buch *Die junge Literatur und der Roman Wally* Ausdrücke wie „literarische assa foetida" und appellierte an die „deutschen Männer", jede Frivolität aus den

„Sittentempeln unserer Frauen" zu verbannen. Wohl die gehässigsten Tiraden dieser Art finden sich bei Menzel, der im Oktober 1835 im Stuttgarter *Literaturblatt* unter dem Titel „Unmoralische Literatur" behauptete: „Das kranke, entnervte und dennoch junge Deutschland wankt aus dem Bordell herbei, worin es seinen neuen Gottesdienst gefeiert hat... Aber ich will meinen Fuß hineinsetzen in euern Schlamm, wohl wissend, daß ich mich besudle. Ich will den Kopf der Schlange zertreten, die im Miste der Wollust sich erwärmt... Solange ich lebe, werden Schändlichkeiten dieser Art nicht ungestraft die deutsche Literatur entweihen."

Doch nicht genug damit. Auch andere Primitivinstinkte wurden herangezogen, vor allem der antifranzösische Affekt. Immer wieder begegnet man Begriffen wie „jungdeutsche Gallomanie", „Vertreter des Wälschtums" oder „Französlinge", als seien sämtliche Börne- und Heine-Anhänger nur darauf aus, das deutsche Gemüt mit dem frivolen Geist des Franzosentums zu infizieren. Auch darin waren sich Tieck, Jahn, die Burschenschaftler, die Kirchen, die Teutonen und alle spätromantischen Kreise völlig einig. Man spürt hier schon jenen nationalen Ungeist, der schließlich in Liedern wie „Die Wacht am Rhein" kulminierte. Menzel sprach daher von der „französischen Affenschande", die unter der Maske des Republikanismus eine „Lasterschule der Unzucht" begründen wolle, und verglich Gutzkows *Wally* mit Voltaires *Pucelle* oder den Romanen Crébillons und Louvets. Noch deutlicher entlarvte er sich in folgender Äußerung: „Aber wem schmeicheln diese Lehren als der Bestialität und Raublust, die in den Höhlen der Verworfenheit, im Schmutz und Branntwein der großen Haupt- und Fabrikstädte noch schlummern, aber leicht zu wecken sind?" Um Deutschland gegen diese „freiheitliche" Lüsternheit zu immunisieren, trat er für eine konsequente Ausrottung des gesamten jungdeutschen Gedankenguts ein, bevor dieser Ungeist aus der Literatur auch auf die Wirklichkeit übergreife. Besonders gefährlich erschien ihm der Saint-Simonismus, jene „raffinierte" Mischung erotischer und politischer Emanzipation,

die zutiefst „undeutsch" sei. Nimmt man noch die anti-
semitischen Tiraden hinzu, die ständigen Ausfälle gegen
„Juden" wie Börne und Heine oder „Jüdinnen" wie Rahel
und Fanny Lewald, so ist man schon bei einem Vokabular,
das sich ohne weiteres mit der Hetzkampagne eines Adolf
Bartels vergleichen läßt. Denn hier wie dort, bei den konservativen Teutonen oder den Präfaschisten, neigte man dazu, „deutsches" Wesen mit Begriffen wie unpolitisch, religiös,
moralisch, romantisch, heimattreu oder artbewußt gleichzusetzen, während man alles Demokratische, Liberale und
Zivilisatorische als „westlich" diffamierte und so aus dem
deutschen Denken auszuscheiden versuchte.

Durch diese Stimmungsmache und die vielen Gutachten
der einzelnen Zensurkollegien aufs beste vorbereitet, bean-
tragte der österreichische Gesandte schließlich am 10. 12.
1835 im Frankfurter Bundestag das Verbot der sogenannten
„jungdeutschen" Schule, das sofort angenommen wurde.
Teilweise schlauer als die affektgeladenen Kritiker sah man
hier das Gefährliche vor allem in der populär-amüsanten
Diktion dieser Schriften, deren höchstes Ziel es sei, Probleme
der Politik und der öffentlichen Moral zu Problemen des
„Pöbels" zu machen. Einer akademisch gebildeten Elite hätte
man sicher gewisse Zugeständnisse gemacht, denn was nur
die Intellektuellen interessiert, ist immer ungefährlich. Sich
jedoch wie die Jungdeutschen um eine echte Breitenwirkung
zu bemühen, mußte zwangsläufig auf massiven Gegendruck
stoßen. Man versuchte daher alles, die Mitglieder dieser
Gruppe unter Druck zu setzen, indem man sie verhaftete,
einsperrte oder ihrer Einkünfte beraubte. Besonders drückend
waren in dieser Hinsicht die Jahre zwischen 1835 und 1840.
Mit der Thronbesteigung Friedrich Wilhelms IV. wurde es
wenigstens in Preußen etwas besser. Doch in Einzelfällen
blieb man weiter unerbittlich. Das beweisen Laubes *Karlsschüler*, die man 1846 sofort nach ihrem Erscheinen verbot.
Auf Grund dieser Schikanen und zugleich des verlorenen
Glaubens an eine „deutsche Revolution" wurden die meisten immer vorsichtiger, lauer, ja fast „loyal". Die Jung-

deutschen gerieten daher im Laufe der vierziger Jahre bei den jüngeren und radikaleren Autoren, denen man zum Teil größere Freiheiten gewährte als den bereits Abgestempelten und Gebrandmarkten, allmählich in ein schiefes Licht. So erkannte man zwar ihre Verdienste an, nämlich der nachfolgenden Generation die Zunge gelöst zu haben, hob jedoch zugleich das „Überspannte und Nichtsnutzige" ihrer Ideen hervor, die sich im politischen Tageskampf oft als zu kompliziert erwiesen. Gute Beispiele dafür liefern Essays von Levin Schücking, Johannes Scherr oder Robert Prutz, die sich bei aller Verteidigung des Jungen Deutschlands doch nur zu einer Teilanerkennung durchringen konnten. Den eigentlichen Bruch von linker Seite aus vollzogen dann die Linkshegelianer der frühen vierziger Jahre, die sich scharf von der „schlaffen Belletristik" eines Gutzkow oder Laube distanzierten. Wohl die schärfsten Worte fand dabei Friedrich Engels, der sich 1842 in den *Deutschen Jahrbüchern* mit den im gleichen Jahr erschienenen *Vorlesungen über die moderne Literatur der Deutschen* von Alexander Jung auseinandersetzte, in denen die Jungdeutschen relativ positiv behandelt werden. Was Engels besonders irritierte, war die abstrakte Freiheitsschwärmerei und zugleich das ständige Pochen auf „Modernität", was er beides als undialektisch verwarf.

Doch verlangen hier die Jüngeren von ihren „Vätern" nicht etwas zuviel? Denn schließlich stand das Junge Deutschland – geistig und politisch gesehen – noch völlig auf dem Boden des Frühliberalismus und hat aus diesen Tendenzen alles zu machen versucht, was es konnte. Andererseits kann sich jede Entwicklung nur in Brüchen und neu formulierten Programmen vollziehen. Das Junge Deutschland wurde daher wie das berühmte Kind mit dem Bade ausgeschüttet und galt bereits in den fünfziger Jahren als „antiquiert". Lediglich Heine blieb ein säkularer Einzelfall, bis auch er – von 1900 ab – allmählich in den Hintergrund trat. Aus einer einst so „sensationell" empfundenen Gruppe wurde ein Objekt geringschätziger Seitenhiebe, das bei der allgemeinen Romantik-Orientiertheit der deutschen Literaturgeschichte keine weitere Renaissance mehr erlebte. Es setzten sich zwar immer wieder ein paar versprengte Liberale, die in der Literatur mehr als ein bloß ästhetisches Phänomen erblickten, für Männer wie Börne, Laube und Gutzkow ein, doch, aufs Ganze gesehen, kam diese Bewegung bis heute nicht über die Kategorie der „unbequemen" Literatur hinaus. Für die marxistische Literaturbetrachtung, die in diesem Punkte noch immer im Banne Engels' steht, sind die Jungdeutschen noch keine konsequenten Linkshegelianer und deshalb – unter ideologischer Perspektive – relativ undiskutabel. Der „westlichen" Literaturkritik sind sie nicht „künstlerisch" genug, das heißt bloße Literaten oder „Tendenzschriftsteller", was fast noch schlimmer ist. Betrachten wir sie daher endlich einmal wieder an ihrem richtigen Ort: als Dichter der Julirevolution und zugleich Beschleuniger jener Emanzipationsspirale, die alle „liberalen" Autoren verbindet.

# LITERATURHINWEISE

## 1. Allgemeines

Prutz, Robert: Das junge Deutschland einst und jetzt. Die deutsche Literatur der Gegenwart 1848–1858. Bd. 2. Leipzig 1859.

Kühne, Gustav: Das junge Deutschland. Erinnerungen. In: Westermanns Monatshefte 50 (1881) S. 488–499.

Hillebrand, Karl: Jungdeutsche und Kleindeutsche (1830–60). Zeiten, Völker und Menschen. Bd. 7. Berlin 1885. S. 74–101.

Wehl, Feodor: Das junge Deutschland. Hamburg 1886.

Brandes, Georg: Das junge Deutschland. Die Literatur des 19. Jahrhunderts in ihren Hauptströmungen. Bd. 6. Leipzig 1891.

Proelß, Johannes: Das junge Deutschland. Ein Buch deutscher Geistesgeschichte. Stuttgart 1892.

Geiger, Ludwig: Das junge Deutschland und die preußische Zensur. Berlin 1900.

Bloesch, Hans: Das junge Deutschland in seinen Beziehungen zu Frankreich. Bern 1903.

Geiger, Ludwig: Das junge Deutschland und Österreich. In: Deutsche Rundschau 127 (1906) S. 301–404.

Bergmann, Ernst: Die ethischen Probleme in den Jugendschriften der Jungdeutschen (1833–35). Diss. Leipzig 1906.

Geiger, Ludwig: Das junge Deutschland. Studien und Mitteilungen. Berlin 1907.

Friedrich, Hans: Die religionsphilosophischen, soziologischen und politischen Elemente in den Prosadichtungen des Jungen Deutschlands. Diss. Leipzig 1907.

Houben, Heinrich Hubert: Jungdeutscher Sturm und Drang. Ergebnisse und Studien. Leipzig 1911.

Kayser, Rudolf: Vom Jungen Deutschland. In: Der neue Merkur 2 (1914) S. 353–380.

Möckel, H. Karl: Der Gedanke der Menschheitsentwicklung im Jungen Deutschland. Diss. Leipzig 1916.

Whyte, John: Young Germany in its Relations to Britain. New York 1917.

Gerathewohl, Fritz: St. Simonistische Ideen in der deutschen Literatur. München 1920.

Kohlermann, Otto: Der Dramenbegriff des Jungen Deutschland. Diss. München 1920. [Masch.]

Opfermann, Wilhelm: Das Verhältnis zur Landschaft in den jung-deutschen Reisebildern und in der deutschen Reiseliteratur seit 1750. Diss. Frankfurt a. M. 1922. [Masch.]

Alexander, Martha: Die Novellentheorien der Jungdeutschen. Diss. München 1923. [Masch.]

Halm, Hans: Die Zeitung für die elegante Welt. Ihre Geschichte, ihre Stellung zu den Zeitereignissen und zur zeitgenössischen Literatur. Diss. München 1924. [Masch.]

Butler, Eliza Marian: The Persecution of the Young Germans. In: Modern Language Review 19 (1924) S. 63–83.

Storch, Werner: Die ästhetischen Theorien des jungdeutschen Sturms und Drangs. Diss. Bonn 1924.

Kainz, Friedrich: Studien über das „Junge Deutschland". In: Euphorion 26 (1925) S. 388–417.

Houben, Heinrich Hubert: Kleine Blumen, kleine Blätter aus Biedermeier und Vormärz. Dessau 1925.

Butler, Eliza Marian: The Saint-Simonian Religion in Germany. A Study of the Young German Movement. Cambridge 1926.

Kainz, Friedrich: Junges Deutschland. Reallexikon der Deutschen Literaturgeschichte. Bd. 2. 1926–28. S. 40–62.

Pustau, Erna von: Die Stellung der Frau im Leben und im Roman des Jungen Deutschland. Diss. Frankfurt a. M. 1928.

Royen, Eduard: Die Auffassung der Liebe im Jungen Deutschland. Diss. Münster 1928.

Malthan, Paul: Das junge Deutschland und das Lustspiel. Heidelberg 1930.

Förster, Helmut: Studien zum jungdeutschen Begriff vom Drama. Diss. Breslau 1930.

Kleinmayr, Hugo von: Welt- und Kunstanschauung des „Jungen Deutschland". Studien zur Geistesgeschichte des 19. Jahrhunderts. Wien/Leipzig 1930.

Kayser, Rudolf: Vom Jungen Deutschland. Dichterköpfe. Wien 1930.

Baldensperger, Fernand: Le Grand Schisme de 1830: „Romantisme" et „Jeune Europe". In: Revue de Littérature Comparée 10 (1930) S. 5–16.

Valentin, Veit: Das Hambacher Nationalfest. Berlin 1932.

Gamper, Esther: Dichter und Dichtertum zur Zeit des Jungen Deutschland. Diss. Zürich 1932.

Gulde, Hildegard: Studien zum jungdeutschen Frauenroman. (Diss. Tübingen 1931.) Weilheim (Teck) 1933.

Galley, Eberhard: Der religiöse Liberalismus in der deutschen Literatur von 1830–1850. Diss. Rostock 1934.

Jenal, Emil: Der Kampf gegen die jungdeutsche Literatur. In: Zeitschrift für deutsche Philologie 58 (1934) S. 165–195.

Suhge, Werner: Saint-Simonismus und Junges Deutschland. Das Saint-Simonistische System in der deutschen Literatur der ersten Hälfte des 19. Jahrhunderts. Berlin 1935.

Bessler, Hanna: Studien zum historischen Drama des Jungen Deutschland. Diss. Leipzig 1935.

Greatwood, Edward Albert: Die dichterische Selbstdarstellung im Roman des Jungen Deutschland. Berlin 1935.

Horovitz, Ruth: Vom Roman des Jungen Deutschlands zum Roman der Gartenlaube. Ein Beitrag zur Geschichte des deutschen Liberalismus. Breslau 1937.

Keller, Hans Gustav: Das „Junge Europa" 1834–1836. Zürich 1938.

Schüler, Gerhard: Die Novelle des Jungen Deutschland. Diss. Berlin 1941.

Colditz, Carl: Über den Denunzianten. In: Modern Language Quarterly 6 (1945) S. 131–147.

Eckert, Georg: Das junge Deutschland und die Revolutionsdichtung des Vormärz. Braunschweig 1948.

Brann, Henry Walter: The Young German Movement Creates a Political Literature. In: German Quarterly 24 (1951) S. 189–194.

Magill, C. P.: Young Germany. A revaluation. In: German Studies presented to L. A. Willoughby. Oxford 1952. S. 108–119.

Greiner, Martin: Zwischen Biedermeier und Bourgeoisie. Göttingen 1953.

Bliemel, Günther: Die Auffassung des Jungen Deutschlands von Wesen und Aufgabe des Dichters und der Dichtung. Diss. Berlin 1955. [Masch.]

Mucha, Eberhard: Die Formen der jungdeutschen Reiseliteratur. Diss. Berlin 1955. [Masch.]

Dietze, Walter: Junges Deutschland und deutsche Klassik. Berlin 1958.

Kainz, Friedrich / Kohlschmidt, Werner: Junges Deutschland. Reallexikon der Deutschen Literaturgeschichte. 2. Aufl. Bd. 1. 1958. S. 781–797.

Wülfing, Wulf: Schlagworte des Jungen Deutschland. In: Zeitschrift für deutsche Sprache 21 (1965) S. 42–59, 160–174; 22 (1966) S. 36 bis 56, 154–178; 23 (1967) S. 48–82, 166–177; 24 (1968) S. 60–71, 161–183; 25 (1969) S. 95–115, 175–179; 26 (1970) S. 60–83, 162 bis 175.

Högel, Rolf: Der Held im Drama Georg Büchners, der Jungdeutschen und Friedrich Hebbels. Diss. Bonn 1969. [Masch.]

Kind, Helmut: Das Zeitalter der Reformation im historischen Roman der Jungdeutschen. Göttingen 1969.

Werner, Hans-Georg: Geschichte des politischen Gedichts in Deutschland von 1815 bis 1840. Berlin 1969.

Hermand, Jost: Allgemeine Epochenprobleme. In: Zur Literatur der Restaurationsepoche. Hrsg. von Jost Hermand und Manfred Windfuhr. Stuttgart 1970. S. 3–61.

Hof, Walter: Pessimistisch-nihilistische Strömungen in der deutschen Literatur vom Sturm und Drang bis zum Jungen Deutschland. Tübingen 1970.

Koopmann, Helmut: Das Junge Deutschland. Analyse seines Selbstverständnisses. Stuttgart 1970.

Schlechta, Brigitte: Die periodische Publizistik des ‚Jungen Deutschland‘. Diss. Wien 1970. [Masch.]

Löwenthal, Leo: Das Junge Deutschland. Die Vorgeschichte des bürgerlichen Bewußtseins. In: L. L.: Erzählkunst und Gesellschaft. Neuwied 1971.

Denkler, Horst: Das Drama der Jungdeutschen. In: Zeitschrift für deutsche Philologie 91 (1972) Sonderheft Heine. S. 110 bis 130.

Köster, Udo: Literarischer Radikalismus. Zeitbewußtsein und Geschichtsphilosophie in der Entwicklung des Jungen Deutschland zur Hegelschen Linken. Frankfurt a. M. 1972.

Sammons, Jeffrey L.: Six Essays on the Young German Novel. Chapel Hill 1972.

Wülfing, Wulf: Lästige Gäste? Zur Rolle der Jungdeutschen in der Literaturgeschichte. In: Zeitschrift für deutsche Philologie 91 (1972) Sonderheft Heine. S. 130–149.

Denkler, Horst: Restauration und Revolution. Politische Tendenzen im deutschen Drama zwischen Wiener Kongreß und Märzrevolution. München 1973.

Hoegel, Rolf K.: Young German Message Plays: In: Monatshefte für deutschen Unterricht, deutsche Sprache und Literatur 65 (1973) S. 361–389.

Steinecke, Hartmut: Die „zeitgemäße" Gattung. Neubewertung und Neubestimmung des Romans in der jungdeutschen Kritik. In: Untersuchungen zur Literatur als Geschichte. Hrsg. von Vincent J. Günther. Berlin 1973. S. 325–346.

Becker, Carolyn O.: From the Jacobins to the Young Germans: The Liberal Travel Literature in Germany from 1785 to 1840. Diss. Wisconsin 1974. [Masch.]

Hohendahl, Peter Uwe: Die neue Kritik des Jungen Deutschland.

In: P. U. H.: Literaturkritik und Öffentlichkeit. München 1974. S. 102–127.

Farese, Giuseppe: Poesia e Rivoluzione in Germania 1830–1850. Bari 1974.

Steinecke, Hartmut: Das Junge Deutschland. Nachdrucke und Texteditionen 1965–1974. In: Zeitschrift für deutsche Philologie 93 (1974) S. 586–596.

Hömberg, Walter: Zeitgeist und Ideenschmuggel. Die Kommunikationsstrategie des Jungen Deutschland. Stuttgart 1975.

Oesterle, Günter und Ingrid: Der literarische Bürgerkrieg. Gutzkow, Heine, Börne wider Menzel. In: Demokratisch-revolutionäre Literatur in Deutschland: Vormärz. Hrsg. von Gert Mattenklott und Klaus R. Scherpe. Kronberg i. Ts. 1975. S. 151–185.

Estermann, Alfred: Die Zeitschriften des Jungen Deutschland. Indices. Nendeln 1975.

Rosenberg, Rainer: Literaturverhältnisse im Vormärz. Berlin 1975.

Hömberg, Walter: Zwischen Anpassung und Auflehnung. Die jungdeutschen Schriftsteller und ihre Leser. In: Literatur für viele. Studien zur Trivialliteratur und Massenkommunikation im 19. und 20. Jahrhundert. Hrsg. von Helmut Kreuzer. Göttingen 1976. S. 17–42.

Möhrmann, Renate: Die andere Frau. Emanzipationsansätze deutscher Schriftstellerinnen im Vorfeld der Achtundvierziger Revolution. Stuttgart 1976.

Wülfing, Wulf: Jungdeutsche Landschaft 1833–35. In: Euphorion 71 (1977) S. 130–149.

Booß, Rutger: Ansichten der Revolution. Paris-Berichte deutscher Schriftsteller nach der Juli-Revolution von 1830. Köln 1977.

Wülfing, Wulf: Junges Deutschland. Texte – Kontexte, Abbildungen, Kommentar. München 1978.

Denkler, Horst: Zwischen Julirevolution (1830) und Märzrevolution (1848–49). In: Geschichte der politischen Lyrik in Deutschland. Hrsg. von Walter Hinderer. Stuttgart 1978. S. 179–209.

Restauration und Frühliberalismus 1814–1840. Hrsg. von Hartwig Brandt. Darmstadt 1979.

Burchardt-Dose, Hannelore: Das Junge Deutschland und die Familie. Zum literarischen Engagement in der Restaurationsepoche. Frankfurt a. M. 1979.

Vormärz: Biedermeier, Junges Deutschland, Demokraten 1815 bis 1848. Hrsg. von Bernd Witte. Reinbek 1980.

Schneider, Manfred: Die kranke schöne Seele der Revolution. Heine, Börne, das „Junge Deutschland", Marx und Engels. Frankfurt a. M. 1980.

Koopmann, Helmut: Die Novellistik des Jungen Deutschland. In: Handbuch der deutschen Erzählung. Hrsg. von Karl Konrad Polheim. Düsseldorf 1981. S. 229–239.

Mattenklott, Gert: Junges Deutschland und Vormärz in Berlin. In: Berlin zwischen 1789 und 1848. Hrsg. von Barbara Volkmann. Berlin 1981. S. 138–146.

Wülfing, Wulf: Schlagworte des Jungen Deutschland. Berlin 1982.

Steinecke, Hartmut: Literatur des Jungen Deutschland. Entwicklungen – Tendenzen – Texte. Berlin 1982.

Ziegler, Edda: Literarische Zensur in Deutschland 1819–1848. München 1983.

Windfuhr, Manfred: Das Junge Deutschland als literarische Opposition. Gruppenmerkmale und Neuansätze. In: Heine-Jahrbuch 1983. S. 47–69.

Hasubek, Peter: Der Roman des Jungen Deutschland und des Vormärz. In: Handbuch des deutschen Romans. Hrsg. von Helmut Koopmann. Düsseldorf 1983. S. 323–341, 622–632.

Petermann, Thomas: Der Saint-Simonismus in Deutschland. Bern 1983.

Kantzenbach, Friedrich Wilhelm: Biedermeier, Junges Deutschland, Vormärz. Zeitgeist in der Diskussion der Literaturwissenschaft. In: Zeitschrift für Religions- und Geistesgeschichte 37 (1985) S. 118–142.

Verboten! Das Junge Deutschland 1835. Hrsg. von Jan-Christoph Hauschild. Düsseldorf 1985.

Webber, Mark Joel: The Concepts of Organic Growth in Young Germany (Laube, Mundt, Wienbarg). Ann Arbor 1985.

Tatlock, Lynne: The Young Germans in Praise of Famous Women: Ambivalent Advocates. In: German Life & Letters 39 (1985–86) S. 193–209.

Das Junge Deutschland. Kolloquium zum 150. Jahrestag des Verbots vom 10. Dezember 1835. Hrsg. von Joseph A. Kruse und Bernd Kortländer. Hamburg 1987.

Brandes, Helga: Zwischen Opposition und Resignation. Die Zeitschriften des Jungen Deutschland 1830–1840. In: Presse und Geschichte. Bd. 2. München 1987. S. 307–327.

Klin, Eugeniusz: Drei Reisen nach Polen. Zur Beschreibung der polnischen Gesellschaft in der Literatur des „Jungen Deutschland". In: Studia i materialy Germanystika 4 (1988) S. 165–180.

Koopmann, Helmut: Freiheitssonne und Revolutionsgewitter. Einflüsse der Französischen Revolution im literarischen Deutschland zwischen 1789 und 1840. Tübingen 1989.

Steinecke, Hartmut: „Unsre neuste Erfindung, eine productive Kritik." Thesen und Materialien zur Diskussion um Kritik als Literatur bei den Jungdeutschen. In: Literaturkritik. Anspruch und Wirklichkeit. Hrsg. von Wilfried Barner. Stuttgart 1990. S. 175 bis 184.

Teraoki, Takanori: Stil und Stildiskurs des Jungen Deutschland. Hamburg 1993.

Koopmann, Helmut: Das Junge Deutschland. Eine Einführung. Darmstadt 1993.

Briese, Olaf: Der Anspruch des Subjekts. Zum Unsterblichkeitsdenken im Jungen Deutschland. Stuttgart 1995.

Hermand, Jost: Das Junge Deutschland. In: J. H.: Die deutschen Dichterbünde von den Meistersingern bis zum PEN-Club. Köln 1998. S. 187–203.

## 2. Zu einzelnen Figuren

Wyss, Hilde: Bettina von Arnims Stellung zwischen der Romantik und dem Jungen Deutschland. Bern/Leipzig 1935.

Labuhn, Wolfgang: Literatur und Öffentlichkeit im Vormärz. Das Beispiel Ludwig Börne. Königstein i. Ts. 1980.

Ludwig Börne 1786–1837. Zum 200. Geburtstag des Frankfurter Schriftstellers. Hrsg. von Alfred Estermann. Frankfurt a. M. 1986.

Jasper, Willi: Keinem Vaterland geboren. Ludwig Börne. Eine Biographie. Hamburg 1989.

Friedrich, Eva: Georg Büchner und die Französische Revolution. Diss. Zürich 1952. Winterthur 1956.

Mayrhofer, Otto: Gustav Freytag und das Junge Deutschland. Marburg 1907.

Rodenhauser, Robert: Adolf Glassbrenner. Ein Beitrag zur Geschichte des „Jungen Deutschland" und der Berliner Lokaldichtung. Nikolassee 1912.

Hermand, Jost: Adolf Glassbrenner: Berlin wie es ist und – trinkt (1832–1852). In: J. H.: Unbequeme Literatur. Eine Beispielreihe. Heidelberg 1971. S. 65–86.

Bulmahn, Heinz: Adolf Glassbrenner: His Development from Jungdeutscher to Vormärzler. Amsterdam 1978.

Heinrich-Jost, Ingrid: Literarische Publizistik Adolf Glassbrenners oder die List beim Schreiben der Wahrheit. München 1980.

Adolf Glassbrenner: Unterrichtung der Nation. 3 Bde. Hrsg. von Horst Denkler [u. a.]. Köln 1981.

Singer, Ludwig: Das junge Deutschland und Goethe. In: Chronik des Wiener Goethe-Vereins 9 (1895) S. 11–17.

Noë, Adolf Carl von: Das Junge Deutschland und Goethe. Diss. Chicago 1910.

Kanehl, Oskar: Der junge Goethe im Urteile des Jungen Deutschland. Greifswald 1913.

Dumbacher, Egon: Goethe und die Jungdeutschen. Diss. Wien 1931.

Dresch, Joseph-Emile: Goethe et la Jeune Allemagne. In: Publications de la Faculté des Lettres de l'Université de Strasbourg 57 (1932) S. 451–460.

Cowen, Roy C.: Grabbe und das Junge Deutschland. In: Grabbe und die Dramatiker seiner Zeit. Hrsg. von Detlev Kopp und Michael Vogt. Tübingen 1990. S. 202–216.

Jancke, Rudolf: Grillparzers Stellung zur Romantik und zum Jungen Deutschland. In: Jahrbuch der Grillparzer-Gesellschaft 31 (1932) S. 84–101.

Houben, Heinrich Hubert: Studien über die Dramen Karl Gutzkows. Jena 1899.

Caselmann, August: Karl Gutzkows Stellung zu den religiös-ethischen Problemen seiner Zeit. Augsburg 1900.

Houben, Heinrich Hubert: Gutzkow-Funde. Beiträge zur Literatur- und Kulturgeschichte des 19. Jahrhunderts. Berlin 1901.

Dresch, Joseph-Emile: Gutzkow et la Jeune Allemagne. Paris 1904.

Müller, Peter: Beiträge zur Würdigung von Karl Gutzkow als Lustspieldichter. Marburg 1910.

Weiglin, Paul: Gutzkows und Laubes Literaturdramen. Berlin 1910.

Metis, Eduard: Karl Gutzkow als Dramatiker. Stuttgart 1915.

Maenner, Ludwig: Karl Gutzkow und der demokratische Gedanke. München 1921.

Iben, Harry: Gutzkow als literarischer Kritiker. Diss. Greifswald 1928.

Capelle, Magdalene: Der junge Gutzkow. Diss. Berlin 1950. [Masch.]

Franck, Karl Edmund: Karl Gutzkows literarisches Werk als Ausdruck seines Zeiterlebnisses. Diss. Kiel 1951. [Masch.]

Dobert, Eitel Wolf: Karl Gutzkow und seine Zeit. Berlin 1968.

Karl Gutzkow: Liberale Energie. Eine Sammlung seiner kritischen Schriften. Hrsg. von Peter Demetz. Frankfurt a. M. 1974.

Bürgel, Peter: Die Briefe des jungen Gutzkow 1830–1848. Bern 1975.

Gutzkow, Karl: *Wally, die Zweiflerin*. Hrsg. von Günter Heinz. Stuttgart 1979.

Valkenburg, Janet van: Karl Gutzkow and *Wally, die Zweiflerin*. A Biographical Revaluation. Ann Arbor 1981.

Funke, Rainer: Beharrung und Umbruch 1830–1860. Karl Gutzkow auf dem Weg in die literarische Moderne. Frankfurt a. M. 1985.

Jendritzki, Joachim: Karl Gutzkow als Pionier des literarischen Journalismus. Frankfurt a. M. 1988.

Bulthaupt, Heinrich: Heine und das Junge Deutschland. Literarische Vorträge. Oldenburg 1912. S. 270–286.

Ott, Barthélemy: La Querelle de Heine et de Börne. Contribution à l'étude des idées politiques et sociales en Allemagne de 1830 à 1840. Lyon 1935.

Windfuhr, Manfred: Heinrich Heine zwischen den progressiven Gruppen seiner Zeit. In: Zeitschrift für deutsche Philologie 91 (1972) Sonderheft Heine. S. 1–23.

Hermand, Jost: Streitobjekt Heine. Ein Forschungsbericht 1945 bis 1975. Frankfurt a. M. 1975.

– Der frühe Heine. Ein Kommentar zu den *Reisebildern*. München 1976.

Pabel, Klaus: Heines *Reisebilder*. Ästhetisches Bedürfnis und politisches Interesse am Ende der Kunstperiode. München 1977.

Heinrich Heine. Artistik und Engagement. Hrsg. von Wolfgang Kuttenkeuler. Stuttgart 1977.

Heinrich Heine und die Zeitgenossen. Hrsg. von der Akademie der Wissenschaften der DDR. Berlin 1979.

Heinrich Heine. Epoche – Werk – Wirkung. Hrsg. von Jürgen Brummack. München 1980.

Heine in Paris 1831–1856. Hrsg. von Joseph A. Kruse und Michael Werner. Düsseldorf 1981.

Heinemann, Gerd: Heinrich Heine, *Reisebilder*. München 1981.

Grab, Walter: Heinrich Heine als politischer Dichter. Heidelberg 1982.

Reisebilder von Heine bis Weerth. Hrsg. von Gotthard Erler. Frankfurt a. M. 1983.

Futterknecht, Franz: Heinrich Heine. Ein Versuch. Tübingen 1985.

Hädecke, Wolfgang: Heinrich Heine. Eine Biographie. München 1985.

Heinrich Heine und das 19. Jahrhundert. Signaturen. Hrsg. von Rolf Hosfeld. Berlin 1986.

Briegleb, Klaus: Opfer Heine? Versuche über Schriftzüge der Revolution. Frankfurt a. M. 1986.

Höhn, Gerhard: Heine-Handbuch. Zeit, Person, Werk. Stuttgart 1987. ²1997.

Boldt, Hans: Heine im Zusammenhang der politischen Ideen seiner Zeit. In: Heinrich Heine im Spannungsfeld von Literatur und Wissenschaft. Hrsg. von Wilhelm Gössmann und Manfred Windfuhr. Essen 1990. S. 65–80.

Heinrich Heine. Ästhetisch-politische Profile. Hrsg. von Gerhard Höhn. Frankfurt a. M. 1991.

Glück, Alfons: Hegel und Heine als Kritiker der Romantik. In: Romantik im Vormärz. Hrsg. von Burghard Dedner und Ulla Hofstaetter. Marburg 1992. S. 179–210.

Gutleben, Burkhard: Heinrich Heine und seine Beziehungen zu Zeitgenossen und Zeitgeschichte. Frankfurt a. M. 1993.

Hermand, Jost: Mehr als ein Liberaler. Über Heinrich Heine. Frankfurt a. M. 1993. ²1994.


Petitpierre, Fernand: Heinse in den Jugendschriften der Jungdeutschen. Diss. Bern 1915.


Koopmann, Helmut: Karl Immermann und das Junge Deutschland. In: Neue Studien zu Karl Immermann. Hrsg. von Peter Hasubek. Bielefeld 1990. S. 196–215.


Pierson, Edgar: Gustav Kühne, sein Lebensbild und Briefwechsel mit Zeitgenossen. Dresden 1890.

Wolf, Carl: Gustav Kühne. Seine Entwicklung als Novellist und Romanschriftsteller und sein Verhältnis zum Jungen Deutschland. Diss. Göttingen 1925. [Masch.]

Hanson, William P.: F. G. Kühne. A forgotten Young German. In: German Life & Letters 17 (1964) S. 335–338.


Broßwitz, Ferdinand: Heinrich Laube als Dramatiker. Breslau 1906.

Przygodda, Paul: Heinrich Laubes literarische Frühzeit. Berlin 1910.

Nolle, Karl: Laube als sozialer und politischer Schriftsteller. Diss. Münster 1915.

Lange, Walter: Heinrich Laubes Aufstieg. Leipzig 1923.

Förster, Wolfgang: Laubes dramatische Theorie im Vergleich zu seiner dramatischen Leistung. Diss. Breslau 1932.

Becker, Wilhelm Johannes: Zeitgeist und Krisenbewußtsein in Heinrich Laubes Novellen. Diss. Frankfurt a. M. 1960. [Masch.]

Huesmann, Michael: „Jungdeutsches" Bildungsbewußtsein und bürgerliche Krisenerfahrung als biographische Grundlagen Heinrich Laubes. In: Wirkendes Wort 41 (1991) S. 27–47.

Karg, Jakob: Poesie und Prosa. Studien zum Literaturverständnis des Jungdeutschen Heinrich Laube. Bielefeld 1993.

Baker, Thomas: Lenau and Young Germany in America. Diss. Philadelphia 1897.

Hohendahl, Peter Uwe: Lessing und das Junge Deutschland. In P. U. H.: Geschichte – Opposition – Subversion. Studien zur Literatur des 19. Jahrhunderts. Köln 1993. S. 90–113.

Subotić, Dragutin: Rahel Levin und das Junge Deutschland. Diss. München 1914.

Harsing, Erich: Wolfgang Menzel und das Junge Deutschland. Diss. Münster 1909.

Báder, Desider: Metternich und das Junge Deutschland. Bruchstücke aus einem Ideenkonflikt. Specima Diss. Univ. Elisabeth 45. Pécsett 1935.

Draeger, Otto: Theodor Mundt und seine Beziehungen zum Jungen Deutschland. Marburg 1909.

Grupe, Walter: Mundts und Kühnes Verhältnis zu Hegel und seinen Gegnern. Halle 1928.

Quadfasel, Hanna: Theodor Mundts literarische Kritik und die Prinzipien seiner Ästhetik. Bruchsal 1932.

Sammons, Jeffrey L.: Wilhelm Raabe as Successor to Young Germany. In J. L. S.: Imagination and History. New York 1988. S. 265–280.

Richter, Helmut: Wilhelm Raabe und das Junge Deutschland. In: Jahrbuch der Raabe-Gesellschaft 1988. S. 76–109.

Dresch, Joseph: Schiller et la Jeune Allemagne. Études sur Schiller. Paris 1905.

Hasiński, Maksymilian: Tiecks Verhältnis zum Jungen Deutschland. Diss. Breslau 1920. [Nicht gedr.]

Kiel, Hanna: Tieck und das Junge Deutschland. Diss. München 1922. [Masch.]

Nerrlich, Paul: Herr von Treitschke und das Junge Deutschland. Berlin 1890.

Geiger, Ludwig: Varnhagens Denkschrift an den Fürsten Metternich über das Junge Deutschland. In: Deutsche Revue 31 (1906) S. 183–197.

Schweizer, Viktor: Ludolf Wienbarg. Beiträge zu einer jungdeutschen Ästhetik. Leipzig 1897.

Bartholomey, Max: Ludolf Wienbarg, ein pädagogischer Reformer des „Jungen Deutschland". Pädagogisches Magazin (1912) H. 437.

Graf, Adolf: Freiheit und Schönheit bei Ludolf Wienbarg. Ein Beitrag zur Ästhetik des Jungen Deutschland. Diss. Bonn 1952. [Masch.]

Burkhardt, Gerhard: Ludolf Wienbarg als Ästhetiker und Kritiker. Diss. Hamburg 1956. [Masch.]

Hinnah, Fritz: Ernst Willkomm. Ein Beitrag zur Geschichte des Jungen Deutschland. Diss. Münster 1915.

# AUTORENVERZEICHNIS

(An Werken werden nur solche angeführt, die zum Jungen Deutschland gehören oder Gegenstimmen vertreten.)

ALEXIS, WILLIBALD (Breslau 29. 6. 1798 – Arnstadt 16. 12. 1871). Studierte Jura in Berlin und Breslau. Seit 1824 freier Schriftsteller, unter anderem Redakteur des „Berliner Konversationsblattes", des „Freimütigen" und des „Neuen Pitaval". Anfänglich stärker liberal, später mehr auf Bewahrung des Bestehenden bedacht. Auch als Grundstücksmakler und Buchhändler tätig. Werke: *Wiener Bilder* (1833); *Schattenrisse aus Süddeutschland* (1834); *Das Haus Düsterweg* (1835) Roman; *Neue Novellen* (1836); *Zwölf Nächte* (1838) Roman.
Seite 129, 238, 265

BACHERER, GUSTAV (Müllheim in Baden 27. 2. 1813 – Müllheim in Baden 4. 4. 1850). Studierte in Freiburg. Dann freier Schriftsteller und Publizist in Frankfurt, Mannheim, Karlsruhe und Stuttgart. Begann seine journalistische Laufbahn als Anhänger Menzels. Werke: *Die junge Literatur und der Roman Wally* (1836); *Salon deutscher Zeitgenossen* (1838); *Süddeutsche Rufe aus Norddeutschland* (1839); *Sterne und Meteore in deutscher Zukunft und Gegenwart* (1839).
Seite 342

BÖRNE, LUDWIG (Frankfurt am Main 24. 5. 1786 – Paris 12. 2. 1837). Studierte Medizin und Rechtswissenschaft in Berlin, Halle, Heidelberg und Gießen. 1811 Polizeiaktuar in Frankfurt. Seit 1818 Herausgeber der Zeitschrift „Die Wage", die 1821 von Metternich verboten wurde. 1820 zwei Wochen in Haft. 1822 Reise nach Paris. Dann wieder Journalist in Hamburg, Berlin und Frankfurt. Seit 1830 ständig in Paris. Werke: *Monographie der deutschen Postschnecke* (1821); *Denkrede auf Jean Paul* (1826); *Briefe aus Paris* (1832–34); *Menzel, der Franzosenfresser* (1837) Streitschrift.
Seite 22, 85, 112, 131, 145, 257, 280, 300, 323

BÜCHNER, GEORG (Goddelau bei Darmstadt 17. 10. 1813 – Zürich 19. 2. 1837). Studierte Medizin und Naturwissenschaften in Straß-

burg und Gießen. Gründete 1834 in Gießen die geheime „Gesellschaft für Menschenrechte" und verfaßte mit dem Butzbacher Rektor Friedrich Ludwig Weidig den *Hessischen Landboten*, um die Landbevölkerung zur Revolution aufzurufen. Entzog sich der steckbrieflichen Verfolgung durch die Flucht nach Straßburg. Ging dann nach Zürich, wo er sich 1836 auf dem Gebiet der vergleichenden Anatomie habilitierte. Werke: *Der Hessische Landbote* (1834) Flugschrift; *Dantons Tod* (1835) Drama; *Leonce und Lena* (entst. 1836, ersch. 1842) Komödie; *Lenz* (entst. 1836, ersch. 1839) Erzählung; *Woyzeck* (entst. 1836, ersch. 1879) Tragödie.
Seite 188, 291, 304

ENGELS, FRIEDRICH (Barmen 28. 11. 1820 – London 5. 8. 1895). Als junger Autor von Gutzkow gefördert. Wandte sich unter dem Einfluß des radikalen Linkshegelianismus und der Freundschaft mit Marx von den Jungdeutschen ab, denen er 1842 – mit Ausnahme Gutzkows und Wienbargs – politische Unreife vorwarf.
Seite 356

GATHY, FRANZ AUGUST (Lüttich 14. 5. 1800 – Paris 8. 4. 1858). Liberaler Journalist unter dem Eindruck der Pariser Julirevolution. Später Musikschriftsteller. Werke: *Briefe aus Paris* (1831).
Seite 5

GLASSBRENNER, ADOLF (Berlin 27. 3. 1810 – Berlin 25. 9. 1876). Nach kaufmännischer Lehre ab 1830 freier Schriftsteller in Berlin. Ab 1841 in Neustrelitz. Aktive Teilnahme an der Achtundvierziger Revolution. 1850 des Landes verwiesen. Ging nach Hamburg. Kehrte 1858 wieder nach Berlin zurück und wich ins Unpolitische aus. Werke: *Berlin, wie es ist – und trinkt* (1832–50) Humoristische Skizzen; *Aus den Papieren eines Hingerichteten* (1834) Vermischte Schriften; *Leben und Treiben der feinen Welt* (1834) Prosaskizzen; *Bilder und Träume aus Wien* (1836) Reisebericht; *Buntes Berlin* (1837–53) Prosaskizzen; *Verbotene Lieder* (1844); *Neuer Reineke Fuchs* (1846) Versepos.
Seite 24, 133, 158, 256, 325

GRÜN, ANASTASIUS (Laibach 11. 4. 1806 – Graz 12. 9. 1876). Studierte Jura in Graz und Wien. Reisen nach Italien, Frankreich, Belgien und England. Verwalter der Grafschaft Thurn. 1848 liberaler Abgeordneter des Paulskirchen-Parlaments. Werke: *Spaziergänge eines Wiener Poeten* (1831) Gedichte; *Die Nibelungen im Frack* (1843) Humoristisches Kleinepos.

GUTZKOW, KARL (Berlin 17. 3. 1811 – Sachsenhausen bei Frankfurt am Main 16. 12. 1878). Studierte 1829 und 1830 in Berlin Theologie und Philosophie. 1831 bis 1832 Mitarbeiter an Menzels „Literaturblatt" in Stuttgart. 1835 Redakteur am „Phönix" in Frankfurt. Gründung der „Deutschen Revue" scheitert an der Zensur. Im selben Jahr Verbot seiner Werke. 1836 in Mannheim zu einem Monat Gefängnis verurteilt. Später als Journalist, Dramaturg und freier Schriftsteller tätig. Werke: *Briefe eines Narren an eine Närrin* (1832) Prosaskizzen; *Maha Guru* (1833) Roman; *Der Sadduzäer von Amsterdam* (1834) Novelle; *Reiseskizzen* (1834); *Nero* (1835) Tragödie; *Wally, die Zweiflerin* (1835) Roman; *Vorrede zu Schleiermachers ,Vertrauten Briefen über die Lucinde'* (1835); *Goethe im Wendepunkt zweier Jahrhunderte* (1836) Essay; *Seraphine* (1837) Roman; *Götter, Helden, Don Quijote* (1838) Essays; *Blasedow und seine Söhne* (1838) Roman; *Richard Savage* (1839) Tragödie; *Beiträge zur Geschichte der neuesten Literatur* (1839); *Skizzenbuch* (1839); *Ludwig Börnes Leben* (1840) Biographie; *Werner oder Herz und Welt* (1840) Drama; *Zopf und Schwert* (1844) Lustspiel; *Das Urbild des Tartüffe* (1844) Lustspiel; *Uriel Acosta* (1847) Drama; *Der Königsleutnant* (1849) Lustspiel; *Die Ritter vom Geiste* (1850/51) Roman.

HEINE, HEINRICH (Düsseldorf 13. 12. 1797 – Paris 17. 2. 1856). Von 1815 bis 1816 als kaufmännischer Lehrling in Frankfurt und Hamburg. Eigene Geschäftsgründung (1819) schlägt fehl. Studierte 1819 bis 1825 in Bonn, Göttingen und Berlin. 1825 Promotion zum Dr. jur. in Göttingen. 1827 Reise nach England. 1827 bis 1828 Mitherausgeber der „Neuen allgemeinen politischen Annalen" in Stuttgart. Bemühungen um eine Professur in München bleiben ergebnislos. Reisen nach Italien, Berlin und Helgoland. Ab 1831 in Paris, anfänglich als Mitarbeiter der Augsburger „Allgemeinen Zeitung". Teilnahme an den Versammlungen der Saint-Simonisten. 1835 Verbot seiner Schriften in Deutschland, das in den folgenden Jahren schrittweise aufgehoben wird. Seit 1836 finanzielle Unterstützung durch die französische Regierung. 1843 Mitarbeit an den

„Deutsch-französischen Jahrbüchern". Von 1848 bis zu seinem Tode ans Krankenbett gebunden. Werke: *Gedichte* (1822); *Briefe aus Berlin* (1822); *Über Polen* (1823); *Tragödien, nebst einem lyrischen Intermezzo* (1823); *Reisebilder* (enthaltend *Die Harzreise, Die Nordsee, Ideen, Das Buch Le Grand, Reise von München nach Genua, Die Bäder von Lucca, Die Stadt Lucca, Englische Fragmente* 1826–31); *Buch der Lieder* (1827); *Einleitung zu ,Kahldorf über den Adel'* (1831); *Französische Maler* (1831); *Französische Zustände* (1832) Zeitungsberichte; *Zur Geschichte der neueren schönen Literatur in Deutschland* (1833, später unter dem Titel *Die romantische Schule* 1836) Abhandlung; *Zur Geschichte der Religion und Philosophie in Deutschland* (1834) Abhandlung; *Aus den Memoiren des Herren von Schnabelewopski* (1834); *Florentinische Nächte* (1836); *Über den Denunzianten* (1837) Streitschrift; *Der Rabbi von Bacherach* (1840) Novellenfragment; *Ludwig Börne* (1840) Streitschrift; *Atta Troll* (1843) Kleinepos; *Neue Gedichte* (1844); *Deutschland. Ein Wintermärchen* (1844) Kleinepos; *Romanzero* (1851) Gedichte; *Lutetia* (1854) Zeitungsberichte.
Seite 6, 26, 38, 41, 51, 66, 76, 143, 231, 254, 285, 293, 298, 320

KOTTENKAMP, FRANZ. Journalist und Verteidiger des Jungen Deutschland. Werke: *Anti-Menzel* (1835); *Allgemeine Geschichte der neuesten Zeit von dem Ende des Jahres 1830* (1837); *Hogarth* (1839/40); *Die Geschichte unserer Tage* (1843).
Seite 59

KÜHNE, FERDINAND GUSTAV (Magdeburg 27. 12. 1806 – Dresden 22. 4. 1888). Studierte von 1826 bis 1830 in Berlin Literaturgeschichte und Philosophie. Ab 1832 Redaktionssekretär der „Wissenschaftlichen Jahrbücher" in Leipzig. Von 1835 bis 1842 Redakteur der „Zeitung für die elegante Welt", dann Hauptherausgeber der Zeitschrift „Europa" von 1846 bis 1859. Werke: *Novellen* (1831); *Eine Quarantäne im Irrenhause* (1835) Erzählung; *Weibliche und männliche Charaktere* (1838) Essays; *Klosternovellen* (1838); *Porträts und Silhouetten* (1843); *Mein Tagebuch in bewegter Zeit* (1863) Memoiren.
Seite 178

LAUBE, HEINRICH (Sprottau in Schlesien 18. 9. 1806 – Wien 1. 8. 1884). Studierte Theologie und Literaturgeschichte in Halle und Breslau. 1828 Promotion zum Dr. phil. Übernahm 1833 die

Redaktion der „Zeitung für die elegante Welt" in Leipzig. 1834 aus Sachsen verwiesen. In Berlin neun Monate in Untersuchungshaft. 1835 Verbot seiner Schriften. 1837 bis 1838 achtzehn Monate Haft in Muskau. Distanzierte sich später wiederholt vom „Jungen Deutschland", ohne den liberalen Ideengehalt dieser Bewegung ganz aufzugeben. 1848 Abgeordneter im Paulskirchenparlament. Seit 1849 Direktor des Wiener Burgtheaters. Werke: *Das neue Jahrhundert* (1833) Abhandlungen; *Das junge Europa* (1833–37) Roman; *Reisenovellen* (1834–37); *Moderne Charakteristiken* (1835) Essays; *Geschichte der deutschen Literatur* (1839/40); *Monaldeschi* (1845) Drama; *Die Karlsschüler* (1846) Drama; *Briefe über das deutsche Theater* (1846/47).
Seite 24, 44, 56, 102, 152, 154, 190, 249, 258, 303

MENZEL, WOLFGANG (Waldenburg in Schlesien 21. 6. 1798 – Stuttgart 23. 4. 1873). Studierte Philosophie, Geschichte und Literaturgeschichte in Jena und Bonn. Aktiver Burschenschaftler. 1825 bis 1849 Redakteur des Cottaschen „Literaturblatts", in dem er ab 1835 energisch gegen das „Junge Deutschland" auftrat. Werke: *Deutsche Dichtung von der ältesten bis auf die neueste Zeit* (1858 bis 1859).
Seite 335

MUNDT, THEODOR (Potsdam 19. 9. 1808 – Berlin 30. 11. 1861). Studierte in Berlin Philologie und Philosophie. 1832 Mitherausgeber der „Blätter für literarische Unterhaltung" in Leipzig. Dann als Redakteur des „Literarischen Zodiakus" (1835), der „Dioskuren" (1836/37), des „Freihafen" (1838–44) und des „Pilot" (1840 bis 1843) tätig. Habilitierte sich 1842 nach Loyalitätserklärung in Berlin. Seit 1848 a. o. Professor für Geschichte und Literaturgeschichte in Breslau. Von 1850 Bibliothekar an der Berliner Universitätsbibliothek. Werke: *Madelon oder die Romantiker in Paris* (1832) Novelle; *Moderne Lebenswirren* (1834) Roman; *Madonna* (1835) Roman; *Charlotte Stieglitz* (1836) Gedenkschrift; *Die Kunst der deutschen Prosa* (1837) Abhandlung; *Charaktere und Situationen* (1837) Essays; *Spaziergänge und Weltfahrten* (1838) Reiseberichte; *Thomas Münzer* (1841) Roman; *Geschichte der Literatur der Gegenwart* (1842).
Seite 15, 28, 109, 127, 180, 185, 252

PRUTZ, ROBERT (Stettin 30. 5. 1816 – Stettin 21. 6. 1872). Studierte Philosophie, Philologie und Geschichte in Berlin, Breslau und Halle. 1840 aus Preußen ausgewiesen. 1845 wegen Majestäts-

beleidigung angeklagt. 1847 Dramaturg am Hamburger Stadttheater. Im März 1848 wieder in Berlin. 1849 bis 1859 literaturhistorische Vorlesungen in Halle. Werke: *Der Göttinger Dichterbund* (1841); *Gedichte* (1841–43); *Badens zweite Kammer* (1842) 3 Gedichte; *Die politische Wochenstube* (1845) Komödie; *Geschichte des deutschen Journalismus* (1845); *Die politische Poesie der Deutschen* (1845); *Vorlesungen über die Geschichte des deutschen Theaters* (1847); *Vorlesungen über die deutsche Literatur der Gegenwart* (1847); *Die deutsche Literatur der Gegenwart* (1859).
Seite 30, 83, 288, 352

PÜCKLER-MUSKAU, HERMANN FÜRST VON (Muskau 30. 10. 1785 – Branitz 4. 2. 1871). Wurde durch Rahel mit dem Saint-Simonismus vertraut. Zwischen 1830 und 1835 Parteigänger der Jungdeutschen. Unterstützte Mundt und Laube. Wienbarg, Gutzkow und Börne lehnten ihn ab. Werke: *Briefe eines Verstorbenen* (1830); *Tutti Frutti* (1834); *Vorletzter Weltgang von Semilasso* (1835); *Semilasso in Afrika* (1836); *Südöstlicher Bildersaal* (1840).
Seite 163, 177, 198, 226, 234, 244, 264

SCHERR, JOHANNES (Hohenrechberg 3. 10. 1817 – Zürich 21. 11. 1886). Einer der Führer der Demokratischen Partei in Süddeutschland. Mußte 1849 in die Schweiz flüchten. Seit 1860 Professor am Polytechnikum in Zürich. Werke: *Gemeinfaßliche Geschichte der religiösen und philosophischen Ideen* (1841); *Laute und leise Lieder* (1842); *Georg Herwegh* (1843); *Poeten der Jetztzeit* (1844); *Die Auswanderungsfrage* (1845); *Allgemeine Geschichte der Literatur* (1851).
Seite 92, 349

SCHÜCKING, LEVIN (Clemenswerth in Westfalen 6. 9. 1814 – Bad Pyrmont 31. 8. 1883). Bibliothekar und freier Schriftsteller. Seit 1843 Redakteur der Augsburger „Allgemeinen Zeitung". Von 1845 bis 1852 für die „Kölner Zeitung" tätig. Werke: *Das malerische und romantische Westfalen* (1841); *Gesammelte Erzählungen* (1859 bis 1866); *Ausgewählte Romane* (1864–72).
Seite 346

SPAZIER, RICHARD OTTO (Leipzig 1803 – Leipzig 1854). Neffe Jean Pauls. Leitete 1830 bis 1831 die „Nürnberger Blätter für öffentliches Leben, Literatur und Kunst". Trat vor allem für die Polenbefreiung ein. Werke: *Die Ereignisse in den russisch-polnischen Provinzen* (1831); *Geschichte des polnischen Volkes* (1831); *Über*

*die letzten Ereignisse in Polen* (1832); *Jean Paul Friedrich Richter. Ein biographischer Kommentar zu dessen Werken* (1833); *Ost und West. Reisen in Polen und Frankreich* (1835).
Seite 89

STIEGLITZ, CHARLOTTE (Hamburg 18. 6. 1806 – Berlin 29. 12. 1834). Heiratete 1828 den Schriftsteller Heinrich Stieglitz, den sie durch ihren Selbstmord zu neuem dichterischen Schaffen anregen wollte. Werke: *Charlotte Stieglitz. Ein Denkmal.* Hrsg. von Th. Mundt (1836) Briefe und Tagebucheintragungen.
Seite 26

TIECK, LUDWIG (Berlin 31. 5. 1773 – Berlin 28. 4. 1853). Seit 1820 hauptsächlich zeitbezogener Gesellschaftsnovellist. Von den Jungdeutschen als „Hofrat" verspottet. Wehrte sich in seinen Novellen *Der Wassermensch* (1835) und *Eigensinn und Laune* (1836).
Seite 345

UNGERN-STERNBERG, ALEXANDER VON (Noistfer in Estland 22. 4. 1806 – Dannenwalde bei Stargard 24. 8. 1868). Studierte Jura, Philosophie und Literaturgeschichte. Anschließend Reisen nach Süddeutschland, Schweiz, Italien und Österreich. Freier Schriftsteller. Seit 1848 deutliche Wendung zum Konservativen. Werke: *Die Zerrissenen* (1832) Roman; *Eduard* (1833) Roman; *Lessing* (1834) Novelle; *Diane* (1842) Roman; *Paul* (1845) Roman.
Seite 21, 36, 75, 225

WIENBARG, LUDOLF (Altona 25. 12. 1802 – Schleswig 2. 1. 1872). Studierte Philosophie und Philologie in Kiel, Bonn und Marburg. 1829 Promotion zum Dr. phil. 1833 Privatdozent in Kiel. Gründete 1835 mit Gutzkow die „Deutsche Revue", die jedoch schon vor ihrem Erscheinen verboten wurde. Im selben Jahr Verbot seiner Schriften und Ausweisung. Floh nach Helgoland. Lebte später als Journalist in Hamburg. Seit 1868 geisteskrank. Werke: *Holland in den Jahren 1831 und 1832* (1833) Reisebericht; *Ästhetische Feldzüge* (1834) Vorlesungen; *Zur neuesten Literatur* (1835) Essays; *Wanderungen durch den Tierkreis* (1835) Vermischte Schriften; *Tagebuch von Helgoland* (1838); *Die Dramatiker der Jetztzeit* (1839) Essays; *Vermischte Schriften* (1840).
Seite 37, 63, 99, 114, 173, 182, 271, 324

WILLKOMM, ERNST (Herwigsdorf bei Zittau 10. 2. 1810 – Zittau 24. 5. 1886). Studierte Jura und Philosophie. Von 1837 bis 1839

Herausgeber der „Jahrbücher für Drama, Dramaturgie und Theater". Später freier Schriftsteller und Redakteur bei verschiedenen Zeitungen. Werke: *Julius Kühn* (1833) Roman; *Zivilisationsnovellen* (1837); *Die Europamüden* (1838) Roman; *Lord Byron* (1839) Novellen; *Eisen, Gold und Geist* (1843) Roman; *Weiße Sklaven* (1845) Roman.

Seite 91, 150, 179, 251, 274, 277

# INHALTS- UND QUELLENVERZEICHNIS

## DIE JULIREVOLUTION

## FEINDE UND GEGENBILDER

### Anti-Goetheana

## Die reaktionäre Romantik

## Kritiken und Personalsatiren

## Wolfgang Menzel, der „Denunziant"

REISELITERATUR

*Bücher der Landstraße*

*Städtebilder und Charakteristiken*

## Der deutsche Michel

# Prosa aus Biedermeier und Vormärz

IN RECLAMS UNIVERSAL-BIBLIOTHEK

Philipp Reclam jun. Stuttgart